普通高等教育会计系列规划教材

会计学原理

Accounting Principles

（第五版）

李瑞芬 主编
赵连静 白华 副主编

东北财经大学出版社
Dongbei University of Finance & Economics Press
大连

图书在版编目（CIP）数据

会计学原理 / 李瑞芬主编．—5版．—大连：东北财经大学出版社，2024.12．—（普通高等教育会计系列规划教材）．—ISBN 978-7-5654-5466-0

Ⅰ．F230

中国国家版本馆CIP数据核字第2024QZ8215号

东北财经大学出版社出版

（大连市黑石礁尖山街217号　邮政编码　116025）

网　　址：http://www.dufep.cn

读者信箱：dufep@dufe.edu.cn

大连永盛印业有限公司印刷　东北财经大学出版社发行

幅面尺寸：185mm×260mm　字数：453千字　印张：19.75

2024年12月第5版　2024年12月第1次印刷

责任编辑：王　莹　周　慧　责任校对：一　心

封面设计：张智波　版式设计：原　皓

定价：45.00元

教学支持　售后服务　联系电话：（0411）84710309

如有印装质量问题，请联系营销部：（0411）84710711

第五版前言

《会计学原理》（第五版）以党的二十大精神和习近平总书记“坚持中国特色社会主义教育发展道路，培养德智体美劳全面发展的社会主义建设者和接班人”的教育思想为指引，按照初学者的认知规律，由浅入深、循序渐进地安排总体结构和各章内容，在强化会计基本理论和知识的同时，融入思政元素，注重理论与实践结合，强调会计基本方法的整体性和应用性。

本教材在上一版的基础上，更加强调同一门课程内容的前后联系以及与其他相关课程之间的内在关联，注重教材内容对于不同专业的适用性。修订内容涉及各个章节，重点如下：

一是将课程思政融入教材内容。本教材以《高等学校课程思政建设指导纲要》为指引，挖掘与会计学原理课程内容契合的思政元素，并以提升思政育人效果为宗旨，精心设计了思政元素融入教学内容的方式：在每章章首明确素养目标，引导学生树立正确的“三观”，培养良好的职业素养；在教学内容中以知识点切入设计“学思践悟”，使之与素养目标呼应；在每章最后设计个案分析，进一步引发学生思考。

二是优化各章内容的整体设计。本教材按照初学者的认知规律和会计知识的特点，在每章开始设计“学习目标”，包括素养目标、知识目标、能力目标，指导学生学习各章理论知识并结合实践明确能力目标；紧接着安排了“学习导入”，引导学生带着问题在学习知识的同时去思考；在每章最后安排了“本章小结”“复习思考题”“个案分析”，引导学生总结和感悟。

三是完善二维码拓展阅读内容。本教材以“授之以渔”为理念，以培养“能力”为重点，每章以二维码拓展的方式，引导学生学习知识、传承历史文化、关注社会，深刻理解会计的规范性和重要性，思考如何做一个合格的“会计人”。

四是依据2024年修改的《中华人民共和国会计法》及近几年陆续发布的新会计准则和修订的会计准则的具体内容，更新了理论知识、例题、复习思考题以及个案分析等内容。

本教材由李瑞芬教授任主编，负责全书修订大纲的拟定和修订的组织工作，并总纂定稿；赵连静、白华任副主编，负责全书的审核、校对等工作。具体分工如下：第一章由李瑞芬老师执笔；第二章由杜孝森老师执笔；第三章由石林老师执笔；第四章、第六章由白华老师执笔；第五章、第八章由赵连静老师执笔；第七章、第九章由戴晓娟老师执笔。

尽管本教材经过多次校对，但书中难免有不当之处，恳请各位老师和同学提出宝贵意见和建议。

编　者

2024年9月

目录

第一章

总论

【学习目标】

素养目标：主要围绕会计发展史、会计信息质量要求、会计目标等的学习，培养学生“会计人”的价值观。如围绕会计信息质量要求的相关性和可靠性等的学习，树立诚信、客观的会计职业道德；围绕稳健性要求的学习，培养谨慎务实的品格，强调做事未雨绸缪，提高人生抗风险能力；围绕会计的目标和企业会计的“受托责任观”的学习和思考，培育高度的受托责任意识和家国情怀，进而引导学生进行学业规划和将来报效祖国的人生规划。

知识目标：掌握会计含义、会计的基本职能、会计目标和会计循环；理解会计对象、会计假设、会计信息质量要求和会计原则；熟悉会计方法、会计信息使用者；了解会计的产生与发展历史、会计的作用及会计学的分支和课程体系。

能力目标：培养学生对会计的理解能力、对会计职能的把握能力、对会计工作的认知能力以及对会计重要性和规范性的理解能力。

【学习导入】

星星印务社是由刚大学毕业的李宏和张伟两名学生自主创业开办的一家小型印务社，主营电脑打字、复印、照片打印等业务。创办印务社时，他们商议并签订协议，李宏出资10万元，张伟出资15万元，从银行借入10万元。两人按出资比例享有对企业的所有权。星星印务社已在市场监督管理部门登记注册，并已正式开业。印务社购置了两台电脑20 000元，两台惠普激光打印机13 000元，一台佳能高速复印机45 000元，以及传真机、电话等设备3 000元。

公司设置业务部门和财务会计部门，李宏负责公司业务管理，张伟负责财务会计和人事管理等，并聘请了会计、出纳各1人，其他业务工作人员2人。

请同学们思考两个问题：

1. 刚开业的公司为什么专门设置财务部门和2名会计人员呢？

2. 会计具体做些什么工作呢？

▸▸▸▸▸▸ 第一节　会计概述

一、会计的含义及作用

（一）会计的含义

会计不是从来就有的，会计的产生根源于人类的生产行为。但是，并不是人类的生产行为一经出现就产生了会计。会计是社会生产发展到一定历史阶段的产物，社会生产的发展、经济管理的客观要求才是会计产生和发展的前提条件。

什么是会计？如何给会计下一个确切的定义？国内外会计界由于所处的时代不同对会计的认知存在差异，于是产生了不同的观点。会计是一个不断发展着的概念，从它的产生至今历经几千年的历史，随着环境的变化其业务内容不断拓展，方法不断完善，职能和作用不断发展和扩大，因而，在不同时期人们对它的认识也在不断地深入和更新。综观我国会计界对会计本质的不同认识，主要有两种观点：

第一种观点是“信息系统论”，即认为会计是一个收集、处理和输送经济信息的信息系统。最早提出这个观点的是美国会计学家利特尔顿。20世纪70年代以后，由于科学技术的进步和管理理论的发展，该观点在西方发达国家会计界广泛流行。这种观点传入我国以后，逐步为国内一些会计学者所接受。他们认为，会计是旨在提高经济效益，加强经营管理，在每家企业、事业、机关等单位范围内建立的一个以提供财务信息为主的信息系统。这个系统主要用于处理各单位经济活动所产生的可以用货币度量的数据或资料，而后把它加工成有助于经营决策的财务信息和其他信息。

第二种观点是“管理活动论”，即认为会计是经济管理的重要组成部分，是一种管理活动，并且使用了“会计管理”的概念。这种观点是20世纪80年代以后国内会计专家结合我国实际情况首先提出来的。这种观点强调会计的管理职能，实际上把财务管理的一些内容也包括到会计概念之中。目前，我国会计界持这种观点的人占多数。

对会计本质的不同理解，必然导致对会计概念的不同提法。本教材以“管理活动论”和“信息系统论”观点为基础，把会计的概念表述为：会计是以货币为主要计量单位，采用一整套专门的方法，通过收集、处理和利用经济信息，对各单位的经济活动进行连续、系统、全面、综合的核算和监督，并通过参与决策、分析评价业绩、预测经济前景等活动，谋求提高经济效益的一种管理活动（经济信息系统）。

对于这个定义，我们可以从以下几个方面来理解：第一，会计是一项经济管理活动，它属于管理的范畴；第二，会计的对象是特定单位的经济活动；第三，会计的基本职能是核算（反映）和监督，即对发生的经济业务以会计语言进行描述，并在此过程中对经济业务的合法性和合理性进行审查；第四，会计以货币为主要计量单位，只有以货币为统一的计量单位，才能够对各项经济业务进行汇总和记录，但货币并不是唯一的计量单位。

（二）会计的作用

会计的作用是指会计的各项职能在特定的历史时期、特定的社会经济制度下实现和利用之后所产生的效果。会计是现代企业的一项重要的基础性工作，通过一系列会计程序，提供决策有用的信息，并积极参与经营管理决策，提高企业经济效益，服务于市场经济的健康有序发展。会计的作用主要体现在以下几个方面。

1.为各方信息使用者提供决策信息依据

企业会计通过其核算职能，提供有关企业财务状况、经营成果和现金流量方面的信息，是各方信息使用者（如财政、税收、金融、工商、审计等）进行决策的信息依据。

2.为考核企业经营者经济责任的履行情况提供依据

企业接受了所有投资者和债权人的投资，就有责任按照其预定的发展目标和要求，合理利用资源，加强经营管理，提高经济效益，接受考核和评价。会计信息有助于评价企业的业绩，有助于考核企业经营者经济责任的履行情况。

3.为企业加强经营管理，提供分析决策依据

企业经营管理水平的高低直接影响着企业的经济效益、经营成果、竞争能力和发展前

景，在一定程度上决定着企业的前途和命运。为了满足企业内部经营管理对会计信息的需要，会计工作已经渗透到了企业内部经营管理的各个方面。

二、会计的产生和发展

（一）中国会计发展

前已述及，会计是社会生产发展到一定阶段的产物。它随着社会生产的发展而产生，并适应经济管理的客观需要而不断发展和完善。

据史料记载，会计在我国历史悠久，源远流长。

在原始社会，由于生产过程十分简单，生产力水平很低，又没有文字，人们只能靠记忆或者用诸如“结绳记事”“刻契计数”等简单的方法记录生产过程中的劳动耗费和取得的劳动成果。这个时期的会计只是“生产职能的附带部分”，在“生产时间之外附带地把收入、支出等记载下来”。原始社会末期，社会生产力发展到一定水平，随着剩余产品的出现，社会再生产活动日益复杂，人们单凭头脑记忆或用很简单的方法来记录生产过程中的各项耗费和所得已不能适应社会需要。为了对生产过程中生产资料和劳动时间的消耗以及劳动成果的数量进行记录和计算，会计逐渐地从生产职能中分离出来，独立成为具有特定职能的专职会计，于是就产生了最早的会计。

据文献考证，我国“会计”一词起源于三千多年前的西周，《孟子·正义》一书中提到的“零星算之为计，总合算之为会”，基本上概括了“会计”二字的含义。西周王朝还设立了专门管理钱粮赋税的官员，总管王朝财政大权的官员称为“天官”（亦称大宰），居百官之长，掌邦国之治。在天官之下设有“司会”官职，掌国之百物财用，主天下之大计，为计官之长，负有“以参互考日成，以月要考月成，以岁会考岁成”之责。“参互”“月要”“岁会”均属报告文书，具有类似会计报表的作用：“参互”为十日成事之文书，相当于旬报；“月要”为一月成事之文书，相当于月报；“岁会”则是一年成事之文书，相当于年报。可见，在西周时期，会计方法已有较大发展。

秦始皇统一六国后，社会经济得到发展，也促进了会计的发展，出现了用竹简木牌刻写的被称为“籍书”或“簿书”的账簿，用“入”“出”作为记录符号反映各种财物的收支事项。到了汉朝，“籍书”或“簿书”的应用出现专业化分工。当时，会计记录与统计记录开始有所区别，属于统计范畴的内容从会计核算内容中分离出来，记录会计事项的简册称为“簿”，记录统计事项的简册称为“籍”。“簿”“籍”实际上是我国会计账簿的雏形。

到了唐代，工商业比较发达，经济繁荣，对外贸易和造纸技术得到发展。这时，我国的会计方法开始传播到日本等国家，报表和账簿也普遍使用了纸张，同时出现了会计方面的专著，如李吉甫的《元和国计簿》、丰处厚的《大和国计》等，这些都标志着我国会计核算水平的提高，是对中式会计发展的重要贡献，对后来会计理论的发展也有着极其深远的影响。

在宋朝初期，官府办理钱粮报销和移交手续时，一般采用“四柱清册”进行结算，又称“四柱结算法”。所谓“四柱”，即“旧管”“新收”“开除”“实在”，其含义分别相当于现代会计中的“期初结存”“本期收入”“本期支出”“期末结存”。“四柱”之间的结算关系可表示为“旧管+新收-开除=实在”。“四柱结算法”的创造和运用是我国会计方法的重大发展。

明、清两代统一了账簿格式，以货币为计量单位，账页分为收入、支出两部分，上收下支，这种格式一直为中式记账沿用。当时的会计工作者在“四柱结算法”原理的启示下，设计了一种叫“龙门账”的会计核算方法。在这种会计核算方法下，把全部账目划分为“进”“缴”“存”“该”四类，设“总清账”分类进行记录。这里，“进”指全部收入；“缴”指全部支出；“存”指全部资产（含债权）；“该”指全部负债（含业主投资）。“进”“缴”“存”“该”之间的结算关系可表示为“进-缴=存-该”。后来，随着商品货币经济的进一步发展，资本主义经济关系开始萌芽，当时的会计工作者在“龙门账”的基础上创造了“四脚账”，又称“天地合”，这种账要求会计工作者对日常发生的一切账项，从现金收付、商品购销到内外往来等，均在账簿上记录两笔账，既要登记某一账项的来账方面，又要同时登记这一账项的去账方面，以达到反映同一账项的来龙去脉的目的。这是我国会计工作者对“复式记账”原理做出的重大贡献。在清朝初年，官府对钱粮的收支登记使用了“截票”“印簿”“循环簿”及“粮册”“奏销册”，又规定“各省巡抚于每年奏销时，盘查司库钱粮”，这就说明当时有了比较健全的会计凭证，有了分门别类登记不同经济业务的专用账册，还普遍使用了财产清查的方法。

鸦片战争后，我国由封建社会变成半殖民地半封建社会，生产发展缓慢，经济管理落后，在会计工作中仍沿用传统的收付记账法。1905年（光绪三十一年），出任美国、秘鲁、日本的使者蔡畅勇编著了《连环账谱》一书，把意大利的借贷会计传入国内。1908年，清政府创办大清银行时，从日本全盘引进借贷记账法。一些国内会计学者在借鉴外国会计学术成果、总结我国会计实践经验的基础上，在清末民初逐步建立起我国的现代会计学科。但是，至1949年以前，除政府部门、官僚垄断企业和较大型民族工商企业使用借贷会计外，其他小型企业以及民间一般仍使用传统的收付会计。

中华人民共和国成立后，财政部设置了主管全国会计事务的机构——会计事务管理司（原为会计制度司），管理全国的会计工作，普遍实行复式记账法，制定并推行全国统一的会计制度。为了适应经济体制改革的需要，1985年1月21日全国人大常委会通过并颁布了《中华人民共和国会计法》（之后根据1993年12月29日第八届全国人民代表大会常务委员会第五次会议《关于修改〈中华人民共和国会计法〉的决定》第一次修正；根据2017年11月4日第十二届全国人民代表大会常务委员会第三十次会议《关于修改〈中华人民共和国会计法〉等十一部法律的决定》第二次修正；根据2024年6月28日第十四届全国人民代表大会常务委员会第十次会议《关于修改〈中华人民共和国会计法〉的决定》第三次修正）。1986年7月3日，国务院发布了《中华人民共和国注册会计师条例》，标志着我国会计工作开始进入法治阶段。1992年11月30日，为适应党的十四大所确立的社会主义市场经济发展的需要，规范全国的会计行为，经国务院批准，以财政部部长令的形式发布了《企业会计准则》，开始了与国际会计惯例接轨的改革，开创了中华人民共和国会计工作新的里程碑。1999年9月，十五届四中全会《中共中央关于国有企业改革和发展若干重大问题的决定》明确指出，建立健全全国统一的会计制度，规范企业的会计核算行为。根据党中央的决定及我国加入世界贸易组织的需要，2000年6月国务院发布了《企业

中华人民共和国
会计发展阶段

财务会计报告条例》。2000年12月，财政部发布全国统一的《企业会计制度》。2006年2月15日，财政部发布了新的企业会计准则，实现了我国会计准则体系与国际财务报告准则的趋同。2014年，财政部陆续修订、发布了基本准则以及长期股权投资、公允价值计量等具体会计准则。2017年，财政部修订或新增了收入、政府补助、金融工具列报以及持有待售的非流动资产、处置组和终止经营等7项具体会计准则，之后陆续修订了会计准则，使会计核算更加完善。

【学思践悟1-1】

传承中国会计文化

中国会计文明历史悠久，从唐宋时期的四柱清册，到明末清初的龙门账、清代的四脚账，到现代的大数据、云计算等，无不展现了中国会计的文明历史和发展。

请同学们思考并谈谈你对中国会计文化的理解和认识。

（二）国外会计发展

会计在国外也有很悠久的历史。马克思对人类历史进行考察时曾指出："在原始的规模小的印度公社，除了这些从事同类劳动的群众以外，我们还可以看到一个'首领'，他兼任法官、警官和税吏；一个记账员，登记农业账目，登记和记录与此有关的一切事项。"

公元前18世纪，古巴比伦王国最早出现会计工作。公元前200年，罗马共和国开始对款项进行分类记载。公元800年，法兰克王国查理大帝发布《城市敕令》，规定每年须记录收支分册。

在中世纪欧洲，意大利是资本主义发展较早的国家，同时也是资本主义会计的发源地。早在十二三世纪，借贷记账法就已出现于商品货币经济比较发达的热那亚、威尼斯等城市。

1211年意大利佛罗伦萨银行已用借贷复式记账法记账，当时人们称这种记账方法为"威尼斯簿记法"。1494年意大利数学家卢卡·帕乔利所著《算术、几何、比及比例概要》一书的"计算与记录要论"论题中，用数学原理对"威尼斯簿记法"做过详细介绍并加以理论概括，一般认为，这是借贷复式记账法形成的重要标志，其本人也被后人尊称为"现代会计之父"。

1581年威尼斯"会计学院"的建立，表明会计已作为一门学科在学校里传授。此后，借贷复式记账法先后传至世界各国，并得到世界各国会计学者在理论上和技术上的不断发展和完善，时至今日仍被世界各国普遍采用。

在20世纪二三十年代，为适应市场竞争的需要，西方一些发达资本主义国家的会计学者又创造了标准成本会计制度，并分别开展会计准则的研究和制定。1973年6月，澳大利亚、美国、英国、加拿大、法国、日本、荷兰、联邦德国、墨西哥九个国家的会计职业组织集合于伦敦，成立了国际会计准则委员会，并陆续颁布了国际会计准则，促进了会计准则的国际化。

20世纪50年代，计算机被成功地运用到会计领域，会计方法向着更加完善的方向发展，会计理论也发生了重大变化。在各国会计学者和实务工作者的不断努力下，会计学科的内容正日益丰富。

综上所述，会计是随着生产力的发展、生产关系的变革和生产经营管理的需要而产生、发展并不断完善起来的。会计对任何社会的生产都是必要的，正如马克思指出的那样："过程越是按社会的规模进行，越是失去纯粹个人的性质，作为对过程的控制和观念总结的簿记就越是必要；因此，簿记对资本主义生产，比对手工业和农民的分散生产更为必要，对公有生产，比对资本主义生产更为必要。"会计的发展必然以生产的发展为转移，生产越发展，社会化程度越高，会计就越重要。

现如今人工智能、大数据、云计算、区块链、物联网等技术的不断发展与成熟，对会计的方法会产生深远的影响，如会计工作模式、会计核算方法与程序、会计监督方式与范围、审计方法等都会更加完善。

三、会计的职能与目标

（一）会计的职能

会计的职能是指会计在企业经济管理中具有的客观功能，即会计能做什么，起什么作用。会计的职能是伴随着会计的产生而产生的，也必将随着会计的发展而发展。正确认识会计的职能，对于正确提出会计工作应担负的任务，确定会计人员的职责和权限，充分发挥会计工作应有的作用，都有重要的意义。

马克思在《资本论》中曾把会计的职能高度概括为对社会再生产过程的"控制和观念总结"。这一论断，长期以来一直为我国会计界所赞同。但是，由于人们对会计本质的认识不同以及对"控制和观念总结"的理解不同，对会计职能又有不同的提法。

中华人民共和国成立初期，最普遍的提法是把"观念总结"理解为"反映"，把"控制"理解为"监督"，即会计的职能是"反映和监督"。到20世纪80年代，随着经济体制改革逐步开展，为了加强经济核算，提高经济效益，会计在经营管理中的地位和作用得到加强，人们对会计的职能有了进一步的认识，普遍把会计的职能表述为"核算和监督"。因为"核算"比"反映"具有更广泛的含义，不仅有记账、算账、报账的含义，而且有审核的含义；既包括事后核算，又包括事前、事中核算。"反映"作为一种对客观经济活动事后的真实写照，是一种被动的历史性描述，不符合改革开放形势下会计工作的实际。

综上所述，会计的基本职能是反映（核算）和监督，是对经济活动的一种特殊的核算、管理和监督。

1.反映（核算）职能

会计利用货币形式，运用一定的方法或程序，对客观的经济活动情况予以记录，再进行必要的计算、整理、加工、汇总，把数据变成一系列反映会计对象的信息，并总结生产经营或业务活动及其成果。企业经营管理者及有关利益关系人可利用这些资料，了解耗费、收入和成果，检查计划、预算的执行情况，考核经济效益。具体地说，会计的核算职能就是对每项经济业务进行确认、计量、计算、记录、比较和报告，反映资金运动的过程和结果，从而为利益相关者和管理者提供财务状况、经营成果、现金流量和管理决策等信息。

会计核算包括四个环节：①确认，是指通过一定的标准或方法来确定所发生的经济活动是否应该或能够进行会计处理；②计量，是指以货币为单位对已确定可以进行会计处理的经济活动确定其应记录的金额；③记录，是指通过一定的会计专门方法按照上述确定的金额将发生的经济活动在会计特有的载体上进行登记的工作；④报告，是指通过编制财务报告的形式向有关方面和人员提供会计信息。

会计的反映（核算）职能具有以下特点：

（1）会计是以货币作为主要的计量单位，能够综合记录、核算各企业、部门的经济活动情况，从而为外部利益相关者和管理者提供必要的财务信息。各企业、部门常用的计量单位有三种：实物量、劳动量和货币量。而货币所体现的价值计量是一种综合计量。会计主要是以货币为计量单位，利用价值形式去综合记录、核算各企业、部门的资源占用、劳动消耗、收入所得、资金运营、收益实现及分配等。以货币作为主要的计量单位进行综合性的记录、核算是会计“反映（核算）”职能的一个重要特点。马克思所论述的“观念总结”就是指会计具有利用价值形式对经济活动进行综合记录、核算的功能。

（2）会计的“反映（核算）”职能具有连续性、系统性和完整性。会计所进行的“连续地反映”，是指对经济业务的记录必须是连续的，按发生的时间顺序，逐笔、逐日、逐月、逐年，依次进行记录，不得中断；“系统地反映”，是指对会计要素按科学的方法进行分类，采用复式记账法进行相互关联的系统加工、整理、汇总和存储，从而清晰体现经济活动的来龙去脉；“完整地反映”，是指反映会计主体所发生的全部经济活动，凡是发生的经济业务，都应该加以全面记录，不能有所遗漏。只有这样，才能提供连续、系统、完整的财务信息。计算机等信息技术在会计核算中的应用，不但使上述工作完成的效率高、质量好，而且根据需求，还能及时、动态地提供财务信息。

（3）会计的“反映（核算）”职能是不断发展的。传统的会计反映职能，强调事后核算，仅限于记录和核算已经发生的经济活动。这种核算是根据已经发生和完成的经济业务所取得的书面凭证进行记录，原始数据具有真实性和可检验性，可以保证所提供的财务信息真实可靠。但是，随着社会生产的发展、经济活动的日趋复杂和管理需求的增加，对会计的职能要求越来越高。会计仅限于事后的记账、算账已显不够，在信息化的支持下，会计的反映（核算）职能已经发展到事前和事中核算。

可见，会计的反映（核算）职能将随着经济的发展、管理需求的提高和科学技术的进步而不断发展。

2.监督职能

监督的内涵是监察、督促，而会计的监督职能是指会计按照一定的目的和要求，利用会计信息系统所提供的信息，对会计主体的经济活动进行控制，使之达到预期目标。会计在对经济活动进行连续、系统、完整核算的同时，还要以国家法规、制度和纪律以及财务计划和有关预算为依据，对各单位的经济活动进行全面的、经常性的监督，以保证经济活动的合法性、合理性，制止各种违反财经纪律的行为。

会计的监督职能具有以下特点：

（1）会计监督具有强制性和严肃性。会计监督是依据国家的财经法规来进行的。会计人员管理一家企业、一个部门的钱、财、物，事关要害，责任重大。《中华人民共和国会计法》（以下简称《会计法》）赋予会计机构和会计人员监督权力，必须恪尽职守；同时也规定了监督者的法律责任，必须严格遵守财经纪律。

（2）会计监督主要是在企业、部门的财务方面，利用价值指标进行。会计监督主要由会计主体的财务部门实施，对企业的价值活动进行分析、预测、控制和考评，以保证企业、部门的资金营运顺畅、成本控制合理、经营成果良好、财产物资安全。

（3）会计的监督职能也在不断发展。传统的会计监督是基于手工操作的条件，由于技术方法和手段的落后，一般仅限于事后，即对已发生的经济活动进行分析、考核、评价和检查，监督其合理性、合法性和有效性。随着社会经济的发展、管理需求的增加和科学技术的进步，迫切地需要对经济活动进行事前预测、事中控制和事后检查分析，尤其是参与经营决策，会计的监督职能必将不断被赋予新的内容。

3. 核算职能与监督职能的关系

反映（核算）职能是监督职能的基础，没有核算职能提供的可靠、完整的会计资料，监督就没有客观依据；监督职能是反映（核算）职能的有力保证，没有监督职能进行控制，就不能确保会计信息真实可靠，就不能发挥会计管理的能动作用，反映（核算）职能也就失去了存在的意义。因此，会计的两项基本职能密不可分、相辅相成、辩证统一。

（二）会计的目标

会计目标即财务报告的目标，是指在一定社会经济环境下，人们通过会计实践活动所期望达到的要求和目的。同时，会计目标也明确了会计在经济管理活动中的使命，成为会计发展的导向。在会计学领域，会计目标是最基础的概念，它集中而现实地体现了会计活动的宗旨，决定和制约着会计管理活动的方向。在会计理论结构中，会计目标处于最高层次，是制定会计假设、会计原则、会计制度的出发点；在会计实务中，会计目标是优化会计行为，制定、改进与评价会计程序和方法的依据，它控制着会计工作的各个环节和全过程。

《企业会计准则——基本准则》明确规定：财务会计报告的目标是向财务会计报告使用者提供与企业财务状况、经营成果和现金流量等有关的会计信息，反映企业管理层受托责任履行情况，有助于财务会计报告使用者做出经济决策。

1. 向财务会计报告信息使用者提供会计信息

随着我国经济体制改革的不断深化和现代企业制度的建立，企业的组织形式发生了深刻的变化。跨业务、跨部门、跨所有制、跨地区甚至跨国界的企业集团、联营企业、股份制企业等得到了迅速发展。企业与社会各方面的经济联系越来越密切，在企业外部存在着与企业有着经济利益关系的投资者、债权人等。他们需要了解和掌握企业的生产经营情况、财务状况和经营成果，以便做出经济决策。因此，向财务会计报告使用者及时提供有用的会计信息，就成为会计的基本目标之一。

学术界对会计目标有“受托责任制”和“决策有用性”两种主流观点

满足投资者的信息需求是企业财务会计报告编制的首要出发点。根据投资者决策有用目标，财务会计报告应如实反映企业所拥有或控制的经济资源、对经济资源的要求权及其变化情况，如实反映企业的各项收入、费用、利得和损失的金额及其变动情况，如实反映企业各项经营活动、投资活动和筹资活动等所形成的现金流入和流出情况等，从而有助于现在的或者潜在的投资者正确、合理地评价企业的资产质量、偿债能力、盈利能力和运营效率等，有助于投资者根据相关会计信息做出理性的投资决策，有助于投资者评估企业未来现金流量的金额、时间和不确定性等。

企业财务会计报告的使用者不仅包括投资者，还包括债权人、税务、审计、政府及其有关部门和社会公众等。根据企业对外提供的会计信息，投资者可以分析企业的盈利能力和发展趋势，预测投资风险和投资报酬，做出投资决策；作为债权人的银行等金融机构，可以分析企业的偿债能力，衡量贷款风险，做出贷款决策；社会公众可以了解企业产品质量和价格的变动情况、企业在同行业中所处的地位、企业所承担的社会责任及其信誉情况，监督企业的生产经营活动，保护自身的合法权益。企业是整个国民经济的细胞，是宏观经济的微观个体。企业生产经营情况的好坏、经济效益的高低，直接影响着国民经济的运行情况。会计信息是宏观经济管理信息的重要来源，政府及其有关部门可以通过对归集整理的企业会计信息进行汇总分析，来了解和掌握国民经济的整体运行情况，并对国民经济的发展趋势做出准确的判断，据以制定有效的宏观调控与管理措施，促进资源的合理配置，保证国民经济协调有序发展。

2.反映企业管理层受托责任履行情况

现代企业制度强调企业所有权和经营权相分离，企业管理层受委托人之托经营管理企业及其各项资产，负有受托责任。企业管理层有责任妥善保管并合理、有效运用这些资产。企业的投资者和债权人等也需要及时或者经常性地了解企业管理层保管、使用资产的情况，以便评价企业管理层的业绩与受托责任的履行情况。企业内部经营管理的效果直接影响到企业的经济效益，影响到企业在市场上的竞争能力，甚至影响到企业的前途和命运。同时，会计也能够为企业内部经营管理者提供日常经济活动的会计信息、企业总体发展计划和特定目标决策的会计信息，以及计划、预算执行情况的会计信息等。通过对这些会计信息加以分析利用，企业内部经营管理者可以全面、系统、总括地了解企业的生产经营情况、财务状况和经营成果，并在此基础上总结过去、分析现状、预测未来，采取有效措施，强化经营管理。

【学思践悟1–2】

受托责任观和责任担当

“受托责任观”是基于企业所有权与经营权分离所导致的受托责任而产生，并随着人们对受托责任的认识深化而不断完善的。由此，会计人员应服务于委托者的需要。受托责任观要求会计信息要客观公允地表达经济责任的履行结果。

请同学们思考并讨论如下问题：

1.你是如何理解“受托责任观”的？

2.你是如何看待“青年兴则国家兴，青年强则国家强”的？

3.新一代青年大学生的历史使命和责任担当是什么？

四、会计学及其学科体系

在漫长的历史发展过程中，人们将逐渐积累的会计实践经验从感性认识上升到理性认识，使之具有条理性、综合性并上升为理论，就形成了会计学。会计学是研究会计发展规律的一门科学，是关于人们如何从事会计实践活动的知识体系。其研究对象涉及会计的一切方面，如会计史，会计的本质、对象、职能、方法、程序、制度、组织和原则等。会计学被用于指导人们不断地提高会计工作质量，改善经营管理，提高经济效益。所以，会计学是一门经济管理科学，严格地说，是一门同经济有密切联系的应用经济科学。

总体而言，财务会计、审计、管理会计和财务管理构成了现代会计的基本框架。财务会计旨在全面、完整、概括地反映企业的经营活动，主要满足外部信息使用者的需要，按照技术方法的复杂程度分为会计学原理、中级财务会计和高级财务会计三个部分。审计则是站在中立的角度，对企业提供的财务会计信息进行鉴证，以确保外部信息使用者的利益不受损害。管理会计服务于管理层有效地进行决策和生产过程控制的需要，可以分为成本会计和管理会计两部分。其中，成本会计侧重于对产品成本的事后核算、事前成本标准的制定和事中考核成本标准的执行，管理会计则主要集中于决策的制定和执行。财务管理更多地从企业货币资金的筹集、使用等角度出发，力求在最佳的时点、以最经济的方式取得适量的资本，同时，以最经济的方式保有和使用资本。

会计实践日益丰富，会计学理论也相应地不断完善，因此，会计学将随着人类文明的进步、经营管理理念的更新、新科学技术的出现、现代化生产条件的应用而不断发展。

五、会计环境

会计产生、发展的历史进程表明，会计这门学科的每一次发展和进步都有着深刻的历史背景，都受制于一定的会计环境。会计环境是指在特定发展阶段会计所赖以生存和发展的各种客观条件及限制性因素，主要是指一定的社会经济环境。影响会计生存和发展的环境因素是错综复杂的，一般来说，它涉及生产力、生产关系和上层建筑等方面，具体包括政治、法律、经济、科技、教育和文化等因素。政治是经济的集中体现，国家政治体制必然会影响企业所有制结构，进而影响会计的生存和发展；法律是统治阶级意志的体现，会计活动过程必然会受到一个国家会计法律的规范和制约；经济因素包括国家经济管理体制、企业所有制结构、经济类型与企业组织形式、资本来源、经济发展水平等，这些因素对会计有着最直接、最广泛的影响。此外，一个国家的科技水平、教育状况以及基于社会普遍认可的价值观和人生观的文化因素等，同样对会计的生产和发展有着重要影响。

会计对其所处的社会经济环境并非消极适应，而是具有一定的反作用。会计是对社会再生产过程中能够以货币表现的经济活动的数量进行确认、计量、记录和报告的一门科学。由于会计主要是对价值运动进行追踪描述，有时这种价值运动的轨迹和数量是难以验证的，这是因为现实的会计只能依据价值的表象即价格对价值运动进行反映，而价格是波动的，这就使得会计可能依据不同时点的价格来确认、计量、记录和报告同一价值运动，因此，在不同的会计理论和方法指导下对同一价值运动进行的会计处理，将会得出不同的会计结果，进而对它赖以存在的社会经济环境产生一定的影响。

会计对社会经济环境的影响主要体现在会计信息所发挥的作用方面。会计提供的信息是以财务信息为主的经济信息，是现代经济生活中各方借以相互沟通的重要媒介，在一定程度上影响着国家对资源重新进行分配的宏观调控措施，影响着财政、税收、金融、价格以及贸易等政策的制定和调整，影响着投资者、债权人以及其他与企业存在经济利益关系的外部集团的投资、筹资、买卖、租赁以及货币结算等经济行为，影响着企业内部经济管理的方针、策略和措施等。通过这些影响，会计直接或间接地改变着它所处的政治、法律、经济、科技、文化和教育等社会经济环境。

会计环境既是会计理论研究的重要课题，也是研究其他会计理论及开展会计实务的重要基础。随着会计环境的变化，新的环境必然会对会计提出新的要求，进而促进会计的发展，会计的发展又会反作用于社会经济环境。显然，研究新时期的会计环境，把握社会经济环境对会计的重要影响和会计对社会经济环境的反作用，对于正确认识不同时期、同一时期不同国家、不同企业组织之间会计的共性和个性，对于正确认识会计理论和会计实务的继承、改革、发展和完善，对于正确认识会计实践活动所处的环境特征从而发挥会计在经济管理中的重要作用等，都具有十分重要的意义。

▸▸▸▸▸▸ 第二节　会计对象和会计信息使用者

一、企业经济活动与资金运动

经济活动是指社会再生产过程中生产、交换、分配、消费等活动。企业单位在开展生产经营过程中所发生的各种经济活动都会引起资产、负债和所有者权益发生变化，这些经济活动在会计上称为“经济业务”或“会计事项”。在企业经济活动过程中，筹资活动、经营活动、投资活动和资金回收或退出企业的首尾相接，构成了制造业企业的主要经济业务。

筹集资金过程中的资金投入包括所有者投入和债权人投入。投资者投入的资金有货币投资、实物投资、证券投资、无形资产投资等，它们形成企业的所有者权益；向债权人借入的资金主要是向金融机构和其他单位借入的资金，这部分资金就形成了负债，包括流动负债和非流动负债等。

资金投入企业后，经过一定的循环和周转，有一部分资金会退出企业，如上交的税金、按法定程序返回投资者的投资、偿还各项债务或债券本息以及向所有者分配利润等内容，这使一部分资金离开企业，游离于企业资金运动以外。

上述制造业企业资金运动的三个过程是相互依赖、相互制约的统一体。没有资金的筹集，就没有资金的循环与周转，就不会有债务的偿还、税金的缴纳和利润的分配等；没有资金的退出，就不会有新一轮的资金筹集，也就不会有企业的进一步发展。

二、会计对象

会计对象是指社会再生产过程中发生的、能用货币表现的经济活动。任何一个会计主体，包括企业、事业单位和其他组织经济活动的内容虽然各不相同，但它们的各项财产物资都可以用货币形式表现出来，这些以货币形式表现的财产物资以及货币本身就是资金。在通常情况下，会计对象就是社会再生产过程中的资金运动，即社会再生产过程中有关资金的投入、使用、耗费、收入、增值和分配等有序的价值运动。

由于各行各业的经济活动特征不同，其资金运动的具体形式和内容也有所不同，导致了会计核算的具体对象也有所不同。例如，制造业企业的会计核算的具体对象是制造业再生产过程中的资金运动；商品流通企业的会计核算的具体对象是商品流通过程中的资金运动；银行的会计核算的具体对象则是信贷资金运动；机关、事业单位的会计核算的具体对象是预算资金运动等。以制造业企业（如工业企业）为例说明会计对象的具体内容。

以制造业企业的生产经营过程为例，其资金在企业的生产经营活动中随着供应、生产、销售过程的不断进行，按照“货币资金→储备资金→生产资金→成品资金→货币资金”的流程不断地改变其存在的形态，从而形成了制造业企业的资金循环，周而复始的资金循环叫作资金周转。

供应过程又称采购过程，物资货款的结算、采购费用的支付、物资采购成本的计算、物资的验收入库等，构成了供应过程核算的主要内容。资金的形态由货币资金转化为储备资金。

生产过程，既是产品的加工制造过程，也是生产耗费的过程。它是制造业企业再生产过程的中心环节，企业的全部经济业务都是围绕这一环节而展开的。生产活动过程中生产费用的发生、归集和分配以及产品成本的计算，构成产品生产活动业务核算的主要内容，资金从储备资金形态转化为生产资金形态。随着产品的生产完工和验收入库，资金又从生产资金形态转化为成品资金形态。

销售过程是企业经营周期的最后阶段，是产品价值的实现过程，也是营业收入的实现过程。销售过程核算的主要内容是确认营业收入的实现、计算和结转营业成本，计算和缴纳税费，支付销售费用和确定利润。在销售过程中，资金从成品资金形态转化为货币资金形态。经营资金又回到原来的出发点，表明资金完成了一个生产经营循环。

从以上分析可见，会计主体所拥有的资金随着经济活动的进行而不断运动、变化。概括地说，会计核算的对象就是企业的资金及资金的运动（如图1-1所示）。

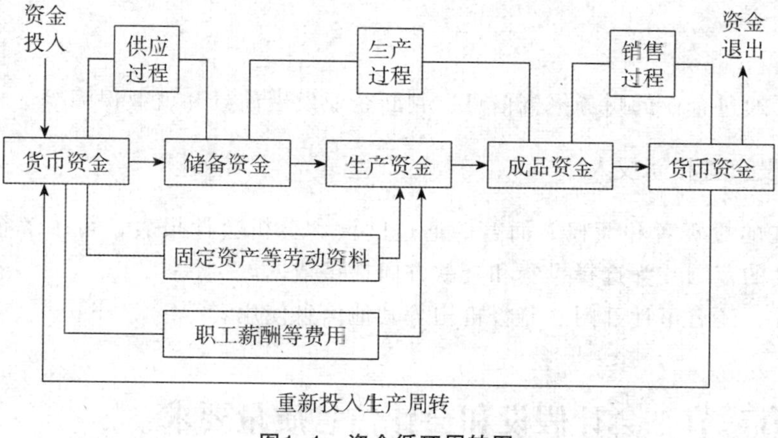

图1-1 资金循环周转图

三、会计信息使用者

会计信息使用者是指与企业存在经济关系的单位或个人。

企业财务会计信息使用者包括：

（一）投资者

投资者也就是企业的股东或所有者。对于投资者而言，通过对会计报表的阅读和分析，可重点了解其投资的完整性和投资报酬、企业资本结构的变化、未来的盈利能力和利润分配政策等。

（二）债权人

债权人通过对会计报表的阅读和分析，可重点了解企业的偿债能力，了解其债权的保障和利息的获取，以及债务人是否有足够的能力按期偿付债务。

（三）政府及其机构

政府及其机构通过阅读和分析会计报表，可了解企业的经营活动，社会资源的分配情况，以作为决定税收等经济政策和国民收入等统计资料的基础。

（四）管理层

管理层是企业战略的执行者，与企业形成委托与受托关系，对股东负有受托责任，负有向股东报告的义务。管理层需要通过企业经营状况和经营成果等信息，进行企业生产、发展、融资、投资等方面的决策。

（五）供应商和客户

供应商需要通过企业的财务信息，关心货款的收回以及企业持续合作的能力，所以需要了解企业的经营能力、盈利能力和支付能力等信息。客户需要通过企业的财务信息，了解企业的持续经营、盈利能力等信息，分析判断是否需要更换供应商。

（六）员工

员工需要通过企业的财务报告信息，判断企业发展前景和就业保障等。

（七）潜在的投资者和债权人

对于潜在的投资者和债权人而言，通过阅读和分析会计报表，可了解企业的发展趋势、经营活动的范围，为选择投资和贷款方向提供依据。

除此之外，还有审计部门、监督机构等其他信息使用者。

▸▸▸▸▸▸ 第三节　会计假设和会计信息质量要求

一、会计假设

假设你是一名会计，你为谁记账？何时记账、算账、报账？会计核算和监督的范围有多大？资金运动能否持续进行下去？采用什么计量手段？这些都是会计人员首先需要解答的问题。

市场经济条件下，现代会计所处的社会经济环境不仅极为复杂，而且变幻莫测。这种社会经济环境决定了各单位会计活动中必然存在着许多不确定的因素。会计人员要全面反映和监督各种经济活动，为各有关方面提供有用的会计信息，就必须设定会计核算的基本前提。

会计假设即会计基本假设，是指会计人员对会计核算所处的变化不定的环境和某些不确定的因素，根据客观的、正常的情况或趋势所做的合乎情理的判断。会计假设是组织会计核算工作应当明确的前提条件，是建立会计原则的基础，也是进行会计实务的必要条件，所以又叫会计核算的基本前提，一般包括会计主体、持续经营、会计分期和货币计量四个基本前提。

（一）会计主体

《企业会计准则——基本准则》第五条规定："企业应当对其本身发生的交易或者事项进行会计确认、计量和报告。"这是对会计主体假设的描述。

会计主体，又称会计实体、会计个体，是指会计工作为之服务的特定单位，它是一个独立核算的单位。会计的目标是反映一家企业的财务状况、经营成果和现金流量，为各有关方面提供有用的会计信息。也就是说，会计所要反映的总是一家特定企业的经济活动，既不应包括该企业所有者的经济活动，更不应包括与该企业有经济联系的其他企业的经济活动。只有首先确定会计主体这个基本前提，为企业日常的会计处理提供了依据，才能保证该企业会计核算工作正常开展，独立、完整地反映企业的经济活动，进而实现会计目标。所以，凡是会计主体就必须是独立于或相对独立于其所有者之外的会计核算单位。将会计主体作为基本前提之一的意义如下：

1. 它确定了会计核算的空间范围

它要求会计核算应当区分企业自身的经济活动与其他企业、单位的经济活动，区分企业的经济活动与企业所有者和债权人的经济活动。企业的会计记录和会计报表只涉及企业主体自身的经济活动，既不核算企业所有者和债权人的经济活动，也不核算其他企业或其他经济主体的经济活动。

应当注意的是，会计主体与法律主体（法人）并非对等的概念。法人可作为会计主体，但会计主体不一定是法人。会计主体可以是法人，如企事业单位，也可以是非法人，如独资企业或合伙企业。例如，独资企业与合伙企业通常不具备法人资格，它们所拥有的财产和所承担的债务，在法律上视为业主或合伙人的财产与债务，但在会计核算中，则把它们作为独立的会计主体来处理。再比如，在企业集团的情况下，母子公司虽然是不同的法律主体，但是，为了核算企业集团的整体财务状况、经营成果和现金流量，就有必要将这个企业集团作为一个统一的会计主体，编制合并财务报表。另外，在同一个法律主体中，也可能存在多个会计主体（如企业的分厂、车间或事业部等），这些会计主体往往也不属于法律主体。

2. 它划定了会计核算所要处理的经济业务事项的范围

只有对那些影响会计主体经济利益的经济业务事项，才能反映与记录。因为只有这样，才能正确反映企业财务状况、经营成果和现金流量，企业的所有者或投资者、债权人以及社会其他有关方面才可能从企业的会计记录和会计报表中得到有用的会计信息。

按照会计主体假设，企业的盈利只能来自不同主体之间的交易行为，同一个主体内部各部门之间的交易不产生利润。这样，在编制合并报表时，就需要对原有各成员企业财务报表所报告的利润进行分析，将其中各成员企业之间的利润予以剔除。

互联网的普及与共享经济的出现对会计主体假设也提出了一些新的挑战。例如，美团网、滴滴出行已经突破了传统的、存在物理空间的会计主体，因此，这类企业的主体有一定的虚拟性，对会计的确认和计量都带来了新的冲击和挑战。

（二）持续经营

《企业会计准则——基本准则》第六条规定："企业会计确认、计量和报告应当以持续经营为前提。"这是对持续经营假设的描述。

持续经营前提与会计主体前提有着密切的联系。在设定会计主体之后直接面临的问题就是这个主体能存在多久？从企业经营的存续时间来看，存在两种可能：一种是企业在近期可能面临破产、清算；另一种是在可以预见的将来企业会持续经营下去。不同的可能性决定了企业要采用不同的方法进行会计核算，为了保证核算的正确性，就必须对此做出选择和判断。如果说会计主体作为基本前提是一种空间界定，那么持续经营基本前提则是一种时间上的界定。

一般而言，企业总是希望在持续经营中不断发展、长盛不衰，也就是说，在可预见的将来，企业不会面临破产、清算，企业将会按既定的目标持续不断地经营下去。在持续经营的前提下，企业将按既定的用途使用现有的资产，同时也将按原先承诺的条件去清偿债务。所以，企业会计核算应当以持续、正常的生产经营活动为前提，即假定企业在未来能"持续经营"，而不能以企业破产清算为前提。

正是基于持续经营这一前提，企业在会计信息的收集和处理上所使用的会计程序和方法才能保持一致性，才能对经济业务做出客观的确认、计量和报告，从而提供高质量的会计信息。以持续经营为会计核算前提具有以下意义：第一，由于假定企业是持续不断地经营下去的，所以企业的资产价值将以历史成本计算，而不是采用清算价格。第二，持续经营前提解决了企业资本保全的问题。如果一家企业不能保持其资产的完整性，要想持续不断地经营下去是不可能的。为此，企业在一个经营周期结束后，首要的任务是以获得的收入弥补已发生的耗费，在此基础上的余额才是企业创造的价值（利润），从而要求在会计核算中必须正确划定资本与收益的界限。

就如同互联网和虚拟经济对会计主体假设造成的冲击一样，未来因为互联网、金融化等因素，会计会出现从交易基础向估值基础转变的趋势。比如，现有会计准则中对公允价值的应用越来越多，其实质就是逐渐地背离基于确认和交易价格的实际成本或历史成本模式，逐渐转向定期、适时按活跃市场的最新价格来估算，并重新计量企业的各项资产、负债与权益。此时，持续经营假设的作用就下降了。实际上，估值更多的是以活跃市场即时交易的价格为依据，而活跃市场的即时交易价格本身并不必然要求以持续经营为前提。随着大数据以及基于互联网的多重属性财务报告从构想变成现实，至少对那些以清算为目的的财务报告使用者而言，就不再需要持续经营前提假设了。

（三）会计期间

按照持续经营假设，一个主体的经营活动应当是无限期的，这又为会计核算带来了难题：什么时候进行会计核算？显然，不可能等到企业最终解散或清算时才来核算，这在逻辑上要求为会计信息的提供规定期限。会计分期假设因此产生。

《企业会计准则——基本准则》第七条规定："企业应当划分会计期间，分期结算账目和编制财务会计报告。会计期间分为年度和中期。中期是指短于一个完整的会计年度的报告期间。"这是对会计分期假设的描述。

依照会计核算的持续经营前提，企业的经营活动是连续不断进行的，因此，不到结束经营进行清算之日无法确定企业真正的损益，因为只有在那时企业的全部经营活动才结束，企业的净收益方可确定。但是，在正常情况下，会计人员无法知道企业在什么时间结束其经营活动，而企业的利益关系人（如债权人、投资者、政府主管机构和税收部门等）需要及时了解企业的经营成果，以便进行各种决策和行动，绝不能等到该企业结束时才来考察、计算它的经营成果。唯一的办法是在企业的持续经营中，设定企业的经营活动是可以间断的，并且人为地按照约定俗成的期限划分出一系列间隔相等、首尾相连的较短时期，作为损益计算期间。为此，会计核算应当划分会计期间，分期结算账目和编制会计报表。

会计期间的划分是一种人为的划分，与企业经济活动的实际周期可能不一致。会计期间划分的长短会影响损益的确定，一般来说，会计期间划分得愈短，反映经济活动的会计信息质量就愈不可靠。但是，会计期间的划分也不能太长，太长了会影响会计信息使用者及时了解企业会计信息的需要。因此，必须恰当地划分会计期间。会计期间通常是一年，称为"会计年度"；半年度、季度和月度称为会计中期。我国会计期间的划分和国际会计惯例一致，采用公历年制或日历年制，即从每年的1月1日至12月31日。

会计期间前提与持续经营前提是密不可分的。只有设定企业是持续经营的，才有必要和可能划分会计期间。会计期间前提依赖于持续经营前提，持续经营前提又需要会计期间前提补充。只有两者结合，才能连续地提供会计主体在各会计期间的经营业绩，才能提供期初、期末的财务状况及其变动的会计信息。

当然，在市场经济环境下，由于风险和不确定性的存在，企业破产或清算时有发生。只要存在足够的"反证"，就应该放弃持续经营假设，改用其他的核算基础。这时，会计分期也不再必要。

（四）货币计量

《企业会计准则——基本准则》第八条规定："企业会计应当以货币计量。"这是对货币计量假设的描述。

企业的经济活动一般表现为商品的购销、各种原材料的耗费等实物运动。由于各种商品和原材料在实物量度上无法进行比较，为了全面反映企业的生产经营活动，会计核算客观上需要以一种统一的计量单位作为会计核算的计量尺度。在商品经济条件下，货币是商品的一般等价物，是衡量一般商品价值的共同尺度。因此，会计核算就必然选择货币作为会计核算的计量单位，以货币形式来反映企业生产经营活动的全过程。采用货币计量，使会计核算的对象统一表现为价值运动，从而能够全面、综合、连续地反映企业的财务状况和经营成果。

我国以人民币作为会计记账的本位币。以外币为主进行业务收支的企业，可以选定某种外币作为记账本位币，但在期末编制会计报表时，应当折合为人民币进行反映。

货币计量假设使得财务会计系统只能反映可以用货币计量的经济活动，这导致财务报表信息存在严重不足。随着市场竞争激烈程度的加剧，企业经营活动日益复杂，大量非财务信息对信息使用者具有越来越重要的意义，因此，如何突破货币计量的限制，使财务会计系统能提供更多、更有用的信息，成为未来会计研究的一个重要课题。

会计假设虽然是人为确定的，但完全是出于客观的需要，四项假设具有相互联系、相互补充的关系，缺一不可。

会计主体假设划定了会计的空间范围，是持续经营、会计分期、货币计量假设的基础。持续经营假设明确了会计的时间范围，只有在此假设下，企业的资产和负债才能被区分为流动的或者非流动的，对收入、费用的确认才能采用权责发生制，才有必要确立会计分期假设和配比、划分收益性支出、历史成本等会计确认与计量要求。会计分期假设是对会计工作时间的具体划分，划分之后才有本期和非本期之分。货币计量假设中，包含着币值稳定假设，也就是假定币值本身的价值是稳定的，这也是世界各国长期以来的惯例，为会计核算提供了必要手段。

以上四项基本假设主要是在20世纪50年代前后形成的。随着“冷战”的结束，世界经济进入了新的发展时期。特别是自20世纪80年代起，随着电子通信设备的应用，国际经济一体化进程加快，众多原有经济环境下难以想象的经济活动出现了。特别是计算机和互联网的普及，从根本上改变了数据的生成、传递和使用方式，而基于大数据的资本市场和证券化，改变了人类社会的财富创造模式，人们不再仅通过设立企业、生产产品、销售产品的方式实现盈利。从创立企业第一天开始，甚至仅在创意阶段，就可以对企业进行估值，并在市场上开始销售。这些制度环境的改变，使得立足于传统商品经济环境的会计基本假设，一定程度上不能有效适应现代市场经济环境的特征与需求。因此，认真研究、总结当前市场经济的基本特征，分析其对会计信息系统的总体要求和规定性，重新探讨传统会计基本假设的内容，对于我们更好地研究财务会计的基本问题有着极为重要的理论意义。

会计假设的认知

会计假设不是一成不变的，由于它们本身是会计人员在有限的事实和观察的基础上做出的判断，因此随着经济环境的变化，会计假设也需要不断修正。在通货膨胀时代，对币值稳定的假设的否定产生了物价变动会计或现时成本会计；在信息时代，会计主体假设的外延被扩展。持续经营假设不再适用于所有企业，对清算会计的运用渐增。当货币计量假设不足以满足人们对信息的需求时，人力资源会计应运而生。衍生金融工具显示人们为保持币值稳定而做出的努力。权责发生制假设为会计假设增添了新的内容。

二、会计信息质量要求

任何一种商品如果要对其使用者有用，就必须符合一定的质量标准。比如一支钢笔，应当能被用于流利地书写，并要有好的外观，且能方便地握持。这里已涉及三项质量标准。如果将会计信息视为一种特殊形式的“商品”，它也要符合一定的质量要求，否则，就对其使用者没有什么作用。财务会计目标解决了信息使用者需要什么样的信息，在总体上规范了信息的需求量，即在信息提供的“多与少”上做出了界定。但是，合乎需要的信息还有一个“好与坏”的问题，即信息的质量问题，这种使会计信息有用的最基本的质量要求，就是会计信息质量特征。

会计信息质量特征也称会计信息质量要求、会计信息质量标准，是对企业财务报告中所提供会计信息质量的基本要求。根据《企业会计准则——基本准则》的规定，会计信息质量特征包括以下八项，即可靠性、相关性、可理解性、可比性、实质重于形式、重要性、谨慎性和及时性。会计人员在处理会计业务、提供会计信息时要遵循这些会计信息质量特征，以便更好地为企业的利益相关者服务。

（一）可靠性

《企业会计准则——基本准则》明确规定：“企业应当以实际发生的交易或者事项为依据进行会计确认、计量和报告，如实反映符合确认和计量要求的各项会计要素及其他相关信息，保证会计信息真实可靠、内容完整。”

可靠性，也称客观性、真实性，是对会计信息质量的一项基本要求。企业的会计核算全过程，从编制凭证、登记账簿，到编制会计报表，任何一个环节都不允许弄虚作假、隐瞒谎报。只有真实的会计资料才是有用的，才能满足各有关方面了解企业财务状况和经营成果以便进行决策的需要。

可靠性要求会计核算的各个阶段，包括会计确认、计量、记录和报告，必须力求会计信息资料中立、会计信息可靠，不受主观意志的左右，即做到真实性、可核性和中立性。

1. 真实性。真实性就是要如实表达，即会计核算应以实际发生的经济业务为依据，内容真实、数字准确、资料可靠，会计的记录和报告不加任何掩饰。

2. 可核性。可核性是指信息经得起复核和验证，即由独立的、专业的和文化素养基本相同的人员，分别采用同一计量方法，对同一事项加以计量，能得出相同的结果。

3. 中立性。中立性是指会计信息应不偏不倚，不带主观成分。会计人员应当将真相如实地和盘托出，让用户自己去得到结论。会计人员不能为了满足某些特定利益者的意愿或偏好而对会计信息作特殊安排，故意选用不适当的计量和计算方法，隐瞒或歪曲部分事实来诱使特定的会计反映。

值得一提的是，这里所讲的会计信息可靠并非指绝对精确。这是因为，作为会计对象的许多经济现象和过程往往带有不确定性，或者在数量上难以确定。如折旧费用、摊销费用、应计费用等，通常都包括估计的成分，不同会计人员对同一经济业务的处理可能出现不同的计量结果。因此，会计记录和报表的结论在一定程度上是近似的而不是精确的，但却是真实的。会计信息的可靠性取决于会计人员的工作质量，但又不完全为会计人员所左右，有时会计人员受环境和会计方法本身的局限，对提高会计信息的可靠性无能为力。会计人员应在统一标准的条件下将可能发生的误差降低到最低限度，以保证会计核算所提供的会计资料真实可靠。总之，可靠性是会计信息的生命，是对会计信息最重要的质量要求。

（二）相关性

《企业会计准则——基本准则》规定："企业提供的会计信息应当与财务会计报告使用者的经济决策需要相关，有助于财务会计报告使用者对企业过去、现在或者未来的情况做出评价或者预测。"

相关性，也称有用性，它也是对会计信息质量的一项基本要求。相关性原则是指会计信息应当符合国家宏观经济管理的要求，满足有关各方了解企业财务状况、经营成果和现金流量的需要，满足企业加强内部经营管理的需要。

信息要成为有用的信息，就必须与使用者的决策相关。这是由会计工作和会计信息的本质特性所决定的。因为会计的主要目标是向社会各有关方面提供决策有用的信息，如果这些信息不利于人们做出各种决策，或与经济决策无关，会计工作也就失去意义。因此，会计核算方法的选择和会计工作的组织，都要考虑满足各有关方面决策的需要，这一点充分体现了会计信息的主要质量特征。相关性的核心是对决策有用。一项信息是否具有相关性取决于预测价值和反馈价值（亦称验证价值）。

1. 预测价值。一项信息如果能帮助决策者对企业过去、现在及未来事项的可能结果进行预测，则该信息具有预测价值。决策者可根据预测的结果，做出其认为最佳的选择。因此，预测价值是构成相关性的重要因素，具有影响决策者决策的作用。

2. 反馈价值。一项信息如果有助于决策者验证或修正过去的决策和实施方案，即具有反馈价值。把过去决策所产生的实际结果反馈给决策者，使其与当初的预期结果相比较，验证过去的决策是否正确，总结经验，提高未来决策水平。

信息反馈价值与信息预测价值同时存在，相互影响。验证过去才有助于预测未来，不了解过去，预测就缺乏基础。

（三）可理解性

《企业会计准则——基本准则》明确规定："企业提供的会计信息应当清晰明了，便于财务会计报告使用者理解和使用。"

可理解性又称明晰性、可辨认性，是对会计信息质量的一项重要要求。在会计业务处理和编制会计报表的各个环节中，会计数据在有关会计凭证、账簿或表册上记录和传递的错误、遗漏或含糊不清，都将影响会计核算的质量，降低会计信息的价值。特别是不够清晰明了的会计记录或会计报表会给政府、企业及社会有关部门及投资者带来不便，甚至会因此给企业带来不应有的损失。因此，会计记录和会计报表应当清晰明了，便于理解和使用。

信息若不能被使用者所理解，即使质量再好，也没有任何用途。信息是否能被使用者所理解，取决于信息本身是否易懂，也取决于使用者理解信息的能力。可理解性是决策者与决策有用性的联结点。如果信息不能被决策者理解，那么这种信息就毫无用处。因此，可理解性不仅是衡量信息质量的标准，也是与使用者有关的质量标准。会计人员应尽可能表达易被人理解的会计信息，而使用者也应设法提高理解信息的能力。

（四）可比性

《企业会计准则——基本准则》规定："企业提供的会计信息应当具有可比性。"

可比性原则是建立在可靠性原则基础上的，其实质是将不同企业的会计报表编制建立在相同的会计程序和会计方法基础上。可比性原则是对会计信息质量的一项重要要求，目的就是便于财务会计报告使用者了解企业财务状况、经营成果和现金流量的变化趋势，比较企业在不同时期的财务报告信息，全面客观地评价过去、预测未来，从而做出决策。

可比性包括两个方面的含义：

1. 要求同一企业不同时期发生的相同或相似的交易或者事项，应当采用一致的会计政策，不得随意变更（即纵向可比性）。例如，在处理诸如发出存货的计价、固定资产折旧的计提、坏账损失的核算等有关交易或者事项时往往存在多种备选方法可供选择，采用不同方法处理同一交易或者事项会造成企业财务状况、经营成果和现金流量不完全一样的现实状况。按照纵向可比性的要求，一家企业对不同时期发生的相同或相似的交易或者事项的处理方法、会计指标的计算口径、财务会计报告的编制标准等，应当在前后不同的会计期间保持一致性、一贯性，也可借以防止人为操纵会计信息披露。当然，强调会计信息的纵向可比性，并不意味着一家企业的会计政策一经实行以后就绝对不能变动。当企业经济交易或事项的内容和性质发生较大变化而继续采用原有会计政策已不足以真实地予以反映，或者经实践发现原有会计政策确已不适应企业经济活动时，企业可以在下一个会计年度对会计政策进行变更。企业会计政策发生变更时，必须把变更的情况、原因以及变更后对企业财务状况、经营成果和现金流量的影响在财务会计报告附注中加以说明，以免误导财务会计报告使用者的经济决策。

2. 要求不同企业同一时期发生的相同或相似的交易或者事项，应当采用规定的会计政策，确保会计信息口径一致、相互可比（即横向可比性），以使不同企业按照一致的确认、计量和报告要求提供有关会计信息。这主要是为满足财务会计报告使用者判断不同企业的优劣得失而提出的要求。对同一时期不同企业之间进行横向比较分析时，财务会计报告使用者能够据以有效地判断企业财务状况、经营成果和现金流量的优劣，从而做出正确的经济决策，也便于国家综合管理部门汇总、比较和分析各家企业提供的会计信息，加强国民经济宏观调控和管理。会计信息的横向可比性强调的是同一时期不同企业之间会计信息具有横向可比的基础、具有共同或类似的特征。因此，只要满足这一要求，不同企业对会计处理程序、方法等的选择仍有一定的灵活性，并不强求绝对一致。

会计信息的纵向可比性与横向可比性实际上是一个问题的两个方面，二者都强调企业会计信息具有可比的共同基础，不同之处仅表现在：前者要求同一企业在不同时期尽可能采用一致的会计处理方法；后者要求不同企业在同一时期尽可能采用统一规定的会计处理方法。

（五）实质重于形式

《企业会计准则——基本准则》规定："企业应当按照交易或者事项的经济实质进行会计确认、计量和报告，不应仅以交易或者事项的法律形式为依据。"

企业发生的交易或事项的经济实质和法律形式在多数情况下是一致的，因而，在会计核算中，为了既简便易行又能反映交易或事项的经济实质，企业通常以交易或事项的法律形式为依据提供会计信息，但也可能会碰到一些经济实质与法律形式不吻合的业务或事项，此时，企业应当按照交易或事项的经济实质进行会计确认、计量和报告，不应仅以交易或事项的法律形式为依据，以体现对经济实质的尊重，保证会计核算信息与客观经济事实相符。

在企业会计核算中，会计信息质量的实质重于形式要求在诸多方面都有体现，这里以企业采用融资租赁方式出租固定资产为例对其简要分析说明。融资租赁的基本特点是：资产的所有权虽然不转移，但租赁期占租赁资产使用寿命的大部分；在租赁期内，企业无权支配使用所出租的固定资产；在租赁期届满时，租赁资产的所有权转移给承租人，或者承租人有优先购买租赁资产的选择权等。由此看来，企业对所出租的固定资产的使用权及对其支配使用所能创造的未来经济利益实质上都不能实施控制，从经济实质上讲所出租的固定资产不再符合企业资产的定义。因此，当企业采用融资租赁方式出租固定资产时，在租赁期内，虽然从法律形式上讲，所出租的固定资产的所有权并没有转移给承租人，但按照实质重于形式的会计信息质量要求，为了体现对经济实质的尊重，就应当对采用融资租赁方式出租的固定资产终止确认，而仅确认应向承租人收取的融资租赁款项。

（六）重要性

《企业会计准则——基本准则》规定："企业提供的会计信息应当反映与企业财务状况、经营成果和现金流量等有关的所有重要交易或者事项。"

重要性是指财务报告在反映企业财务状况和经营成果的同时，应当区分经济业务的重要程度，采用不同的会计处理程序和方法。具体地讲，对于重要的经济业务，应当单独核算、分项反映，力求准确，并在财务报告中做重点说明；对于不重要的经济业务，在不影响会计信息真实性的情况下，可适当简化会计核算或合并反映。

重要性是一个相对的概念。就会计信息而言，其重要性是指当一项会计信息被遗漏或错误表达时，可能使依赖该会计信息的财务会计报告使用者所作的经济决策、判断受到影响的程度。通常情况下，一项会计信息是否重要，是否应单独反映或披露，除了严格遵照会计法规的规定外，更重要的是依赖会计人员所做出的职业判断。一般说来，会计人员应当结合企业自身实际，既要看会计信息所涉及的金额大小，也要视其本身的性质和对财务会计报告使用者做出经济决策的影响等，综合判定会计信息的重要性。如果财务会计报告中提供的会计信息的省略或者错报会影响外部使用者据此做出决策，那么该信息就具有重要性。在一个规模较小的企业中可能认为是重要的项目，在一个规模较大的企业中就可能被认为不太重要或并不重要。因此，重要性的应用需要依赖职业判断，企业应当根据其所处的环境和实际情况，从项目的性质和金额大小两方面加以判断，要兼顾全面性和重要性。

企业提供的会计信息之所以强调重要性，要求分清主次，首先是基于成本效益方面的考虑。会计收集各方面的数据并进行加工、整理，经过注册会计师审核后以财务会计报告的形式向会计信息使用者传输信息，各环节都要花费成本。强调会计信息的重要性，也是为了确保及时提供会计信息。不分轻重，过于求全，就有可能延误时间，使会计信息丧失效用。此外，强调重要性，有利于提高会计信息的可理解性。如果财务会计报告所载信息轻重不分、主次不明，势必造成会计信息使用者难以理解和有效利用。

（七）谨慎性

《企业会计准则——基本准则》规定：“企业对交易或者事项进行会计确认、计量和报告应当保持应有的谨慎，不应高估资产或者收益、低估负债或者费用。”

在市场经济条件下，企业在生产经营活动中总是存在着应收账款能否收回、固定资产是否会提前报废、有关资产是否会发生减值等一系列事先难以确定的因素，从而使企业生产经营活动具有不确定性，企业不可避免地面临着风险。为求减少或分散、化解企业未来可能发生的风险，自然要求企业在生产经营活动中持审慎态度。

谨慎性原则，又称稳健性原则或保守性原则，是指当某些经济业务或会计事项存在不同的处理方法和程序可供选择时，会计人员在不影响合理选择的前提下，应尽量选用能合理核算可能发生的损失和费用、避免多计资产和收益的做法进行会计处理。对费用和负债要充分估计，对资产和收益要适当从低估计；对可能发生的损失应及时计算入账，对可能发生的收益不得预计列账。这样就能较好地避免企业发生虚盈实亏的现象，有利于保护债权人利益，也有利于提高企业在市场上的竞争能力。在会计实务中，对坏账损失的核算选用备抵法，对固定资产折旧的计提选用加速折旧法，对可能发生的资产减值损失计提资产减值准备等，都是谨慎性要求的具体体现。

谨慎性要求贯穿会计确认、计量、报告等各个环节。在会计确认环节，要求确认标准和方法建立在稳妥合理的基础之上；在会计计量环节，要求不高估资产和利润的数额；在会计报告环节，要求会计报告向会计信息使用者提供尽可能全面的会计信息，特别是应报告可能发生的风险损失。

应当指出，由于谨慎性要求在会计实务中的运用必然会影响企业的财务状况和经营成果。因此，谨慎性的应用也不允许企业设置秘密准备，如果企业故意低估资产或者收入，或故意高估负债或者费用，将不符合会计信息的可靠性和相关性要求，损害会计信息质量，扭曲企业实际的财务状况和经营成果，从而对使用者的决策产生误导，这是会计准则所不允许的。

（八）及时性

《企业会计准则——基本准则》规定：“企业对于已经发生的交易或者事项，应当及时进行会计确认、计量和报告，不得提前或者延后。”

及时性是指会计信息要在失去其决策价值前为使用者所用。也就是说，会计信息具有时效性，应当被及时地提供给信息使用者，使需要的人们在第一时间得到相关的信息并据此做出判断与选择，才有可能实现其会计目标。即使是可靠、相关的信息，如果不及时提供，也可能失去时效性，无法满足使用者的决策需求，不能实现会计目标。

事物总是一分为二的，以上八项会计信息质量特征也不例外。在会计实务中，对一个或多个具体经济业务的会计处理要求，常常需要在各特征之间权衡或取舍。其目的一般是达到质量特征之间的适当平衡，以便实现财务报告的目标。质量特征在不同情况下的相对重要性和取舍、应用，属于会计人员的职业判断和职业能力问题。

【学思践悟1-3】

坚守初心，诚实守信

山东墨龙石油机械有限公司是从事石油机械设计研究、加工制造、销售服务和出口贸易的上市公司。该公司于2017年被中国证券监督管理委员会调查，调查发现：

1.2015年以来，山东墨龙石油机械有限公司为了粉饰季度报告、半年报财务数据，财务总监在公司董事的授意下，要求财务人员通过虚增售价、少计成本等手法连续两年将季报、半年报“扭亏为盈”，虚增收入最高达到1亿元，虚增利润最高达到2.2亿元。

2.山东墨龙石油机械有限公司2016年6月对子公司寿光懋隆新材料技术开发公司增资3亿元，该事项涉及金额占经审计净资产的10%以上，且属于绝对金额超过1千万元的重大投资事项，并未按照规定及时披露。2017年9月，证监会依法对山东墨龙石油机械有限公司进行了严重处罚。

请大家思考以下三个问题：

1.山东墨龙石油机械有限公司的行为违背了哪些信息质量要求？造成了哪些损失和社会影响？

2.你对山东墨龙石油机械有限公司造假案中会计人员道德缺失有什么看法？会计人员应该具备哪些职业道德素养？

3.作为会计专业的学生在学生阶段如何培养良好的职业道德素养？

▸▸▸▸▸▸ 第四节　会计核算原则与会计核算方法

一、会计核算原则

会计核算原则是企业会计核算过程中所要遵循的原则，主要包括历史成本原则、权责发生制原则、配比原则、划分收益性支出与资本性支出原则。

(一) 历史成本原则

历史成本原则是指企业的各项财产应当按照实际成本计量，亦称原始成本或实际成本原则。

历史成本原则的主要内容是：企业取得的各种财产物资，应以其购进或建造时发生的原始成本即实际成本入账，并以此作为分摊和转作费用成本的依据。当物价变动时，除国家另有规定外，不得调整其账面价值。按实际购置成本计价，能防止随意性，使会计信息真实可靠，便于了解和比较。

例如，企业2022年1月1日购买一栋办公楼，共耗资金5 000万元。那么记账时，该大楼按其实际发生的支出5 000万元入账。假设，2023年1月1日该大楼的市价已达4 000万元，此时，仍不对其原来入账的价值进行调整，在账面上仍为原来取得该楼的实际成本(也即历史成本)。应注意，按此原则，也并非绝对不能调整账面价值。比如，该企业拟将该楼拍卖转让，因而要进行资产评估，此为特殊情况，可以调整。

（二）权责发生制原则

权责发生制，亦称应收应付制，是指以权利、责任的发生时间作为确定收入和费用归属期间的标准。权责发生制要求按照权利和责任的归属期来确认、计量、记录和报告特定会计主体的收入和费用，即按款项是否应收到或应付出作为标准来计算本期的收入和费用，而不论本期是否实际收到和付出款项，故也称应计制。

在权责发生制下，凡是本期应该赚得的收入，不管其货币资金是否实际收到，都作为本期的收入处理；凡属本期应当发生的费用，不管其货币资金是否付出，均作为本期的费用处理。相反，凡不应该归属本期的收入，即使其货币资金已经收到并入账，也不作为本期的收入处理；凡不属于本期的费用，即使其货币资金已经付出，也不作为本期的费用处理。

权责发生制也有其固有的缺陷。在权责发生制下，可能会发生企业盈利情况与现金支付能力的背离，有时这种背离较为严重。因此，企业会计需要提供以收付实现制为基础编制的现金流量表。

收付实现制，亦称实收实付制，是以是否实际收到或付出货币资金（现金或银行存款等）作为确定本期收入和费用的标准。在这种原则下，凡是本期实际收款的收入和付款的费用，不管其是否归属于本期，都作为本期的收入和费用处理；相反，凡是本期未曾收款的收入和未曾付款的费用，都不作为本期的收入和费用处理。

收付实现制完全按货币资金的收付时间来确定其应归属的期间，故也称现金制。

例1-1

杨湾电器公司2023年第一季度发生下列经济业务，要求分别按照权责发生制和收付实现制计算1月份、2月份和3月份的利润。

（1）一季度各月应负担的短期借款利息分别为300元，款项于3月份支付。

分析：在权责发生制下，一季度的短期借款利息尽管于3月份支付，但1月份、2月份和3月份都应该负担短期借款利息费用，分别为300元。

在收付实现制下，一季度的短期借款利息都在3月份支付，即3月份的费用支出为900元，而1月份和2月份的短期借款利息为0。

（2）1月份预付上半年报刊订阅费共1 200元（各月为200元）。

分析：在权责发生制下，1月份预付上半年报刊订阅费共1200元，每个月都应该负担200元的费用，即1月份至6月份的费用各为200元。

在收付实现制下，1月份预付上半年报刊订阅费共1200元，即1月份的费用为1 200元，2月份至6月份的费用为0。

（3）公司于1月份预付全年保险费12 000元。

分析：在权责发生制下，1月份预付全年保险费12 000元，那么从2023年1月至12月，每个月都应该负担1 000元的费用，即2023年1月至12月的保险费用各为1 000元。

在收付实现制下，1月份预付全年保险费12 000元，即1月份的保险费用为12 000元，其余月份的保险费用为0。

（4）公司于2月份购买办公用品一批500元，款项未付。

分析：在权责发生制下，公司于2月份购买办公用品500元，尽管款项没有支付，也应计入2月份的费用。

在收付实现制下，公司于2月份购买办公用品一批500元，款项没有支付，故2月份的费用为0。

(5) 1月份销货款18 000元于当月收到，2月份销货款15 000元和3月份销货款4 000元均于3月份收到。

分析：在权责发生制下，1月份销货款18 000元于当月收到，属于1月份的收入；2月份销货款15 000元和3月份销货款4 000元虽然均于3月份收到，但应分别属于2月份和3月份的收入。

在收付实现制下，1月份销货款18 000元于当月收到，属于1月份的收入；2月份销货款15 000元和3月份销货款4 000元均于3月份收到，都应属于3月份的收入，2月份的收入为0。

将以上分析的结果归纳为表1-1和表1-2。

表1-1 **权责发生制** 单位:元

项目	1月	2月	3月
收入	18 000	15 000	4 000
费用	1 500	2 000	1 500
盈利或亏损	16 500	13 000	2 500

表1-2 **收付实现制** 单位:元

项目	1月	2月	3月
收入	18 000	0	19 000
费用	13 200	0	900
盈利或亏损	4 800	0	18 100

（三）配比原则

配比原则是根据收入与费用的内在联系，要求将一定时期内的收入与为取得收入所发生的费用在同一期间内进行确认和计量。

配比原则作为会计要素确认要求，用于利润确定。会计主体的经济活动会带来一定的收入，也必然要发生相应的费用。有利得必有所费，所费是为了所得，两者是对立的统一。配比原则的依据是受益原则，即谁受益，费用归谁负担。受益原则承认得失之间存在因果关系，但并非所有费用与收入之间都存在因果关系，必须按照配比原则区分有因果联系的直接费用和没有直接联系的间接费用。直接费用与收入进行直接配比来确定本期损益；间接费用则通过判断而采用适当合理的标准，先在各个产品和各期收入之间进行分摊，然后用收入配比来确定损益。

收入与费用之间的配比方式主要有两种：一是根据收入与费用之间因果关系进行直接配比；二是根据收入与费用项目之间存在的时间上的一致关系进行期间配比。

据此，配比原则有三个方面的含义：

1. 某产品的收入必须与该产品的耗费相匹配；

2. 某会计期间的收入必须与该期间的耗费相匹配；

3. 某部门的收入必须与该部门的耗费相匹配。

配比原则以权责发生制为基础，并与权责发生制共同作用来确定本期损益，最终受持续经营与会计分期两个前提的制约。收入在发生时而不是在收账时确定，与之相配比的费用成本就是为取得该项收入而实际发生的费用，不必考虑费用是否已经以现金付出，即会计主体必须按照权责发生制的原则对各期的收入费用进行核算，而按照权责发生制算出的费用并非全部都是期间费用或产品成本，只有按照配比原则确定的与本期收入或产品收入相对应的费用才是期间费用或产品成本。

（四）划分收益性支出与资本性支出原则

划分收益性支出与资本性支出原则是指企业的会计核算应当合理划分收益性支出与资本性支出的界限。凡支出的效益仅涉及本会计期间（或一个营业周期）的，应当作为收益性支出；凡支出的效益涉及几个会计期间（或几个营业周期）的，应当作为资本性支出。只有正确划分收益性支出与资本性支出的界限，才能真实反映企业的财务状况，正确计算企业当期的经营成果。

收益性支出费用化，计入当期费用，作为当期损益列入利润表；资本性支出资本化，记入资产账户，作为资产列入资产负债表。资本化的支出随着每期对资产的耗费，按照受益原则和耗费比例通过转移、折旧和摊销等方法，逐渐转化为费用。

划分目的在于正确确定企业当期损益。如果将收益性支出作为资本性支出处理，就会少计费用，多计资产，出现本年利润和资产的虚增；反之，将资本性支出作为收益性支出处理，就会多计费用，少计资产，出现本年利润和资产的虚减。

二、会计核算的一般要求及核算方法

会计是为管理提供资料并对经济活动进行监督的工作，为了完成工作任务，就必须采用一定的方法。会计方法是指履行会计职能、实现会计目标、发挥会计作用的手段。

会计方法是从会计实践中不断总结出来的，同其他事物的发展一样，经历了一个从不完善到比较完善、从不系统到比较系统的发展过程。会计开始产生的时候，只是生产活动的附带工作。随着生产的发展，会计所要记录和反映的经济业务日渐复杂，如果没有相对固定的方法，就很难把这些经济业务有条理地反映出来，于是在长期的实践中，人们逐渐创造了相对固定的方法，并且随着社会实践的发展、会计职能的扩展、科学技术的进步以及管理要求的提高而不断加以改进和完善。

由于各个国家的国情不同，同一国家不同发展时期的情况也不同，与之对应的会计方法也有所不同，但一般认为，会计是由会计核算、会计分析、会计监督三部分组成的，相应地，会计方法也分为会计核算方法、会计分析方法和会计监督方法，即广义的会计方法。它们既相互联系，又有相对的独立性。其中，会计核算方法发展最完善，是会计的基本方法。

会计学原理主要讲述会计的入门知识，研究内容是会计的对象、方法和程序，所以，要从掌握会计核算方法入手，而且，通常所说的会计方法，一般是指狭义的会计方法，即会计核算方法。

（一）会计核算的一般要求

尽管不同企业的经济业务内容不同，但对其会计核算的基本要求是一致的。企业进行会计核算必须遵守的一般要求有：

1. 各单位必须按照国家统一的会计制度的要求设置会计科目或账户、复式记账、填制和审核会计凭证、登记账簿、成本计算、财产清查和编制财务报告。国家统一的会计制度包括会计部门规章和会计规范性文件，如企业会计准则等，要求企业必须执行，是会计核算合法性的基本要求。

2. 各单位必须根据实际发生的经济业务事项进行会计核算，编制财务报告。会计信息的真实性是对会计核算的基本要求，保证会计信息的真实性就必须以实际发生的经济业务为基础进行会计核算并编制财务报告。

3. 各单位发生的各项经济业务事项都应当在依法设置的会计账簿上统一登记、核算，不得违反《会计法》和国家统一的会计制度的规定私设会计账簿登记、核算。

4. 各单位对会计凭证、会计账簿、财务报告和其他会计资料应当建立档案，妥善保管。

5. 使用电子计算机进行会计核算的，其软件及其生成的会计凭证、会计账簿、财务报告和其他会计资料，也必须符合国家统一的会计制度的规定。

6. 会计记录的文字应当使用中文。在民族自治地区，会计记录可以同时使用当地通用的一种民族文字。在中华人民共和国境内的外商投资企业、外国企业和其他外国组织的会计记录，可以同时使用一种外国文字。

（二）会计核算方法

会计核算方法是指会计对企事业、机关单位已经发生的经济活动进行连续、系统和全面反映和监督所采用的方法。其基本内容包括对发生的经济业务进行会计确认、会计计量、会计记录、会计报告。为完成这些内容，需要采用一整套方法，即设置会计科目或账户、填制和审核会计凭证、复式记账、登记账簿、成本计算、财产清查、编制会计报表等具体方法。

1.设置会计科目或账户

设置会计科目或账户是对会计对象具体内容进行分类的专门方法。会计要素虽然是对会计对象的具体化，但仍是一个较为笼统的经济学术语和会计术语，其包含的具体内容复杂多样，必须按不同的特点和经济管理的需要，对会计要素进行细致而科学的划分，使得每一个会计科目或账户都能表示会计要素的一项具体内容，从而形成各项具体指标。正确设置会计科目或账户，对于系统记录和核算经济活动情况、提供经营管理所需的各种分类指标具有重要意义。

2.复式记账

复式记账是对任何一项经济业务，都要以相等的金额在两个或两个以上相互关联的会计科目或账户中进行记录的一种记账方法。这种记账方法使每一笔经济业务所涉及的两个或两个以上的账户之间产生相互的对应关系，对应账户中记录的金额又平行相等。通过这种对应关系，可以完整地反映经济业务的全貌和经济活动中资金增减变动的来龙去脉，也便于检查账簿记录的正确性。

3.填制和审核会计凭证

填制和审核会计凭证是为了审查经济业务是否合理和合法，保证账簿记录的正确和完整而采用的一种专门方法。填制和审核会计凭证的过程就是在审核经济业务是否合理、合法的基础上开展会计工作的起点，也是会计数据输入的一种特殊方法。通过填制和审核会计凭证，可以保证账簿记录的真实性，也有助于会计监督的实行。

4.登记账簿

登记账簿也叫记账、过账。账簿是具有一定格式、相互联系的账页。登记账簿就是根据审核无误的凭证在账簿上连续、系统、完整地记录经济业务的一种专门方法。登记账簿的过程是对会计数据进行加工、整理、存储的过程，针对登记在账簿中的数据还要定期进行对账和结账。通过这种方法，可以全面提供会计核算资料，为编制财务报告提供依据。

5.成本计算

成本计算是按照一定对象归集经营过程中发生的各项费用，借以确定该对象的总成本和单位成本的一种专门方法。这种方法主要在制造业企业中运用。随着工业化和现代化的深入，成本计算方法日趋完善；随着信息技术的进步，成本信息的质量愈来愈高，以成本计算为基础的成本管理已经成为企业管理的重要组成部分。成本信息是制定价格、确定盈亏和加强经济核算的重要条件。通过成本计算，可以检查经营过程中所发生的费用是否符合节约的原则，这对于分析成本的高低及其原因、考察企业成本水平和变化情况、提高经济效益具有非常重要的意义。

6.财产清查

财产清查也称盘存，是通过盘点实物、核对往来款项并与账面核对来查明财产和资金实有数额的一种专门方法。通过这一专门方法，可以查明各项财产物资、货币资金以及债权债务的保管和使用的情况，监督各类财产的安全性与完整性，明确经济责任和财产使用的合理性，以保证会计核算资料的正确性和真实性，促进挖潜增效，加速资金周转。

7.编制财务报告

财务报告包括会计报表、附注及相关资料，是企业对外提供的反映某一特定日期和期间的财务状况、经营成果和现金流量的文件。编制财务报告是对日常核算的会计资料进行汇总，将分散在账簿中的资料集中起来，通过归纳、加工整理，形成各种指标体系，以书面报告的形式向各有关方面提供有用信息的会计核算专门方法。通过这一方法，可以总结企业的经济活动，为考核、分析财务计划（或预算）执行情况以及编制下期财务计划（或预算）提供重要的数据资料。

上述七种会计核算专门方法之间并不是相互独立的，更不是相互排斥的，而是通过密切配合和相互联系构成了完整的会计核算方法体系。概括地讲，各种方法之间的联系和使用程序是：在日常经济业务发生以后，要根据经济业务的实际情况，按照设置的会计科目，应用借贷记账法，填制和审核会计凭证，并在相关的总分类账簿和明细分类账簿中进行登记；对于生产经营过程中发生的各项费用，要按照一定的对象进行成本计算；对账簿登记的结果要通过财产清查加以核实；最后在账实相符的基础上，根据总分类账簿和明细分类账簿的记录定期编制会计报表。各种方法之间的关系图如1-2所示。

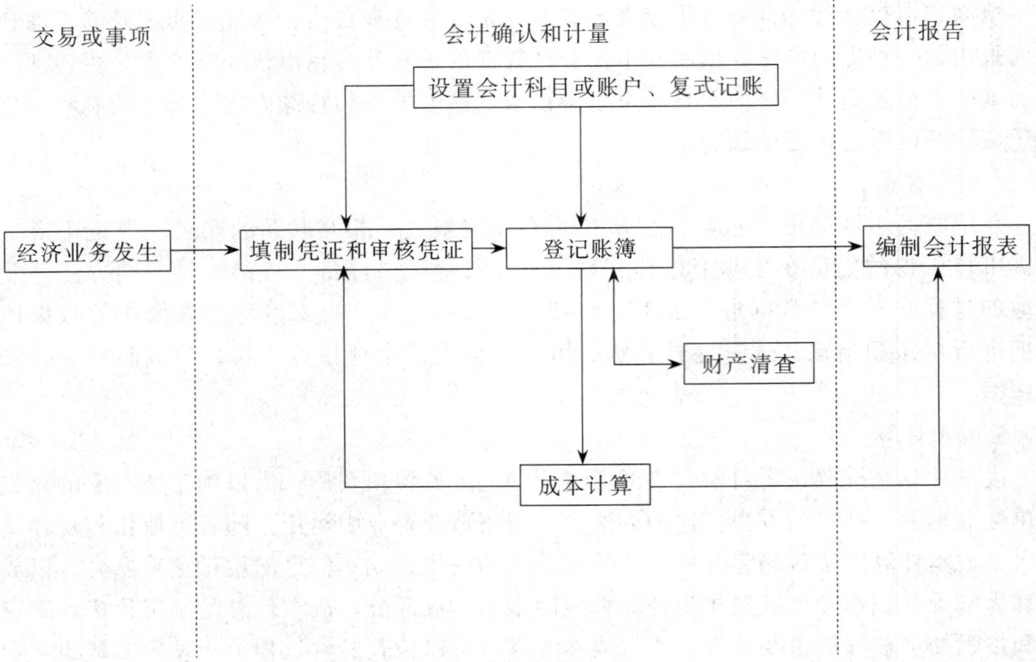

图1-2 会计核算方法联系图

本章小结

本章主要讲述了五个方面的内容，即会计的含义、会计的职能和对象、会计的基本前提和会计信息质量特征、会计核算原则和会计核算方法。

会计学的产生和发展是与人类社会的产生和发展息息相关的。社会的不断进步、科学技术的日新月异、企业管理制度的创新等为会计学的不断发展和完善提供了有利的条件和坚实的基础。实践也证明了这一点：经济越发展，会计越重要。

会计的基本职能是核算和监督，二者是相辅相成、辩证统一的关系。会计核算是会计监督的前提和基础，而会计监督又是会计核算的质量保障。会计的对象是指会计核算和监督的内容，企业会计的对象就是企业的资金及资金运动。会计核算的基本前提也称会计假设，包括会计主体、持续经营、会计分期和货币计量。这四项会计核算的基本前提具有相互依存、相互补充的关系。没有会计主体，就不会有持续经营；没有持续经营，就不会有会计分期；没有货币计量，就不会有现代会计。

会计是一个以提供财务信息为主的信息系统，其目标是为信息使用者提供决策有用信息，以使会计信息使用者全面了解企业单位或经济组织的财务状况、经营成果及现金流动情况，做出正确的决策。为了实现会计目标，保证会计信息系统所提供的会计信息真实可靠、内容完整，我国还对会计信息质量提出了可靠性、相关性、可理解性、可比性、实质重于形式、重要性、谨慎性和及时性等八项要求。

会计核算必须遵循四个原则：历史成本原则、权责发生制原则、配比原则、划分收益性支出和资本性支出原则。

会计核算方法是对各企业已发生的经济活动完整、连续、系统地核算和监督的方法，具体包括：设置会计科目或账户、复式记账、填制和审核会计凭证、登记账簿、成本计算、财产清查、编制财务报告。这七种会计核算专门方法之间通过密切配合构成了完整的会计核算方法体系。

复习思考题

1. 关于会计的本质有几种主要观点？你认为哪一种观点比较恰当？根据你的理解谈谈什么是会计。

2. 有人说会计就是指会计核算，你同意吗？为什么？

3. 会计核算是会计最基础的职能，包括哪几个环节？如何理解？

4. 你认为会计信息质量要求中哪一项是最基本的要求？

5. 为什么说“经济越发展，会计越重要”？请谈谈你的认识。

个案分析

案例一

李先生开办了一家加工企业，在企业创办一年之后，市场监督管理局、税务局的工作人员明确提出他的企业没有按照企业会计准则的要求建立企业会计制度，没有遵从记账规则，记账随意性很大。王先生不理解，公司是自己开的，企业应该有自主权，为什么受那么多条条框框约束？你认为李先生的想法是否有道理？请帮李先生解释一下，并帮他解决上述问题。

案例二

张先生开了一家小商店，经营油盐酱醋等小商品。张先生日常生活中需要的啤酒、油盐酱醋等商品就直接从自己的商店拿，也从来不记账。他觉得都是自己家的东西，反正没有与他人发生经济往来。但是，税务局检查人员在检查中提出他有偷税嫌疑，张先生觉得很诧异。你认为税务局检查人员的说法有道理吗？请帮张先生设计一下合规的做法。

案例三

王先生的公司经营状况很好，利润丰厚，相应地也产生了所得税的负担。为了少缴纳税款，王先生授意公司财务经理对会计业务处理进行调整，如改变固定资产折旧方法、提取大量资产减值准备等，以便达到降低利润、减少所得税的目的。请问王先生的做法是否影响了会计信息质量？具体违反了哪些会计信息质量要求？

第二章

会计核算基本原理

【学习目标】

素养目标：分类法是认识事物的重要方法之一，培养学生通过分类认识事物的能力，会计要素是对会计对象的基本分类；对某事物的分类越具体，越能体现我们认识事物的广度和深度。通过会计等式的学习，培养学生的平衡思维模式，“资产=负债+所有者权益”这一等式体现了会计的平衡之美，而且由此等式可知，债权人的权益优先于所有者的权益，帮助学生树立诚信意识，债务需要及时偿还。会计等式“收入-费用=利润”体现了付出与回报的人生哲理，这一等式可以用于学生的日常生活和学习过程，坚信要取得成功，必须努力、要付出，帮助学生树立正确的人生观和价值观。培养学生动态发展的辩证思维，会计记账从单式记账发展到复式记账体现了会计发展的路径，是会计文明的进步。借贷记账法是国际通行的记账方法，这体现了与国际惯例的接轨。培养学生的账户思维，在内心设置一个人生账户，保持账户的平衡，建立“饮水思源”的基本良知。

知识目标：会计要素是对会计对象的基本分类，资产、负债和所有者权益是反映财务状况的静态会计要素，并形成了第一会计等式：资产=负债+所有者权益。债权人的权益优先于所有者的权益，所有者权益是剩余权益，股东是公司最终风险的承担者。收入、费用和利润是反映经营成果的动态会计要素，并形成了第二会计等式：收入-费用=利润。学生要掌握会计要素的定义和分类，掌握经济业务对会计等式的影响，掌握会计要素的确认和计量的基本内容。会计科目是对会计要素的基本分类，学生要掌握用正确的会计科目来核算经济业务，熟悉基本的会计科目。了解账户的基本格式和特点，掌握复式记账法的基本原理，掌握借贷记账法的基本记账规则：有借必有贷，借贷必相等。掌握会计分录的格式和编制要求，会根据具体的经济业务编制会计分录。理解试算平衡的内涵，熟悉发生额试算平衡和余额试算平衡。

能力目标：通过会计要素和会计等式的学习，培养学生对事物的基本分类能力，提升对事物的认识水平，将纷繁复杂的事物进行适当分类；培养学生将经济业务转换为会计语言的能力，可以用会计要素和会计等式描述经济业务。将会计的平衡思维应用于日常生活和学习过程，增强获得内心平衡的能力，培养学生的综合和平衡能力。复式记账的记账原理是现代会计的突出特点，可以反映企业经济业务的来龙去脉。借贷记账法的记账规则可以培养学生的能量守恒定律，帮助学生理解付出和收获的权衡关系；有借必有贷体现了经济业务的动态过程，余额的平衡体现了静态均衡。学生平时的努力是一个动态过程，最后的考试结果是体现这种过程的静态均衡，引导学生做事要有始有终，不可随意放弃。培养学生利用借贷记账法处理会计业务的能力，提高学生对经济业务来龙去脉的辨识力。

【学习导入】

资料一：同学们，我问大家一个问题：咱们班有多少名同学？这个问题对于班主任或班长而言并不陌生，但对于其他同学来说就未必如此了。假设咱们班有50名同学，这构成了一个班集体。接下来，我们想知道的可能是这50名同学的构成，特别是性别构成，即有多少男生，多少女生？假设有男生15名，则女生有35名。于是就形成一个等式：全班50名学生=男生15名+女生35名。这可以说是构成班级的三个基本要素。

我们再考虑另一个问题：假设一年后，有其他专业的4名同学转到咱们班，咱们班有

2 名同学转到其他专业。于是咱们班多了 2 名同学，即转入 4 名司学-转出 2 名同学=净转入 2 名同学。

事实上，会计核算的内容也可以这样分类，分为六大会计要素：资产、负债、所有者权益、收入、费用和利润，而且也构成两个类似的等式：资产=负债+所有者权益，收入-费用=利润。

资料二：同学们，我们再看一个比较熟悉的话题。我们通过高考进入大学，开始了新的学习阶段。进入大学，每一名同学都有了各自的学籍，这个学籍的构成内容比较多，一般是以我们各自的姓名命名的，内容包括性别、年龄，籍贯等。以后我们在校期间的成绩和奖惩情况都会记录在我们的学籍中。在会计核算过程中，我们对每个会计要素都会进行再分类，并给每一类起名叫会计科目或账户，以便反映每项经济业务对会计要素的影响。

另外，会计核算要反映经济业务的来龙去脉。例如，企业用银行存款买了一台设备，会计核算时既要反映银行存款少了，同时也反映设备多了，而不是只反映一方面。这就是会计中的复式记账。

▸▸▸▸▸▸ 第一节　会计要素

会计对象是会计主体核算和监督的客体，具体表现为企业的资金运动或经济活动。为了进行具体的会计核算，需要对会计对象进行分类。会计要素是会计对象组成部分的具体化，是会计信息体系的基本分类，是会计报表内容的基本框架。

一方面，资金运动由资金投入、资金循环与周转、资金退出三部分构成。资金投入包括企业所有者投入和债权人投入两类，从而形成企业的资产总额；债权人对投入资产的求偿权称为债权人权益，表现为企业的负债；企业所有者对净资产（资产与负债的差额）的所有权称为所有者权益。从一定日期这一相对静止的状态来看，资产总额与负债及所有者权益的合计必然相等，由此分离出资产、负债及所有者权益三项资金运动静止状态的会计要素。

另一方面，企业的各项资产经过一定时期的营运，将发生一定的耗费，生产出特定种类和数量的产品，产品销售后获得货币收入，收支相抵后确认得出当期损益，由此分离出收入、费用及利润三项资金运动显著变动状态的会计要素。

资产、负债及所有者权益构成资产负债表的基本框架，收入、费用及利润构成利润表的基本框架，因而这六项会计要素又称为会计报表要素。

一、资产

（一）资产的定义

资产是指企业过去的交易或者事项形成的、由企业拥有或控制的、预期会给企业带来经济利益的资源。

一家企业从事生产经营活动，必须具备一定数量的物质条件。这些物质条件一般统称为资产，它们是企业从事生产经营活动的物质基础。这些物质基础可以具有实物形态，如房屋、建筑物、机器设备、现金、原材料等；也可以不具有实物形态，如以债权形态出现的各种应收款项，以特殊权利形态出现的专利权、商标权等无形资产。作为资产，它具有如下特点：

（1）资产必须能给企业带来未来经济效益，也就是必须具有使用价值，包括各种财产、债权和其他权利。例如，资产可以被作为一种购买力来使用（如货币资金），可以是一种要求付款的权利（如应收账款），也可以为它的所有者提供服务或权利（如房屋和机器设备等）。

（2）资产必须是企业所拥有的或所控制的。拥有是指有所有权（产权）；控制是指虽然没有所有权，但有支配使用权，如从银行取得借款存在企业的账户上，就形成企业的一项资产。企业只有拥有或控制资产，这些资产带来的经济利益才能为企业获得或享有。

（3）资产必须能以货币计量。如果不能运用货币计量其价值，则不能将其当作资产。比如管理者良好的素质、员工较强的工作积极性和责任心、有效的内部控制制度等对企业经营成功具有不可低估的作用，但因无法以货币计量，就不能作为资产处理。

（4）资产是企业过去的交易、事项形成的。只有过去发生的交易、事项的结果才能增加或减少企业的资产，未来的、尚未发生的、计划中的事项可能产生的后果不能被确认为资产。

（二）资产的分类

企业的资产按其流动性可以分为流动资产和非流动资产。

1.流动资产。流动资产是指可以在一年或超过一年的一个营业周期内变现、出售或耗用的资产，包括货币资金、交易性金融资产、应收及预付款项以及存货等。

流动资产的变现能力强，在企业生产经营过程中，其价值是一次性计入成本的，或在较短的时间内分几次转入成本费用，并从销售收入中得到补偿。流动资产具有价值周转快、实物形态不断变化的特点。

（1）货币资金，包括企业的库存现金、银行存款和其他货币资金。库存现金是存放在企业保险柜里的现金。银行存款是企业存放在银行或其他金融机构的货币资金。其他货币资金是企业除库存现金和银行存款以外的其他货币资金，包括外埠存款、银行汇票存款、银行本票存款、信用证保证金存款、信用卡存款和存出投资款等。

（2）交易性金融资产，是指为交易目的而持有的债券投资、股票投资和基金投资等。

（3）应收及预付款项，包括企业在日常生产经营中发生的各项债权，如应收账款、应收票据、其他应收款和预付款项。应收账款是指因销售商品或提供劳务应向购货单位或接受劳务的单位收取的款项。应收票据是指采用商业汇票结算方式下，企业因销售商品、提供劳务而收到的、尚未到期兑现的商业汇票。其他应收款是指其他原因所产生的应收款项，包括企业的备用金、应收各种赔款、应收各种罚款、应向职工收取的各种垫款等。预付款项是指企业按照购货合同的规定，预先支付给供应单位的货款。

（4）存货，包括企业在日常活动中持有以备出售的产成品或商品、处在生产过程中的在产品、在生产过程或提供劳务过程中耗用的材料和物料等。制造业企业的存货包括原材料、燃料、辅助材料、周转材料、在产品及产成品等。

2.非流动资产。非流动资产是指计划长期持有，不准备在一年内变现的投资或为管理目的拥有或控制的资产。它包括债权投资、长期股权投资、固定资产、无形资产和其他非流动资产等。

（1）债权投资，一般指债券投资。债券投资是指债券购买人（投资人、债权人）以购买债券的形式投放资本，到期向债券发行人（借款人、债务人）收取固定的利息以及收回本金的一种投资方式。

（2）长期股权投资，是指企业以购买其他企业股票或以其他直接方式取得被投资企业的股权，其目的是出于长远利益考虑而影响、控制其他在经济业务上相关联的企业。

（3）固定资产，是指企业为生产商品、提供劳务、出租或经营管理而持有的，使用寿命超过一个会计年度的有形资产，如房屋、建筑物、机器设备、运输设备以及其他与生产、经营有关的设备、工具、器具等。

（4）无形资产，是指企业拥有或者控制的没有实物形态的可辨认非货币性资产，包括专利权、非专利技术、商标权、著作权、土地使用权、特许权等。

（5）其他非流动资产，是指除资产负债表上所列非流动资产项目以外的其他周转期超过一年的非流动资产，如特种储备物资、银行冻结存款、涉及诉讼中的财产等。

企业资产要素的主要内容如图2-1所示。

- 资产要素
  - 流动资产
    - 库存现金及银行存款
    - 交易性金融资产
    - 应收及预付款项
    - 存货
  - 长期投资
    - 债权投资
    - 长期股权投资
    - 其他长期投资
  - 固定资产
    - 房屋及建筑物
    - 机器设备
    - 运输设备
    - 工具器具
  - 无形资产
    - 专利权
    - 商标权
    - 非专利技术
    - 土地使用权
    - 著作权
  - 其他资产
    - 特种储备物资
    - 银行冻结存款
    - 涉及诉讼中的财产

图2-1 资产要素的主要内容

二、负债

（一）负债的定义

负债是指企业过去的交易或事项形成的、预期会导致经济利益流出企业的现时义务。负债是企业生产经营所需资金的重要来源。它具有如下特点：

（1）负债是企业过去的交易或事项引起的，是企业当前所承担的一种义务。负债是债权人的权益，是债权人对企业资产的要求权。企业的负债不能无条件取消，只能偿还，或者以新的负债代替原有的负债。企业预期将来要发生的交易、事项可能产生的债务不能作为会计上的负债。

（2）清偿负债会导致企业未来经济利益的流出。为了清偿债务，企业往往要在将来用货币资金或其他资产或者提供劳务来偿还，也有可能将债务转为所有者权益。

（3）负债有确切的收款人和偿付日期，或者收款人和偿付日期可以合理确定。负债将要由企业在未来某一个时日加以清偿。

（4）负债能够用货币确切计量或者合理估计其金额。负债通常有一个确定到期偿付的金额，或者虽无确定的金额，但却可以合理估计一个接近精确的估计数。

（二）负债的分类

企业的负债按偿还期的长短划分为流动负债和非流动负债。

1.流动负债

流动负债是指将在一年或超过一年的一个营业周期内偿还的债务，包括短期借款、应付票据、应付账款、预收款项、应付职工薪酬、应交税费、其他应付款和持有待售负债等。

（1）短期借款，指企业为维持正常生产经营周转需要而向银行或其他金融机构借入的、偿还期限在一年以内的各种借款。

（2）应付票据，是指企业因赊购货物或接受劳务而开出并承兑的商业汇票。

（3）应付账款，是指因赊购货物或接受劳务而应付给供应单位的货款。

（4）预收款项，是指企业按照购货合同的规定，预先收取购货单位的货款。

（5）应付职工薪酬，是指企业应该支付给员工的劳动报酬及福利。

（6）应交税费，是指根据税法规定计算的应当缴纳的各种税款，包括增值税、消费税、所得税、资源税、房产税、城镇土地使用税等。

（7）其他应付款，是指除了购买商品、材料物资和接受劳务供应以外，应付、暂收其他单位或个人的款项。

（8）持有待售负债，是指持有待售的处置组中的负债。

2.非流动负债

非流动负债是指偿还期在一年或超过一年的一个营业周期以上的债务，包括长期借款、应付债券、长期应付款等。

（1）长期借款，是指企业向银行或其他金融机构借入的，偿还期在一年以上的各种借款。

（2）应付债券，是企业为筹集长期资金而依照法定程序发行的，约定于某一特定日期还本付息的有价证券。

（3）长期应付款，是指除长期借款和应付债券以外的其他各种长期应付款，如采用分期付款方式购买资产应付的款项、应付租赁资产的租赁费等。

企业负债要素的主要内容如图 2-2所示。

- 负债要素
  - 流动负债
    - 短期借款
    - 应付票据
    - 应付账款
    - 预收款项
    - 应付职工薪酬
    - 应交税费
    - 其他应付款
    - 持有待售负债
  - 非流动负债
    - 长期借款
    - 应付债券
    - 长期应付款

图2-2　负债要素的主要内容

三、所有者权益

（一）所有者权益的定义

所有者权益是指企业资产扣除负债后由所有者享有的剩余权益。它在数值上等于企业的全部资产减去全部负债后的余额。其实质是企业从投资者手中所吸收的投入资本及其增值，同时也是企业进行经济活动的“本钱”。

企业投资者可以是国家、集体、法人，也可以是自然人。投资者把自己所拥有的经济资源投入企业，形成企业的资产，并通过企业经营使之增值，就应该享有一种可主张的权益，或称索求权，如有权参与企业经营决策、有权参与股利分配等。

所有者权益有如下特点：①无论投资者的原始投资采取的是货币形式还是实物形式，所有者权益与企业的具体资产项目并无直接的对应关系，所有者权益只是在整体上、在抽象的意义上与企业资产保持数量上的关系。②所有者权益是投资者对企业净资产的要求权，这种要求权是受企业总资产和总负债变动的影响而增减变动的。③所有者权益还包含投资者以其出资的份额分享企业利润的权利和承担经营风险的责任。

所有者权益和负债是企业取得资产的两种渠道，因而，债权人和所有者对企业的资产都拥有要求权。但两者在企业中所享有的权益却有着本质的不同：

（1）与企业经营管理的关系不同。债权人一般无权过问企业的经营管理活动；而企业的所有者有权以直接或间接的方式参与企业的选举、表决等决策活动。

（2）分享收益的形式不同。债权人享有以利息形式从企业费用中获得收益的权利；所有者则享有以红利形式从企业的税后利润中获得收益的权利。利息一般都是定率支付，与企业经营好坏无关；红利一般则由企业盈利多少而定，利厚多分，利薄少分，无利则不分。

（3）对企业资产的要求权不同。负债是债权人对企业资产的索偿权，当企业终止时，有权从企业的资产中优先索回其债权；而所有者权益是企业所有者对企业净资产的所有权，是一种剩余权利。

（4）企业的负债必须在债务到期时如数归还，而所有者权益则与企业共存。所有者投入企业的资本除了以退伙、出让股权等方式回收外，一般不能直接从企业抽回。

（二）所有者权益的构成

在会计核算中，所有者权益具体包括投入资本、资本公积、盈余公积、未分配利润和其他综合收益。

（1）投入资本。投入资本是指投资者实际投入企业经营活动的各种资产的价值。资产若被投入非股份制企业，则形成非股份制企业的实收资本；若被投入股份制企业，则形成股份制企业的股本。

（2）资本公积。资本公积是指由投资本身所引起的各种增值，即由资本交易本身所带来的盈余。它一般不是由于企业的生产经营活动所产生的，与企业的生产经营活动没有直接的联系，如资本溢价（股本溢价）、法定财产重估增值、接受捐赠资产等。

国家资本金是指有权代表国家投资的政府部门或机构以国有资产投入企业形成的资本金。

法人资本金是指其他法人单位以其依法可以支配的资产投入企业形成的资本金。

个人资本金是指社会个人或企业内部职工以其个人合法财产投入企业形成的资本金。

外商资本金是指港澳台地区及国外投资者投入企业形成的资本金。

（3）盈余公积。盈余公积是指企业按照规定的比例从税后利润中提取的各种积累。根据其用途不同又分为法定盈余公积和任意盈余公积两种。企业的盈余公积可以用于弥补亏损、转增资本和分配利润。

（4）未分配利润。未分配利润是指企业留待以后会计年度进行分配的利润。

（5）其他综合收益。其他综合收益是指企业根据其他会计准则的规定未在当期损益中确认的各项利得和损失。

企业所有者权益要素的主要内容如图2-3所示。

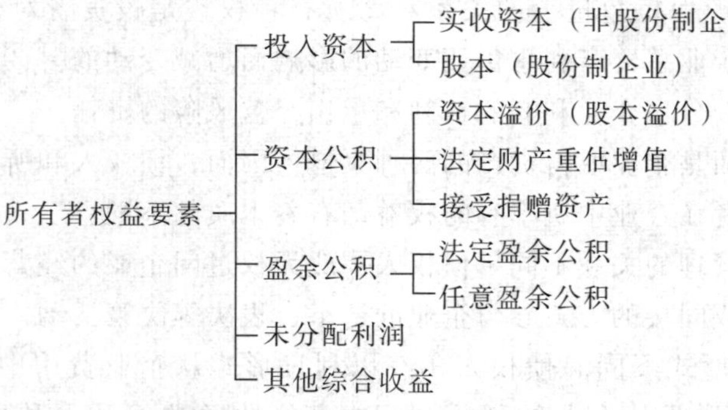

图2-3　所有者权益要素的主要内容

四、收入

（一）收入的定义

收入是指企业在日常活动中形成的、会导致所有者权益增加的、与所有者投入资本无关的经济利益的总流入。具体而言，收入有以下特点：

（1）收入是企业在日常活动中产生的，而不是从偶发的交易或事项中形成的。日常活动是指企业为完成其生产经营目标而从事的所有活动以及与之相关的其他活动。

（2）收入可能表现为企业资产的增加，也可能表现为企业负债的减少，也可能同时引起企业资产的增加和负债的减少。

（3）收入会导致企业所有者权益的增加。

（4）收入只包括本企业经济利益的流入，不包括为第三方或客户代收的款项，这些代收款项是企业的负债。

（二）收入的分类

（1）按企业从事日常活动的性质不同，收入分为销售商品收入、提供劳务收入和让渡资产使用权收入。其中，让渡资产使用权收入主要包括利息收入和使用费收入。利息收入主要是指金融企业对外贷款形成的利息收入，以及同业之间发生往来形成的利息收入等。使用费收入主要是指企业转让无形资产（如商标权、专利权、专营权、软件、版权等）的使用权形成的收入。企业对外出租资产、进行债权投资收取的利息以及进行股权投资取得的现金股利，也构成让渡资产使用权收入。

（2）按企业经营业务的主次不同，收入分为主营业务收入和其他业务收入。主营业务收入是指企业从事本行业生产经营活动所取得的营业收入，根据各行业企业所从事的不同活动而有所区别。比如，工业企业的主营业务收入主要包括销售商品、自制半成品、代制品、代修品，提供工业性劳务等实现的收入；商品流通企业的主营业务收入主要包括销售商品实现的收入；咨询公司的主营业务收入主要包括提供咨询服务实现的收入；安装公司的主营业务收入主要包括提供安装服务实现的收入。

其他业务收入是指各类企业从事主营业务以外的其他日常活动所取得的收入，比如对外销售材料，对外出租包装物、商品或固定资产，对外转让无形资产使用权，对外进行权益性投资（取得现金股利）或债权性投资（取得利息），提供非工业性劳务等实现的收入。

以上所说的收入是狭义的收入，又称营业收入，广义的收入还包括营业外收入。营业外收入是指企业发生的与其生产经营活动无直接关系的各项收入，包括报废固定资产净收益、报废无形资产净收益、无法支付的应付账款和罚款收入等。

五、费用

（一）费用的定义

费用是指企业在日常活动中发生的、会导致所有者权益减少、与向所有者分配利润无关的经济利益的总流出。

费用具体表现为资产的减少或负债的增加，也可能同时引起资产的减少和负债的增加。费用与收入相反，收入是资产流入企业形成的，而费用是企业资金的支出，最终导致企业所有者权益的减少。

（二）费用的分类

费用是在企业日常活动中发生的。企业在销售商品、提供劳务等日常活动中所发生的费用可分为两类：一类是应计入产品成本的生产费用，即成本，包括直接材料、直接人工和制造费用；另一类是不应计入产品成本而直接计入当期损益的期间费用，包括管理费用、财务费用和销售费用、税金及附加和资产减值损失等。

六、利润

（一）利润的定义

利润是指企业在一定会计期间的经营成果，包括收入减去费用后的净额、直接计入当期利润的利得和损失等。利润的实现会相应地表现为资产的增加或负债的减少，其结果是所有者权益的增值。

（二）利润的构成

（1）营业利润是指营业收入减去营业成本、税金及附加、期间费用，加上其他收益、投资收益、净敞口套期收益、公允价值变动收益、信用减值损失、资产减值损失、资产处置收益（损失均以“-”号填列）后的净额。

（2）利润总额又称税前利润，是营业利润加上营业外收入，减去营业外支出（即利得和损失）后的金额。

（3）净利润又称税后利润，是利润总额减去所得税费用后的金额。

以上是企业会计的六大要素，但对于政府会计而言，它的会计要素有所不同，包括五大要素：资产、负债、净资产、收入和费用。

政府会计准则——基本准则

【学思渐悟 2-1】

了解自己的财务状况，改善自己的经营业绩

同学们，通过前面的学习，我们已经知道企业的六大会计要素，这些要素构成了两个基本等式：资产=负债+所有者权益、收入-费用=利润。企业要通过自己的经营活动，创造经营业绩，改善自身的财务状况，才能在市场竞争中生存和发展。现在，我们从自身的角度来考虑一下，作为在校大学生，我们的会计要素又是怎样的呢？

讨论问题：我们的资产有哪些？这些资产的资金来源如何分布？多少是负债，多少是所有者权益？我们在在校期间的收入可能有哪些？费用呢？如何实现我们的利润最大化？

要点提示：我们要爱惜和合理利用自己的各项资产，如手机、电脑和其他学习生活用品。如果父母给的钱，以后我们会还，那就是负债；但绝大部分可能是无须偿还的，那就是当作股东投资了，以后我们毕业有工作了要好好报答他们。我们的收入可以是勤工助学收入、各类奖学金、社会兼职收入等，费用的范围就比较多了，为了保证我们每个学期的利润最大化，我们要坚持收支平衡、厉行节约的原则，不过度或超前消费，不参加“校园贷”等。

七、划分会计要素的意义

会计要素的划分在会计核算工作中具有十分重要的意义。

第一，会计要素是对会计对象的科学分类。会计对象的内容是多种多样、错综复杂的，为了科学、系统地对其进行核算和监督，就必须按照经济内容、经济用途或结构等进行分类，使各会计要素之间的内容一致、关系明确、清晰可辨。

第二，会计要素是设置会计科目或账户的基本依据。会计科目是对会计对象具体内容即会计要素进一步分类核算的项目。如果不将会计对象划分为会计要素，就无法设置会计账户，也就无法进行会计核算。

第三，会计要素是构成会计报表的基本框架。会计报表是提供会计信息的基本手段，会计报表里的一系列指标主要是由会计要素构成的，因此，会计要素是会计报表框架的基本构成内容。

八、会计要素的确认、计量及其要求

（一）会计确认

1.会计确认的概念

会计确认就是按照一定的会计标准识别和确定发生的经济业务是否可以作为会计要素进入会计核算系统及进入会计核算系统的信息是否应列入会计报表的会计行为。

从上述会计确认的概念不难看出，会计确认涉及会计核算的全过程，实际上包括了作用不同的两个过程，即初始确认与再确认。

（1）初始确认，是指当企业发生各项经济业务时，确定反映各项经济业务的原始经济信息是否可进入本企业会计核算系统，应记入哪个会计要素及相应的会计账簿，以及应何时记入等。初始确认的依据主要是发生的经济业务属于本会计主体且可以用货币计量。如果发生的经济业务不属于本会计主体或不能用货币计量，则应排除在本企业会计核算系统之外。经过初始确认的经济信息首先要按一定标准进行审核与分类，然后运用复式记账法编制记账凭证，继而登记有关账簿，使经济信息转化为会计信息。初始确认决定了已发生的经济信息能否转化为会计信息。

（2）再确认，是指确定会计账簿中记录的会计信息是否应列入会计报表，以及如何列入会计报表的过程。再确认实际上是对已进入本企业会计核算系统的会计信息再提纯、再加工，以保证会计信息的真实性和正确性。再确认的依据主要是企业提供的会计信息能够满足不同信息使用者的决策需要。

经过初次确认和再确认，会计信息的真实性和有用性得以保证。会计确认解决了会计的定性问题，为会计计量确定了空间范围和时间范围。

2. 会计确认的标准

会计确认的标准是指对反映经济业务的经济信息进行初始确认和再确认的基本条件。

（1）符合会计要素的定义和特征。会计要素是对会计内容的基本分类项目，每个会计要素都有各自的特点，并可根据一定的标准进一步分类。会计要素的定义、特点及其分类不仅是会计学的重要基础理论，而且是会计确认的最基本标准。在会计确认时，首先要根据各会计要素的定义和特点来判断某项经济信息能否进入会计核算系统；其次要确定进入会计核算系统的经济信息应当被作为何种要素予以记录；最后还要依据会计要素的分类，确定该项经济信息应记入哪个具体的账户，应进一步列入会计报表的哪一个项目。

（2）可用货币计量。会计的对象是经济活动中可用货币表现的方面。为此，会计理论中产生了货币计量基本前提，这一前提不仅体现了现代会计的重要特征，而且规定了会计确认的基本界限。一项反映经济业务的经济信息，在会计确认时不仅要符合会计要素的定义和特点，而且必须在形式上能够用货币定量或计价。只有这样，才能保证会计信息质量的统一性。会计核算中的分类、加工、汇总、分配等程序和方法均建立在对经济信息进行定性和定量的基础之上。可以说，经济信息可用货币计量是会计确认的核心问题。如果某项经济数据不具备可用货币计量的特征，就无法在会计上予以确认。会计信息要求经济数据具备可用货币计量的特征，并不排除会计信息中可以包括少量的非货币信息作为补充。

（3）会计信息的可靠性。会计信息要真实可靠，首先应是如实地、完整地反映已发生的经济业务，而且这些经济业务必须是根据它们的实质和不带偏向的经济现实进行会计核算的，而不仅仅根据它们的法律形式进行会计核算。为此，在会计确认时，要认真审核原始凭证所记载的经济数据是否有客观可信的证据。在有些情况下必须估计成本或价值，如暂估材料款，使用合理的估计，不会降低确认的可靠性。若无法做出合理的估计，经济信息就不能作为会计要素加以确认。

（4）会计信息的相关性。会计信息应当满足不同信息使用者的需要。为此，会计确认时要针对信息使用者的具体需要，排除不相关的数据，压缩多余的数据，增进会计信息的有用性，如在会计报表中增加补充数据以满足不同使用者的需要。

综上所述，只有符合上述标准的经济业务才能予以确认。

3. 会计要素的确认

根据上述会计确认的标准，可对会计要素一一加以确认。

（1）资产的确认。资产要素是会计六要素的核心，是企业赖以生存与发展的基础。资产的确认对其他要素的确认有较大的影响。在资产的具体确认中，应按三个重要标准来进行判断：第一，企业所拥有和控制的资产首先应符合资产的定义，不符合资产定义的不能被确认为资产。第二，未来经济利益很可能流入企业。如果一项支出已经发生，但在本会计期间及以后的会计期间，由这项支出带来的未来经济利益不会流入企业或流入企业的确定程度不足，那么这项支出不能被确认为资产，而只能将其确认为费用。例如，企业行政管理部门为组织和管理生产经营活动而发生的各项支出应被确认为管理费用，而不能被确认为资产，原因在于随着支出的发生，未来经济利益流入企业的确定性不足，不符合确认资产的标准。第三，成本或价值能够可靠地计量。不能准确计量但能合理估计的，也可确认为一项资产。

（2）负债的确认。在负债的具体确认中，应按以下标准进行判断：第一，负债是由于过去的交易或事项发生而引起的对一项现时义务的偿还。未来发生的交易或事项可能形成的债务，不能作为现时负债予以确认。第二，含有经济利益的经济资源可能流出企业。由于一项债务的偿还，企业必须付出债权人可以接受的资产或劳务，因而导致企业拥有的能够带来经济利益的经济资源流出。第三，偿还的金额能够可靠地计量。负债一般有到期偿还的确切金额，即使没有确切的金额，也应能合理地估计偿还金额。

（3）所有者权益的确认。所有者权益是企业的投资者对企业净资产的所有权。净资产就是企业的资产扣除负债后的余额，它不像资产、负债那样可以单独确认，其确认依赖于资产和负债的确认，所以，资产、负债的确认标准即为所有者权益的确认标准。

（4）收入的确认。收入的具体确认包括入账时间和入账金额两方面，应按以下标准进行判断：第一，根据权责发生制原则，企业的收入不以其是否收到现金作为确认的依据，而是以企业是否拥有收取这项收入的法定权利作为标准。第二，收入金额的确定应是已实现或可实现的。当产品（货物或服务）、商品或其他资产交换成现金或现金要求权时，收入才是已实现的；可实现则是指资产可以转变为确定数额的现金或现金要求权。第三，企业已经完成了赚取收入的过程。由于商品交换（买卖）的复杂性，不同企业的业务不同，已完成收入赚取过程的确认时间是不相同的，大致有以下几种情况：工商企业在销售成立时应确认收入；若销售活动或现金收入先于生产和发货（预收货款），应于生产和发货时点确认收入；若产品在生产前订立了销售合同，则应按完工百分比法确认收入，但对完工进度应有可靠的量度；若提供服务或转让资产的使用权随时间的推移而延续（如利息或租金）且预计价格能可靠的计量，则可随时间的推移确认收入。第四，收入会为企业带来经济利益的流入。

（5）费用的确认。费用是与收入相对应的概念，是为得到收入而付出的代价。企业在正常生产经营活动中发生的各种耗费就是费用，而与营业活动无关的耗费是损失。在费用的具体确认中，应按以下标准来判断：第一，发生的支出应符合费用的定义。第二，费用应与收入配比确认，即将费用与所取得的收入按其联系采用一定的配比方法确认。第三，费用的发生会引起经济利益流出企业。

（6）利润的确认。利润是企业在生产经营过程中各项收入抵减各项耗费后的余额。利润不像收入、费用那样可以单独确认，其确认依赖于一定期间的收入和费用的确认，所以，收入、费用的确认标准即为利润的确认标准。

（二）会计要素的计量

1.会计计量的含义

会计计量是在会计确认的前提下，运用一定的计量单位，选择计量对象的某种计量属性，确定应予记录的经济事项金额的会计处理过程。会计确认离不开会计计量，因为企业在日常经济活动中会产生大量的经济信息，只有可以计量的经济信息才能被会计核算系统接受，经过初始确认和再确认后才能被列入企业的会计报表。会计确认与会计计量实际上总是不可分割地联系在一起的：未经确认就不能进行计量；没有计量，确认也失去意义。会计确认是会计计量的前提，它决定着某个经济信息能否作为会计要素进入会计核算系统，主要解决会计核算中的定性问题；会计计量是会计确认的结果，它决定着已确认的经济信息如何按真实与相关的金额列示在企业的会计报表上，主要解决会计核算中的定量问题。

会计计量是会计核算系统的核心问题。成本计算、存货计价、损益计算、利润分配、投资计算、税金计算、价格变动调整等会计方法与理论都与会计计量的发展密切联系，都属于会计计量的不同问题。会计计量理论的发展推动了现代会计的发展。

2.会计计量的对象

会计计量的对象包括资产和收益两部分，即会计计量主要表现为资产的计价与收益的决定。资产的计价是指用货币数额来确定和表现各个资产项目获取、使用和结存的价值数量的方法。这一过程就是计量过程。例如，某设备价值30万元，这30万元是企业在特定的时点获取该设备的价值数量。资产在任何时点都可以通过定量的方法得到数量的反映。资产的计价还可以应用于负债和产权的计量，这是因为，负债可以称为负资产，所有者权益又是资产扣除负债后的剩余资产或净资产，它们离不开计价或计量。由于资产综合地反映了一个会计主体所拥有的经济资源信息，因此，资产的计价是综合反映一个会计主体财务状况的重要手段。

企业拥有的经济资源进入生产领域后会发生一定的变动，即资源的转移与消耗。经过一段时间，资源的变动状况和结果都可以通过对收入、费用的计量和对比过程反映出来，这就是对收益的确定。

3.会计计量单位

会计计量单位是指计量尺度的量度单位。会计计量尺度的选择经历了漫长的发展过程，从最早的某些象征性符号，如结绳记事的“结”，向各种实物量度、劳动量度进化。到了商品经济社会，形形色色的实物量度已无法对企业的经济活动进行全面的、综合的反映，即使劳动量也难以对众多的经济活动进行综合的反映，于是货币作为商品内在的价值尺度的必然表现形式，取代了实物量度单位和劳动量度单位，成为会计统一的计量尺度。会计计量虽然是以货币计量为主，但也不排除以实物量度、劳动量度作为辅助量度手段。

在现实经济生活中，货币的量度单位就是它的购买力，而货币的实际购买力又是经常变动的，这就使得会计不可能运用单一的计量单位。目前，会计上存在以下两种形式的货币单位：

（1）名义货币单位。名义货币单位是各国主要流通货币的法定单位，如人民币的元、角、分。名义货币单位的购买力是会发生变动的。但是，根据“币值不变”假定，一方面，会计忽略货币单位（购买力）的变动，另一方面，当货币的购买力变动（通货膨胀或紧缩）的幅度较小或在一定期间内可以互相抵消时，以名义货币单位计量和编制的会计报表较之其他计量单位更为简便，也相对可靠。所以，一般情况下，会计计量总是以法定的名义货币单位为计量单位。

（2）一般购买力单位。这是以各国货币的一般购买力或交换比率作为计量单位的一种货币单位。这种计量单位基于不同时期的货币购买力变动有必要加以调整，并以一定时日的货币购买力（以一般物价指数近似地表示）调整或折算不同时期的名义货币单位，使不同时期的货币保持在不变的计量基础上，又称为“不变货币单位”。货币购买力变动一般采用物价指数来衡量。一般物价指数是指某一时日的一组商品和服务的平均价格水平相对于另一特定时日的同类商品和服务的平均价格水平的比率或对比关系。若以基年的物价指数为100，其他年份的物价指数变动就可以代表该年份的货币一般购买力的变动。

由于一般购买力单位经常处于变化之中，一般物价指数的计算又有一定的局限性，特别是事后难以验证。所以，即使发生较高的通货膨胀或紧缩，会计上一般仍以法定的名义货币单位为计量单位编制会计报表，同时补充编制以一般购买力单位为计量单位的会计信息。

4.会计的计量属性

会计的计量属性是指会计计量对象应予以计量的特性或外在表现形式，即可以用货币计量的方面。

由于经济交易或事项同样可以从多方面予以货币定量，从而有不同的计量属性。例如，某企业2020年购买一台设备，可使用5年；2024年该设备仍在使用，其金额至少有三个：2020年购买时支付的10万元；2024年购买同类设备需要支付的金额为11万元；2024年出售该设备可收回现金2万元。显然，选择不同时点的金额记录该项资产，会得出不同的结果，所反映的财务状况和经营成果也不同。因此，会计计量时应根据事项或交易的性质以及相关性和可靠性等选择适当的计量属性。计量属性要解决的是以何时的金额记录会计要素的问题。现行会计实务中用于资产的计量属性有以下几种：

（1）历史成本。历史成本又称原始成本，是指资产取得或购建时发生的实际成本。在历史成本计量下，资产按照购置时支付的现金或者现金等价物的金额，或者按照购置资产时所付出的对价的公允价值计量；负债按照因承担现时义务而实际收到的款项或者资产的金额，或者承担现时义务的合同金额，或者按照日常活动中为偿还负债预期需要支付的现金或者现金等价物的金额计量。在上例中，2020年购买设备的10万元就是该项固定资产的历史成本。按历史成本计量资产是会计的一条重要原则，也是会计计量中最重要和最基本的属性。

（2）重置成本。重置成本又称现行成本。在重置成本计量下，资产按照现在购买相同或者相似资产所需支付的现金或者现金等价物的金额计量；负债按照现在偿付该项债务所需支付的现金或者现金等价物的金额计量。在上例中，2024年购买同类设备需要支付的金额11万元为该项固定资产的重置成本。一般来说，重置成本与历史成本只有在原始交易日才能数量相等。离开了原始交易日，即使价格不变，资产的重置成本也不完全等于其历史成本。

（3）可变现净值。可变现净值又称脱手价值。在可变现净值计量下，资产按照其正常对外销售所能收到现金或者现金等价物的金额扣减该资产至完工时估计将要发生的成本、估计的销售费用以及相关税费后的金额计量。一般情况下，资产的可变现净值等于市场价格扣除预计销售费用后的净值。在上例中，该项设备的可变现净值为2万元。

（4）现值。在现值计量下，资产按照预计从其持续使用和最终处置中所产生的未来净现金流入量的折现金额计量；负债按照预计期限内需要偿还的未来净现金流出量的折现金额计量。

（5）公允价值。公允价值是指市场参与者在计量日发生的有序交易中，出售一项资产所能收到或者转移一项负债所需支付的价格。其中，市场参与者是指在相关资产或负债的交易市场中，同时具备下列三个特征的买方和卖方：相互独立，不存在关联方关系；熟悉情况，能够根据可取得的信息对相关资产或负债以及交易具备合理认知；有能力并自愿进行相关资产或负债的交易。有序交易是指在计量日前一段时间内相关资产或负债具有惯常市场活动的交易。清算等被迫交易不属于有序交易。公允价值体现了一定时点上资产或负债的实际价值，以公允价值计量能够真实反映资产给企业带来的经济利益或企业在清偿债务时需要转移的价值。

企业会计准则第39号——公允价值计量

计量属性的选择取决于会计信息使用者的需求，由于不同的会计信息使用者对会计信息的需求不同，因此，对计量属性的选择就存在差别。企业会计核算通常以历史成本作为基本的计量属性，是由于历史成本具有可靠、简便、可验证等其他计量属性不能比拟的优点。但是在市场经济条件下，历史成本也存在一定的缺陷，因此人们提出了现行成本、可变现净值、现值、公允价值等计量属性，作为历史成本的补充。五种计量属性见表2-1。

表2-1 **五种计量属性一览表**

计量属性	对资产的计量	对负债的计量
历史成本	按照购置时的金额	按照承担现时义务时的金额
重置成本	按照现时购买时的金额	按照现在偿还的金额
可变现净值	按照现在销售时的金额	—
现 值	按照将来的金额折现	
公允价值	有序交易中，出售一项资产所能收到或者转移一项负债所需支付的价格	

5.会计计量模式

会计计量包括对计量属性和计量单位的选择。会计计量就是解决何种属性应予以计量以及采用什么单位进行计量的问题。由于存在多种计量属性和计量单位，它们之间的不同组合就形成了不同的会计计量模式，主要有以下几种：

(1) 历史成本/名义货币单位。这是一种传统的计量模式。在物价稳定、币值基本不变的情况下，这种计量模式具有可靠性的优点；但在物价变动、币值发生变化的情况下，该模式所提供的会计信息就缺乏可比性和相关性。

(2) 历史成本/不变货币单位。这一模式又称不变购买力计量模式，该模式认为历史成本计量原则本身没有什么缺陷，只需要一个稳定的、可比的会计计量单位。因此，采用代表货币一定购买力的不变价格来代替币值已经发生变动的历史价格。

(3) 现行成本/名义货币单位。这种计量模式主张改变历史成本基础，代之以现行成本为基础的会计计量模式，以充分估计物价变动的具体影响。在这种计量模式下，企业的最终收益是由经营收益和资产持有利得构成的，从而改变了传统的收益确定方式。

(4) 现行成本/不变货币单位。这是一种为了全面反映并消除通货膨胀的会计影响，既要改变计量单位又要改变计量属性的计量模式，是一种能够反映企业的经济资源、盈利能力和现金流动的真实变化的会计计量模式。

对同一交易或事项，采用不同的计量模式，就会产生不同的计量结果。不同的计量模式表现出不同程度的相关性和可靠性，企业应选择何种计量模式取决于会计报表的要求。一般情况下，企业进行会计核算时选择历史成本/名义货币单位计量模式。

（三）会计要素确认与计量的要求

对会计要素进行确认与计量不仅要符合一定的条件，而且要在确认与计量过程中遵循以下要求：

1.划分收益性支出与资本性支出

会计核算应当合理划分收益性支出与资本性支出。凡支出的效益仅与本会计年度（或一个营业周期）相关的，应当作为收益性支出；凡支出的效益仅与几个会计年度（或几个营业周期）相关的，应当作为资本性支出。划分收益性支出与资本性支出的目的在于正确确定企业当期（一般指一个会计年度）损益。具体来说，收益性支出是为取得本期收益而发生的支出，应当作为本期费用，计入当期损益，列于利润表中，如结转销售成本、期间费用、所得税费用等；资本性支出是为形成生产经营能力并于以后各期取得收益而发生的支出，应当作为资产，列于资产负债表中，如购置固定资产等。

2.收入与费用配比

收入与费用配比包括两个方面的配比：一是收入和费用在因果联系上的配比，即取得一定的收入时要发生一定的支出，而发生这些支出的目的就是取得这些收入；二是收入和费用在时间意义上的配比，即一定会计期间的收入与费用的配比。

3.历史成本计量

这是指企业的各项财产物资应当按取得或购建时发生的实际支出进行计价。物价变动时，除国家另有规定外，不得调整账面价值。以历史成本为计价基础有助于对各项资产、负债项目的确认以及对计量结果的验证和控制；同时，按照历史成本原则进行核算，也使得收入和费用的配比建立在实际交易的基础上，防止企业随意改动资产价格造成经营成果虚假或任意操纵企业的经营业绩。用历史成本计价比较客观，有原始凭证作证明，可以随时查证，防止随意更改。但这样做是建立在币值稳定假设基础之上的，如果发生物价变动导致币值出现不稳定情况，则需要考虑使用其他的计价基础，如前面提及的重置成本等。

▸▸▸▸▸▸ 第二节　会计等式

会计等式即会计方程式或会计平衡公式，由会计要素组成，用来反映会计要素之间的基本平衡关系和企业产权归属关系。

会计对象可以概括为资金运动，具体表现为会计要素。企业每发生一笔经济业务都会引起资金运动，必然会涉及相应的会计要素，从而使全部资金运动所涉及的会计要素之间就存在一定的相互关系，会计要素之间的这种内在关系，就可以通过会计平衡等式表现出来。它是设置会计账户、复式记账和编制会计报表的理论依据。

一、会计等式的含义

对于企业而言，为了独立地进行生产经营活动，以获取利润，必须拥有一定数额可供支配的资产，而资产最初进入企业的来源渠道不外乎两种：一是由债权人提供；二是由所有者提供。既然企业的债权人和所有者为企业提供了全部资产，就应该对企业的资产享有要求权，这种对企业资产的要求权，在会计上总称为权益，权益表示的是企业资金取得的渠道。其中，属于债权人的部分，称为债权人权益，通常又称为负债；属于所有者的部分，称为所有者权益。

从数量上看，有一定数额的资产，就必定有对该资产的权益；有一定的权益，则必然有体现其权益的资产。世界上没有无资产的权益，也不存在无权益的资产。也就是说，一家企业的资产总额与权益（负债和所有者权益）总额必定相等。这种关系可以用以下等式表示：

资产=权益

=债权人权益+所有者权益

=负债+所有者权益

“资产=负债+所有者权益”会计等式体现了企业资金运动过程中某一时点上会计要素之间的数量关系，是资金运动的静态表现形式，是静态会计等式，又称为基本的会计等式、第一平衡等式。这一等式表明，在某一时点企业所掌握或拥有的经济资源的数额，等于债权人和企业所有者对这些资源所拥有的权益。

收入、费用和利润三个会计要素，在上述等式中虽然没有明确的表示，但实际上也体现在会计等式中。所有者权益不仅会因企业所有者向企业投资而变动，更主要的是会随企业的经营成果（利润或亏损）而变动。企业赚得收入，标志着企业资产的增加；企业发生费用，则标志着资产的减少。若收入大于费用，则产生利润；若收入小于费用，则产生亏损。因此，收入、费用、利润三个会计要素存在以下关系：

收入-费用=利润

企业的利润归企业所有者所有，企业的亏损也由所有者负担。企业一定时期取得的收入、支付的费用、形成的利润，是在一段时间内日复一日积累起来的，在会计期间的起点与终点之间逐渐构成了一个时间跨度。因此，“收入-费用=利润”这一会计等式是企业资金运动的动态表现形式，是动态会计等式，又称第二平衡等式。这一等式表明，企业在经营中取得的利润或发生的亏损，对先前时点上静态会计等式中的所有者权益必然增加或冲抵一部分数额。

上述两个会计等式从不同的角度反映了企业资金运动的方式及结果。从资金运动的静态角度看，在特定时点上表现为“资产=负债+所有者权益”的平衡关系，它表明资金在企业生产经营活动过程中所拥有或控制的经济资源及其来源渠道，反映了企业在一定时点上的财务状况。从资金运动的动态角度看，随着生产经营活动的开展，企业不断地取得收入和发生支出，经过一段时间后表现为“收入-费用=利润”的数量关系，它表明资金在企业生产经营过程中发生的耗费、取得的收入和形成的利润，反映了企业在一定时期实现的经营成果。这两个会计等式只是分别反映了企业资金运动的静态和动态，不具备全面性和综合性。这是因为，企业的资金运动实际上是连续的，是静态运动与动态运动相互交替的统一体，这两个会计等式之间必然存在有机的内在联系。

当我们从某一会计期间的起点上观察时，企业的全部资金处于相对静止状态，会计要素之间的关系表现为“资产=负债+所有者权益”。随着生产经营活动的进行，企业会不断发生费用，取得收入，并引起资产、负债、所有者权益产生数量上的变化。到了会计期末，若收入大于费用，则取得经营成果，即利润。利润是企业经营所得，归投资者所有。因此，在会计期末，会计要素之间的内在关系就表现为以下形式：

资产=负债+所有者权益+利润

即：资产=负债+所有者权益+收入-费用，资产+费用=负债+所有者权益+收入。

企业实现的利润要按国家有关规定提取用于积累的盈余公积和向投资者分配利润。企业从利润中提取的盈余公积构成企业所有者权益的新内容，可以转增资本金；企业按规定向投资者分配的利润在未支付以前又构成企业的新负债。这样，在会计期末，会计要素之间的关系式又恢复到会计期初的形式：

资产=负债+所有者权益

但上述等式与会计期初等式不同的是等号左右两边各会计要素的金额以及总金额都发生了或增或减的变化。

综上所述，“资产=负债+所有者权益”是反映企业生产经营的最基本的会计等式。它是各会计主体设置账户、进行复式记账、编制会计报表的理论依据。所以这个基本会计等式是会计核算的基石，有着极其重要的意义。

二、经济业务的类型及对会计等式的影响

企业在生产经营过程中必然会发生各种各样的经济业务，每项经济业务的发生都会对会计要素产生一定的影响，一项会计要素发生增减变动，其他有关要素也必然随之发生等额变动，或者是在同一要素中一项具体项目发生增减变动，其他有关项目也会随之等额变动。资产表明企业拥有多少经济资源和拥有什么经济资源，权益表明是谁提供了这些经济资源，谁对这些经济资源拥有要求权。因此，资产与权益之间形成了相互依存的关系，二者是不可分割的。

从静态来看，资产不能脱离权益而独立存在。没有无资产的权益，也没有无权益的资产；资产和权益是资金这同一事物从两个不同侧面观察分析的结果，从其存在、分布与使用的形态来看是资产，而从其形成与取得的来源来看是权益。从数量上看，有一定数额的资产，必定有一定数额的权益；反之，有一定数额的权益，也必定有一定数额的资产。也就是说，资产与权益之间在数量上存在着必然相等的关系。

从动态来看，不管企业发生的经济业务如何复杂多变，都不会破坏资产与权益之间的平衡关系，即不会破坏会计等式。

经济业务发生引起各项资产和权益（负债及所有者权益）的增减变动不外乎以下四种类型：

（1）经济业务发生，引起资产项目之间此增彼减，增减金额相等；

（2）经济业务发生，引起权益（负债及所有者权益）项目之间此增彼减，增减金额相等；

（3）经济业务发生，引起资产项目和权益项目同时增加，双方增加的金额相等；

（4）经济业务发生，引起资产项目和权益项目同时减少，双方减少的金额相等。

由此，我们可以得出以下结论：第一，任何一项经济业务的发生都会使资产或权益或资产、权益双方的两个项目发生变动，变动的结果使资产与权益总额始终保持相等关系。第二，经济业务的发生，涉及资产与权益两个方面项目变动的，会使双方总额发生增加或减少，但变动后的双方总额依然相等。第三，经济业务的发生，只涉及资产或权益一个方面项目变动的，不但双方的总额相等，而且双方的总额不变。

由以上四种类型的经济业务又可以细分为以下九种类型：

（1）一项资产增加，一项负债增加；

（2）一项资产增加，一项所有者权益增加；

（3）一项资产增加，另一项资产减少；

（4）一项负债减少，一项资产减少；

（5）一项负债减少，另一项负债增加；

（6）一项负债减少，一项所有者权益增加；

（7）一项所有者权益减少，一项资产减少；

（8）一项所有者权益减少，一项负债增加；

（9）一项所有者权益减少，另一项所有者权益增加。

经济业务九种类型见表2-2。

表2-2　**经济业务九种类型一览表**

经济业务类型	资产 =	负债 +	所有者权益
（1）一项资产增加，一项负债增加	+	+	
（2）一项资产增加，一项所有者权益增加	+		+
（3）一项资产增加，另一项资产减少	+/−		
（4）一项负债减少，一项资产减少	−	−	
（5）一项负债减少，另一项负债增加		+/−	
（6）一项负债减少，一项所有者权益增加		−	+
（7）一项所有者权益减少，一项资产减少	−		−
（8）一项所有者权益减少，一项负债增加		+	−
（9）一项所有者权益减少，另一项所有者权益增加			+/−

下面针对各种会计事项对会计等式的影响情况进行分析：

例2-1

华联有限责任公司从银行存款中提取现金30 000元。

这笔业务的发生引起一项资产项目“库存现金”增加30 000元，同时引起另一项资产项目“银行存款”减少30 000元，即一项资产增加30 000元，另一项资产减少30 000元，等式两边仍然保持平衡。

例2-2

华联有限责任公司向银行借入短期借款，直接偿还应付账款60 000元。

这笔业务的发生引起一项负债项目“短期借款”增加60 000元，同时引起另一项负债项目“应付账款”减少60 000元，即一项负债增加60 000元，另一项负债减少60 000元，等式两边仍然保持平衡。

例2-3

华联有限责任公司购入材料一批已入库，金额120 000元，货款未付。

这笔业务的发生引起一项资产项目“原材料”增加120 000元，同时引起一项负债项目“应付账款”增加120 000元，即等式两边同时增加120 000元，等式两边仍然保持平衡。

例2-4

华联有限责任公司接受投资者投资100 000元，款项直接存入银行。

这笔业务的发生引起一项资产项目“银行存款”增加100 000元，同时引起一项所有者权益项目“实收资本”增加100 000元，即等式两边同时增加100 000元，等式两边仍然保持平衡。

例2-5

华联有限责任公司以银行存款30 000元，偿还银行短期借款。

这笔业务的发生引起一项负债项目“短期借款”减少30 000元，同时引起一项资产项目“银行存款”减少30 000元，即等式两边同时减少30 000元，等式两边仍然保持平衡。

例2-6

华联有限责任公司按约定用银行存款40 000元退还长城公司的投资。

这笔业务的发生引起一项资产项目“银行存款”减少40 000元，同时引起一项所有者权益项目“实收资本”减少40 000元，即等式两边同时减少40 000元，等式两边仍然保持平衡。

例2-7

华联有限责任公司用盈余公积25 000元转增资本。

这笔业务的发生引起一项所有者权益项目“实收资本”增加25 000元，同时引起另一项所有者权益项目“盈余公积”减少25 000元，即一项所有者权益项目增加25 000元，另一项所有者权益项目减少25 000元，等式两边仍然保持平衡。

例2-8

华联有限责任公司宣告分派上年利润100 000元。

这笔业务的发生引起一项负债项目“应付股利”增加100 000元，同时引起一项所有者权益项目“利润分配”减少100 000元，即一项负债项目增加100 000元，一项所有者权益项目减少100 000元，等式两边仍然保持平衡。

例 2-9

华联有限责任公司所欠美联公司180 000元债务，经双方协商同意将此负债转为对本公司的投资。

这笔业务的发生引起一项所有者权益项目“实收资本”增加180 000元，同时引起一项负债项目“应付账款”减少180 000元，即一项所有者权益项目增加180 000元，一项负债项目减少180 000元，等式两边仍然保持平衡。

第三节　会计科目

一、会计科目的概念及其作用

（一）会计科目的概念

会计的职能是核算和监督，会计的对象是核算和监督的内容，即资金及其运动，那么资金是怎么运动的呢？具体是哪些内容在运动呢？六项会计要素仍然显得过于粗略，难以满足各有关方面对会计信息的需要。例如，所有者需要了解利润构成及其具体分配、负债及其构成情况；债权人需要了解流动比率、速动比率等有关指标，以评判其债权的安全情况；税务机关要了解企业欠缴税费的详细情况等。为此，企业必须对会计要素作进一步分类，这种对会计要素的具体内容进行分类核算的项目，称为会计科目。

（二）会计科目的作用

会计科目是进行各项会计记录和提供各项会计信息的基础，在会计核算中具有重要作用。

（1）会计科目是复式记账的基础。复式记账要求每一笔经济业务都在两个或两个以上相互联系的账户中进行登记，以反映资金运动的来龙去脉。

（2）会计科目是编制记账凭证的基础。在我国，会计凭证是确定所发生的经济业务应记入何种会计科目以及分门别类登记账簿的依据。

（3）会计科目为成本计算与财产清查提供了前提条件。会计科目的设置，使各种成本计算成为可能；而通过账面记录与实际结存的核对，又为财产清查、保证账实相符提供了必备的条件。

（4）会计科目为编制会计报表提供了构架。会计报表是提供会计信息的主要手段。为了保证会计信息的质量及信息提供的及时性，会计报表中的大多数项目与会计科目是一致的，并根据会计科目的本期发生额或余额填列。

二、设置会计科目的原则

会计科目作为反映会计要素的构成及其变化情况的重要手段，为投资者、债权人、企业经营管理者等提供决策所需信息。为此，会计科目的设置应当满足下列原则：

（一）合法性原则

为了保持会计信息的可比性，所设置的会计科目应符合企业会计准则的规定。

（二）相关性原则

会计科目的设置，应为有关各方提供所需要的会计信息服务，满足对外报告与对内管理的要求。

（三）实用性原则

企业的组织形式、所处行业、经营内容及业务种类等不同，在会计科目的设置上亦应有所区别。在合法性、相关性的基础上，企业应根据自身特点，设置符合经营管理需要的会计科目。

三、会计科目的分类

（一）按反映的经济内容进行分类

会计科目的经济内容就是所反映的会计对象的具体内容，会计对象的具体内容可以归纳为资产、负债、所有者权益、收入、费用和利润六大会计要素。因此，从理论上讲，会计科目按反映的经济内容也可以分为相应的六大类。但是，企业会计准则应用指南中规定的会计科目表中把企业的会计科目归为资产类、负债类、共同类、所有者权益类、成本类和损益类六大类。其中，共同类主要是针对金融企业的，制造业企业实际上只用到五大类，即资产类、负债类、所有者权益类、成本类和损益类。

为了便于会计从业人员掌握和运用会计科目，使记账在计算机环境下也能正常进行处理，有必要对会计科目进行分类和编号（会计电算化下称为会计科目代码），并编制成会计科目表。一般制造业企业所设置的基本会计科目见表2-3。现行的会计科目（一级科目）采用的是四位数编号法，如“银行存款”科目的编号为1002，“应交税费”科目的编号为2221等。在各会计科目编号之间，应留有适当的空号，以便在增添新的会计科目时使用。

（二）按提供核算指标的详细程度分类

会计科目的设置既要符合对外报告的要求，又要满足内部经营管理的需要。因此，在会计核算中，既要有反映资金运动的总括指标，又要有进一步反映明细情况的指标，即分为总分类科目和明细分类科目。

政府会计科目

总分类科目，又称一级科目、总账科目，是对会计对象的具体内容进行总括分类，一般由财政部统一制定。

明细分类科目，也称明细科目、细目，是对总账科目的进一步分类，它所提供的是更加详细具体的核算指标。除会计制度有规定者外，明细分类科目可以根据经济管理的实际需要由各单位自行规定。

表2-3 **会计科目表**

序号	编号	名　称	序号	编号	名　称
一、资产类			35	2202	应付账款
1	1001	库存现金	36	2203	预收账款
2	1002	银行存款	37	2211	应付职工薪酬
3	1012	其他货币资金	38	2221	应交税费
4	1101	交易性金融资产	39	2231	应付利息
5	1121	应收票据	40	2232	应付股利
6	1122	应收账款	41	2241	其他应付款
7	1123	预付账款	42	2501	长期借款
8	1131	应收股利	43	2502	应付债券
9	1132	应收利息	44	2701	长期应付款
10	1221	其他应收款	45	2901	递延所得税负债
11	1231	坏账准备	三、所有者权益类		
12	1401	材料采购	46	4001	实收资本
13	1402	在途物资	47	4002	资本公积
14	1403	原材料	48	4101	盈余公积
15	1404	材料成本差异	49	4103	本年利润
16	1405	库存商品	50	4104	利润分配
17	1411	周转材料	四、成本类		
18	1421	消耗性生物资产	51	5001	生产成本
19	1471	存货跌价准备	52	5101	制造费用
20	1511	长期股权投资	五、损益类		
21	1512	长期股权投资减值准备	53	6001	主营业务收入
22	1601	固定资产	54	6051	其他业务收入
23	1602	累计折旧	55	6101	公允价值变动损益
24	1603	固定资产减值准备	56	6111	投资收益
25	1604	在建工程	57	6301	营业外收入
26	1606	固定资产清理	58	6401	主营业务成本
27	1701	无形资产	59	6402	其他业务成本
28	1702	累计摊销	60	6403	税金及附加
29	1703	无形资产减值准备	61	6601	销售费用
30	1801	长期待摊费用	62	6602	管理费用
31	1811	递延所得税资产	63	6603	财务费用
32	1901	待处理财产损溢	64	6701	资产减值损失
二、负债类			65	6711	营业外支出
33	2001	短期借款	66	6801	所得税费用
34	2201	应付票据	67	6901	以前年度损益调整

为了满足内部经营管理的需要，当总分类科目下设置的明细分类科目太多时，可在总分类科目和明细分类科目之间增设二级科目，也称子目，再在二级科目下设置明细分类科目。例如，在“管理费用”总分类科目下，可按管理费用的类别设置二级科目：“工资”“职工福利费”“办公费”等，再在这些二级科目下分别设置三级科目，例如，在二级明细科目“办公费”下设置“书报费”“印刷费”“日常办公用品费”等三级明细科目。具体表示方法如图2-4所示：

管理费用	总分类科目
——工资	二级明细科目
——基本工资	三级明细科目
——加班费	三级明细科目
——临时工工资	三级明细科目
——职工福利费	二级明细科目
——福利费/医疗补助	三级明细科目
——折旧费	二级明细科目
——修理费	二级明细科目
——办公费	二级明细科目
——书报费	三级明细科目
——印刷费	三级明细科目
——日常办公用品费	三级明细科目
——消耗用品费	三级明细科目
——其他	三级明细科目

图2-4　总分类科目与明细分类科目的表示方法

总账、明细科目反映的经济业务内容是一样的，但总账科目处于统驭、控制地位，明细科目处于辅助、从属地位。它们所提供的核算资料互相补充，只有把两者结合起来，才能既总括又详细地反映同一核算项目的不同情况。

由于各会计主体的经济活动（如制造业企业的经济活动主要是供、产、销，商品流通企业的经济活动是商品购销，机关事业单位的经济活动是国家预算资金收支等）、经营范围、经营形式、经营规模不尽相同，故反映其经济活动的会计科目也有所区别。

▸▸▸▸▸▸ 第四节　会计账户

一、账户的概念

（一）概念

账户是按照规定的会计科目命名的、在账簿中对各项经济业务进行的分类、系统、连续记录的形式（格式）。设置会计科目是按照经济内容对各个要素所做的进一步分类。为了序时、全面、系统地记录会计要素的增减变动，就必须根据规定的会计科目在账簿中开设账户。

（二）账户和会计科目的关系

会计科目与账户是两个不同的概念，两者之间既有联系又有区别。

两者的联系在于：它们都是对会计对象具体内容的科学分类，两者口径一致，性质相同，内容相同；会计科目是账户的名称，也是设置账户的依据，账户则是会计科目的具体运用。没有会计科目，账户便失去了设置的依据；没有账户，就无法发挥会计科目的作用。

两者的区别是：会计科目仅仅是账户的名称，不存在结构；而账户不仅要有明确的经济内容，而且具有一定的格式和结构，并通过这个结构来核算会计要素的增减变动情况。

在实际工作中，对会计科目和账户不加以严格区分，而是相互通用。

二、账户的分类

在会计工作中，账户是按照会计科目的要求设置的。因此，应当按照会计科目的分类，相应地开设有关账户。

账户按经济内容分类是账户分类的基础，账户的经济内容是指账户所反映的会计对象的具体内容。在制造业企业中，账户可分为以下五类：

（一）资产类账户

资产类账户是用来核算各类资产的增减变动及结存情况的账户。

资产类账户从其反映的经济内容看具有以下特征：一是对所有者有用，即为预期的未来经济利益作贡献；二是能为该企业获得利益并限制其他人取得这项利益；三是能通过掌握该经济资源组织和控制经营活动。

资产类账户反映的会计内容，既有货币形态的，又有非货币形态的；既有有形的，也有无形的。

资产类账户具体分为流动资产类账户和非流动资产类账户。流动资产类账户反映可以在一年或超过一年的一个营业周期内变化或耗用的资产；非流动资产类账户包括反映企业的长期投资、固定资产、无形资产和其他资产等财产、债权和其他权利的账户。

（二）负债类账户

负债类账户反映企业由过去的交易、事项形成，并预期于履行时导致经济利益流出企业的现时义务。

从该类账户反映的经济内容看：一是体现经济主体按时履行偿付债务的责任或义务；二是表明清偿负债会导致企业未来经济利益的流出；三是表明这种债务履行客观存在或正在发生。

负债类账户按其在形成时所确定的偿还期的不同可以划分为流动负债类账户和非流动负债类账户。流动负债类账户反映企业将在一年或超过一年的一个营业周期内偿还的债务；非流动负债类账户反映偿还期在一年或超过一年的一个营业周期以上的负债。

（三）所有者权益类账户

所有者权益类账户反映所有者在企业资产中享有的经济利益。按其形成的方式，该类账户可分为投资人投入的资本以及企业内部积累的盈余公积和未分配利润等留存收益账户。反映所有者权益的账户一般分为投入资本类账户和留存收益类账户。

（四）成本类账户

成本类账户反映企业为生产产品、提供劳务而发生的经济利益的流出。它针对一定的成本计算对象（如某种产品、某类产品、某批产品、某个生产步骤等），表明由此发生的企业经济资源的耗费。成本类账户包括"生产成本""制造费用"等账户。

（五）损益类账户

损益类账户反映某一会计期间的一切经营活动和非经营活动的所有损益内容，既包括来自生产经营方面已实现的各项收入、已耗费的需要在本期配比的各项成本、费用，也包括来自其他方面的业务收支，以及本期发生的各项营业外收支等。

一般来说，该类账户可以分为收入类账户和费用类账户两大类。收入类账户反映企业在销售商品、提供劳务及让渡资产使用权等日常活动中所形成的经济利益的流入；费用类账户反映企业为销售商品、提供劳务等日常活动中所发生的经济利益的流出。

三、账户的基本结构

账户的基本结构是指账户的具体形式（格式），一般包括以下几部分：

（1）账户的名称（即会计科目名称）；

（2）日期（根据记账凭证的日期填写）；

（3）凭证号数（账户记录的依据，目的是建立凭证与账户、账簿之间的联系）；

（4）摘要（概要说明经济业务的内容）；

（5）左方及其金额和右方及其金额（增加和减少的金额）；

（6）余额（结存余额）。

其格式见表2-4。

表2-4　　账户名称（会计科目）

年		凭证号数	摘要	借（左）	贷（右）	借或贷	余额
月	日						

表2-4的格式通常被称为三栏式。为了便于说明和教学的需要，将上列账户基本格式简化为T形，格式如图2-5所示。

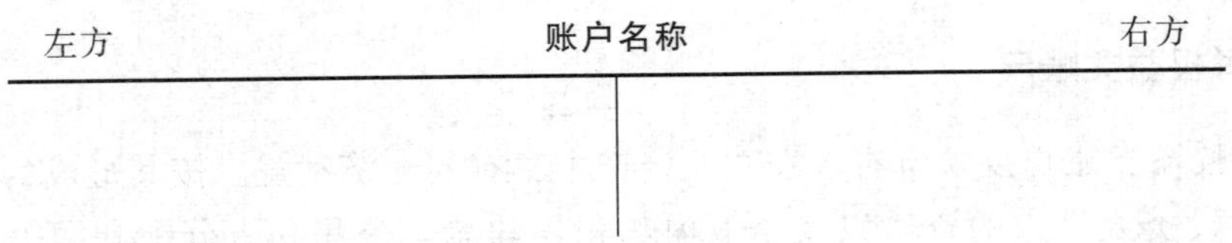

图2-5　T形账户

▸▸▸▸▸▸ 第五节　借贷记账法

一、复式记账原理

记账方法是指在账户中登记经济业务的方法。和其他事物一样，它也有产生和发展的历史，即由低级向高级、由简单到复杂、由不完善到比较完善的发展过程。记账方法分为单式记账法和复式记账法两大类。

（一）单式记账法

单式记账法是指对发生的经济业务，只在一个账户中进行记录的记账方法。它是一种比较简单、不完整的记账方法，只注重记录现金的收付以及人欠、欠人等往来的款项。比如，生活中用现金100元到市场买菜，买过菜后，只登记现金的减少数，至于伙食费的增加就省略不计了。这种方法的优点是手续简单、易学易懂，但由于账户设置不完整，每笔经济业务只记一笔账，不能按一定的计算公式试算平衡，显然不能全面系统、相互联系地反映经济业务的来龙去脉，也不便于检查账户记录的正确性和完整性。

（二）复式记账法

区块链与会计复式记账

复式记账法是对每一项经济业务，都要用相等的金额在相互关联的两个或两个以上的账户中进行登记的一种科学记账方法。它不仅可以了解每一项经济业务的来龙去脉，而且可以通过账户之间的相互关系进行核对检查，以确定账务记录是否真实、正确。我国历史上采用的复式记账法有增减记账法、收付记账法和借贷记账法。复式记账法是企业之间交流的特种语言。

【学思践悟 2-2】

人生的复式记账法

通过前面的学习，我们已经对复式记账法有了一定的认识。复式记账法可以反映企业的经济业务的来龙去脉。例如，企业用银行存款购买了一台设备，企业既要反映存款的减少，又要核算设备的增加。如果企业只是看到设备的增加，那就会忘了自己付出的代价；或者只看到存款的减少，却看不到设备的增加。这都是单式记账法的缺点。

讨论问题：为了更好地理解复式记账法，现在我们把它应用在我们个人的生活中，我们来思考一下我们个人的复式记账法，它会对我们产生怎样的影响？

要点提示：人生的付出和回报可以用复式记账法的思路来考察，一般而言，有付出就会有回报，要想有回报，必须有付出，二者存在这种平衡的关系。如果只看到付出，而看不见回报，人会变得悲观；如果只看到回报，却忘记了付出的代价，人会变得盲目乐观。只有两者综合考虑，人生才能平衡。

二、借贷记账法的形成、运用

（一）借贷记账法的形成

史料记载，借贷记账法起源于12世纪的意大利。当时，意大利的商品经济特别是沿海城市的海上贸易已经有很大发展，但使用货币的种类、重量、成色却很复杂，币制不统一是商品交换的一个障碍。尽管当时以兑换业务为主的“银行”（银钱业）已相当发达，但频繁的货币兑换、折算很不方便。在这种情况下，通过“银行”进行转账结算应运而生，“银行”为每一存款人记账时，都预留两个记账部位：一个记“我应当给他的”，相当于今天的“贷方”；另一个记“他应当给我的”，相当于今天的“借方”。

到了15世纪，人们除了增设“损益”账户和“资本”账户外，还增设了“余额”账户，对全部账户余额进行试算平衡。到了1494年，意大利数学家卢卡·帕乔利所著的《算术、几何、比及比例概要》中第一次从理论上阐述借贷记账法的原理，从此现代会计产生，其本人也被尊称为“会计之父”。随后，这种方法遍及全欧洲，20世纪初由日本传入我国，并于1908年创办大清银行时首次使用，1930年国民政府实业部推行此法，从此逐渐成为我国工商界、银行界习惯运用的记账方法。

20世纪60年代以后，我国曾用过增减记账法、收付记账法等记账方法。到1993年7月1日，企业会计准则明确规定采用借贷记账法。现行的《企业会计准则——基本准则》第十一条也明确规定，企业应当采用借贷记账法记账。

（二）记账符号

借贷记账法以“借”和“贷”作为记账符号，“借”（debit）、“借主”（debtor），“贷”（credit）、“贷主”（creditor）两个字的外文，起源于拉丁文，就原字的解释，“借”的意思是“欠”，“贷”是“有”（含有“取得”的意思）。自从“借”“贷”两字被应用于会计以后，随着时代的推进和社会经济的发展，借贷已失去原有含义，成为会计记账符号。

借贷记账法的历史由来

（三）账户的发生额与余额

在借贷记账法下，我们一般将账户的左方记为借方，账户的右方记为贷方，并非借就一定增加，贷就一定减少，或者说贷就一定增加，借就一定减少，至于哪一方登记增加，哪一方登记减少，应视经济业务本身的内容和账户本身的性质而定。事实上，借贷都具有增减双重意义。

一般地，资产类账户借方登记增加，贷方登记减少；负债类账户和所有者权益类账户借方登记减少，贷方登记增加；收入、利润的增加最终要归结为所有者权益的增加，因此，账户结构与权益类账户一样；费用的增加最终要归结为所有者权益的减少，因此，账户结构与资产类账户一样。其中，登记本期增加的金额，称为本期增加发生额；登记本期减少的金额，称为本期减少发生额；增减相抵后的差额，称为余额，余额按照表示的时间不同，分为期初余额和期末余额，其基本关系如下：

期初余额+本期发生增加额-本期发生减少额=期末余额

上述四个部分称为账户的四个金额要素，每个账户都是如此。

资产类账户

借		贷	
期初余额（上期期末余额）	×××		
（1）本期资产增加数 1	×××	（1）本期资产减少数 1	×××
（2）本期资产增加数 2	×××	（2）本期资产减少数 2	×××
……		……	
本期借方发生额	∑ ×××	本期贷方发生额	∑ ×××
期末余额	×××		

负债及所有者权益类账户

借		贷	
		期初余额（上期期末余额）	×××
（1）本期权益减少数 1	×××	（1）本期权益增加数 1	×××
（2）本期权益减少数 2	×××	（2）本期权益增加数 2	×××
……		……	
本期借方发生额	∑ ×××	本期贷方发生额	∑ ×××
		期末余额	×××

成本、费用类账户

借		贷	
期初余额（上期期末余额）	×××		
（1）本期成本、费用增加数 1	×××	（1）本期成本、费用减少数 1	×××
（2）本期成本、费用增加数 2	×××	（2）本期成本、费用减少数 2	×××
……		……	
本期借方发生额	∑ ×××	本期贷方发生额	∑ ×××
期末余额	×××		

收入、利润类账户

借		贷	
		期初余额（上期期末余额）	×××
（1）本期收入、利润减少数 1	×××	（1）本期收入、利润增加数 1	×××
（2）本期收入、利润减少数 2	×××	（2）本期收入、利润增加数 2	×××
……		……	
本期借方发生额	∑ ×××	本期贷方发生额	∑ ×××
		期末余额	×××

上述内容归纳如下：

第一，各类性质账户的结构总体如下：

借	×××账户 贷
资产的增加	负债及所有者权益的增加
负债及所有者权益的减少	资产的减少
成本、费用的增加（发生）	收入、利润的增加（发生）
收入、利润的减少（转销）	成本、费用的减少（转销）

第二，成本、费用类账户与收入、利润类账户虽然分别与资产类账户、负债及所有者权益类账户相似，但是它们一般无余额；如果有余额，也分别在借方或贷方，代表没有转销完的数额。一些账户在基础会计学习时无余额，但进一步学到财务会计、成本会计时就会有余额了。成本、费用类账户与收入、利润类账户是将损益类账户细分的结果。

第三，会计科目实行不固定分类。虽然会计科目表中将会计科目分为五类，但会计科目的性质由其余额的性质来决定。比如，"应收账款"科目余额一般在借方，表示债权，是资产性质的科目，列在资产负债表的左方，但如果出现贷方余额，表示债务，是负债性质的科目，列在资产负债表的右方（但并不影响其借方登记增加数和贷方登记减少数）。

第四，账户左方为借方，右方为贷方，这是约定，与"借"和"贷"的原意没有关系。

（四）记账的理论依据

借贷记账法记账的理论依据就是资产、负债及所有者权益的平衡关系。

静态会计等式为：

资产=负债+所有者权益

动态会计等式为：

资产+费用=负债+所有者权益+收入

（五）记账规则

前已述及，按照复式记账的原理，任何经济业务都要以相等的金额，在两个或两个以上相互联系的账户中进行记录。那么，在借贷记账法下，经济业务是如何进行记录的呢？方法是：对于任何一笔经济业务，都应按照其内容，一方面记入一个或几个有关账户的借方，另一方面记入一个或几个有关账户的贷方，而且记入借方的金额与记入贷方的金额必须相等。这就是借贷记账法的记账规则，亦称记账规律，即"有借必有贷，借贷必相等"。

现以华联有限责任公司2023年12月发生的经济业务为例说明。

例2-10

华联有限责任公司收到某单位投入的资本800 000元存入银行。

这项经济业务一方面使公司的资产增加，应记入"银行存款"账户的借方；另一方面使所有者权益增加，应记入"实收资本"账户的贷方。其登账的结果如下：

借	银行存款		贷
期初余额	600 000		
(10)	800 000		

借	实收资本		贷
		期初余额	600 000
		(10)	800 000

例2-11

华联有限责任公司用银行存款100 000元偿还前欠某企业账款。

这项经济业务一方面使企业的资产减少，应记入“银行存款”账户的贷方；另一方面使企业的负债减少，应记入“应付账款”账户的借方。其登账的结果如下：

借	银行存款		贷
期初余额	600 000	(11)	100 000
(10)	800 000		

借	应付账款		贷
(11)	100 000	期初余额	160 0000

例2-12

华联有限责任公司用银行存款200 000元购入一台全新机器设备。

这项经济业务一方面使企业的一项资产增加，应记入“固定资产”账户的借方；另一方面使企业的另一项资产减少，应记入“银行存款”账户的贷方。其登账的结果如下：

借	银行存款		贷
期初余额	600 000	(11)	100 000
(10)	800 000	(12)	200 000

借	固定资产		贷
期初余额	1 000 000		
(12)	200 000		

例2-13

华联有限责任公司将资本公积160 000元按法定程序转增资本。

这项经济业务一方面使企业的一项所有者权益减少，应记入“资本公积”账户的借方；另一方面使企业的另一项所有者权益增加，应记入“实收资本”账户的贷方。其登账的结果如下：

借	实收资本		贷
		期初余额	1 000 000
		(10)	800 000
		(13)	160 000

借	资本公积		贷
(13)	160 000	期初余额	240 000

例2-14

华联有限责任公司签发并承兑一张面额40 000元、为期2个月的商业汇票，用以抵付应付账款。

这项经济业务一方面使企业的一项负债减少，应记入“应付账款”账户的借方；另一方面使企业的另一项负债增加，应记入“应付票据”账户的贷方。其登账的结果如下：

借	应付账款		贷
(11)	100 000	期初余额	160 000
(14)	40 000		

借	应付票据		贷
		(14)	40 000

例2-15

华联有限责任公司购进原材料30 000元，其中20 000元货款已用银行存款付讫，其余10 000元货款尚未支付。

这项经济业务一方面使企业的一项资产增加，应记入“原材料”账户的借方；另一方面使企业的另一项资产减少，以及企业的负债增加，应记入“银行存款”和“应付账款”账户的贷方。其登账的结果如下：

借	银行存款		贷
期初余额	600 000	(11)	100 000
(10)	800 000	(12)	200 000
		(15)	20 000

借	应付账款		贷
(11)	100 000	期初余额	160 000
(14)	40 000	(15)	10 000

借	原材料		贷
(15)	30 000		

例2-16

华联有限责任公司以银行存款60 000元，偿还银行短期借款40 000元和前欠某单位的货款20 000元。

这项经济业务一方面使企业的资产减少，应记入“银行存款”账户的贷方；另一方面使企业的负债减少，应记入“短期借款”和“应付账款”账户的借方。其登账的结果如下：

借 **银行存款** 贷

期初余额	600 000	（11）	100 000
（10）	800 000	（12）	200 000
		（15）	20 000
		（16）	60 000

借 **应付账款** 贷

（11）	100 000	期初余额	160 000
（14）	40 000	（15）	10 000
（16）	20 000		

借 **短期借款** 贷

（16）	40 000	期初余额	200 000

三、会计分录

（一）含义

会计分录，简称分录，是按照借贷记账法的要求，对每项经济业务所涉及的会计科目（账户）的名称、记账方向及金额所作的一种记录。它是会计语言的表达方式。编制会计分录是会计工作的初始阶段，在实际工作中，这项工作一般是通过编制记账凭证或登记日记账来完成的。编制会计分录，就意味着对经济业务作会计确认，为经济业务记入账户提供依据。

（二）分类

1.简单分录

简单分录是指经济业务在编制过程中，只涉及一个账户借方和另一个账户贷方的会计分录，即一借一贷的会计分录。具体做法如下：

① 分析经济业务，对应会计科目表，找出业务中所涉及的会计科目（账户）的名称；

② 分析确定各账户的性质；

③ 根据业务中所涉及账户的金额是增加还是减少，按照各账户结构的登记要求，分别登记在借方和贷方。

以下举例来说明会计分录的编制：

例2-17

华联有限责任公司从银行存款中提取现金60 000元。

这笔经济业务涉及“库存现金”和“银行存款”两个账户，且都是资产类账户，由于资产类账户一般在借方登记增加，贷方登记减少，故会计分录为：

借：库存现金　　60 000

　贷：银行存款　　60 000

例2-18

华联有限责任公司向银行借入短期借款，直接偿还应付账款50 000元。

这笔经济业务涉及“短期借款”和“应付账款”两个账户，且都是负债类账户，由于负债类账户一般在贷方登记增加，借方登记减少，故会计分录为：

借：应付账款　　50 000

　贷：短期借款　　50 000

例2-19

华联有限责任公司购入材料一批已入库，金额180 000元，货款未付。

这笔经济业务涉及资产类账户“原材料”和负债类账户“应付账款”，由于资产类账户一般在借方登记增加，贷方登记减少，负债类账户一般在贷方登记增加，借方登记减少，故会计分录为：

借：原材料　　180 000

　贷：应付账款　　180 000

例2-20

华联有限责任公司接受投资者投资80 000元，款项直接存入银行。

借：银行存款　　80 000

　贷：实收资本　　80 000

例2-21

华联有限责任公司以银行存款10 000元，偿还银行短期借款。

借：短期借款　　10 000

　贷：银行存款　　10 000

例2-22

华联有限责任公司按约定用银行存款20 000元退还长城公司的投资。

借：实收资本　　20 000

　贷：银行存款　　20 000

例2-23

华联有限责任公司用盈余公积35 000元转增资本。

借：盈余公积　　35 000

贷：实收资本 35 000

例2-24

华联有限责任公司宣告分派上年利润150 000元。

借：利润分配 150 000

贷：应付股利 150 000

例2-25

华联有限责任公司所欠美华公司200 000元债务，经双方协商同意将此负债转为对本公司的投资。

借：应付账款 200 000

贷：实收资本 200 000

2.复合分录

复合会计分录，简称复合分录，是指由两个以上对应账户所组成的会计分录，即一借多贷、一贷多借、多借多贷的会计分录。复合会计分录的编制与简单会计分录的编制相似，只是涉及的会计科目在两个以上，按照账户的性质分别登记借方或贷方。

例2-26

华联有限责任公司采购甲材料5 000元，用银行存款支付4 000元，尚欠1 000元。

这笔业务涉及资产类账户“原材料”和“银行存款”及负债类账户“应付账款”，由于资产类账户一般在借方登记增加，贷方登记减少，负债类账户一般在贷方登记增加，借方登记减少，故会计分录为：

借：原材料 5 000

贷：银行存款 4 000

应付账款 1 000

例2-27

华联有限责任公司以预付账款6 000元从华阳公司购入乙材料验收入库，根据发票账单入账，价款为6 500元，当即补汇货款500元。该公司应编制会计分录如下：

借：原材料 6 500

贷：预付账款 6 000

银行存款 500

例2-28

采购员李明出差，借支差旅费2 000元，以现金支付。该公司应编制会计分录如下：

借：其他应收款 2 000

贷：库存现金 2 000

例2-29

采购员李明出差归来，报销差旅费1 700元，交回现金300元。该公司应编制会计分录如下：

借：管理费用　　1 700
　　库存现金　　300
　贷：其他应收款　　2 000

编制复合会计分录，既可以简化记账手续，又能集中反映某项经济业务的全面情况。但是，复合会计分录涉及的账户较多，容易使账户之间的对应关系模糊不清，难以据此分析经济业务的实际情况，所以，最好编制一借一贷的会计分录。在会计实务中，企业则是根据本单位所采用的账务处理程序来决定是编制一借一贷的会计分录，还是编制一借多贷和一贷多借的会计分录。

四、试算平衡

"有借必有贷，借贷必相等"是借贷记账法的记账规则，一笔会计分录借贷相等，两笔会计分录借贷相等，N笔会计分录借贷也肯定相等。但是，由于企业涉及的业务内容方方面面，且受到主观和客观因素的影响，一个会计期间下来，很难保证没有金额登记错误或者账户方向记反、记账遗漏等方面的错误。因此，在会计期末，需要通过一定的方法来检查这个会计期间的账务处理是否正确、完整。试算平衡就是用来检查账务处理正确性的方法之一。

试算平衡是指根据会计等式的平衡原理，按照借贷记账法记账规则的要求，通过汇总、计算和比较来检查账户记录、过账过程等的正确性、完整性的一种方法。

试算平衡工作一般是在月末结出各个账户的本月发生额和月末余额后，通过编制总分类账户发生额试算平衡表和总分类账户余额试算平衡表来进行的。

试算平衡既可以采用发生额试算平衡的方法，也可以采用余额试算平衡的方法。

（一）发生额试算平衡法

借贷记账法的记账规则是"有借必有贷，借贷必相等"。其中，"借贷必相等"是指每一笔交易或事项发生引起的账户借方变动金额和贷方变动金额都相等。如果将本期发生的全部交易或事项的会计处理加总，所有账户本期借方发生额合计与所有账户本期贷方发生额合计必定相等，即：

全部账户的期初借方金额合计数=全部账户的期初贷方金额合计数

全部账户的本期借方发生额合计数=全部账户的本期贷方发生额合计数

（二）余额试算平衡法

"资产=负债+所有者权益"是最基本的会计平衡等式，它可以用来反映任何一个时点某一会计主体的全部资产和这些资产的来源情况。同时，收入和费用类账户一般没有余额，利润类账户的余额本身就是所有者权益的组成内容之一，应当归入所有者权益要素之内。这样，"资产=负债+所有者权益"等式可以用来概括某一时点会计主体的全部账户余额。在一般情况下，资产类账户的余额在借方，负债和所有者权益类账户的余额在贷方，所以：

全部账户的期末借方余额=全部账户的期末贷方余额

由于"期初余额+本期增加发生额-本期减少发生额=期末余额"，因此，在会计实务中，我们经常采用余额试算平衡法，即将全部账户的期末借方余额与全部账户的期末贷方余额进行比较。现利用介绍记账规则内容里的例题来分析试算平衡的账务处理方法。首先将各笔经济业务记入各总分类账户，并结出本期发生额和期末余额，然后分别编制总分类账户发生额试算平衡表（见表2-5）和总分类账户余额试算平衡表（见表2-6）。

银行存款

期初余额	600 000	（11）	100 000
（10）	800 000	（12）	200 000
		（13）	20 000
		（16）	60 000
本期发生额	800 000	本期发生额	380 000
期末余额	1 020 000		

原材料

（15）	30 000		
本期发生额	30 000	本期发生额	0
期末余额	30 000		

固定资产

期初余额	1 000 000		
（12）	200 000		
本期发生额	200 000	本期发生额	0
期末余额	1 200 000		

短期借款

（16）	40 000	期初余额	200 000
本期发生额	40 000	本期发生额	0
		期末余额	160 000

应付账款

（11）	100 000	期初余额	160 000
（14）	40 000	（15）	10 000
（16）	20 000		
本期发生额	160 000	本期发生额	10 000
		期末余额	10 000

应付票据

		（14）	40 000
本期发生额	0	本期发生额	40 000
		期末余额	40 000

实收资本

		期初余额	1 000 000
		(10)	800 000
		(13)	160 000
本期发生额	0	本期发生额	960 000
		期末余额	1 960 000

资本公积

(13)	160 000	期初余额	240 000
本期发生额	160 000	本期发生额	0
		期末余额	80 000

表2-5　**总分类账户发生额试算平衡表**

2023年12月31日　　单位：元

账户名称	本期发生额	
	借方	贷方
银行存款	800 000	380 000
原材料	30 000	
固定资产	200 000	
短期借款	40 000	
应付账款	160 000	10 000
应付票据		40 000
实收资本		960 000
资本公积	160 000	
合　计	1 390 000	1 390 000

表2-6　**总分类账户余额试算平衡表**

2023年12月31日　　单位：元

账户名称	期末余额	
	借方	贷方
银行存款	1 020 000	
原材料	30 000	
固定资产	1 200 000	
短期借款		160 000
应付账款		10 000
应付票据		40 000
实收资本		1 960 000
资本公积		80 000
合　计	2 250 000	2 250 000

在实际工作中，为了方便起见，还可以将总分类账户发生额试算平衡表和总分类账户余额试算平衡表合并在一起，并结合各账户的期初余额，编制总分类账户发生额及余额试算平衡表（见表2-7）。这样，在一张表上既可以进行总分类账户借贷发生额平衡的试算，又能够进行总分类账户余额平衡的试算。

表2-7　**总分类账户发生额及余额试算平衡表**　单位：元

账户名称	期初余额		本期发生额		期末余额	
	借方	贷方	借方	贷方	借方	贷方
银行存款	600 000		800 000	380 000	1 020 000	
原材料			30 000		30 000	
固定资产	1 000 000		200 000		1 200 000	
短期借款		200 000	40 000			160 000
应付账款		160 000	160 000	10 000		10 000
应付票据				40 000		40 000
实收资本		1 000 000		960 000		1 960 000
资本公积		240 000	160 000			80 000
合 计	1 600 000	1 600 000	1 390 000	1 390 000	2 250 000	2 250 000

以上试算结果都表明，该期不存在明显的记账、过账的差错。如果试算平衡表中借贷两方金额不相等，则表明账户记录或过账过程发生错误，需要进一步检查，找出错误并及时更正。

必须指出的是，即使试算平衡表中借贷金额相等，也并不一定说明不存在错误。因为有些记账错误并不影响借贷双方的平衡，因而无法通过试算平衡表查出，比如漏记或重记某项经济业务、借贷记账方向彼此颠倒或记错了账户以及偶然的巧合等。这就要求会计人员在平时的记账、登账过程中养成良好的习惯，不可马虎潦草、敷衍了事。

本章小结

会计的对象是会计反映和监督的内容，是会计主体的资金运动。会计要素是对会计对象进行的基本分类，是会计对象的具体化，是反映会计主体财务状况和经营成果的基本单位。我国的《企业会计准则——基本准则》规定了资产、负债、所有者权益、收入、费用和利润六大要素。资产、负债和所有者权益是反映财务状况的静态会计要素；收入、费用和利润是反映经营成果的动态会计要素。

会计等式反映了会计要素之间的数量关系。它是设置会计账户、复式记账和编制会计报表的理论依据。资产=负债+所有者权益，是第一会计等式；收入-费用=利润，是第二会计等式，任何经济业务的发生都不会影响会计等式的成立。

会计要素的确认包括初始确认和再确认，会计要素的确认要符合相应的标准。会计计量是会计核算系统的核心问题，包括计量单位和计量属性两部分。计量属性有历史成本、重置成本、可变现净值、现值和公允价值等五种。会计要素的确认和计量要求包括：划分收益性支出和资本性支出、配比性和历史成本计量等。

会计科目是对会计对象的具体内容进行分类核算的项目，设置会计科目应遵循一定的原则。账户就是根据会计科目开设的，连续、分类记录各项经济业务，反映各个会计要素增减变化情况及其结果的一种工具。

会计科目和账户是两个不同的概念，两者都是对会计要素具体内容的进一步分类，科目是账户的名称，账户不仅有明确的经济内容，而且有一定的结构。但在一般情况下，我们并不区分会计科目和账户。

账户的结构都是由两个基本部分组成的，一部分登记资金数量的增加，另一部分登记资金数量的减少。至于哪一方登记增加，哪一方登记减少，则取决于记账方法和账户所记录的经济业务的内容，即账户的性质。

借贷记账法是典型的复式记账法，对任何一笔经济业务都要用相等的金额，在两个或两个以上的有关账户中进行相互联系的登记。借贷记账法的理论依据是会计平衡等式，即资产=负债+所有者权益，记账的规则是“有借必有贷，借贷必相等”。

会计分录是按照借贷记账法的要求，对每项经济业务所涉及的会计科目（账户）的名称、记账方向及金额所作的一种记录。它是会计语言的表达方式。编制会计分录是会计工作的初始阶段，在实际工作中，这项工作一般是通过编制记账凭证或登记日记账来完成的。

试算平衡是指根据会计等式的平衡原理，按照借贷记账法记账规则的要求，通过汇总、计算和比较，来检查账户记录、过账过程等的正确性、完整性的一种方法。试算平衡工作，一般是在月末结出各个账户的本月发生额和月末余额后，通过编制总分类账户发生额试算平衡表和总分类账户余额试算平衡表来进行的。

复习思考题

1. 什么是会计要素？会计要素按性质可分为哪几类？
2. 分别说明各会计要素的特点及其分类。
3. 如何根据会计确认的标准对资产、负债和所有者权益进行确认。
4. 如何根据会计确认的标准对收入、费用和利润进行确认。
5. 分别从动态和静态两方面分析经济业务对会计等式的影响及结果。
6. 会计要素的确认和计量的基本要求有哪些？
7. 什么是会计科目和会计账户？二者有什么区别和联系？
8. 会计账户如何分类？各类账户有什么特点？
9. 借贷记账法的记账规则是什么？
10. 论述试算平衡的基本原理和具体方法。

个案分析

案例一

2024年1月1日，张贵先生准备开一家校园超市，在开户银行存入200 000元作为本金，1月1日，支付两年的租金48 000元，1月31日，产生2 000元的租金费用；1月2日，用银行存款2 000元购入各种办公用品；1月3日，用银行存款购入80 000元商品，到1月30日全部售出，并收到货款100 000元，货款已存入银行。

要求：

张贵先生超市的这些经济活动对哪些会计要素产生了影响？这些要素的变化是否影响了会计等式？1月底的会计等式如何表达？

案例二

联华有限责任公司2023年12月31日有关账户的资料见表2-8。

表2-8 **有关账户资料** 单位：元

账户名称	期初余额		本期发生额		期末余额	
	借 方	贷 方	借 方	贷 方	借 方	贷 方
长期股权投资	400 000		220 000	10 000	（ ）	
银行存款	60 000		（ ）	80 000	90 000	
应付账款		80 000	70 000	60 000		（ ）
短期借款		45 000	（ ）	10 000		30 000
应收账款	（ ）		30 000	50 000	20 000	
实收资本		350 000		（ ）		620 000
其他应收款	25 000		25 000		（ ）	

要求：

请根据账户期初余额、本期发生额和期末余额的计算方法，填列表2-8中的空缺部分。

案例三

联华有限责任公司2023年12月31日的财务状况见表2-9。

表2-9 **财务状况表** 单位：元

资 产	金 额	负债及所有者权益	金 额
货币资金	27 000	短期借款	10 000
交易性金融资产	35 000	应付账款	32 000
其他应收款	1 000	应交税费	9 000
存货	52 000	长期借款	C
长期股权投资	A	实收资本	240 000
固定资产	200 000	资本公积	23 000
合 计	375 000	合 计	B

要求：

（1）计算表中的A、B、C；

（2）计算该企业的流动资产、流动负债、净资产总额。

案例四

联华有限责任公司2023年12月初有关账户余额见表2-10。

表2-10 有关账户余额 单位：元

资　产	金　额	负债及所有者权益	金　额
库存现金	1 500	短期借款	195 000
银行存款	45 000	应付账款	140 000
原材料	90 000	预付账款	2 000
应收账款	47 700	应交税费	9 000
库存商品	60 000	长期借款	186 000
生产成本	22 000	实收资本	304 200
长期股权投资	180 000	资本公积	140 000
固定资产	600 000	盈余公积	70 000
合　计	1 046 200	合　计	1 046 200

该公司本月发生下列经济业务：

（1）购进机器设备一台，价值48 000元，以银行存款支付。

（2）从银行提取现金2 000元。

（3）投资者投入企业原材料一批，作价30 000元。

（4）生产车间从仓库领用材料一批，价值45 000元，投入生产。

（5）以银行存款22 500元偿还应付供货单位货款。

（6）取得长期借款120 000元，存入银行。

（7）以银行存款上交所得税费用8 000元。

（8）收到购货单位前欠货款18 000元，其中16 000元通过银行转账，其余部分收到现金。

（9）以银行存款48 000元归还短期借款20 000元并向购货单位支付前欠账款28 000元。

要求：

请编制以上业务的会计分录，并编制试算平衡表。

第三章

复式记账法的运用
——制造业企业基本业务的会计核算

【学习目标】

素养目标：在复式记账法的应用过程中，鼓励学生结合具体业务场景进行思考。引导学生深入理解会计信息的真实性和准确性的重要性，树立诚实守信、客观公正的职业操守，认识到任何财务数据的篡改或隐瞒都是对职业道德的严重违背，从而培养学生的经济伦理意识和责任感。使学生进一步认识到会计工作虽看似枯燥烦琐，实则需要高度的责任心和精益求精的工匠精神。在复式记账法的每一个细节中，都要求学生做到准确无误，追求卓越，通过反复练习和不断反思，提升专业技能和职业素养，为社会贡献高质量的会计信息。

知识目标：学生需深入理解复式记账法作为现代会计基础的核心地位，掌握其“有借必有贷，借贷必相等”的基本原则，以及这一原则如何确保会计信息的完整性和准确性。熟悉会计的六大基本要素（资产、负债、所有者权益、收入、费用和利润），并能准确识别各要素在经济业务中的表现形式。同时，掌握会计科目的设置原则、分类及具体运用，并且根据具体经济业务的性质和内容，正确选择会计科目，并遵循复式记账的规则，在至少两个相互关联的账户中进行记录。通过大量实践练习，熟练掌握各种常见经济业务的复式记账方法。使学生具备一定的案例分析能力，能够针对具体的会计案例，运用复式记账法进行分析和处理。通过分析案例中的经济业务，加深对复式记账法运用场景的理解，提高解决实际问题的能力。

能力目标：学生需具备对经济业务进行深入分析的能力，能够准确判断经济业务的性质、影响范围及涉及的会计科目。学生能够根据不同行业、不同企业类型的特定需求，灵活调整和应用复式记账法。理解不同业务场景下的会计处理差异，能够设计出既符合会计准则又适应企业实际情况的会计处理方案。通过实践经验和案例分析，学生能够快速适应新环境，准确处理复杂多变的会计业务，展现出高度的灵活性和适应性。

【学习导入】

企业生产过程涉及原材料采购、生产加工、库存管理、产品销售等多个环节，每个环节都伴随着大量的资金流动和成本变动。为了准确记录这些经济活动，确保财务数据的真实性和可靠性，企业应用复式记账法。

以一次典型的原材料采购为例，企业需要从供应商处购进大量钢材作为生产原料。财务部门在收到采购订单和发票后，首先会根据复式记账法的原则，在“原材料”科目的借方记录钢材的入库成本，同时在“应付账款”或“银行存款”科目的贷方记录相应的支付金额（如果已支付）或待支付金额（如果采用赊购方式）。这样，一笔原材料采购的经济业务就被完整地记录在了企业的会计账簿上。在生产加工过程中，企业还需要将原材料转化为成品，并计算在此过程中产生的直接人工和制造费用。这些费用同样需要按照复式记账法的规则进行记录和分配，以确保生产成本的准确核算。最终，当产品销售给客户时，财务部门会再次运用复式记账法，在“应收账款”或“银行存款”科目的借方记录销售收入，同时在“主营业务收入”和“应交税费”（如增值税）等科目的贷方进行相应记录。

▸▸▸▸▸▸ 第一节　制造业企业主要经济业务概述

一、制造业企业的主要经营过程

不同企业的经济业务各有特点，其生产经营业务流程也不尽相同，本章以制造业企业为例，介绍制造业企业主要经营过程的业务内容及核算方法。制造业企业的基本任务是生产产品，制造业企业的生产经营过程可以分为供应过程、生产过程和销售过程三个阶段。企业为了保证其生产经营活动的正常进行，就必须拥有一定数量的经营资金，而这些经营资金都是企业从一定的来源渠道筹集取得的。经营资金在生产经营过程中被具体运用时表现为不同的资金形态，而且随着生产经营过程的不断进行，其资金形态不断转化，依次经过货币资金、储备资金、生产资金、成品资金，又回到货币资金形态，形成经营资金的循环与周转。企业是以营利为目的的，需要定期考察其生产经营活动过程实现的经营成果，进行利润的计算与分配。

综上，制造业企业的主要经济业务可以归纳为以下五种：资金筹集、供应过程、生产过程、销售过程、财务成果形成与分配。

二、制造业企业经济业务的主要内容

1.资金筹集

资金筹集是指企业从各种渠道筹集生产经营所需要的资金的过程。按筹资渠道的不同，资金筹集业务可分为以下两种：一是接受投资者的投资，投资者分享企业经营收益，承担经营风险；二是向债权人借入资金，债权人到期收回本息。

2.供应过程

供应过程是企业产品生产的准备过程，是企业运用货币资金购买机器设备等劳动资料形成固定资产，购买原材料等劳动对象形成储备资金，为生产产品作物资准备的过程。供应过程的具体核算内容主要有固定资产购置和原材料采购业务。其中，原材料采购业务包括支付材料价款和税款、发生采购费用、计算采购成本、材料验收入库结转成本等内容。

3.生产过程

生产过程是生产工人借助劳动资料对劳动对象进行加工，生产出各种产品的过程，是制造业企业经营过程的中心环节。生产过程主要表现为对经营资金的消耗，如消耗各种固定资产、支付各种生产费用等。生产过程业务核算的基本内容主要包括生产费用的发生、归集和分配，以及完工产品生产成本的计算和结转等。

4.销售过程

销售过程是产品价值的实现过程，是通过销售产品收回货款或形成债权，从而使得经营资金从成品资金形态转化为货币资金形态的过程。销售过程业务的核算内容主要有销售产品并与购买单位办理各种款项的结算、销售费用及销售税金的核算、结转销售成本等。

5.财务成果形成与分配

财务成果形成与分配主要包括：将企业生产经营过程中所获得的各项收入抵减各项成本、费用，计算企业的利润；对企业实现的税前利润，按规定计算缴纳所得税，对税后利润，按照规定的程序在各有关方面进行合理分配；如果发生亏损，还要按照规定的程序进行弥补。

三、制造业企业经济业务的主要特点

制造业企业的经济业务可以从企业资金运动的角度进行深入分析与探讨，具体有以下几个特点：

1.经营资金不断循环与周转

在制造业企业中，资金从货币形态开始，顺序地经过供应、生产、销售过程，资金的形态依次转化为储备资金、生产资金、成品资金，经过一个周期的变化后，又回到货币资金形态，即资金循环；资金周而复始、循环往复地在生产经营过程中的运动，即为资金周转。在正常经营的企业中，经营活动是持续的，经营资金也是不断循环与周转的。

2.资金运动具有并存性和继起性

并存性是指企业的各种经营资金在运动过程中是同时存在的，缺一不可。任何一种资金的存在都将对后续环节的资金运动产生不同程度的影响。继起性是指每个环节经营资金发生变化后，都将转化为对企业经营更为有利的新的资金形态，进而重新向新的货币资金转化。企业资金运动的并存性和继起性是企业持续经营的具体表现形式。

3.各种资金形态按一定比例存在

企业的各种资金形态在运动过程中大致保持适当的比例，只有这样企业的经营活动才能持续进行。

4.经营资金具有补偿性和增值性

大型制造业企业的经济业务类型

企业每完成一轮资金循环，就需要将收回的资金中的一部分投入下一轮资金循环，只有这样才能保证企业的经营活动始终得到足够的资金支持。在收回的货币资金较多的情况下，企业可以拿出更多的资金进行扩大再生产。增值性是指企业收回的资金应大于循环开始时投入的货币资金数额，即企业实现的利润。利润是企业经营活动的最终成果，也是判断企业盈利能力强弱和经营管理水平高低的重要标志。

【学思践悟3-1】

人生价值的平衡

复式记账法，作为会计学的基石，其精髓在于“有借必有贷，借贷必相等”，这一原则不仅适用于经济交易的记录，更深刻地映射出人生价值的双重面向与平衡之道。在人生的旅途中，我们如同一位会计，不断记录着生活的点滴。每一次选择、每一次努力，都是对人生账户的“借贷”操作。正如复式记账法要求每一笔交易都必须同时反映在两个或多个账户中，人生的每一个决定也必然影响着我们的多个方面：既有物质的得失，也有精神的成长；既有眼前的利益，也有长远的规划。在追求人生价值的道路上，我们应当借鉴复式记账法的智慧，做到“收支平衡”，即在追求物质成功的同时，不忽视精神世界的富足；在享受当下幸福的同时，也为未来做好规划与储备。正如会计师需要审慎处理每一笔交易，我们也应慎重对待人生的每一个选择，确保它们能够促进我们的全面发展与持续成长。因此，复式记账法不仅是会计学的工具，更是人生哲学的启示。它提醒我们，在纷繁复杂的人生旅途中，要时刻保持清醒的头脑，用理性的态度去审视每一个选择，用平衡的智慧去规划每一段旅程，最终实现个人价值与社会价值的和谐统一。

请同学们思考并谈谈从借贷记账法中获得的人生价值启发。

▸▸▸▸▸▸ 第二节 资金筹集业务的核算

任何一家企业从事生产经营活动都必须拥有一定数量的资金，通过一定的渠道筹集生产经营所需的资金是任何一家企业持续经营的必备条件。企业筹集的资金最初是以货币资金形态进入企业的，具体表现为库存现金或银行存款等，具体筹资渠道包括所有者权益资金筹集与负债资金筹集两个方面。企业资金筹集业务将导致企业资本及债务的规模和构成发生变化。

一、所有者权益资金筹集业务的核算

所有者权益资金筹集是指企业通过吸收投资者直接投资、发行股票、内部积累等方式筹集自有资金。我国法律规定，设立企业必须有法定的资本。资本是由投资者认缴并经市场监督管理部门核准注册的资本总额。投资者一旦对企业投资后，即对企业的资产、资产经营的结果、资产经营的权利等享有权益，形成所有者权益。投资者对企业的投资可以是货币、实物、无形资产等形式。投资者向企业投入的资本，在一般情况下企业无须偿还且可以依法转让；企业对实际收到的资本金依法享有经营权。因各种原因使企业投资者的出资额超过注册资本的差额，形成企业的资本公积。因此，对所有者投资的核算应包括两方面内容：一是揭示投入资本的形式和来源，即反映所有者对企业的实际投资的形式和金额；二是反映投资后所有者享有的权益，包括实收资本和资本公积。

（一）核算所有者权益资金筹集业务的主要账户

为了总括地核算和监督所有者投入资金及其变动情况，根据所有者投资业务的内容，企业在会计核算中应当设置以下几个账户：

1.“库存现金”账户

它属于资产类账户，用以核算企业的库存现金。该账户借方登记库存现金的收入（增加）数；贷方登记库存现金的支出（减少）数；期末借方余额，反映企业实际持有的库存现金数。

2.“银行存款”账户

它属于资产类账户，用以核算企业存入银行或其他金融机构的各种款项，其中银行汇票存款、银行本票存款、信用卡存款、信用证保证金存款、存出投资款、外埠存款等通过

“其他货币资金”核算。该账户借方登记存款的存入（增加）数；贷方登记存款的支取（减少）数；期末借方余额，反映企业存放在银行的存款实有数。企业可以根据开户银行、存款种类分别设置明细账，进行明细核算。

3.“固定资产”账户

它属于资产类账户，用以核算企业固定资产的原价增减变动及结余情况。该账户借方登记企业固定资产增加的账面原价；贷方登记因出售、报废、毁损而减少的固定资产的账面原价；期末借方余额反映企业期末固定资产的账面原价。该账户应按固定资产类别设置明细账，进行明细核算。

4.“无形资产”账户

它属于资产类账户，用以核算企业拥有或控制的没有实物形态的可辨认非货币性资产，包括专利权、非专利技术、商标权、著作权、土地使用权、特许权等。该账户借方登记企业购入或自行创造并按法律程序申请取得和其他单位投资转入的无形资产原值；贷方登记减少或转销的无形资产原值；期末借方余额，反映企业期末拥有或控制的无形资产原值。该账户应按无形资产类别设置明细账，进行明细核算。

5.“实收资本（或股本）”账户

它属于所有者权益类账户，用以核算企业实际收到投资者投入的资本以及按照有关规定由资本公积、盈余公积转为资本的资金。该账户贷方登记企业收到投资者投入的资本的实际数额；借方登记按规定程序减少注册资本的数额，在实际返还资本时入账；期末贷方余额，反映企业实有的资本或股本数额。该账户应按具体投资者设置明细账，进行明细核算。

6.“资本公积”账户

它属于所有者权益类账户，用以核算企业收到的投资者出资额超过其在注册资本或股本中所占份额的部分，以及直接计入所有者权益的利得和损失。该账户贷方登记企业因资本溢价等原因增加的资本公积数额；借方登记按法定程序转增注册资本等原因而减少的资本公积数额；期末贷方余额，反映企业实有的资本公积数额。该账户应按资本公积形成的类别设置“资本溢价（或股本溢价）”“其他资本公积”明细账，进行明细核算。

（二）账务处理

企业接受投资者投入资本，应按照收到的资产类别借记“银行存款”“固定资产”“无形资产”等相关资产类科目，按其在注册资本或股本中所占份额贷记“实收资本（或股本）”账户，按其差额贷记“资本公积——资本溢价（或股本溢价）”科目。

例3-1

11月1日，中德电器公司收到华宸集团公司的投资3 000 000元，款项存入银行。

这项经济业务涉及“实收资本”“银行存款”两个账户。一方面，投资者投入资本，使所有者权益增加，应记入“实收资本”账户的贷方；另一方面，款项存入银行，使银行存款这项资产增加，应记入“银行存款”账户的借方。这项经济业务编制的会计分录如下：

借：银行存款　　3 000 000

　贷：实收资本　　3 000 000

例3-2

11月10日，中德电器公司收到宏图公司投入的全新设备一台，双方协议确认的价值为500 000元。

这项经济业务涉及“实收资本”“固定资产”两个账户。一方面，投资者投入资本，使所有者权益增加，应记入“实收资本”账户的贷方；另一方面，企业收到设备，使固定资产增加，应按双方协议确认的价值记入“固定资产”账户的借方。这项经济业务编制的会计分录如下：

借：固定资产——设备　　500 000

　贷：实收资本　　500 000

例3-3

11月15日，中德电器公司收到宏图公司投入的专有技术一项，双方协议确认的价值为900 000元。

这项经济业务涉及“实收资本”“无形资产”两个账户。一方面，投资者投入资本，使所有者权益增加，应记入“实收资本”账户的贷方；另一方面，企业收到专有技术，使无形资产增加，应按资产的确认价值记入“无形资产”账户的借方。这项经济业务编制的会计分录如下：

借：无形资产——专有技术　　900 000

　贷：实收资本　　900 000

例3-4

12月10日，中德电器公司接受华宸集团公司追加的投资6 500 000元，款项存入银行。双方协议确认，华宸集团公司按投资比例应享有的注册资本为5 000 000元，其余作资本溢价处理。

这项经济业务涉及“实收资本”“资本公积”“银行存款”三个账户。一方面，投资者追加投资，使所有者权益增加，应按华宸集团公司享有的投资份额记入“实收资本”账户的贷方，而资本溢价部分应记入“资本公积”账户的贷方；另一方面，款项存入银行，使资产增加，应记入“银行存款”账户的借方。这项经济业务编制的会计分录如下：

借：银行存款　　6 500 000

　贷：实收资本　　5 000 000

　　　资本公积——资本溢价　　1 500 000

例3-5

某股份有限公司经证监会批准，发行普通股1 000 000股，每股面值1元，发行价格6元/股。发行手续费为发行收入的3%，发行股票所得款项已全部存入银行。

股票的总面值为1 000 000元（1 000 000×1），发行费用为180 000元（1 000 000×6×3%），发行股票所得股款为5 820 000元（1 000 000×6−180 000），溢价额为4 820 000元（5 820 000−1 000 000）。

这项经济业务的发生，一方面，使得企业的银行存款增加5 820 000元，应记入“银行存款”账户的借方；另一方面，使得企业股东对企业的股本投资增加1 000 000元，应记入“股本”账户的贷方；溢价额为4 820 000元，应记入“资本公积”账户的贷方。这项经济业务编制的会计分录如下：

借：银行存款	5 820 000	
贷：股本		1 000 000
资本公积——股本溢价		4 820 000

二、负债资金筹集业务的核算

负债资金筹集是指企业通过发行债券、向银行借款等方式筹集资金，即企业吸收债权人投资。债权人投资的形式主要是货币资金；债权人投资后拥有要求企业按照规定的期限、规定的利率偿还本金和利息的权利。对于企业主体而言，这部分资金形成了负债。按照债务资金的内容和偿还期限的长短，它又包括短期借款、长期借款、结算形成的负债等。

短期借款是企业为满足其生产经营活动对资金的临时需要向银行或其他金融机构借入的偿还期限在一年以下（含一年）的各种借款，企业取得的短期借款主要用于抵偿某项债务，是一项流动负债。长期借款是企业向银行或其他金融机构借入的期限在一年以上的各项借款，是非流动负债的重要组成部分。结算形成的负债，主要包括应付账款、应付职工薪酬、应交税费。

（一）核算负债资金筹集业务的主要账户

为了总括地核算和监督债权人投入的债务资金及其变动情况，根据债权人投资业务的内容，企业在会计核算中应当设置以下几个账户：

1.“短期借款”账户

它属于负债类账户，用以核算企业向银行或其他金融机构等借入的期限在一年以下（含一年）的各种借款的增减变动及结余情况。该账户贷方登记短期借款本金的实际增加额；借方登记短期借款本金的实际减少额；期末余额在贷方，反映企业尚未偿还的短期借款。该账户应按债权人设置明细账，并按借款种类、贷款人和币种进行明细核算。

2.“长期借款”账户

它属于负债类账户，用以核算企业向银行或其他金融机构借入的期限在一年以上（不含一年）的各项借款的增减变动及结余情况。该账户贷方登记借入的长期借款本金和应计的到期支付的未付利息金额；借方登记偿还的长期借款本金和利息金额；期末贷方余额，反映企业尚未偿还的长期借款本金和利息结余额。该账户应按贷款单位设置明细账，并按贷款种类，分别以“本金”“应计利息”等进行明细核算。

3.“财务费用”账户

它属于损益类账户，用以核算企业为筹集生产经营所需资金等而发生的费用，包括利息支出、现金折扣、汇兑损益以及相关手续费。该账户借方登记发生的手续费及利息费用额；贷方登记发生的应冲减财务费用的利息收入、汇兑收益以及期末转入“本年利润”账户的财务费用净额；期末将该账户的余额结转到“本年利润”账户，期末结转后，该账户无余额。该账户应按费用项目设置明细账，进行明细核算。

4. “应付利息”账户

它属于负债类账户，用以核算企业按照合同约定应支付但尚未实际支付的利息费用，包括吸收存款、分期付息到期还本的长期借款等应支付的利息。该账户贷方登记企业按合同利率计算应由本期负担的应付未付利息费用，借方登记归还的利息。期末余额在贷方，反映企业短期借款应付利息以及长期借款应付的短期利息。该账户可按费用种类设置明细账，进行明细核算。

（二）账务处理

企业借入短期借款所支付的利息支出，在财务费用中列支，并可按其数额大小和结算方式不同，采取以下两种方法处理：一是短期借款利息数额较大且按季支付的，可采取预先计提办法分月计入财务费用，季末再结算支付；二是短期借款利息数额不大的，可采取简化办法，在支付时一次性直接计入当期财务费用。

企业取得长期借款时，借记“银行存款”账户，贷记“长期借款”账户。计算利息时，如果是到期还本付息的未付利息，则借记“在建工程”或“财务费用”等账户，贷记“长期借款”账户；如果是分期付息的未付利息，则借记“在建工程”或“财务费用”等账户，贷记“应付利息”账户。偿还借款、支付利息时，借记“长期借款”“应付利息”账户，贷记“银行存款”账户。

例3-6

5月31日，中德电器公司向银行取得1 500 000元、年利率为12%、6个月后归还本金的生产周转借款。银行通知，款项已划入存款账户。

这项经济业务涉及“短期借款”“银行存款”两个账户。一方面，银行提供短期借款，使负债增加，应记入“短期借款”账户的贷方；另一方面，款项转存银行，使资产增加，应记入“银行存款”账户的借方。这项经济业务编制的会计分录如下：

借：银行存款　　1 500 000

　贷：短期借款　　1 500 000

例3-7

承前例，6月30日，中德电器公司对上述生产周转借款按月计提利息费用，计算本月应负担的利息支出数为15 000元（1 500 000×12%÷12×1）。

这项经济业务涉及“财务费用”“应付利息”两个账户。一方面，应计入本月费用但尚未支付的利息，使负债增加，应记入“应付利息”账户的贷方；另一方面，计提的利息应计入本月的财务费用，使费用增加，应记入“财务费用”账户的借方。这项经济业务编制的会计分录如下：

借：财务费用　　15 000

　贷：应付利息　　15 000

例3-8

承前例，中德电器公司在8月末支付上述生产周转借款本季度利息45 000元（7、8月份利息计提的处理方法同6月份，故这里略）。

这项经济业务实际上是偿还银行借款利息这项负债。一方面，银行存款减少45 000元，应记入“银行存款”账户的贷方；另一方面，应付利息减少45 000元，应记入“应付利息”账户的借方。这项经济业务编制的会计分录如下：

借：应付利息　　　　45 000

　贷：银行存款　　　　45 000

例3-9

承前例，中德电器公司在12月31日偿还上述到期的生产周转借款本金1 500 000元（第四季度短期借款利息计提与偿还的处理方法同上个季度，故这里略）。

这项经济业务实际上是偿还银行短期借款这项负债。一方面，银行存款减少1 500 000元，应记入“银行存款”账户的贷方；另一方面，短期借款减少1 500 000元，应记入“短期借款”账户的借方。这项经济业务编制的会计分录如下：

借：短期借款　　　　1 500 000

　贷：银行存款　　　　1 500 000

例3-10

12月31日，中德电器公司为购建一条新的生产线（工期为2年），向银行借入3年期、年利率为9%、到期一次还本付息的设备借款10 000 000元，已转入银行存款账户。该借款当即投入生产线的购建工程。

这项经济业务涉及“长期借款”“银行存款”两个账户。一方面，银行提供3年期的设备借款，使负债增加，应记入“长期借款”账户的贷方；另一方面，借款转存银行，使资产增加，应记入“银行存款”账户的借方。这项经济业务编制的会计分录如下：

借：银行存款　　　　10 000 000

　贷：长期借款　　　　10 000 000

在该设备交付使用前，用于设备的借款利息属于一项资本性支出，应计入固定资产建造工程成本。每年年末计算该长期借款利息为900 000元。这项经济业务的发生，一方面，公司的在建工程成本增加900 000元；另一方面，公司的长期借款应付利息增加900 000元。因此，该项经济业务涉及“在建工程”“长期借款”两个账户。这项经济业务编制的会计分录如下：

借：在建工程　　　　900 000

　贷：长期借款　　　　900 000

例3-11

12月31日，中德电器公司以银行存款偿还一笔到期的长期借款本金1 000 000元。

这项经济业务实际上是偿还长期借款这项负债。一方面，银行存款减少1 000 000元，应记入“银行存款”账户的贷方；另一方面，长期借款减少1 000 000元，应记入“长期借款”账户的借方。这项经济业务编制的会计分录如下：

借：长期借款　　　　1 000 000

　　贷：银行存款　　　　1 000 000

▸▸▸▸▸▸▸ 第三节　供应过程业务的核算

企业筹资问题研究——以Z化工股份有限公司为例

供应过程是生产的准备过程，是制造业企业经营过程的第一个阶段。企业为了进行产品生产，必须购置或建造厂房、建筑物，购买机器等固定资产，以及采购原材料。因此，企业供应过程的业务主要包括固定资产购置业务和材料采购业务。材料是制造业企业在生产经营过程中为耗用而储存的流动资产，属于存货的一种。材料作为生产过程中必不可少的物质要素，与固定资产的区别在于：固定资产在使用中不改变实物形态，其价值通过计提折旧分次计入相应的成本费用；而材料一经投入生产，经过加工，或者改变原有的实物形态并构成产品的实体，或者被消耗用于生产的进行、产品的形成，与此同时，其价值一次性全部转移到产品中去，成为产品成本的重要组成部分。在这一过程中，企业将持有的货币资金转化为储备资金。供应过程业务核算的主要任务是核算固定资产的取得成本、确定材料的采购成本。

一、固定资产购入业务的核算

（一）账户设置

1.“固定资产”账户

该账户属于资产类账户，用来核算企业拥有或控制的固定资产原价的增减变动及结余情况。“固定资产”账户借方登记固定资产原价的增加额，贷方登记固定资产原价的减少额，期末余额在借方，表示期末结存的固定资产原值的结余额。该账户可按固定资产类别和项目进行明细核算。

2.“在建工程”账户

该账户属于资产类账户，用来核算企业进行固定资产基建、更新改造以及大修理等工程而发生的全部支出。企业与固定资产有关的后续支出，包括固定资产发生的日常修理费、大修理费用、更新改造支出、房屋装修费用等，满足固定资产准则规定的固定资产确认条件的，也在该账户核算；不满足固定资产确认条件的，应在“管理费用”账户核算。该账户借方登记在建工程支出的增加额，贷方登记工程达到预定可使用状态时转出的成本，期末余额在借方，表示未完工工程累计已发生的成本。该账户可按“安装工程”“建筑工程”以及单项工程等进行明细核算。

（二）账务处理

固定资产按其取得时的实际成本（又称原始价值）入账，即为购建某项固定资产达到预定可使用状态前所发生的一切合理、必要的支出。企业购入不需要安装的设备，按应计入固定资产成本的金额入账，包括买价、增值税、运输费、装卸费及专业人员服务费等，借记“固定资产”“应交税费——应交增值税”账户，贷记“银行存款”账户。如果购入的是需要安装的设备，则应先通过“在建工程”账户核算其安装工程成本，将其购进时支付的买价、运杂费、包装费以及安装时发生的安装费用记入“在建工程”账户的借方。安装工程完工交付使用时，按安装工程的全部支出，从“在建工程”账户的贷方转入“固定资产”账户的借方。下面举例说明固定资产购入业务的核算。

例3-12

5月6日，中德电器公司购入不需要安装的机器设备一台，买价60 000元，增值税为7 800元，运杂费1 500元，包装费600元，全部款项已用银行存款支付。

这项经济业务是购入不需安装的固定资产。一方面，企业固定资产增加，其原始成本为62 100元（60 000+1 500+600），应记入“固定资产”账户的借方，而支付的增值税进项税额7 800元，应记入“应交税费——应交增值税（进项税额）”账户的借方；另一方面，支付全部款项，使企业银行存款减少，应记入“银行存款”账户的贷方。其会计分录如下：

借：固定资产	62 100	
应交税费——应交增值税（进项税额）	7 800	
贷：银行存款		69 900

例3-13

11月10日，中德电器公司购入需要安装的机器设备一台，买价600 000元，增值税78 000元，包装费和运杂费5 000元，全部款项以银行存款支付。

该项经济业务是购入需要安装的固定资产。一方面，在建工程增加605 000元（600 000+5 000），应记入“在建工程”账户的借方，而支付的增值税进项税额78 000元，应记入“应交税费——应交增值税（进项税额）”账户的借方；另一方面，支付款项使银行存款减少683 000元，应记入“银行存款”账户的贷方。其会计分录如下：

借：在建工程	605 000	
应交税费——应交增值税（进项税额）	78 000	
贷：银行存款		683 000

例3-14

11月15日，该项固定资产在安装过程中耗用材料3 500元，耗用人工费2 500元，尚未支付。

这项经济业务是安装固定资产。一方面，在建工程增加6 000元（3 500+2 500），应记入“在建工程”账户的借方；另一方面，耗用材料使原材料减少3 500元，应记入“原材料”账户的贷方，耗用人工费2 500元使企业应付职工薪酬增加2 500元，应记入“应付职工薪酬”账户的贷方。其会计分录如下：

借：在建工程	6 000	
贷：原材料		3 500
应付职工薪酬		2 500

例3-15

11月30日，该机器设备安装完毕，经验收合格交付使用。

该项经济业务说明固定资产已达到预定可使用状态，应结转在建工程有关成本，即由“在建工程”账户转到“固定资产”账户。企业应按实际成本记入“固定资产”账户的借方，结转完工工程成本并记入“在建工程”账户的贷方。其会计分录如下：

借：固定资产	611 000	
贷：在建工程		611 000

二、材料采购业务的核算

制造业企业为采购材料所发生的支出构成材料的实际采购成本，主要包括支付材料的买价、各种采购费用以及各种税金。其中，买价即企业采购材料时按发票价格支付的货款；各种采购费用即企业在采购材料过程中所支付的各项费用，如运输费、装卸费、保险费、包装费、中途仓储费、运输途中的合理损耗、材料入库前的挑选整理费等；采购过程中所支付的增值税应按税法的规定区别对待，凡是按规定不得抵扣的税金，则应计入材料采购成本。

材料采购业务，主要包括核算材料采购成本、材料验收入库结转材料实际采购成本以及与供应单位结算货款等经济业务。企业购入材料，按应计入材料采购成本的金额，借记“在途物资”账户；按可抵扣的增值税税额，借记“应交税费——应交增值税（进项税额）”账户；按实际支付或应付的款项，贷记“银行存款”“应付票据”“应付账款”等账户。所购材料到达并验收入库，借记“原材料”等账户，贷记“在途物资”账户。

在一些大中型企业中，材料可以按计划成本计价，进行收发核算。这种情况下，企业通过设置“材料成本差异”账户核算材料实际成本和发出材料应负担的差异额，确定发出材料的实际成本。

企业物资采购成本管理与成本控制研究

（一）账户设置

1.“在途物资”账户

它属于资产类账户，用以核算企业采用实际成本进行材料、商品等物资的日常核算、货款已付但尚未验收入库的在途物资的采购成本。该账户借方登记购入材料的买价和采购费用；贷方登记完成采购过程并已验收入库、转入“原材料”账户的材料采购成本。期末借方余额，反映尚未到达或已到达但尚未验收入库的在途物资的成本。该账户按物资品种和供应单位设置明细账，进行明细核算。

核算在途物资时，应注意：一是企业购入的材料，无论是否付款，先记入该账户，在验收入库结转成本时，再将成本转入“原材料”账户；二是在购入材料过程中发生的除买价之外的费用，应当按材料的种类或品种进行分配。

2.“原材料”账户

它属于资产类账户，用以核算企业库存的各种材料的增减变动及结余情况。该账户借方登记验收入库的原材料的实际成本；贷方登记出库的原材料的实际成本。期末余额在借方，反映期末结存的库存材料的实际成本。该账户应按材料的保管地点、类别及品种、规格设置明细账，进行明细核算。

3."应交税费"账户

它属于负债类账户，用以核算企业应缴纳的各种税金。该账户贷方登记各种应交未交的税费；借方登记已交纳的各种税金。期末贷方余额，反映尚未交纳的税金；期末如为借方余额，反映企业多交或尚未抵扣的税金。该账户应按税费项目设置"应交增值税""应交消费税""应交教育费附加""应交所得税"等明细账，进行明细核算。

其中，"应交税费——应交增值税"账户的借方反映企业购进货物或接受应税劳务支付的进项税额等；贷方反映销售货物或提供应税劳务应交未交的销项税额等。企业应在应交增值税明细账内设置"进项税额""已交税费""销项税额"等专栏，并按照规定进行核算。

4."应付账款"账户

它属于负债类账户，用以核算企业采用赊购方式购买材料、商品和接受劳务等经营活动应支付的款项。该账户贷方登记企业因购买材料、商品和接受劳务等尚未支付的款项；借方登记偿还的应付账款。期末余额一般在贷方，反映企业期末尚未支付的应付账款余额；如果期末余额在借方，反映企业期末预付账款余额。该账户可按债权人设置明细账，进行明细核算。

5."应付票据"账户

它属于负债类账户，用以核算企业购买材料、商品和接受劳务等开出、承兑的商业汇票，包括银行承兑汇票和商业承兑汇票。该账户贷方登记企业开出、承兑的商业汇票；借方登记企业已经支付或者到期无力支付的商业汇票。期末余额在贷方，反映企业尚未到期的商业汇票的票面金额。该账户可按债权人设置明细账，进行明细核算。

6."预付账款"账户

该账户属于资产类账户，用以核算企业按照合同规定向供应单位预付购料款而与供应单位发生的结算债权的增减变动及结余情况。预付款项情况不多的企业，也可以不设置该账户，将预付的款项直接记入"应付账款"账户。"预付账款"账户借方登记企业因购货等业务预付的款项，即预付款的增加额，贷方登记收到供应单位提供的材料物资而应冲销的预付款项金额，即预付款的减少额。期末余额一般在借方，表示尚未结算的预付款的结余额；期末余额如果在贷方，反映企业尚需补付的款项。该账户可按供货单位设置明细账，进行明细核算。

7."材料采购"账户

该账户属于资产类账户，用以核算企业购入材料的实际成本和结转入库材料的计划成本，并据以计算成本差异额。该账户借方登记购入材料的实际成本和结转入库材料的实际成本小于计划成本的节约差异额，贷方登记购入材料的计划成本和结转入库材料的实际成本大于计划成本的超支差异额。期末余额在借方，表示在途物资的实际采购成本。该账户可按材料的种类设置明细账，进行明细核算。

8."材料成本差异"账户

该账户是资产类账户，用以核算企业库存材料实际成本与计划成本之间的超支或节约差异额的增减变动及结余情况。该账户借方登记结转入库材料的超支差异额和结转发出材料应负担的节约差异额，贷方登记结转入库材料的节约差异额和发出材料应负担的超支差异额。期末余额如果在借方，表示库存材料的实际成本大于计划成本的超支差异额；如果在贷方，表示库存材料的实际成本小于计划成本的节约差异额。

（二）账务处理

例3-16

11月3日，中德电器公司从尚清公司采购甲材料2 000千克，单价5元，增值税税率13%，货款、税款以银行存款支付，材料尚未运到。

这项经济业务涉及“在途物资”“应交税费”“银行存款”三个账户。一方面，已购进材料，取得其所有权，应按材料的采购成本登记资产的增加，记入“在途物资”账户的借方，按购进材料价外支付的增值税登记负债的减少，记入“应交税费——应交增值税（进项税额）”账户的借方；另一方面，款项以银行存款支付，使企业资产减少，记入“银行存款”账户的贷方。这项经济业务编制的会计分录如下：

借：在途物资——甲材料	10 000	
应交税费——应交增值税（进项税额）（10 000×13%）	1 300	
贷：银行存款（10 000+10 000×13%）		11 300

例3-17

承上例，发生运杂费500元，用银行存款直接支付。

这项经济业务涉及“在途物资”“银行存款”两个账户。一方面，这500元的运杂费是专为采购甲材料这一种材料而发生的，故而运杂费应计入这一种材料的采购成本，确认为资产的增加，记入“在途物资”账户的借方；另一方面，用银行存款直接支付，使资产减少，应记入“银行存款”账户的贷方。这项经济业务编制的会计分录如下：

借：在途物资——甲材料	500	
贷：银行存款		500

例3-18

11月9日，中德电器公司从尚清公司采购甲材料1 000千克，单价20元，乙材料1 000千克，单价10元，款项尚未支付。

这项经济业务反映的是采购多种材料，本题以两种材料的采购为例。该业务涉及“在途物资”“应交税费”“应付账款”三个账户。一方面，已购进材料，取得其所有权，应按材料的采购成本登记资产的增加，记入“在途物资”账户的借方，按购进材料价外支付的增值税登记负债的减少，记入“应交税费——应交增值税（进项税额）”账户的借方；另一方面，款项尚未支付，使企业负债增加，记入“应付账款”账户的贷方。这项经济业务编制的会计分录如下：

借：在途物资——甲材料	20 000	
——乙材料	10 000	
应交税费——应交增值税（进项税额）	3 900	
贷：应付账款——尚清公司		33 900

例3-19

承上例，假定采购甲、乙两种材料共发生运杂费3 500元，运费由尚清公司代垫。

这项经济业务反映的是采购多种材料共同发生运杂费的情况，本题以两种材料的采购为例。由于采购甲、乙两种材料共同发生了3 500元运杂费，不能直接归属于某一种材料。采购费用必须按照一定的标准在有关的几种材料之间进行分配。例如，运输、装卸等费用一般可按重量或体积的比例分配，其他各种采购费用一般可按材料买价的比例进行分配。该业务涉及"在途物资""应付账款"两个账户。一方面，发生的运杂费，应计入材料采购成本，确认为资产增加，记入"在途物资"账户的借方；另一方面，运杂费尚未支付，由尚清公司代垫，使负债增加，应记入"应付账款"账户的贷方。

应由各种材料共同分配的采购费用，可以先计算分配率，然后据以计算各种材料应分配的采购费用。计算公式如下：

$$采购费用分配率=\frac{应分配的采购费用总额}{材料总重量(总体积、买价总额等)}$$

某种材料应分配的采购费用=该种材料重量（体积、买价等）×采购费用分配率

$$运杂费分配率=\frac{3\,500}{1\,000+1\,000}=1.75（元/千克）$$

则：甲材料应负担的运杂费=1 000×1.75=1 750（元）

乙材料应负担的运杂费=1 000×1.75=1 750（元）

借：在途物资——甲材料	1 750	
——乙材料	1 750	
贷：应付账款——尚清公司		3 500

例3-20

11月15日，接到仓库通知，上述从尚清公司购入的甲、乙材料均已如数验收入库。

这项经济业务涉及"在途物资""原材料"两个账户。一方面，材料验收入库，使存货资产增加，应记入"原材料"账户的借方；另一方面，材料采购过程结束，需结转材料采购成本，又使资产减少，应记入"在途物资"账户的贷方。这项经济业务编制的会计分录如下：

借：原材料——甲材料	21 750	
——乙材料	11 750	
贷：在途物资——甲材料		21 750
——乙材料		11 750

例3-21

12月1日，中德电器公司以银行存款偿付应付尚清公司甲、乙材料的货款37 400元。

这项经济业务涉及"应付账款""银行存款"两个账户。一方面，偿还应付供应单位货款使应付账款减少37 400元，确认为负债减少，应记入"应付账款"账户的借方；另一方面，银行存款减少37 400元，确认为资产减少，应记入"银行存款"账户的贷方。这项经济业务编制的会计分录如下：

借：应付账款——尚清公司　37 400

　贷：银行存款　37 400

例3-22

以银行存款购入丙材料3 000千克，买价150 000元，增值税进项税额19 500元。另用现金1 000元支付该材料运杂费。

该项经济业务的发生，使公司材料采购支出增加151 000元（其中买价150 000元，采购费用1 000元），增值税进项税额增加19 500元，使公司银行存款减少169 500元，现金减少1 000元。因此，该项经济业务涉及“材料采购”“应交税费——应交增值税（进项税额）”“银行存款”“库存现金”四个账户。材料采购是资产的增加，应记入“材料采购”账户的借方，增值税进项税额的增加是负债的减少，借记“应交税费——应交增值税（进项税额）”，银行存款和库存现金的减少是资产的减少，应贷记“银行存款”“库存现金”账户。这项经济业务编制的会计分录如下：

借：材料采购——丙材料　151 000

　应交税费——应交增值税（进项税额）　19 500

　贷：银行存款　169 500

　　库存现金　1 000

例3-23

承上例，丙材料验收入库，其计划成本为150 000元，结转丙材料的计划成本及差异额。

由于该材料的实际成本为151 000元，计划成本为150 000元，可以确定丙材料成本的超支差异额为1 000元。这项经济业务编制的会计分录如下：

借：原材料——丙材料　150 000

　材料成本差异　1 000

　贷：材料采购——丙材料　151 000

假设丙材料的计划成本为152 000元，则丙材料成本的节约差异额为1 000元，会计分录为：

借：原材料——丙材料　152 000

　贷：材料采购——丙材料　151 000

　　材料成本差异　1 000

第四节　生产过程业务的核算

制造业企业从材料投入生产起，到产品完工入库止的全部过程，即为生产过程。它是企业再生产过程的中心环节。劳动者利用劳动资料对劳动对象进行加工使之成为社会产品，所以生产过程既是物化劳动（劳动资料和劳动对象）和活劳动的消耗过程，又是产品的形成过程，或者说是生产耗费过程和产品形成过程的统一。在这一过程中，资金的形态由储备资金转变为生产资金。

生产过程中发生的各种耗费可以归纳为劳动对象的耗费、活劳动的耗费、劳动资料的耗费以及其他耗费。企业在一定时期内发生的，用货币表现的生产耗费，称为生产费用。企业发生的生产费用按其经济用途或与产品成本的关系，可分为生产成本和期间费用两大类。

1.生产成本

它是指企业为生产产品和提供劳务而发生的各项生产费用。生产成本按照其计入产品成本的方式又可分为直接费用和制造费用。

（1）直接费用，是指企业在生产产品和提供劳务过程中所发生的直接材料费用、直接人工费用和其他直接费用。

① 直接材料费用是指企业在生产产品和提供劳务过程中消耗的，直接用于产品生产，构成产品实体的原料及主要材料、外购半成品及有助于产品形成的辅助材料和其他材料费用。

② 直接人工费用是指企业在生产产品和提供劳务过程中，直接参加生产的工人工资以及实际发生的限额内职工福利费等。

③ 其他直接费用是指企业发生的除直接材料费用和直接人工费用以外的，与生产产品或提供劳务有直接关系的费用。

（2）制造费用，是指企业为生产产品和提供劳务而发生的各项间接费用，包括企业生产部门管理人员的职工薪酬，以及生产部门发生的水电费、固定资产折旧费、季节性和修理期间的停工损失等。制造费用应当按照一定的程序和方法进行归集和分配，计入相关产品的生产成本。

2.期间费用

它是指企业在生产经营过程中发生的，不计入具体产品成本而直接计入当期损益的各种费用。它的发生与一定时期实现的收入相关，计入当期损益。期间费用不是归属于某个产品，而是归属于某个期间。期间费用主要包括管理费用、财务费用和销售费用。

（1）管理费用，是指企业为组织和管理企业生产经营所发生的费用，包括企业的董事会费、公司经费、工会经费、咨询费、诉讼费、各种财产税、印花税、保险费、业务招待费、技术转让费、无形资产摊销等。同时，生产车间和行政管理部门发生的固定资产修理费也在该账户核算。

（2）财务费用，是指企业为筹集生产经营所需资金等而发生的费用，包括企业生产经营期间发生的利息支出（收入）、汇兑损益以及相关的手续费、企业发生的现金折扣或收到的现金折扣等。

（3）销售费用，是指企业在销售商品、提供劳务过程中发生的各项费用，包括销售过程中发生的销售费用（如运输费、装卸费、包装费、保险费、展览费和广告费等）和专设销售机构（含销售网点、售后服务网点等）的各项经费（如职工薪酬、差旅费、办公费、折旧费、修理费、其他经费）等。

企业的生产过程不仅是生产的耗费过程，也是产品的形成过程。在这个过程中，劳动者利用劳动资料对劳动对象进行加工，改变了原劳动对象的形态，转化为满足社会需要的产品。同时，为生产产品而发生的各种耗费，也就转化为产品的制造成本，并构成产品的价值。在会计上，产品形成的核算实际上就是产品成本的计算和结转。

不同行业企业业务处理方式略有区别，实践中生产成本的核算也存在一些问题需要完善。

中型生产类企业期间费用控制的优化策略——基于M实业的数据分析（刘斌）

一、材料费用的归集与分配

产品制造企业通过供应过程采购的各种原材料，经过验收入库之后就形成了生产产品的物资储备，在生产产品及其他方面领用时就形成了材料费用。完整意义上的材料费用包括消耗的原材料、主要材料和辅助材料等。在确定材料费用时，应根据领料凭证区分车间、部门和不同用途后，按照确定的结果将发出材料的成本分别记入“生产成本”“制造费用”“管理费用”等账户和产品生产成本明细账。对于直接用于某种产品生产的材料费，应直接计入该产品生产成本明细账中的直接材料费用项目；对于由几种产品共同耗用、应由这些产品共同负担的材料费用，应选择适当的标准在各种产品之间进行分配后，计入各有关成本计算对象；对于为提供生产条件等间接消耗的各种材料费用，应先在“制造费用”账户中进行归集，期末按照一定的方法分配计入有关产品成本。总而言之，材料是构成产品实体的一个重要组成部分，对材料费用的归集与分配的核算是生产过程核算中非常重要的内容之一。

（一）账户设置

为了反映和监督产品在生产过程中各项材料费用的发生、归集和分配情况，正确地计算产品生产成本中的材料费用，应设置以下账户：

1.“生产成本”账户

该账户属于成本类账户，用来归集和分配企业进行工业性生产所发生的各项生产成本，包括产成品、自制半成品、自制材料、自制设备等。其借方登记应计入产品生产成本的各项费用，包括直接计入产品生产成本的直接材料费、直接人工费和期末按照一定的方法分配计入产品生产成本的制造费用；贷方登记结转完工入库产成品的生产成本。期末如有余额，一般在借方，表示未完工产品（在产品）的成本，即生产资金的占用额。该账户可按基本生产成本和辅助生产成本设置明细账，进行明细核算。

2.“制造费用”账户

该账户属于成本类账户，用来归集和分配企业生产车间（基本生产车间和辅助生产车间）范围内为组织和管理生产活动而发生的各项间接生产费用，包括车间范围内发生的管理人员薪酬、折旧费、修理费、办公费、水电费、机物料消耗等。其借方登记实际发生的各项制造费用，贷方登记期末按一定标准分配转入“生产成本”账户借方（应计入产品制造成本）的制造费用。期末结转费用后，该账户一般没有余额（季节性生产企业除外）。该账户应按不同车间设置明细账，按照费用项目设置专栏进行明细核算。

3.“管理费用”账户

该账户属于损益类账户，用来核算企业行政管理部门为组织和管理生产经营活动而发生的各项费用。该账户借方登记发生的各项管理费用，贷方登记期末转入“本年利润”账户的管理费用。该账户期末无余额。该账户应按费用项目设置明细账，进行明细核算。

（二）账务处理

产品制造企业采购的材料，经验收入库，形成生产物资储备。生产部门领用时，填制领料单，向仓库办理领料手续，领取所需材料。仓库发出材料后，要将领料凭证传递到会计部门。会计部门将领料单汇总，编制“发出材料汇总表”，据以将本月发生的材料费用按其用途分配计入生产费用和其他有关费用。一般来讲，生产产品直接耗用的材料费用，直接计入产品的生产成本；车间一般耗用的，计入制造费用；企业行政管理部门耗用的，计入管理费用；在建工程耗用的，计入在建工程。

例3-24

12月31日，仓库根据当月领料凭证，汇总编制本月材料耗用汇总表（见表3-1）。

表3-1

材料耗用汇总表

2022年12月31日

用途	甲材料		乙材料		丙材料		金额合计（元）
	数量（千克）	金额（元）	数量（千克）	金额（元）	数量（千克）	金额（元）	
制造产品耗用							
其中：A产品	40 000	800 000	3 000	30 000			830 000
B产品	20 000	200 000	5 000	50 000			250 000
车间一般耗用					4 000	20 000	20 000
行政管理部门耗用					1 000	5 000	5 000
合计	60 000	1 000 000	8 000	80 000	5 000	25 000	1 105 000

这项经济业务涉及“原材料”“生产成本”“制造费用”“管理费用”四个账户。一方面，仓库发出材料，使库存材料减少，应记入“原材料”账户的贷方；另一方面，材料用于产品制造和行政管理，使直接材料费用、制造费用和管理费用增加，应分别记入“生产成本”“制造费用”“管理费用”账户的借方。这项经济业务编制的会计分录如下：

借：生产成本——A产品　　830 000
　　　　　　——B产品　　250 000
　　制造费用　　20 000
　　管理费用　　5 000
　贷：原材料——甲材料　　1 000 000
　　　　　　——乙材料　　80 000
　　　　　　——丙材料　　25 000

二、职工薪酬的归集与分配

职工为企业劳动，理应从企业获得一定的报酬，也就是企业应向职工支付一定的薪酬。职工薪酬是指企业为获得职工提供的服务或解除劳动关系而给予各种形式的报酬或补偿，具体包括短期薪酬、离职后福利、辞退福利和其他长期职工福利。企业提供给职工配偶、子女、受赡养人、已故员工遗属及其他受益人等的福利，也属于职工薪酬。总而言之，从性质上凡是企业为获得职工提供的服务给予或付出的各种形式的价格，都构成职工薪酬，作为一种耗费构成人工成本，与这些服务产生的经济利益相匹配，大多构成企业的现时义务，将导致企业未来经济利益流出，形成企业的一项负债。

我们这里主要介绍职工薪酬中工资和福利费的核算内容。工资和福利费都属于短期职工薪酬。对于短期职工薪酬，企业应当在职工为其提供服务的会计期间，按实际发生额确认为负债，并计入当期损益或相关资产成本。企业应当根据职工提供服务的受益对象，区分下列情况处理：

（1）应由生产产品、提供劳务负担的短期职工薪酬，计入产品成本或劳务成本。其中，生产工人的短期职工薪酬应借记“生产成本”科目，贷记“应付职工薪酬”科目；生产车间管理人员的短期职工薪酬属于制造费用，应借记“制造费用”科目，贷记“应付职工薪酬”科目。

（2）应由在建工程、无形资产负担的短期职工薪酬，计入建造固定资产或无形资产成本。

（3）除上述两种情况之外的其他短期职工薪酬应计入当期损益。例如，企业行政管理部门人员和专设销售机构销售人员的短期职工薪酬均属于期间费用，应分别借记“管理费用”“销售费用”等科目，贷记“应付职工薪酬”科目。

（一）账户设置

为了核算职工薪酬的发生和分配，企业需要设置“应付职工薪酬”账户。“应付职工薪酬”账户的性质是负债类，用来核算企业应付给职工的各种薪酬总额与实际发放情况，并反映和监督企业与职工的薪酬结算情况。该账户贷方登记本月计算的应付职工薪酬总额，包括各种工资、奖金、津贴和福利费等，同时应付的职工薪酬应被作为一项费用按其经济用途分配计入有关的成本、费用；借方登记本月实际支付的职工薪酬数。月末如为贷方余额，表示本月应付职工薪酬大于实付职工薪酬的数额，即应付未付的职工薪酬。“应付职工薪酬”账户可以按照“工资”“职工福利”“社会保险费”“住房公积金”“职工教育经费”“辞退福利”等进行明细核算。

（二）账务处理

在对企业职工的薪酬进行核算时，应根据工资结算汇总表或按月编制的“职工薪酬分配表”的内容登记有关总分类账户和明细分类账户，进行相关的账务处理。如果企业采用计件工资制，生产工人的计件工资和福利费属于直接费用，应直接计入有关产品的成本；生产工人以外的其他生产管理人员的工资和福利费则属于间接费用，应记入“制造费用”等账户。如果企业采用计时工资制，在只生产一种产品的情况下，生产工人的工资及福利费也是直接费用，可直接计入产品成本；如果生产多种产品，则需采用一定的分配标准（实际生产工时或定额生产工时）将生产工人的工资和福利费分配计入产品成本。行政管理部门人员的工资及福利费属于期间费用，应记入“管理费用”账户。

例3-25

12月5日，开出现金支票从银行提取现金800 000元，以备发放工资。

这项经济业务涉及“库存现金”“银行存款”两个账户。一方面，企业的库存现金增加，应记入“库存现金”账户的借方；另一方面，银行存款减少，应记入“银行存款”账户的贷方。这笔经济业务编制的会计分录如下：

借：库存现金　　800 000
　贷：银行存款　　800 000

例3-26

12月8日，以库存现金800 000元支付企业职工的工资。

这项经济业务涉及“库存现金”“应付职工薪酬”两个账户。一方面，库存现金减少，应记入“库存现金”账户的贷方；另一方面，支付职工工资，使应付给职工的薪酬减少，应记入“应付职工薪酬”账户的借方。这项经济业务编制的会计分录如下：

借：应付职工薪酬——工资　　800 000
　贷：库存现金　　800 000

例3-27

12月31日，根据工资标准和考勤记录，结算出本月应付职工工资总额为800 000元，其用途和数额如下：

(1) 生产工人工资　　700 000元
其中：制造A产品生产工人工资　　400 000元
　　　制造B产品生产工人工资　　300 000元
(2) 车间技术、管理人员工资　　50 000元
(3) 企业行政管理人员工资　　50 000元
合计　　800 000元

这项经济业务涉及“应付职工薪酬”“生产成本”“制造费用”“管理费用”四个账户。一方面，企业应付给职工的工资债务增加，应记入“应付职工薪酬”账户的贷方；另一方面，工资作为活劳动的耗费，使企业的直接工资费用、间接工资费用和管理费用增加，应分别记入“生产成本”“制造费用”“管理费用”账户的借方。这项经济业务编制的会计分录如下：

借：生产成本——A产品　　400 000
　　　　　　——B产品　　300 000
　　制造费用　　50 000
　　管理费用　　50 000
　贷：应付职工薪酬——工资　　800 000

例3-28

12月31日，企业职工发生的福利费数额如下：

(1) 生产工人福利费　　100 000元

其中：制造A产品生产工人福利费　　60 000元

　　制造B产品生产工人福利费　　40 000元

（2）车间技术、管理人员福利费　　7 000元

（3）企业行政管理人员福利费　　9 000元

合计　　116 000元

这项经济业务涉及“应付职工薪酬”“生产成本”“制造费用”“管理费用”四个账户。一方面，企业发生了应付给职工的福利费，使负债增加，应记入“应付职工薪酬”账户的贷方；另一方面，按现行制度规定，职工福利费应从成本费用中开支，是企业费用的组成部分，该费用同工资费用一样，应按其提取的部门或发生地点分配记入“生产成本”“制造费用”“管理费用”账户的借方。这项经济业务编制的会计分录如下：

借：生产成本——A产品　　60 000

　　　　　　——B产品　　40 000

　　制造费用　　7 000

　　管理费用　　9 000

　贷：应付职工薪酬——职工福利　　116 000

例3-29

12月31日，以银行存款支付上述职工福利费116 000元。

这项经济业务属于实际支付福利费。一方面，应记入“应付职工薪酬”账户的借方；另一方面，支付了银行存款，应记入“银行存款”账户的贷方。

借：应付职工薪酬——职工福利　　116 000

　贷：银行存款　　116 000

2019年1月1日全国行政事业单位开始全面实施新政府会计制度。创建了财务会计和预算会计“平行记账”，政府财务报告和行政事业单位预决算报告双并行的新形势，满足了不同维度的会计信息采集要求。那么行政事业单位应付职工薪酬是如何核算的呢？

薪酬与绩效，如何形成合力

三、制造费用的归集与分配

制造费用是产品制造企业为了生产产品和提供劳务而发生的各种间接费用。其主要内容是企业的生产部门（包括基本生产车间和辅助生产车间）为组织和管理生产活动以及为生产活动服务而发生的费用，如生产车间机物料一般耗用、车间固定资产的折旧费与保险费、车间用的照明费、劳动保护费、车间管理人员的工资及福利费、车间的水电费和办公费等。在生产多种产品的企业里，制造费用在发生时一般无法直接判定其应归属的成本核算对象，因而不能直接计入所生产的产品成本，必须将上述各种费用按照发生的不同空间范围在“制造费用”账户中予以归集、汇总，然后选用一定的标准（如生产工人工资、生产工时等），在各种产品之间进行合理的分配，以便准确地确定各种产品应负担的制造费用。在制造费用的归集过程中，要按照权责发生制核算基础的要求，正确处理跨期的费用，使其分摊于应归属的会计期间。

为了归集和分配各种间接费用，需要设置以下相关账户：

（1）“累计折旧”账户，属于资产类账户，用来核算企业固定资产已提折旧的累计情况。其贷方登记按月提取的折旧额，即累计折旧的增加，借方登记因固定资产减少而减少的累计折旧。期末余额在贷方，表示已提折旧的累计额。该账户只进行总分类核算，不进行明细分类核算。如果要查明某项固定资产已提折旧的具体情况，可以通过固定资产卡片（台账）来了解。累计折旧是比较特殊的资产类账户。它反映的是固定资产价值的减少。在会计处理中，该账户专门反映固定资产的减少，可以使“固定资产”账户始终保持原值。因此，“累计折旧”账户余额对“固定资产”账户具有一定的调整作用，将两个账户进行对比，可以求得固定资产的净值。因此，“累计折旧”账户也称调整账户。

（2）“长期待摊费用”账户，属于资产类账户，用来核算企业预先付款、应由本期和以后各期分别负担的摊销期超过一年的各种费用。借方登记预先支付的各种款项，如预付的房租、设备修理费等。贷方登记应摊销计入本期成本或损益的各种费用。期末余额在借方，表示已经支出但尚未摊销的费用。该账户按照费用的种类设置明细账，进行明细核算。

例 3-30

12月1日，以银行存款预付下半年设备保险费15 000元。

这项经济业务涉及“其他应付款”“银行存款”两个账户。按照权责发生制的要求，款项虽然在本月支付，但其付款的义务显然不在本月发生，而是在下半年内的每个月都产生付款责任。会计分录如下：

借：其他应付款　　15 000

　贷：银行存款　　15 000

例 3-31

12月10日，以银行存款支付车间用固定资产修理费用6 000元、企业行政管理部门用固定资产修理费用3 000元，共计9 000元。

这项经济业务涉及“管理费用”“银行存款”两个账户。一方面，企业生产车间和行政管理部门发生的固定资产修理费用均应记入“管理费用”账户的借方；另一方面，支付银行存款，使资产减少，应记入“银行存款”账户的贷方。这项经济业务编制的会计分录如下：

借：管理费用　　9 000

　贷：银行存款　　9 000

例 3-32

12月31日，摊销应由本月份负担的上年末已经预付的设备保险费4 000元。

这项经济业务涉及“制造费用”“其他应付款”两个账户。业务中设备保险费虽然在以前已经支付，但其责任却是在本期产生的，因而应将其作为本期费用入账。这项经济业务编制的会计分录如下：

借：制造费用　　4 000

　贷：其他应付款　　4 000

例3-33

以银行存款预付今明两年的车间租金82 000元。

按照权责发生制的要求，用银行存款预付两年的房租，款项虽然在本期支付，但不应作为本期的费用处理，应将其作为一种等待摊销的费用处理。因此，一方面，公司等待摊销的费用增加了，属于资产的增加，应记入“长期待摊费用”账户的借方；另一方面，用银行存款支付该款项，属于资产的减少，应记入“银行存款”账户的贷方。这项经济业务应编制的会计分录如下：

借：长期待摊费用　　82 000

　贷：银行存款　　82 000

例3-34

12月31日，收到银行付款通知，银行代付本月水电费5 500元，其中车间用水电费3 000元，行政管理部门用水电费2 500元。

这项经济业务涉及“制造费用”“管理费用”“银行存款”三个账户。一方面，发生水电费，使企业的间接费用和期间费用增加，应记入“制造费用”“管理费用”账户的借方；另一方面，支付银行存款，使资产减少，应记入“银行存款”账户的贷方。这项经济业务编制的会计分录如下：

借：制造费用　　3 000

　　管理费用　　2 500

　贷：银行存款　　5 500

例3-35

12月15日，公司管理人员张广预借差旅费6 000元，以现金支票付讫。

这项经济业务涉及“银行存款”“其他应收款”两个账户。一方面，以现金支票支付借支款，使银行存款减少，应记入“银行存款”账户的贷方；另一方面，借支差旅费，按权责发生制，不是本期费用，而是企业的一项应收暂付债权，应记入“其他应收款”账户的借方。这项经济业务编制的会计分录如下：

借：其他应收款——张广　　6 000

　贷：银行存款　　6 000

例3-36

12月21日，张广出差回到公司，报销差旅费5 800元，交回现金200元。

这项经济业务涉及“其他应收款”“管理费用”“库存现金”三个账户。一方面，报销差旅费和收到现金，使费用和资产增加，应记入“管理费用”“库存现金”账户的借方；另一方面，需结转企业的应收暂付款项，应记入“其他应收款”账户的贷方。这项经济业务编制的会计分录如下：

借：管理费用　　5 800

　　库存现金　　200

　贷：其他应收款——张广　　6 000

例 3-37

12月31日，按规定计提本月份固定资产折旧额7 500元。其中：

生产车间使用固定资产应提折旧额	5 500元
行政管理部门使用固定资产应提折旧额	2 000元
合计	7 500元

这项经济业务涉及“累计折旧”“制造费用”“管理费用”三个账户。一方面，计提折旧，意味着固定资产的价值减少，应记入“累计折旧”账户的贷方；另一方面，折旧费用的发生，使企业的间接费用和期间费用增加，应记入“制造费用”“管理费用”账户的借方。这项经济业务编制的会计分录如下：

借：制造费用	5 500	
管理费用	2 000	
贷：累计折旧		7 500

四、完工产品生产成本的计算与结转

在将制造费用分配计入各种产品成本之后，“生产成本”账户的借方归集了各种产品所发生的直接材料、直接人工、其他直接支出和制造费用的全部内容，在此基础上就可以进行产品成本的计算了。成本计算是会计核算的主要内容之一。进行产品生产成本的计算就是将企业生产过程中为制造产品所发生的各种费用按照所生产产品的品种、类别等进行归集和分配，以便计算各种产品的总成本和单位成本。计算产品生产成本既为入库产品提供了计价依据，又满足了确定各会计期间盈亏的需要。

企业应设置产品的生产成本明细账，用来归集应计入各种产品的生产费用。生产过程中发生的费用凡能分得清被哪种产品消耗的，应根据有关凭证直接计入该种产品成本明细账；凡分不清的，如制造费用或几种产品共同耗用的某种材料费用、生产工人的计时工资等，应采用适当的分配方法在各成本计算对象之间进行分配，然后计入各产品成本明细账。如果月末某种产品全部完工，该种产品生产成本明细账所归集的费用总额，就是该种完工产品的总成本，用完工产品总成本除以该种产品的完工总产量即可计算出该种产品的单位成本；如果月末某种产品全部未完工，该种产品生产成本明细账所归集的费用总额就是该种在产品的总成本；如果月末某种产品一部分完工，一部分未完工，这时归集在产品成本明细账中的费用总额还要采取适当的分配方法（如约当产量法、定额比例法等）在完工产品和在产品之间进行分配，然后计算完工产品的总成本和单位成本。生产费用如何在完工产品和在产品之间进行分配，是成本计算中一个既重要又复杂的问题。具体的分配方法有多种，这个问题将在成本会计中介绍，这里不做讲解。

制造业企业成本管理中的成本核算与成本控制

根据完工产品生产成本计算单的资料可以结转完工产品、验收入库产品的生产成本。为了核算完工产品成本结转及库存商品成本情况，需要设置“生产成本”“库存商品”账户。

“库存商品”账户属于资产类账户，用来核算企业库存的外购商品、自制产品（即产成品）、自制半成品、存放在门市部准备出售的商品、发出展览的商品以及寄存在外的商品等的实际成本（或计划成本）的增减变动及其结余情况。该账户的借方登记验收入库商品成本的增加，包括外购、自产、委外加工等；贷方登记库存商品成本的减少（发出）。期末余额在借方，表示库存商品成本的期末结余额。“库存商品’账户应按照商品的种类和规格等设置明细账，进行明细核算。

例3-38

12月31日，结转本月完工入库产品的制造成本。其中，A产品8 000件，每件成本110元，共计880 000元；B产品4 000件，每件成本150元，共计600 000元。

这项经济业务涉及“生产成本”“库存商品”两个账户。一方面，产品验收入库，使库存商品增加，应按入库产品的实际成本记入“库存商品”账户的借方；另一方面，生产过程结束，须计算并结转其生产成本，应记入“生产成本”账户的贷方。这项经济业务编制的会计分录如下：

借：库存商品——A产品	880 000	
——B产品	600 000	
贷：生产成本——A产品		880 000
——B产品		600 000

第五节　销售过程业务的核算

销售过程是制造业企业生产经营活动的最终环节。制造业企业从生产过程制造完成的产成品验收入库开始，到产品销售给购买方为止的过程称为销售过程。在销售过程中，制造业企业通过交换，将实现对外销售产品或提供生产性劳务等．企业应按照购销双方约定价格向购买单位办理价款结算，并确认为主营业务收入。同时．除主营业务外，还可能发生材料销售、代购代销、包装物出售、固定资产出租以及提供非生产性劳务等其他业务，应按照实际发生的金额向对方单位办理价款结算，并确认为其他业务收入。因此，企业销售过程业务的核算包括以下两方面的内容：

一是收入的实现以及货款的结算。在确认收入时，会计上应解决收入确认的条件和确认金额问题。企业会计准则规定，销售商品的收入只有同时符合以下条件时才能加以确认：（1）企业已将商品所有权上的主要风险和报酬转移给购货方，其中，风险是指商品可能发生减值或毁损形成的损失，报酬是指商品价值增值或通过使用商品产生的经济效益；（2）企业既没有保留通常与所有权相联系的继续管理权，也没有对已售出的商品实施有效控制，这表明商品所有权上的主要风险和报酬已转移给购货方；（3）收入的金额能够可靠地计量，这是指收入的金额能够合理地估计；（4）相关的经济利益很可能流入企业，这是指销售价款收回的可能性大于不能收回的可能性；（5）相关的已发生或将发生的成本能够可靠地计量，包括库存商品的成本、商品运输费用能够可靠地计量。收入确认时，应按照企业与购货方签订的合同或协议金额或者双方接受的金额计量。收入的实现，必然会形成经济利益的流入，并带来资产的增加或负债的减少。因此，进行会计核算时，收入类账户的对应账户不是资产类账户就是负债类账户。但在权责发生制下，收入实现了，并不意味着一定马上收回货款。由于结算上的原因，货款的结算可能会出现以下三种情况：第一，销售时直接收取货款；第二，销售时未收到货款，待以后再收取；第三，先收取货款，后提供产品。

企业会计准则中的新收入准则方法探析

二是与收入配比的成本费用的发生与结转。企业为取得一定的销售收入，要付出相应的产品或劳务。在生产过程中为制造这些产品或提供这些劳务必然会发生各种耗费，而在销售过程中为销售这些产品或提供这些劳务也必然会有各种耗费的发生。不论是生产耗费，还是销售耗费，都应由销售收入弥补。为了确定耗费的补偿尺度，在确认收入实现的同时，必须确认与实现收入配比的成本费用。与实现收入配比的成本费用包括主营业务成本、销售费用、税金及附加、其他业务成本等。

一、销售业务核算的账户设置

销售业务核算的内容决定了企业应设置两类账户：一类账户核算企业收入实现及价款结算；另一类账户核算与收入配比的成本费用的发生与结转。

（一）反映收入实现及价款结算的账户

为了总括地核算和监督企业主营业务收入和其他业务收入的实现以及价款结算情况，企业应设置“主营业务收入”“其他业务收入”“应交税费”“银行存款”“应收账款”“应收票据”“预收账款”等账户。这些账户的性质和基本结构如下：

1.“主营业务收入”账户，属于损益类账户，用以核算企业销售商品、提供生产性劳务、让渡资产使用权等主要经营业务取得的收入。该账户的贷方登记主营业务收入的实现数额；借方登记销售退回、销售折让冲减本期销售收入数额和期末结转至“本年利润”账户的主营业务收入数额；期末结转后该账户无余额。该账户应按主营业务的种类设置明细账，进行明细核算。

2.“其他业务收入”账户，属于损益类账户，用以核算企业除主营业务收入以外的其他销售或其他业务的收入，包括出租固定资产、出租无形资产、出租包装物和商品、销售材料等。该账户的贷方登记其他业务收入的实现数额；借方登记期末结转至“本年利润”账户的其他业务收入数额；期末结转后该账户无余额。该账户应按其他业务的种类设置明细账，进行明细核算。

3.“应收账款”账户，属于资产类账户，用以核算企业因销售商品、提供劳务等，应向购货单位或接受劳务单位收取的款项。该账户借方登记发生的应收款项，包括应收取的价款、税额和代垫款等；贷方登记收回的应收款项、转作商业汇票结算的应收款项和已结转坏账损失的款项。期末借方余额，反映企业尚未收回的应收账款；期末若为贷方余额，反映企业预收的账款。该账户应按不同的购货单位或接受劳务的单位设置明细账，进行明细核算。

4.“应收票据”账户，属于资产类账户，用以核算企业因销售商品、产品、提供劳务等而收到的商业汇票，包括银行承兑汇票和商业承兑汇票。该账户借方登记应收票据的增加数；贷方登记应收票据的减少数；期末借方余额，反映企业持有的商业汇票的票面价值和应计利息。该账户应按开出承兑商业汇票的单位设置明细账。企业还应设置“应收票据备查簿”，逐项登记应收票据相关要素，应收票据到期结清票款后应在备查簿内逐项注销。

5.“预收账款”账户，属于负债类账户，用以核算企业按合同规定向购货单位预收的款项。预收账款不多的情况下，也可以不设置该账户，将预收的账款直接记入“应收账款”账户。该账户贷方登记向购货单位预收的货款和收到购货单位补付的货款；借方登记销售完成后所实现的收入和应交增值税销项税额以及退回多付的款项。期末贷方余额，反映企业向购货单位预收的款项；期末若为借方余额，反映企业已经转销但尚未收取的款项。该账户应按购货单位设置明细账，进行明细核算。

（二）反映与收入配比的成本费用发生与结转的账户

为了总括地核算和监督企业与收入配比的销售成本、销售费用、销售税金等成本费用的发生与结转情况，应设置“主营业务成本”“税金及附加”“其他业务成本”“销售费用”等账户。这些账户的性质和基本结构如下：

1.“主营业务成本”账户，属于损益类账户，用以核算企业因销售商品、提供生产性劳务等主要经营业务所发生的实际成本。该账户借方登记已销售商品、提供劳务等主营业务的实际成本；贷方登记期末转入“本年利润”账户的主营业务成本；期末结转后该账户无余额。该账户应按主营业务的种类设置明细账，进行明细核算。

2.“其他业务成本”账户，属于损益类账户，用以核算企业除主营业务成本以外的其他销售或其他业务所发生的成本，包括销售材料的成本、出租固定资产的折旧额、出租无形资产的摊销额、出租包装物的成本或摊销额等。借方登记发生的其他业务成本，贷方登记期末转入“本年利润”账户的其他业务成本；期末结转后该账户无余额。该账户应按其他业务的种类设置明细账，进行明细核算。

3.“税金及附加”账户，属于损益类账户，用以核算企业经营活动发生的消费税、城市维护建设税、资源税、教育费附加、房产税、城镇土地使用税、车船税、印花税等相关税费。该账户借方登记按照规定计算出的应由企业经营活动负担的税金及附加；贷方登记期末转入“本年利润”账户的税金及附加；期末结转后该账户无余额。

4.“销售费用”账户，属于损益类账户，用以核算企业销售商品过程中发生的费用，包括运输费、装卸费、包装费、保险费、展览费和广告费以及为销售本企业商品而专设的销售机构的职工工资及福利费、类似工资性质的费用、业务费等经营费用。该账户借方登记发生的销售费用；贷方登记期末转入“本年利润”账户的销售费用；期末结转后该账户无余额。该账户应按费用项目设置明细账，进行明细核算。

二、业务核算

（一）主营业务收入的核算

企业销售商品或提供劳务实现的收入应按实际收到或应收的金额，借记“银行存款”“应收账款”等账户，按确认的营业收入金额贷记“主营业务收入”账户，同时，按税率计算的增值税销项税额，贷记“应交税费——应交增值税（销项税额）”账户。

例3-39

12月22日，销售给宏志公司A产品300件，增值税专用发票注明的单价为500元，价款150 000元，增值税税额为19 500元，款项收存银行。

这项经济业务涉及“银行存款”“主营业务收入”“应交税费”三个账户。一方面，销售产品，使收入增加，应按售价记入“主营业务收入”账户的贷方，向购买单位收取的增值税，应上交给税务部门，使企业负债增加，应记入“应交税费——应交增值税（销项税额）”账户的贷方；另一方面，款项收存银行，使企业资产增加，应记入“银行存款”账户的借方。这项经济业务编制的会计分录如下：

借：银行存款	169 500	
贷：主营业务收入		150 000
应交税费——应交增值税（销项税额）		19 500

例3-40

12月22日，销售给恒昌公司A产品800件，增值税专用发票注明的单价为500元，价款400 000元，增值税税额为52 000元，并以银行存款代买方垫付运费4 000元，以上款项尚未收到。

这项经济业务涉及“应收账款”“主营业务收入”“应交税费”“银行存款”四个账户。一方面，销售产品，使收入增加，应按售价记入“主营业务收入”账户的贷方，向购买单位收取的增值税，应上交给税务部门，使企业负债增加，应记入“应交税费——应交增值税（销项税额）”账户的贷方，代买方垫付运费使得银行存款这项资产减少，应记入“银行存款”账户的贷方；另一方面，款项应收未收，使企业债权资产增加，应记入“应收账款”账户的借方。这项经济业务编制的会计分录如下：

借：应收账款——恒昌公司	456 000	
贷：主营业务收入		400 000
应交税费——应交增值税（销项税额）		52 000
银行存款		4 000

例3-41

12月22日，销售给永发公司B产品90件，增值税专用发票注明的单价为7 000元，价款630 000元，增值税税额为81 900元，已收到对方开出的承兑期为4个月的商业汇票。

这项经济业务涉及“应收票据”“主营业务收入”“应交税费”三个账户。一方面，产品已销售，使企业收入和应交税费增加，应分别记入“主营业务收入”“应交税费——应交增值税（销项税额）”账户的贷方；另一方面，款项采取商业汇票方式结算，使企业债权增加，应记入“应收票据”账户的借方。这项经济业务编制的会计分录如下：

借：应收票据——永发公司　　711 900

　贷：主营业务收入　　630 000

　　　应交税费——应交增值税（销项税额）　　81 900

例3-42

12月22日，按合同规定向双力公司预收购买A产品货款300 000元，款项已存入银行。

这项经济业务涉及"银行存款""预收账款"两个账户。一方面，预收的货款存入银行，使资产增加，应记入"银行存款"账户的借方；另一方面，因产品尚未销售，预收的货款不能确认为收入，只能视作企业一项将来要用产品偿还的债务，应记入"预收账款"账户的贷方。这项经济业务编制的会计分录如下：

借：银行存款　　300 000

　贷：预收账款——双力公司　　300 000

例3-43

承上例，12月26日，向双力公司发出A产品500件，每件600元，价款300 000元，增值税税额为39 000元，原预收款项不足部分尚未收到。

这项经济业务涉及"预收账款""主营业务收入""应交税费"三个账户。一方面，产品已销售，使企业收入和应交税费增加，应分别记入"主营业务收入""应交税费——应交增值税（销项税额）"账户的贷方；另一方面，款项采取预收账款方式结算，应记入"预收账款"账户的借方。这项经济业务编制的会计分录如下：

借：预收账款——双力公司　　339 000

　贷：主营业务收入　　300 000

　　　应交税费——应交增值税（销项税额）　　39 000

例3-44

承上例，12月31日，收到双力公司补付原预收款项不足部分39 000元，存入银行。

这项经济业务涉及"银行存款""预收账款"两个账户。一方面，收到款项存入银行，使资产增加，应记入"银行存款"账户的借方；另一方面，原预收款项不足部分实质上是企业的一项应收款项，这部分款项收到，应记入"预收账款"账户的贷方。这项经济业务编制的会计分录如下：

借：银行存款　　39 000

　贷：预收账款——双力公司　　39 000

（二）销售费用的核算

销售费用，即为销售产品而发生的费用，包括在销售过程中发生的运输费、包装费、广告费、保险费等以及为销售本企业产品而专门设置的销售机构的职工工资、福利费、业务费等销售费用。发生的销售费用与实现的销售收入之间通常没有直接配比关系，但一般与期间有关，因此销售费用通常采用期间配比的方式，即将本期发生的销售费用全部用当期实现的收入弥补。

例3-45

12月23日，以银行存款支付产品广告费7 000元。

这项经济业务涉及"银行存款""销售费用"两个账户。一方面，发生的产品销售费用，应记入"销售费用"账户的借方；另一方面，用银行存款支付销售费用，使资产减少，应记入"银行存款"账户的贷方。这项经济业务编制的会计分录如下：

借：销售费用	7 000	
贷：银行存款		7 000

（三）产品销售成本的核算

销售成本采取直接配比方式，在产品销售收入实现的当期期末确认，将当期已销售产品的成本结转为主营业务成本。

例3-46

12月31日，结转本月已售A产品的制造成本210 000元，已售B产品的制造成本150 000元。

这项经济业务涉及"库存商品"和"主营业务成本"两个账户。一方面，本月因销售而发出商品，使库存商品减少，应记入"库存商品"账户的贷方；另一方面，按配比原则，结转为取得本期主营业务收入而发生的已售商品的制造成本，应记入"主营业务成本"账户的借方。这项经济业务编制的会计分录如下：

借：主营业务成本	360 000	
贷：库存商品——A产品		210 000
——B产品		150 000

（四）税金及附加的核算

税金及附加是指按照税法的规定企业在取得销售收入时应按规定的税率和销售收入额计算缴纳的税金及附加，包括按税法的规定根据销售收入额计算缴纳的消费税、资源税等，以及按本期应交的流转税为基础计算缴纳的城市维护建设税和教育费附加。这些税金及附加是企业的一项费用，按配比原则，应全部由当期的销售收入弥补。

例3-47

12月31日，按流转税额计算，本期应缴纳的城市维护建设税为7 000元。

这项经济业务涉及"税金及附加""应交税费"两个账户。一方面，计税使企业应从销售收入中抵扣的税金增加，应记入"税金及附加"账户的借方；另一方面，计算出的税金未缴纳，使企业的负债增加，应记入"应交税费"账户的贷方。这项经济业务编制的会计分录如下：

借：税金及附加	7 000	
贷：应交税费——应交城市维护建设税		7 000

（五）其他业务收支的核算

企业在经营过程中，除主营业务外，还可能发生材料销售、代购代销、包装物出售、固定资产出租以及提供非生产性劳务等其他附营业务。在经营其他附营业务时，应按照实际发生的金额向对方单位办理价款结算，并确认为其他业务收入。在经营其他附营业务时所发生的相关成本，按照配比原则，应确认为其他业务成本。

例 3-48

12月25日，对外销售不需用的材料一批，取得变卖收入339 000元，已存入银行。

这项经济业务涉及“银行存款”“其他业务收入”“应交税费”三个账户。一方面，材料售出，使其他业务收入增加，按现行制度规定，出售材料需要缴纳增值税，变卖收入339 000元中包含着材料售价和增值税税额两部分。因为一般纳税人是按照销售收入（计税价格）和13%的税率计算增值税的，因此，应确认的材料销售收入额为：

材料销售收入额=339 000÷（1+13%）=300 000（元）

应计算的增值税销项税额=300 000×13%=39 000（元）

这样，企业应按材料销售收入额和应缴纳的增值税税额分别记入“其他业务收入”“应交税费——应交增值税（销项税额）”账户的贷方。另一方面，变卖收入存入银行，使资产增加，应记入“银行存款”账户的借方。这项经济业务编制的会计分录如下：

借：银行存款	339 000	
贷：其他业务收入		300 000
应交税费——应交增值税（销项税额）		39 000

例 3-49

12月31日，结转已变卖材料的成本150 000元。这项经济业务涉及“原材料”“其他业务成本”两个账户。一方面，变卖材料使库存材料减少，应记入“原材料”账户的贷方；另一方面，材料是为取得其他业务收入发出的，其成本按配比原则应记入“其他业务成本”账户的借方。这项经济业务编制的会计分录如下：

借：其他业务成本	150 000	
贷：原材料		150 000

【学思践悟 3-2】

销售业务是企业文化传播的窗口

销售业务不仅是产品的交易过程，更是企业文化传播的窗口。企业通过销售活动，不仅传递产品的价值，更在无形中传递着企业的使命、愿景和价值观。这为学生提供了深入理解企业文化与社会责任的契机，引导他们思考个人行为与企业发展、社会进步之间的紧密联系。通过参与销售实践，学生能够更加直观地感受到诚信经营、客户至上等原则的重要性，从而在内心深处树立起正确的职业道德观念。

销售业务中的团队协作与沟通艺术，为学生提供了宝贵的思政教育资源。在团队中，每个成员都扮演着不同的角色，需要相互信任、支持与协作，共同面对挑战、解决问题。这种团队协作的过程，不仅锻炼了学生的沟通能力和团队协作能力，更培养了他们的集体荣誉感和社会责任感。同时，销售过程中遇到的挫折与困难，也是对学生进行挫折教育、培养坚韧不拔精神的绝佳机会。销售业务中的市场竞争与创新实践，为学生树立了勇于挑战、敢于创新的榜样。在激烈的市场竞争中，企业需要不断创新销售策略、提升产品质量和服务水平，以赢得客户的信任和支持。这种创新精神不仅推动了企业的发展，更为学生树立了追求卓越、勇于探索的榜样。通过参与销售实践，学生能够深刻体会到创新对于个人成长和企业发展的重要性，从而激发他们的创新意识和创新潜能。

讨论问题：销售业务如何传播企业文化？

▸▸▸▸▸▸ 第六节　财务成果形成与分配业务的核算

财务成果是指企业在一定会计期间从事经济活动所取得的经营成果，也就是企业所实现的利润或亏损。利润是按照配比要求，将一定时期的收入与费用进行配比而产生的结果，当收入大于费用时，其差额表现为利润；反之，当收入小于费用时，其差额表现为亏损。财务成果是企业经营活动效率与经济效益的综合体现，是衡量企业经营成果和经济效益的综合尺度，因而，财务成果指标是一项非常重要的指标。

财务成果是企业在生产经营过程中形成的。利润形成后，还需要对一定会计期间的净利润在企业与投资者之间进行分配。利润分配直接关系到企业与投资者之间的物质利益关系，关系到各方投资者的权益能否得到保障，具有很强的政策性。因此，财务成果的核算应包括以下两方面的内容：利润的形成和利润的分配。

一、利润形成的核算

（一）利润的构成与计算

企业的利润，就其形成来看，既有通过生产经营活动而获得的，也有通过投资活动而获得的，还包括那些与生产经营活动无直接关系的事项所引起的盈亏。用计算公式表示如下：

$$\text{营业利润}=\text{营业收入}-\text{营业成本}-\text{税金及附加}-\text{期间费用}+\text{其他收益}\pm\text{投资损益}\pm\text{净敞口套期损益}\pm\text{公允价值变动损益}-\text{信用减值损失}-\text{资产减值损失}\pm\text{资产处置损益}$$

其中：营业收入=主营业务收入+其他业务收入

营业成本=主营业务成本+其他业务成本

期间费用=销售费用+管理费用+研发费用+财务费用

利润总额=营业利润+营业外收入-营业外支出

净利润=利润总额-所得税费用

1.期间费用

期间费用是指不能直接归属于某个特定产品的成本，而应直接计入当期损益的各种费用，包括销售费用、管理费用、研发费用和财务费用。

2.投资收益

投资收益是指企业以各种方式对外投资所取得的收益减去发生的损失和计提减值准备

后的净额，包括企业对外投资的债券利息、股利、利润、投资到期收回或转让所取得的价款与账面价值之间的差额等。

3.营业外收入和营业外支出

营业外收入和营业外支出是指企业发生的与其生产经营活动无直接关系的各项收入和各项支出。其中，营业外收入包括非流动资产毁损报废利得、与企业日常经营活动无关的政府补助、盘盈利得、捐赠利得等；营业外支出包括非流动资产毁损报废损失、公益性捐赠支出、非常损失、盘亏损失等。营业外收入和营业外支出不存在必然联系，因而不存在配比关系，应当分别核算，并在利润表中分列项目反映。

4.所得税费用

所得税费用是指企业应计入当期损益的所得税费用。它是企业按照税法的规定依据应纳税所得额计算并向国家缴纳的税款，是企业利润总额的减项。由于会计利润的计算方法和税法上应纳税所得额的计算方法不一致，应纳税所得额要在会计利润的基础上按税法规定的口径调整计算。

（二）账户设置

为了总括地核算和监督企业利润的形成情况，除了前述的收入和费用类账户外，还应设置“投资收益”“营业外收入”“营业外支出”“所得税费用”“本年利润”等账户。这些账户的性质和基本结构如下：

1.“投资收益”账户，属于损益类账户，用以核算企业对外投资取得的收益或发生的损失。该账户的贷方登记实现的投资收益和期末转入“本年利润”账户的投资净损失；借方登记投资损失和期末转入“本年利润”账户的投资净收益；期末结转后该账户无余额。该账户应按投资的种类设置明细账，进行明细核算。

2.“营业外收入”账户，属于损益类账户，用以核算企业发生的与其生产经营无直接关系的各项收入。该账户的贷方登记发生的营业外收入数额；借方登记期末结转到“本年利润”账户的营业外收入数额；期末结转后该账户无余额。该账户应按营业外收入项目设置明细账，进行明细核算。

3.“营业外支出”账户，属于损益类账户，用以核算企业发生的与其生产经营无直接关系的各项支出。该账户的借方登记发生的营业外支出数额；贷方登记期末结转到“本年利润”账户的营业外支出数额；期末结转后该账户无余额。该账户应按营业外支出项目设置明细账，进行明细核算。

4.“所得税费用”账户，属于损益类账户，用以核算企业按规定从本期损益中减去的所得税费用。该账户的借方登记发生的所得税费用数额；贷方登记期末结转到“本年利润”账户的所得税费用数额；期末结转后该账户无余额。

5.“本年利润”账户，属于所有者权益类账户，用以核算企业在本年度实现的净利润（或发生的净亏损）。该账户的贷方登记转入的各项收入，包括“主营业务收入”“其他业务收入”“投资收益（贷）”“营业外收入”等账户的期末余额；借方登记转入的“主营业务成本”“税金及附加”“其他业务成本”“销售费用”“管理费用”“财务费用”“投资收益（借）”“营业外支出”“所得税费用”等账户的期末余额；年度终了，应将本年实现的净利润（或净亏损）从该账户全部转入“利润分配”账户，结转后该账户无余额。

（三）账务处理

例3-50

12月30日，收到某单位的违约罚款收入72 000元。

这项经济业务涉及“银行存款”“营业外收入”两个账户。一方面，获得罚没收入，应记入“营业外收入”账户的贷方；另一方面，收到款项，使银行存款增加，应记入“银行存款”账户的借方。这项经济业务编制的会计分录如下：

借：银行存款	72 000	
贷：营业外收入		72 000

例3-51

12月31日，以银行存款4 914元支付税款的滞纳金和罚款。

这项经济业务涉及“银行存款”“营业外支出”两个账户。一方面，支付的滞纳金和罚款不属于正常的经营业务，应作营业外支出处理，记入“营业外支出”账户的借方；另一方面，款项的支付使银行存款减少，应记入“银行存款”账户的贷方。这项经济业务编制的会计分录如下：

借：营业外支出	4 914	
贷：银行存款		4 914

例3-52

12月31日，从子公司分得股利500 000元，已存入银行。

这项经济业务涉及“投资收益”“银行存款”两个账户。一方面，分回投资利润，使收益增加，应记入“投资收益”账户的贷方；另一方面，将利润存入银行，使银行存款增加，应记入“银行存款”账户的借方。这项经济业务编制的会计分录如下：

借：银行存款	500 000	
贷：投资收益		500 000

例3-53

12月31日，期末结转本期收益（结账）。经核算，本月企业各收入类账户的贷方余额为：主营业务收入1 162 000元；其他业务收入200 000元；投资收益500 000元；营业外收入72 000元。

这项经济业务是期末对企业本期收入的结转，以计算本期财务成果。收入的增加使本年利润增加，应将收入类账户的贷方余额从这些账户的借方结转到“本年利润”账户的贷方，这项经济业务编制的会计分录如下：

借：主营业务收入	1 162 000
其他业务收入	200 000
投资收益	500 000
营业外收入	72 000

贷：本年利润　　1 934 000

例 3-54

12月31日，期末结转本期成本、费用和支出。经核算，本月企业各费用类账户的借方余额为：主营业务成本363 690元；税金及附加8 000元；其他业务成本180 000元；销售费用9 000元；管理费用100 200元；财务费用6 000元；营业外支出4 914元。

这项经济业务是期末对企业本期成本、费用和支出的结转，以计算本期财务成果。费用的增加使本年利润减少，应将费用类账户的借方余额从这些账户的贷方结转到“本年利润”账户的借方。这项经济业务编制的会计分录如下：

借：本年利润　　671 804
　贷：主营业务成本　　363 690
　　税金及附加　　8 000
　　其他业务成本　　180 000
　　销售费用　　9 000
　　管理费用　　100 200
　　财务费用　　6 000
　　营业外支出　　4 914

以上两笔会计分录，将本期所有收入与费用都结转到“本年利润”账户。“本年利润”账户的贷方发生额（即本期收入合计）减去本期借方发生额（即本期费用合计）后的差额为1 262 196元，即为企业本期实现的利润总额。

例 3-55

12月31日，根据本期实现的利润总额（假设无纳税调整事项）的25%计算本期应交所得税费用为315 549元。

这项经济业务涉及“所得税费用”“应交税费”两个账户。一方面，按利润总额计算的所得税费用，是对企业利润的扣除，作为一项费用处理，记入“所得税费用”账户的借方；另一方面，已计提尚未缴纳的所得税费用，使企业负债增加，应记入“应交税费”账户的贷方。这项经济业务编制的会计分录如下：

借：所得税费用　　315 549
　贷：应交税费——应交所得税　　315 549

例 3-56

12月31日，结转本期所得税费用315 549元。

这项经济业务是期末对企业所得税费用的结转，以便计算本期企业净利润。结转时，应从“所得税费用”账户的贷方结转到“本年利润”账户的借方。这项经济业务编制的会计分录如下：

借：本年利润　　315 549
　贷：所得税费用　　315 549

损益类账户的结账过程如图3-1所示。

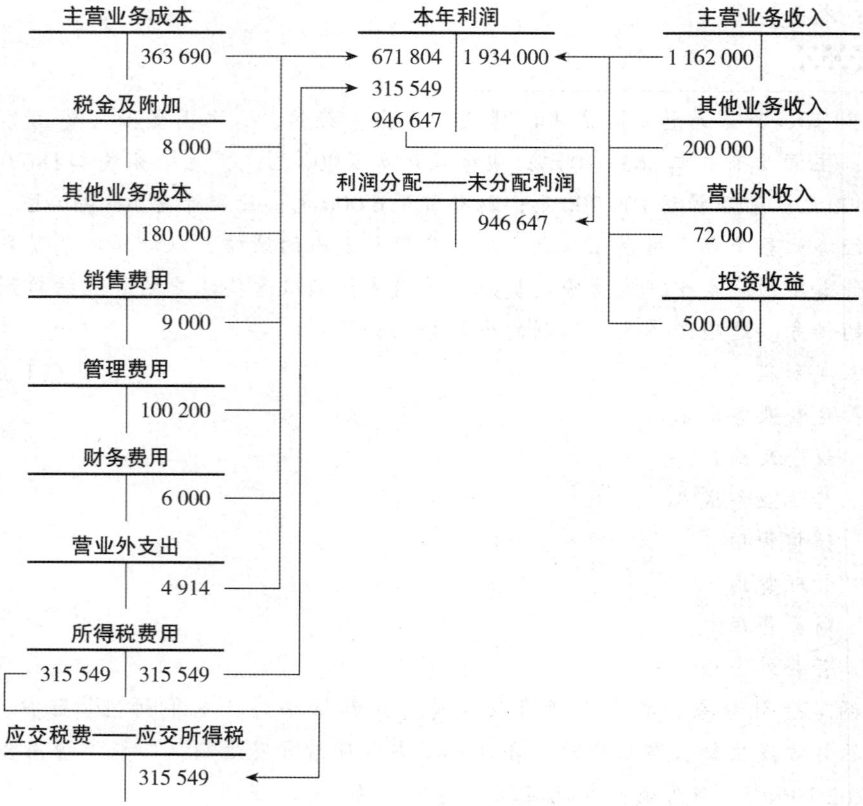

图3-1 损益类账户的结账流程图

二、利润分配的核算

（一）利润分配顺序

企业净利润实现后，应当按规定进行分配。根据我国有关法规的规定，一般企业和股份制公司当年实现的净利润，首先要弥补以前年度尚未弥补的亏损，然后按下列顺序进行分配：

（1）提取法定盈余公积。法定盈余公积按照本年实现净利润的10%提取。企业提取的法定盈余公积累计额达到其注册资本的50%以上时，可不再提取。企业提取的法定盈余公积主要用于弥补亏损和转增资本。

（2）提取任意盈余公积。任意盈余公积一般按照股东大会决议提取，还可以按照净利润的一定比例提取。

（3）向投资者分配利润或股利。企业实现的净利润在扣除上述两项后，再加上年初未分配利润和其他转入数，形成可供投资者分配的利润。

① 应付优先股股利，即企业按照利润分配方案分配给优先股股东的现金股利，优先股股利是按照约定的股利率计算支付的。

② 应付普通股股利，即企业按照利润分配方案分配给普通股股东的现金股利，一般按各股东所持有的股份比例进行分配。如果是非股份制企业，则为分配给投资者的利润。

③ 转作资本（或股本）的普通股股利，是指企业按照利润分配方案以分派股票股利的形式转作资本（或股本），即以利润转增的资本。

经过上述分配后，剩余部分即为企业的未分配利润（或未弥补亏损）。

（二）账户设置

为了总括地核算和监督企业净利润的分配情况，企业应设置“利润分配”“盈余公积”“应付股利”等账户。这些账户的性质和基本结构如下：

（1）“利润分配”账户，属于所有者权益类账户，用以核算企业一定时期内净利润的分配或亏损的弥补以及历年结存的未分配利润（或未弥补亏损）情况。该账户的借方登记利润分配数额，包括提取的盈余公积和分配给投资者的利润以及年末从“本年利润”账户的贷方转来的当年亏损总额；贷方登记用盈余公积弥补的亏损额等其他转入数以及年末从“本年利润”账户借方转来的当年实现的净利润总额。年末若为贷方余额，表示历年积存的未分配利润；若为借方余额，表示历年积存未弥补亏损。该账户还应按利润分配的内容设置“提取法定盈余公积”“提取任意盈余公积”“应付现金股利（或利润）”“转作资本（或股本）的普通股股利”“未分配利润”“盈余公积补亏”等明细账，进行明细核算。结转后，除“未分配利润”明细账有余额外，其他明细账户均无余额。

（2）“盈余公积”账户，属于所有者权益类账户，用以核算企业从净利润中提取的盈余公积。该账户的贷方登记提取的盈余公积；借方登记盈余公积的补亏数额或转增资本数额；期末贷方余额，反映企业提取的盈余公积结余额。该账户应按盈余公积的种类设置明细账，进行明细核算。

（3）“应付股利”账户，属于负债类账户，用以核算企业经董事会、股东大会或类似权力机构决议确定分配的现金股利。该账户的贷方登记按规定应分配给投资者的现金股利；借方登记已支付给投资者的现金股利；期末贷方余额，反映企业尚未支付的现金股利。

（三）账务处理

例 3-57

12月31日，月末结转净利润946 647元。

这项经济业务是对企业本年度实现的净利润的结转，应将企业本年净利润额从“本年利润”账户的借方结转到“利润分配——未分配利润”账户的贷方，以便与后述结转的已分配利润进行比较，最终计算企业本年度的未分配利润。这项经济业务编制的会计分录如下：

借：本年利润	946 647	
贷：利润分配——未分配利润		946 647

例 3-58

12月31日，按本年净利润的10%、5%分别提取法定盈余公积和任意盈余公积，本年净利润为946 647元。

本年净利润为946 647元，按规定比例应提取法定盈余公积94 664.70元、任意盈余公积47 332.35元。这项经济业务涉及“利润分配”“盈余公积”两个账户。一方面，对企业的净利润进行分配，应记入“利润分配”账户的借方；另一方面，提取的盈余公积留存企业，使所有者权益增加，应记入“盈余公积”账户的贷方。这项经济业务编制的会计分录如下：

借：利润分配——提取法定盈余公积　　94 664.70
　　　　　　——提取任意盈余公积　　47 332.35
　贷：盈余公积——法定盈余公积　　94 664.70
　　　　　　——任意盈余公积　　47 332.35

例3-59

12月31日，根据协议规定，按净利润的40%向投资者分配股利378 658.80元。

这项经济业务涉及“利润分配”“应付股利”两个账户。一方面，对企业的净利润进行分配，应记入“利润分配”账户的借方；另一方面，应分配但尚未支付给投资者的股利，使负债增加，应记入“应付股利”账户的贷方。这项经济业务编制的会计分录如下：

借：利润分配——应付现金股利　　378 658.80
　贷：应付股利　　378 658.80

例3-60

12月31日，结转全年已分配利润520 655.85元。

这项经济业务是对企业本年度已分配的利润的结转，应将“利润分配”账户的除“未分配利润”明细账外的其他明细账的期末余额，全部结转到“未分配利润”明细账上。经过结转后，“利润分配”账户中只有“未分配利润”明细账有期末余额，其余明细账均无余额。而“未分配利润”明细账的余额反映企业本年度未分配的利润。在会计报表上，未分配利润作为所有者权益项目单独列示。这项经济业务编制的会计分录如下：

借：利润分配——未分配利润　　520 655.85
　贷：利润分配——提取法定盈余公积　　94 664.70
　　　　　　——提取任意盈余公积　　47 332.35
　　　　　　——应付现金股利　　378 658.80

利润分配制度的基本逻辑和路径选择——以公司法与会计规则协调为视角

例3-57和例3-60两个会计分录，将本年已实现未分配的净利润和已分配的净利润都结转到“利润分配——未分配利润”账户。“利润分配——未分配利润”账户的贷方发生额与借方发生额相抵后的差额425 991.15元，即为企业本年度的未分配利润。

对于农业企业而言，其劳动对象是动植物，在会计核算中，应当与制造业企业区别开来，结合现行会计准则的要求进行核算。

本章小结

本章主要介绍了制造业企业生产经营的过程，并通过生产经营过程中的经济业务进一步熟悉账户的设置方法和借贷记账法的运用。制造业企业的主要经济业务有资金筹集、固定资产的购置与材料采购、产品生产、产品销售、利润的形成与分配等业务。

资金筹集业务主要是投资者投入资金业务以及企业向债权人借入资金业务。核算中使用的主要账户有实收资本、资本公积、短期借款、长期借款以及有关资产账户。

供应过程业务主要是固定资产的购置与材料采购业务。核算中使用的主要账户有固定资产、在建工程、材料采购、原材料以及应付账款、应付票据、预收账款等货款结算账户。

生产过程业务主要是生产费用的发生、归集、分配与产品成本的计算，具体有材料的发出、工资的分配与支付、间接费用的发生与支付以及完工产品成本的结转入库。核算中使用的主要账户有生产成本、制造费用、应付职工薪酬、累计折旧、库存商品等。

销售过程业务主要是核算企业产品销售收入、支付销售费用及税金、结转销售产品的实际成本以及与购货单位所发生的货款结算等业务。核算中使用的主要账户有主营业务收入、主营业务成本、税金及附加、销售费用以及应收账款、应收票据、预付账款等账户。

企业应于会计期末结算其经营成果并进行分配。本年利润账户反映了企业利润的形成过程。企业实现的利润应按国家有关规定进行分配，如提取盈余公积、分配利润等。核算中使用的账户除销售过程涉及的损益类账户外，还有利润分配、盈余公积、应付股利、营业外收入、营业外支出以及所得税费用等账户。

复习思考题

1. 复式记账法的基本原则是什么？
2. 复式记账法如何保证会计信息的真实性和可靠性？
3. 在复式记账法下，如何确定经济业务的账户归属及借贷方向？
4. 企业利润构成及利润分配的一般顺序是什么？
5. 复式记账法如何帮助管理层了解企业的财务状况、经营成果和现金流量情况？

个案分析

案例一

1. 某企业购买了一批原材料，总价款为25 000元，款项已通过银行转账支付。请分析该笔经济业务涉及的会计要素，并编制相应的会计分录。

2. 假设企业向银行借入短期借款30 000元用于补充流动资金，请编写该经济业务的复式记账分录，并解释各账户变动的经济意义。

案例二

一家零售商店本月发生以下业务：销售商品收入现金80 000元，支付员工工资30 000元，支付房租费用20 000元，从供应商处购入商品50 000元（款未付）。请根据上述业务，编制本月的会计分录，并说明如何通过复式记账法确保资产、负债和所有者权益之间的平衡。

第四章

会计凭证

【学习目标】

素养目标：会计凭证的专业要求是真实性、合法性、准确性，三者缺一不可。本章培养学生实事求是、认真严谨的职业素养，“精细、精准、精确”的工匠精神；树立学生廉洁自律、遵纪守法的意识，培养诚实守信的道德品质；树立学生诚信为本、操守为重的意识，培养学生勇于承担责任的品质。

知识目标：了解会计凭证是财务工作的基础，在整个财务工作中的重要性；理解会计凭证与经济业务之间的对应关系，掌握会计凭证、原始凭证、记账凭证的概念及其分类、会计凭证传递与保管的有关规定，明确填制和审核原始凭证与记账凭证的有关内容。

能力目标：培养学生正确填制、依法依规审核原始凭证和记账凭证的实际操作能力和应用分析能力；培养学生依据会计凭证进行信息分析和数据处理能力；培养学生与单位内外部人员之间的沟通合作能力。

【学习导入】

会计凭证的历史由来已久，早在西周时期就出现了“法”“式法”记录钱物的名称、数量、财物性质、说明事项等内容，是会计凭证的开端。在唐代官厅会计中开始全面运用会计原始凭证，与会计有关的原始凭证通称为契或券，另外还有文符、符牒、令式、印纸，以及状等，在当时的基层财计部门一般通用纸券（契）和木契两种。北宋时期会计凭证已趋向专用化和规范化，与记账直接相关的原始凭证在内容和格式上通过制度被确定下来。随后，会计凭证又经历了商业会计凭证、工业会计凭证阶段，这一时期，会计凭证记载的内容不断完善，功能进一步增强。随着数智化时代的到来，经济环境不断变化，企业组织形式、经济交易范围和形式日益复杂多样，越来越多的电子凭证出现，并在经济交往中发挥着越来越重要的功能。

请同学们思考两个问题：

1. 数字经济时代的会计凭证呈现什么特点？

2. 如何识别会计凭证所记录的经济信息？

▸▸▸▸▸▸ 第一节　会计凭证概述

一、会计凭证的含义

会计凭证是记录经济业务发生和完成情况、明确经济责任的书面证明，是登记账簿的依据。会计凭证是记录经济信息的载体。

填制和审核会计凭证处于会计循环和财务流程的起点，是会计核算工作的基本环节。会计凭证填制得准确与否，关系着账簿记录的质量。

任何一家企业或单位，为了保证会计信息的客观、真实，都必须对其发生的所有经济业务办理凭证手续，由经办各项经济业务的有关人员（即经办人）填制或取得会计凭证，记录经济业务发生或完成的日期、经济业务的内容、数量以及金额等具体内容，并在会计凭证上签名或盖章，据此明确各项经济业务经办人的经济责任，对会计凭证所记录经济业务的真实性、合法性和准确性负责。因此，任何会计凭证都必须经过会计机构和会计人员的严格审核，经确认无误后，才能作为登记账簿的依据。

二、会计凭证的作用

（一）提供经济信息和会计信息

会计凭证是记录经济业务最原始的资料。企业日常发生的经济业务多种多样，比如资金的收付、生产材料的购置与耗用、往来款项的结算等。为了及时、准确地将这些经济信息反映在企业管理活动中，必须取得和填制会计凭证，记录经济业务发生的时间、内容、数量、金额等，及时协调企业或单位内部各部门、各单位之间的经济活动，确保生产经营各环节的正常运转。因此，会计人员可以根据会计凭证，对日常大量、分散的各种经济业务进行整理、分类、汇总，并经过会计处理，为经济管理提供有用的会计信息。

（二）监督、控制经济活动

会计凭证记录和反映了经济业务活动的发生、进展和完成情况等具体内容，通过会计凭证的审核，可以检查经济业务的发生是否符合有关的法律制度，是否符合业务经营、财务收支的方针和计划及预算的规定，以确保经济业务的合理性、合法性和有效性。监督经济业务的发生与发展，控制经济业务的有效实施，是发挥会计管理职能的重要内容。

（三）登记账簿的重要依据

在会计工作中，不可能存在无依据的账簿记录。通过会计凭证的填制、审核，按一定方法对会计凭证进行整理、分类、汇总，可以为会计记账提供真实、可靠的依据，防止弄虚作假。

（四）加强经济责任制

经济业务发生后，会计工作人员需要取得或填制适当的会计凭证，证明经济业务已经发生或完成；同时，要由有关的经办人员在凭证上签字、盖章，明确业务责任人。尤其是货币资金的收付，财产物资的购入、储存、领用等经营活动，都可以通过会计凭证的填制和审核来检查和监督各业务责任人的责任，促使其在职权范围内各负其责，为加强企业内部经营管理的经济责任制提供充分的依据。

三、会计凭证的种类

会计凭证按其填制程序和用途的不同，可以分为原始凭证和记账凭证两大类。

（一）原始凭证

原始凭证又称单据，是在经济业务发生或完成时取得或填制的、用以记录和证明经济业务的发生或完成情况并明确有关经济责任的原始依据。

会计基础工作规范

《会计基础工作规范》第三十七条规定："各单位发生的下列事项，应当及时办理会计手续，进行会计核算：款项和有价证券的收付；财物的收发、增减和使用；债权债务的发生和结算；资本、基金的增减；收入、支出、费用、成本的计算；财务成果的计算和处理；其他需要办理会计手续、进行会计核算的事项。"

《会计基础工作规范》第四十七条规定："各单位办理本规范第三十七条规定的事项，必须取得或者填制原始凭证，并及时送交会计机构。"

由此可见，原始凭证是会计核算的原始资料。同时，它也是填制记账凭证的重要依据。原始凭证的合法、真实、准确与否决定整个会计核算的质量。

（二）记账凭证

《会计基础工作规范》第五十条规定："会计机构、会计人员要根据审核无误的原始凭证填制记账凭证。"

记账凭证又称记账凭单或分录凭单，是会计人员根据审核无误的原始凭证按照经济业务事项的内容加以归类，并据以确定会计分录后所填制的会计凭证。记账凭证是登记账簿的直接依据。

记账凭证要根据原始凭证所反映的经济业务，按规定的会计科目和复式记账方法编制会计分录，以确保账簿记录的准确性。这是由于原始凭证只表明经济业务的具体内容，不能反映其归类的会计科目和记账方向，不能凭以直接入账，而且原始凭证多种多样，其格式、大小也不尽一致。在实际工作中，为了便于登记账簿，需要将来自不同单位的种类繁多、数量庞大、格式大小不一的原始凭证加以归类、整理，填制具有统一格式的记账凭证，确定会计分录并将相关的原始凭证附在记账凭证后面。

（三）原始凭证与记账凭证的区别

记账凭证记载的是会计信息，从原始凭证到记账凭证是经济信息转换成会计信息的过程，是一种质的飞跃。记账凭证和原始凭证同属于会计凭证，但二者存在着一定的差别，主要有以下几个方面：

（1）原始凭证是由经办人员填制的，而记账凭证是由会计人员填制的。

（2）原始凭证是根据发生或完成的经济业务填制的，而记账凭证是根据审核后的原始凭证填制的。

（3）原始凭证仅用以记录、证明经济业务已经发生或完成，而记账凭证要依据会计科目对已经发生或完成的经济业务进行归类、整理。

（4）原始凭证是填制记账凭证的依据，而记账凭证是登记账簿的依据。

▸▸▸▸▸▸▸ 第二节　原始凭证的填制与审核

一、原始凭证的基本内容

在会计实务中，由于各种经济业务的内容和经济管理的要求不同，原始凭证的名称、格式和内容多种多样，填制与审核的具体内容也多种多样，但作为经济业务的原始凭证，都要说明每一项经济业务的具体发生和完成情况，都要明确经办单位、人员以及其他相关单位的经济责任。因此，就原始凭证的共同点而言，各种原始凭证都应具备以下基本内容：

（1）原始凭证的名称；

（2）填制凭证的日期和凭证的编号；

（3）填制凭证单位的名称或者填制人姓名；

（4）经办人员的签名或者盖章；

（5）接受凭证单位的名称；

（6）经济业务的内容、数量、计量单位、单价和金额；

（7）原始凭证的附件（如与业务相关的经济合同等）。

以上基本内容，除第（7）条之外，一般不得缺少，否则就不能成为具有法律效力的书面证明。除此之外，有些原始凭证所包括的内容，不仅要满足财务会计工作的需要，还要满足各有关方面的需要。因此，可以根据某些经济业务的特点，结合各方面工作的要求，补充一些必要的内容。例如，有些一式多联的原始凭证，要在每联凭证上注明“第×联”及每联次的用途；有些原始凭证还需要预先印制编号，以防任意撕毁；有些原始凭证为了满足计划、统计或其他业务方面的工作需要，还要列入有关计划任务、合同号码和预算项目等。在各单位中，所发生的某些经济业务有时又与其他许多单位有联系，为了使原始凭证的内容协调一致，满足会计核算和经营管理上的需要，主管部门可以为同类经济业务制定统一的凭证格式，例如由国家税务总局监制的增值税专用发票、由中国人民银行统一制定的托收承付结算凭证，都是在有关单位广泛使用的原始凭证格式。

二、原始凭证的种类

原始凭证的分类方法很多，可以按其来源、填制手续和内容、用途等不同的标准进行分类。

（一）原始凭证按来源不同分类

原始凭证按其来源不同进行分类，可以分为外来原始凭证和自制原始凭证两种。

1.外来原始凭证

外来原始凭证是指在经济业务发生或完成时，从其他单位或个人处取得的原始凭证。

如购货时取得的增值税专用发票、普通发票，付款时取得的收据，银行付款通知单，运输发票等。随着信息化时代的到来，电子商务、电子政务广泛发展并促进了电子数据的广泛使用。企业在经济往来中，开始越来越多地使用电子原始凭证，比如电子发票、电子票据、银行电子回单等，它们本质上跟传统的纸质原始凭证没有两样，与传统纸质原始凭证具有同等法律效力。增值税专用发票和收据的格式见表4-1和表4-2。

表4-1　**增值税专用发票**

1100143160　北京增值税专用发票　№

此联不作报销、扣税凭证使用　开票日期：

税总函〔2023〕××号××××公司

购买方	名　　称： 纳税人识别号： 地址、电话： 开户行及账号：				密码区		
货物或应税劳务、服务名称	规格型号	单位	数量	单价	金额	税率	税额
合计							
价税合计（大写）			（小写）				
销售方	名　　称： 纳税人识别号： 地址、电话： 开户行及账号：				备注		

第一联：记账联　销售方记账凭证

收款人：　复核：　开票人：　销售方：（章）

表4-2　**收　据**

年　月　日　No.

付款单位：________	收款方式：________
人民币（大写）：________	¥________
收款事由：________	

第　联

收款单位：　审核：　经手人：　出纳：

2. 自制原始凭证

自制原始凭证，是指由本单位经办业务的部门或人员在执行或完成某项经济业务时根据所办理的经济业务自行填制的原始凭证，如商品、材料在验收入库时填制的入库单和收料单，发出材料时填制的领料单和退料单，出差人员填制的借款单和差旅费报销单，财会部门编制的制造费用分配表等。收料单、领料单和制造费用分配表分别见表4-3、表4-4和表4-5。

表4-3

收料单

供货单位：　　　　　　　　　　　　　　　　　　　　　　　　　　No.

发票号码：　　　　　　　　　年　月　日　　　　　　　　　　收货仓库：

材料类别	名称及规格	计量单位	数量		实际成本		计划单价	金额	差异
			应收	实收	单价	金额			

记账联

质量检验：　　　　　　　　收料：　　　　　　　　制单：

表4-4

领料单

用途：　　　　　　　　　　年　月　日　　　　　　　　　　发料仓库：

材料类别	名称及规格	计量单位	数量		实际成本		计划单价	用途
			请领	实领	单价	金额		

记账联

记账：　　　　发料：　　　　审批：　　　　领料：

表4-5

制造费用分配表

年　月　　　　　　　　　　　　　单位：

项目	分配标准（生产工人工资）	分配率	分配额
合计			

（二）原始凭证按填制手续和内容不同分类

原始凭证按填制手续和内容不同进行分类，可以分为一次凭证、累计凭证、汇总原始凭证和记账编制凭证四种。

1.一次凭证

一次凭证，又称一次有效凭证，是指只记录一项经济业务，或者同时记录若干项同类经济业务，在填制手续时一次完成的原始凭证，如收料单、领料单、收款收据、发货票等。其特点是一次有效，不能重复使用，因此使用方便灵活，但数量较多，核算烦琐。

2. 累计凭证

累计凭证，又称多次有效凭证，是指在一定时期内连续记录重复发生的同类经济业务的原始凭证，如限额领料单（见表4-6）等。累计凭证不是一次完成的，而是在一张凭证上多次登记完成的。使用累计凭证，由于平时随时登记发生的经济业务并计算累计数，期末汇总计算总数后作为记账的依据，因此，能够减少凭证张数，简化填制手续，随时掌握累计数，方便同计划数或定额数进行对比，控制支出，防止浪费。

表4-6　　　　　　　　　　　　**限额领料单**

用途：　　　　　　　　　　　　年　月　日　　　　　　　　　　发料仓库：

材料类别	材料编号	材料名称及规格	计量单位	领用限额	实际领用	单价	金额	备注

供应部门负责人：　　　　　　　　　　生产部门负责人：

日期	数量		领料人签章	发料人签章	扣除代用数量	退料			限额结余
	请领	实领				数量	收料	发料	

3. 汇总原始凭证

汇总原始凭证，又称原始凭证汇总表，是指在会计核算工作中，为简化记账凭证的编制工作，将一定时期内若干份记录同类经济业务的原始凭证汇总编制一张汇总凭证，用以集中反映某项经济业务总括发生情况的原始凭证，如收料汇总表、发出材料汇总表（见表4-7）等。

表4-7　　　　　　　　　　**发出材料汇总表**　　　　　　　　　　年　月　日

会计科目	领料部门	原材料	燃料	合计
基本生产成本	一车间			
	二车间			
	小计			
辅助生产成本	供电车间			
	锅炉车间			
	小计			
制造费用	一车间			
	二车间			
	小计			
合计				

会计负责人：　　　　　　　　复核：　　　　　　　　制表：

4.记账编制凭证

记账编制凭证，是指根据账簿记录，把某一项经济业务加以归类、整理而重新编制的一种自制原始凭证，如制造费用分配表、固定资产折旧计算表、职工薪酬分配表等。

（三）原始凭证按用途不同分类

原始凭证按用途不同进行分类，可以分为通知凭证、执行凭证和计算凭证三种。

1.通知凭证

通知凭证是指要求、指示或命令企业进行某项经济业务的原始凭证，如付款通知单、罚款通知书、产品订货单等。

2.执行凭证

执行凭证是证明某项经济业务已经完成的原始凭证，如销货发票、领料单、材料验收单等。

3.计算凭证

计算凭证是指对已进行或完成的经济业务进行计算而编制的原始凭证，如制造费用分配表、工资计算表、产品成本计算单等。

应该注意的是，不同类型的原始凭证是相互关联的，如罚款通知单对于出具收据的单位来说是自制原始凭证，对于接受收据的单位来说则是外来原始凭证，同时它既是一次凭证，又是通知凭证。

三、原始凭证的填制

（一）原始凭证填制的基本要求

原始凭证是具有法律效力的证明文件，是记账的原始依据。因此，原始凭证填制得正确与否，与整个核算工作的质量有着密切的联系。因此，在填制原始凭证时，必须做到真实可靠、内容完整、填制及时、书写规范、顺序使用。

1.真实可靠

相关责任人应如实填列经济业务的内容和数字，不得弄虚作假，不涂改，不挖补。

2.内容完整

应该填写的项目要逐项填写（接受凭证方应注意逐项验明），不可缺漏，尤其需要注意的是，年、月、日要按照填制原始凭证的实际日期填写；名称要写全，不能简化；品名或用途要填写明确，不能含糊不清；有关经办业务人员的签章必须齐全。

3.填制及时

每当一项经济业务发生或完成，都要立即填制原始凭证，做到不积压、不误时、不事后补制，并按照规定的程序将其送交会计部门，经会计部门审核无误后，据此编制记账凭证。

4.书写规范

原始凭证上的数字和文字，要认真填写，做到字迹清晰、整齐规范、易于辨认，不得使用未经国务院公布的简化汉字，大小写金额数字要符合规定。一旦出现书写错误，不得随意涂改、刮擦、挖补，应按规定办法更改。有关货币资金收付的原始凭证，如果填写错误，不允许在凭证上更改，只能加盖“作废”戳记，重新填写，以免错收错付。

5.顺序使用

收付款项或实物的凭证要顺序编号或分类编号，在填制时按照编号的次序使用，跳号的凭证应加盖“作废”戳记，不得撕毁。

（二）原始凭证填制的具体要求

（1）从外单位取得的原始凭证，必须盖有填制单位的发票专用章或财务专用章；从个人取得的原始凭证，必须有填制人员的签名或者盖章。自制原始凭证必须有经办部门负责人或其指定人员的签名或者盖章；对外开具的原始凭证必须加盖本单位具有法律效力和规定用途的公章，即能够证明单位身份和性质的印鉴，如业务公章、财务专用章、发票专用章、收款专用章等。

（2）凡填有大写和小写金额的原始凭证，大写与小写的金额必须相符，符合书写规范。

（3）购买实物的原始凭证，必须有验收证明。实物购入以后，要按照规定办理验收手续，这有利于明确经济责任，保证账实相符，防止盲目采购，避免物资短缺和流失。会计人员要对有关原始凭证进行监督检查，需要入库的实物，必须填写入库验收单，由仓库保管人员在入库验收单上如实填写实收数额并签名或盖章；不需要入库的实物，由经办人员在凭证上签名或盖章以后，必须交由实物保管人员或使用人员进行验收，并由实物保管人员或使用人员在凭证上签名或盖章。经过购买人以外的第三方查证核实以后，会计人员才能据以报销付款并做进一步的会计处理。

（4）一式几联的原始凭证，必须用双面复写纸套写或本身就具备复写功能；必须注明各联的用途，并且只能以一联用作报销凭证；必须连续编号，作废时应加盖“作废”戳记，连同存根一起保存。

（5）发生销货退回及退还货款时，必须填制退货发票，并且附有退货验收证明和对方单位的收款收据，不得以退货发票代替对方的收据。如果情况特殊，可先用银行的有关凭证（如汇款回单等）作为临时收据，待收到收款单位的收款证明以后，再将其附在原付款凭证之后，作为正式原始凭证。

（6）职工因公出差借款应填写正式收据，附在记账凭证之后。职工借款时，应由本人填制借款单，经审核并签名或盖章，然后办理借款。借款收据是此项借款业务的原始凭证，在收回借款时，应当另开收据或者退还借款收据的副本，不得退还原借款收据。

（7）经上级有关部门批准的经济业务，应当将批准文件作为原始凭证附件。如果批准文件需要单独归档，应当在凭证上注明批准机关名称、日期和文件字号。

（8）各种收付款项的原始凭证应由出纳人员签名或盖章，并且分别加盖“现金收讫”“现金付讫”“银行收讫”“银行付讫”印章。

四、原始凭证的填制方法

在会计实务中，由于企业发生的经济业务数量繁多、形式多样，每项经济业务发生或完成时取得或填制的原始凭证的名称、格式和内容也不尽相同。以下就一些常用原始凭证的填制方法进行举例。

1. 支票

支票是企业经常使用的经济凭证。支票是出票人签发的，委托办理支票存款业务的银行或者其他金融机构在见票时无条件支付确定的金额给收款人或者持票人的票据。支票上印有“现金”字样的为现金支票，现金支票收款人不记名，任何持票人都可以从银行提取现金或要求银行转账。除非付款人（如银行）事先得知该支票已经报失或止付，否则付款人不能拒付或迟付。支票上印有“转账”字样的为转账支票，转账支票的持票人只可以进行银行转账，不得提取现金。支票上未印有“现金”或“转账”字样的为普通支票，普通支票的持票人既可以提取现金，也可以进行银行转账。在普通支票左上角划两条平行线的，为划线支票，持票人只可以进行银行转账，不得提取现金。

支票样例

现金支票一般只有一联，分为存根和取款凭证。单位签发现金支票后，留下存根，作为证明现金收入和银行存款付出的原始凭证，持取款凭证向银行提取现金。转账支票一般也只有一联，分为存根和付出凭证，付款单位签发转账支票后留下存根，作为证明货币资金付出的原始凭证（存根上应有收款单位的签章）。付出凭证交收款单位，收款单位据此填制“进账单”送存开户银行，经银行盖章后退回的“进账单”回单，作为货币资金收入的原始凭证。

支票应由出纳人员按照中国人民银行的相关规定规范填写，应填写的内容主要包括出票日期、收款人名称、付款行名称、出票人账号、人民币大小写金额、用途等内容。

例 4-1

2023年8月9日，山东恒远公司从安徽飞达公司购入甲材料，价款30 000元，增值税3 900元，共计33 900元。恒远公司签发转账支票用以支付货款，所填制的转账支票如图4-1所示。

工商银行转账支票存根

No.1111111115

科　　目：

对方科目：

签发日期：2023年8月9日

收款人：安徽飞达公司

金　额：￥33 900.00

用　途：购料

备　注：

单位主管　　会计

中国工商银行　转账支票（京）No.1111111115

出票日期（大写）贰零贰叁年捌月零玖日

付款行名称：工行济南历下支行

收款人：安徽飞达公司　　出票人账号：053165842166

人民币（大写）	千	百	十	万	千	百	十	元	角	分
叁万叁仟玖佰元整			¥	3	3	9	0	0	0	0

用途　购料

上列款项请从

我账户内支付

复核：　　记账：

出票人签章

（使用清分机的，此区域供打印磁性字码）

图 4-1　中国工商银行转账支票

2.委托收款凭证

委托收款凭证样例

委托收款凭证是企业经常使用的经济凭证。它是收款单位委托银行向付款单位收取款项时填制的一种结算凭证。该凭证分为委邮和委电两种。不论是委邮还是委电，委托银行收款结算凭证一般为一式五联：第一联回单；第二联委托收款凭证；第三联支款凭证；第四联收账通知；第五联支款通知。收款单位填制委托收款结算凭证向银行办妥委托手续后，银行将第一联回单退给收款单位；第二联和第三联分别留存收款单位开户行和付款单位开户行；第五联由银行付给付款单位，作为证明货币资金付出的原始凭证；第四联在付款单位同意付款后，由银行转给收款单位，作为证明货币资金收入的原始凭证。

委托收款凭证由收款单位出纳人员负责填写，应填写的主要内容有：收款单位名称、账号、开户银行；付款单位名称、账号或地址、开户银行；委收金额大小写；款项内容，如贷款、劳务费等；委托收款凭据名称，如发票等；附寄单证张数等。在委托收款凭证第二联上加盖收款单位印章后，将委托收款凭证和委托收款依据一并送交开户银行。

例4-2

2023年9月6日，山东恒远公司向江苏向阳公司销售A产品500件，价税合计452 000元，已向购买方开出增值税专用发票。同日通过银行办妥委托收款手续。所填制的委托收款凭证如图4-2所示：

委托收款凭证（回　单）1 委托号码

委托日期　2023年9月6日

付款人	全称	江苏向阳公司	收款人	全称	山东恒远公司
	账号	8279345655		账号	053165842166
	开户银行	工行南京六合支行		开户银行	工行济南历下支行

		千	百	十	万	千	百	十	元	角	分
委收金额	人民币（大写）肆拾伍万贰仟元整		¥	4	5	2	0	0	0	0	0

款项内容	A产品	委托收款凭据名称	增值税发票壹份	附寄单证张数	贰张

备注 电　划	款项收妥日期 年　月　日	收款人开户银行盖章　月　日

单位主管：　　会计：　　复核：　　记账：

图4-2　委托收款凭证

3.银行进账单

银行进账单样例

银行进账单是企业经常使用的经济凭证。当企业因向银行送交支票、银行本票、银行汇票、到期的商业汇票等票据办理银行存款收入业务时，应当填写进账单。进账单由收款单位的财务人员负责填写。进账单一式三联：第一联为送票回执联，加盖银行公章退收款人作为银行受理回单；第二联为银行记账凭证联，由银行留存作为贷方收入凭证；第三联为回单或收账通知联，加盖转讫章作收账通知交收款人。填写时在第一联上写字，其他联次用复写纸一次套写完成。

例 4-3

2023年10月12日，山东恒远公司向北京前程公司销售产品一批，价税共计56 500元，已办理进账手续。所填制的银行进账单如图4-3所示。

中国工商银行　进账单（回　单）1

2023年10月12日

<table>
<tr><td rowspan="3">付款人</td><td>全称</td><td>北京前程公司</td><td rowspan="3">收款人</td><td>全称</td><td colspan="10">山东恒远公司</td><td rowspan="6">此联是开户银行交给持票人的回单</td></tr>
<tr><td>账号</td><td>0101236542</td><td>账号</td><td colspan="10">053165842166</td></tr>
<tr><td>开户银行</td><td>万泉分理处</td><td>开户银行</td><td colspan="10">工行济南历下支行</td></tr>
<tr><td rowspan="2">金额</td><td colspan="4" rowspan="2">人民币（大写）伍万陆仟伍佰元整</td><td>千</td><td>百</td><td>十</td><td>万</td><td>千</td><td>百</td><td>十</td><td>元</td><td>角</td><td>分</td></tr>
<tr><td></td><td></td><td>¥</td><td>5</td><td>6</td><td>5</td><td>0</td><td>0</td><td>0</td><td>0</td></tr>
<tr><td colspan="2">票据种类</td><td></td><td colspan="12" rowspan="3">开户银行签章</td></tr>
<tr><td colspan="2">票据张数</td><td></td></tr>
<tr><td colspan="3">复核　　记账</td></tr>
</table>

图4-3　中国工商银行进账单

4.增值税专用发票

增值税专用发票是增值税一般纳税人销售货物或者提供应税劳务开具的发票。一般纳税人应通过增值税防伪税控系统开具专用发票。增值税专用发票由基本联次附加其他联次构成，基本联次有三联：第一联为“发票”联，销货单位填制后给购货单位作为报销凭证，购货单位将其作为记账的原始凭证；第二联为“抵扣”联，销货单位填制后给购货单位作为抵扣税金的凭证，不作为购货单位的记账依据；第三联为“记账”联，销货单位将其作为记账的原始凭证。其他联次用途由一般纳税人自行确定。

增值税专用发票样例

增值税专用发票的开具方法与普通发票的开具方法基本相同，主要区别表现在如下几个方面：

（1）“单价”“金额”栏填写不含税单价、金额。如果纳税人采用销售额和增值税合并定价方法，应将单价和销售额换算成不含税的单价和金额。

（2）汇总开具增值税专用发票。销售货物品种较多的，可以汇总开具专用发票。如果所售货物适用的税率不一致，应按不同税率分别汇总填开专用发票。汇总填开专用发票，可以不填写“货物或应税劳务、服务名称”“单位”“数量”“单价”栏，但必须附有销售方开具并加盖财务专用章的销货清单。销货清单应填写购销双方的单位名称，货物或应税劳务、服务名称，单位，数量，单价，销售额，销货清单的汇总销售额应与专用发票“金额”栏的数字一致。购货方应索取销货清单一式两份，分别附在发票联和抵扣联之后。

（3）购货单位必须详细填写，不得简写。如果单位名称较长，可在名称栏分上下两行填写，必要时可出该栏的上下横线。“开户行及账号”栏和“地址、电话”栏必须如实填写，不得简写。

（4）“税率”栏按适用的税率填写，一般纳税人按简易方法计算缴纳增值税的货物，本栏填写征收率。

例 4–4

沿用【例 4–2】资料，山东恒远公司所开具的增值税专用发票如图 4–4 所示。

1100883160　　山东增值税专用发票　　№ 02582376

开票日期：2023 年 9 月 6 日

国税函〔2012〕314号厦门安妮股份有限公司

购买方	名　　称：江苏向阳公司 纳税人识别号：×××××× 地 址、电 话：×××××× 开户行及账号：工行南京六合支行8279345655				密码区	5<−/566<273>21/0990// >/59220556+4/75>+980/ −7−>−0008+//525889<0 *1>−28*036+55−170>>0+		
货物或应税劳务、服务名称	规格型号	单位	数量	单价	金额	税率	税额	
A产品		件	500	800.00	400 000.00	13%	52 000.00	
合计					¥400 000.00		¥52 000.00	
价税合计（大写）	⊗肆拾伍万贰仟元整				（小写）¥452 000.00			
销售方	名　　称：山东恒远公司 纳税人识别号：×××××× 地 址、电 话：×××××× 开户行及账号：工行济南历下支行053165842166				备注			

第一联：记账联　销售方记账凭证

收款人：　　复核：　　开票人：　　销售方：（章）

图 4–4　增值税专用发票

5. 收料单、领料单

收料单是在外购的材料物资验收入库时填制的凭证，一般一式三联，一联验收人员留存，一联交仓库保管人员据以登记明细账，一联连同发货票交财会部门办理结算。

收料单领料单样例

为了便于分类汇总，领料单要“一料一单”填制，即一种原材料填写一张单据。请领时应填明所需材料的名称、请领数量和用途，经领料车间负责人批准后，方可填制领料单；车间负责人、收料人、仓库管理员和发料人均需在领料单中签章，以明确责任。领料单一般一式三联，一联由领料单位留存备查，一联交仓库据以发料、记账，一联交财务部门记账。

例 4–5

山东恒远公司于 2023 年 11 月 15 日从风顺有限公司购入乙材料 500 千克，单价 30 元，丙材料 300 千克，单价 40 元，增值税 3 510 元，价税共计 30 510 元，材料已验收入库。所填制的收料单如图 4–5 所示。

收料单

发票号码：No.0037491　　　　2023年11月15日

供货单位：风顺有限公司　　　　收料单编号：189

材料类别：原材料及主要材料　　　　收货仓库：一号材料库

材料类别	名称及规格	计量单位	数量		实际成本		计划单价	金额	差异	
			应收	实收	单价	金额				
原材料	乙材料	千克		500	30.00	15 000.00	44	22 000.00	−7 000.00	记账联
原材料	丙材料	千克		300	40.00	12 000.00	38	11 400.00	600.00	
合计					—	27 000.00	—	33 400.00	−6 400.00	

质量检验：贾明　　　　收料　陈丽　　　　制单：李芳

图4-5　收料单

例4-6

山东恒远公司一车间于2023年11月23日领用生产甲产品所需的乙材料300千克。所填制的领料单如图4-6所示。

领料单

领料单编号：1602

领料部门：一车间　　　　2023年11月23日　　　　发料仓库：一号材料库

材料类别	名称及规格	计量单位	数量		实际成本		计划单价	用途	
			请领	实领	单价	金额			
原材料	乙材料	千克		300	30.00	9 000.00	44	生产甲产品	记账联
备注		合计		300		9 000.00			

记账：刘贺　　　　发料：陈丽　　　　审批：张博　　　　领料：赵宇

图4-6　领料单

五、原始凭证的审核

对原始凭证进行审核，是保证会计信息质量的一项重要措施。《中华人民共和国会计法》第十四条规定："会计机构、会计人员必须按照国家统一的会计制度的规定对原始凭证进行审核，对不真实、不合法的原始凭证有权不予接受，并向单位负责人报告；对记载不准确、不完整的原始凭证予以退回，并要求按照国家统一的会计制度的规定更正、补充。”由此可见，在会计实务工作中，会计人员对取得或者填制的原始凭证必须严加审核，审核无误后才能据以记账。原始凭证的审核是一项严肃而细致的工作，不但要求审核人员有熟练的业务水平，而且必须履行会计人员职责，坚持制度，坚持原则，严格把关，充分发挥会计的监督作用。一般来说，原始凭证的审核主要包括以下内容：

1.审核原始凭证所反映的经济业务是否合法、合规、合理

会计人员应审核原始凭证所反映的经济业务是否符合国家颁布的现行财经法规、财会制度以及本单位制定的有关规章制度，有无违反财经纪律、弄虚作假、贪污舞弊等违法乱纪的行为。

2.审核原始凭证是否真实、完整

会计人员应审核原始凭证是否真实，比如登录发票查验平台查询，查验原始凭证所用纸张、发票监制章和防伪标志等；审核凭证填写的手续是否完备，项目填写是否齐全，有关人员是否签名盖章等。

3.审核原始凭证是否正确、清楚

会计人员应审核原始凭证中摘要的填写是否符合要求，数量、单价、金额、合计数的计算与填写是否正确，大小写金额是否相符，书写是否清楚等。

▸▸▸▸▸▸ 第三节　记账凭证的填制与审核

一、记账凭证的基本内容

记账凭证主要是用来将经济信息转换为会计信息，对经济业务进行分类核算的凭证。它既可以根据每项经济业务的原始凭证编制，也可以根据同类原始凭证汇总编制。由于记账凭证所反映的经济业务的内容不同，因而在具体格式上也有一些差异。但所有的记账凭证都必须满足记账要求，具备下列一些共同的基本内容：

（1）填制凭证的日期；

（2）记账凭证的名称及编号；

（3）填制单位的名称；

（4）经济业务内容摘要；

（5）经济业务所涉及的会计科目、记账方向和金额；

（6）所附原始凭证和其他资料的张数；

（7）填制凭证人员、稽核人员、记账人员、会计机构负责人、会计主管人员签名或者盖章，收款凭证和付款凭证还应当由出纳人员签名或者盖章。

二、记账凭证的种类

记账凭证的分类方法很多，可以按其用途、填列会计科目的数目填制方式、包括的内容等几方面进行分类。

（一）记账凭证按其用途不同分类

记账凭证按其用途不同，可以分为通用记账凭证和专用记账凭证两种。

1.通用记账凭证

通用记账凭证是不区分收款业务、付款业务和转账业务，使用同一种格式的记账凭证。在经济业务比较简单、经营规模较小的单位，为了简化会计凭证，一般使用通用记账凭证记录所发生的各种经济业务。通用记账凭证的一般格式见表4-8。

表4-8 通用记账凭证

年　月　日　　　　编号：

摘要	一级科目	二级或明细科目	借方金额	贷方金额	记账
合计					

会计主管：　　记账：　　审核：　　出纳：　　制单：

2.专用记账凭证

专用记账凭证是专门记录某一类经济业务的记账凭证。企业所发生的经济业务种类繁多、形式各异，但归纳起来不外乎两种：一种是与货币资金收付有关的经济业务，即直接引起库存现金和银行存款收付的经济业务，如销售产品取得的货款、发放职工工资、支付各种费用等；另一种是与货币资金收付无关的经济业务，即转账业务，如生产车间领用原材料、完工产品入库、计提固定资产折旧等。因此，专用记账凭证根据记载经济业务内容的不同，可以进一步分为收款凭证、付款凭证和转账凭证。

收款凭证样例

收款凭证是用来记录库存现金和银行存款收入业务的记账凭证，是根据有关库存现金和银行存款收入业务的原始凭证填制的记账凭证，又可进一步分为现金收款凭证和银行存款收款凭证。收款凭证的一般格式见表4-9。

表4-9 收款凭证

应借科目：　　　　年　月　日　　　　编号：

摘要	应贷科目		记账	金额
	总账科目	明细科目		
合计				

附件　张

会计主管：　　记账：　　出纳：　　复核：　　制单：

付款凭证是用来记录库存现金和银行存款付出业务的记账凭证，是根据库存现金和银行存款付出业务的原始凭证填制的记账凭证，又可进一步分为现金付款凭证和银行存款付款凭证。付款凭证的一般格式见表4-10。

付款凭证样例

表4-10　　　　　　　　　　　　**付款凭证**

应贷科目：　　　　　　　　　　　年　月　日　　　　　　　　　　　编号：

摘要	应借科目		记账	金额
	总账科目	明细科目		
合计				

附件　张

会计主管：　　　　记账：　　　　出纳：　　　　复核：　　　　制单：

转账凭证是用来记录不涉及库存现金和银行存款收付业务的记账凭证，是根据库存现金和银行存款收付业务以外的原始凭证填制的记账凭证。转账凭证的一般格式见表4-11。

转账凭证样例

表4-11　　　　　　　　　　　　**转账凭证**

年　月　日　　　　　　　　　　　编号：

摘要	总账科目	明细科目	记账	借方金额	贷方金额
合计					

附件　张

会计主管：　　　　记账：　　　　复核：　　　　制单：

（二）记账凭证按其填列会计科目的数目不同分类

记账凭证按其填列会计科目的数目不同，可以分为复式记账凭证和单式记账凭证两种。

1. 复式记账凭证

复式记账凭证，又称多科目记账凭证，是指把一项经济业务完整地填列在一张记账凭证上。上述通用记账凭证、收款凭证、付款凭证、转账凭证都是复式记账凭证。

复式记账凭证把每项经济业务涉及的所有会计科目都集中地反映在一张会计凭证上，有利于反映经济业务的全貌，便于全面了解资金运动的来龙去脉，还可以减少记账凭证的数量，便于查账，但是，不便于同时汇总计算每一会计科目的发生额，也不利于会计人员分工记账。

2. 单式记账凭证

单式记账凭证，又称单科目记账凭证，是指对于一项经济业务所涉及的每个会计科目分别填制记账凭证，每张记账凭证只填列一个会计科目的记账凭证。其中，填列借方账户的记账凭证又称为借项记账凭证，填列贷方账户的记账凭证又称为贷项记账凭证。单式记账凭证的一般格式见表4-12和表4-13。单式记账凭证便于同时汇总计算每一会计科目的发生额，也便于会计人员分工记账，但加大了编制记账凭证的数量，工作量大，也不能反映经济业务的全貌及会计科目的对应关系，出现差错不易查找。

表4-12

借项记账凭证

年 月 日 编号：

摘要	总账科目	明细科目	金额	记账
对应总账科目：	合计			

附件 张

会计主管： 记账： 出纳： 复核： 制单：

表4-13

贷项记账凭证

年 月 日 编号：

摘要	总账科目	明细科目	金额	记账
对应总账科目：	合计			

附件 张

会计主管： 记账： 出纳： 复核： 制单：

（三）记账凭证按其包括的内容不同分类

记账凭证按其包括的内容不同，可以分为单一记账凭证、汇总记账凭证和科目汇总表。

1.单一记账凭证

单一记账凭证是指只包括一笔会计分录的记账凭证。上述通用记账凭证和专用记账凭证均为单一记账凭证。

2.汇总记账凭证

汇总记账凭证是指根据一定时期内的同类记账凭证，按照相同的会计科目汇总编制的记账凭证。汇总记账凭证经过汇总仍能明确地反映账户的对应关系，简化了总分类账的登记。汇总记账凭证进一步可分为汇总收款凭证、汇总付款凭证、汇总转账凭证，一般格式见表4-14、表4-15和表4-16。

表4-14

汇总收款凭证

借方科目：库存现金（银行存款） 年 月 汇收字第 号

贷方科目	金额				总账页数	
	1至10日 收字第 号 至第 号	11至20日 收字第 号 至第 号	21至31日 收字第 号 至第 号	合计	借方	贷方
合计						

会计主管： 记账： 审核： 制单：

表4-15 **汇总付款凭证**

贷方科目：库存现金（银行存款）　　　　年　月　　　　汇付字第　号

借方科目	金额				总账页数	
	1至10日 付字第　号 至第　号	11至20日 付字第　号 至第　号	21至31日 付字第　号 至第　号	合计	借方	贷方
合计						

会计主管：　　　　记账：　　　　审核：　　　　制单：

表4-16 **汇总转账凭证**

借方科目：　　　　年　月　　　　汇转字第　号

贷方科目	金额				总账页数	
	1至10日 转字第　号 至第　号	11至20日 转字第　号 至第　号	21至31日 转字第　号 至第　号	合计	借方	贷方
合计						

会计主管：　　　　记账：　　　　审核：　　　　制单：

3.科目汇总表

科目汇总表，又称记账凭证汇总表，是指根据一定时期内的记账凭证，整理、汇总各账户的借贷方发生额，并据以登记总账的一种汇总性记账凭证。科目汇总表不能反映账户之间的对应关系，但能起到简化总账登记的作用。

三、记账凭证的填制

（一）记账凭证填制的基本要求

1.审核无误

会计人员应在对原始凭证审核无误的基础上填制记账凭证。

2.分类正确

对于选择专用记账凭证的单位，要根据经济业务的内容，正确选择收款凭证、付款凭证、转账凭证。同时，记账凭证可以根据每张原始凭证填制，或者根据若干张同类原始凭证汇总编制，也可以根据原始凭证汇总表填制，但不能将不同内容和类别的原始凭证汇总填制在一张记账凭证上。

3.内容完整

记账凭证应该包括的内容都要具备，包括凭证日期、编号、经济业务摘要、会计科目、金额、所附原始凭证张数以及有关人员签章等内容，必须正确填写，完整准确。

4.书写规范

会计人员填制记账凭证时应书写清楚、规范，有关要求与原始凭证相同。

5.连续编号

记账凭证应连续编号，这有利于分清会计事项处理的先后顺序，便于记账凭证与会计账簿之间核对，确保记账凭证完整。

（二）记账凭证填制的具体要求

（1）除结账和更正错误的记账凭证可以不附原始凭证外，其他记账凭证必须附有原始凭证。如果一张原始凭证涉及几张记账凭证，可以把原始凭证附在一张主要的记账凭证后面，并在其他记账凭证上注明附有该原始凭证的记账凭证的编号或者附原始凭证复印件。

（2）一张原始凭证所列的支出需要由两个以上的单位共同负担时，应当由保存该原始凭证的单位开给其他应负担单位原始凭证分割单。

（3）记账凭证编号的方法有多种，可以按现金收付、银行存款收付和转账业务三类进行编号，即“现字第×号”“银字第×号”“转字第×号”，也可以按现金收入、现金支出、银行存款收入、银行存款支出和转账五类进行编号，即“现收字第×号”“银收字第×号”“现付字第×号”“银付字第×号”“转字第×号”。如果一笔经济业务需要填制两张以上记账凭证，可以采用分数编号法编号。例如，第5笔经济业务需要编制3张转账凭证，则这三张凭证的编号应为“转字第5（1/3）号、5（2/3）号、5（3/3）号”。前面的整数表示业务顺序；分母3表示第5笔业务总共编制3张凭证，分子1、2、3分别表示3张转账凭证中的第1张、第2张和第3张。各单位应当根据本单位业务繁简程度、人员多寡和分工情况来选择便于记账、查账、内部稽核、简单严密的编号方法。无论采用哪一种编号方法，都应该按月顺序编号，即每月都从1号编起，顺序编至月末。

（4）若记账之前发现记账凭证有错误，应重新编制正确的记账凭证，并将错误凭证作废或撕毁。已经登记入账的记账凭证，在当年内发现填写错误时，应用红字填写一张与原内容相同的记账凭证，在摘要栏注明“注销某月某日某号凭证”，同时再用蓝字重新填制一张正确的记账凭证，注明“订正某月某日某号凭证”。如果会计科目没有错误，只是金额错误，也可以将正确数字与错误数字之间的差额，另编一张调整的记账凭证，调增金额用蓝字，调减金额用红字。发现以前年度的错误，应用蓝字填制一张更正的记账凭证。

（5）实行会计电算化的单位，其机制记账凭证应当符合对记账凭证的一般要求，并应认真审核，做到会计科目使用正确，数字准确无误。打印出来的机制记账凭证上，要加盖制单人员、审核人员、记账人员和会计主管人员印章或者签字，以明确责任。

（6）记账凭证填制完成后，如有空行，应当在金额栏自最后一笔金额数字下空行处至合计数上的空行处划线注销。

（7）正确编制会计分录并保证借贷平衡。

（8）摘要应与原始凭证内容一致，能正确反映经济业务的主要内容，表述简单精炼。

（9）只涉及库存现金和银行存款之间收入或付出的经济业务，应以付款业务为主，只填制付款凭证，不填制收款凭证，以免重复。

（三）记账凭证的填制方法

1.收款凭证的填制

收款凭证是用来记录货币资金收款业务的记账凭证。凭证左上角的借方科目根据经济业务所涉及的货币资金类别，填写“库存现金”或“银行存款”科目；日期填写填制收款凭证的日期；右上角的编号填写收款凭证的编号，可编为“收字第×号”“现收字第×号”“银收字第×号”，具体编号方法见上述“记账凭证填制的具体要求”；摘要栏应简明扼要地说明所发生的经济业务；贷方账户填写与“库存现金”或“银行存款”科目对应的会计科目；记账栏是指该记账凭证是否已经登记了账簿，在该栏划“√”，表明已经过账，防止凭证所涉及的账户重记或漏记；金额栏填写经济业务的发生额；附件×张应填写该记账凭证所附的原始凭证的张数；凭证下方的“会计主管”“记账”“出纳”“审核”“填制”等处，分别加盖有关人员签章。未使用的金额栏以斜线划销。

例4-7

山东恒远公司2023年5月19日销售A产品40件，价款500 000元，增值税65 000元，货款全部收到。依据审核无误的银行进账单、增值税专用发票、销售产品发货单等原始凭证填制收款凭证，见表4-17。

表4-17　收款凭证

借方科目：银行存款　　2023年5月19日　　银收字第25号

摘要	贷方科目		金额	记账
	总账科目	明细科目		
销售A产品	主营业务收入	A产品	500 000	√
	应交税费	应交增值税（销项税额）	65 000	√
合计			¥565 000	√

附件3张

会计主管：　记账：　出纳：　审核：　制单：

2.付款凭证的填制

付款凭证是用来记录货币资金付款业务的记账凭证。付款凭证的填制方法与收款凭证的填制方法基本相同，只是凭证左上角为“贷方科目”，填写“库存现金”或“银行存款”科目，凭证中为“借方科目”应填写与“库存现金”或“银行存款”科目对应的会计科目；右上角的编号填写付款凭证的编号，可编为“付字第×号”“现付字第×号”“银付字第×号”。

例 4-8

山东恒远公司2023年6月7日购入一台机器设备，价款320 000元，该机器设备不需要安装，设备价款和税金以银行存款支付。根据审核无误的转账支票存根等原始凭证填制付款凭证，见表4-18。

表4-18

付款凭证

贷方科目：银行存款　　　　2023年6月7日　　　　银付字第33号

摘要	借方科目		金额	记账
	总账科目	明细科目		
购入机器设备	固定资产		320 000	√
	应交税费	应交增值税（进项税额）	41 600	√
合计			¥361 600	√

附件3张

会计主管：　　记账：　　出纳：　　审核：　　制单：

需要注意的是，对于库存现金、银行存款之间的收付业务，如从银行提取现金，将现金存入银行等业务，为了避免重复记账，一般只编制付款凭证，而不再编制收款凭证。

3.转账凭证的填制

转账凭证是用来记录与货币资金收付无关的转账业务的记账凭证。经济业务所涉及的会计科目全部填列在转账凭证内，借方科目填在上行，贷方科目填在下行；借方科目金额填入“借方金额”栏，贷方科目金额填入“贷方金额”栏，填入总账科目（或一级科目）和明细科目（或二级及明细科目）的金额应相等；转账凭证的编号，可编为“转字第×号”。其他项目的填写方法与收款凭证、付款凭证相同。

例 4-9

山东恒远公司2023年7月5日销售乙产品50件，价款800 000元，增值税104 000元，产品已发出，货款及增值税尚未收到，已办妥委托收款手续。根据审核无误的增值税专用发票、销售产品发货单以及委托收款凭证回单等原始凭证编制转账凭证，见表4-19。

表4-19

转账凭证

2023年7月5日　　　　转字第765号

摘要	会计科目		借方金额	贷方金额	记账
	总账科目	明细科目			
销售乙产品	应收账款		904 000		√
	主营业务收入	乙产品		800 000	√
	应交税费	应交增值税（销项税额）		104 000	√
合计			¥904 000	¥904 000	√

附件3张

会计主管：　　记账：　　出纳：　　审核：　　制单：

4.通用记账凭证的填制

采用通用记账凭证，将经济业务所涉及的会计科目全部填列在一张凭证内。其填制方法与转账凭证类似。

例 4-10

假设【例 4-9】编制通用记账凭证，见表 4-20。

表 4-20

通用记账凭证

2023 年 7 月 5 日　　第 98 号

摘要	会计科目		借方金额	贷方金额	记账
	总账科目	明细科目			
销售乙产品	应收账款		904 000		√
	主营业务收入	乙产品		800 000	√
	应交税费	应交增值税（销项税额）		104 000	√
合计			￥904 000	￥904 000	√

附件 3 张

会计主管：　记账：　出纳：　审核：　制单：

5.单式记账凭证的填制

单式记账凭证是根据一项经济业务所涉及的每个会计科目，分别填制记账凭证，每张记账凭证只填列一个会计科目。

例 4-11

假设【例 4-8】编制单式记账凭证，则需要编制两张借项记账凭证和一张贷项记账凭证，见表 4-21 至表 4-23。

表 4-21

借项记账凭证

2023 年 6 月 7 日　　编号 56（1/3）

摘要	一级科目	二级及明细科目	金额	记账
购入机器设备	固定资产		320 000	√
对应总账科目：银行存款	合计		￥320 000	√

附件 3 张

会计主管：　记账：　出纳：　审核：　制单：

表 4-22

借项记账凭证

2023 年 6 月 7 日　　编号 56（2/3）

摘要	一级科目	二级及明细科目	金额	记账
购入机器设备	应交税费	应交增值税（进项税额）	41 600	√
对应总账科目：银行存款	合计		￥41 600	√

附件 3 张

会计主管：　记账：　出纳：　审核：　制单：

表4-23

贷项记账凭证

2023年6月7日

编号56（3/3）

摘要	一级科目	二级及明细科目	金额	记账
购入机器设备	银行存款		361 600	√
对应总账科目：固定资产、应交税费	合计		￥361 600	√

附件3张

会计主管：　记账：　出纳：　审核：　制单：

四、记账凭证的审核

记账凭证是根据审核无误的原始凭证填制的，是登记账簿的依据。为了保证账簿记录的准确性，除了编制记账凭证的人员应当认真负责、正确填制、加强自审以外，还应建立专人审核制度。审核的内容主要有以下几个方面：

（1）审核记账凭证是否附有原始凭证，原始凭证是否齐全，内容是否合法，记账凭证所记录的经济业务与所附原始凭证所反映的经济业务是否相符。

（2）审核记账凭证的应借、应贷科目是否正确，账户对应关系是否清晰，所使用的会计科目及其核算内容是否符合会计制度的规定，金额计算是否准确。

（3）审核摘要是否填写清楚、项目填写是否完整、有关人员签章是否齐全。出纳人员在办理收款或付款业务后，应在凭证上加盖“收讫”或“付讫”的戳记，避免重收重付。

在审核记账凭证过程中若发现错误，应查明原因，并按照规定及时更正。只有经过审核无误的记账凭证，才能据以登记账簿。

对会计凭证进行审核，是保证会计信息质量、实施会计监督的重要手段，专业性和政策性很强。只有做好会计凭证的审核工作，才能正常发挥会计的监督作用。会计人员既要掌握国家政策、法令、规章制度和计划、预算的有关规定，又要熟悉本单位的经营情况，这样才能明辨是非，准确判断经济业务是否合理、合法。与此同时，会计人员还应自觉地执行政策，遵守制度，正确处理各种经济关系，既要依靠领导，向领导反映情况，提出建议，主动取得领导的支持，以便凭证审核工作顺利进行，又要经常向职工群众做好宣传，采取适当方式，及时、准确地传达、宣讲、解释财经纪律和规章制度。

▶▶▶▶▶▶ 第四节　会计凭证的传递与保管

一、会计凭证的传递

（一）会计凭证传递的概念

会计凭证传递是指从经济业务发生或完成时取得或填制原始凭证开始，直到会计凭证归档保管为止，在本单位内部有关部门和人员之间，按照规定的路线、时间办理业务手续和进行处理的过程。

（二）科学设计会计凭证传递程序的作用

会计凭证传递是会计制度的重要组成部分之一。在会计制度中做出明确的规定，正确组织会计凭证的传递，具有以下两方面作用：

1. 有利于完善经济责任制度。经济业务的发生或完成及记录，是由若干责任人共同负责、分工完成的。会计凭证作为记录经济业务、明确经济责任的书面证明，体现了经济责任制度的执行情况。通过会计凭证传递程序和传递时间的规定，单位会计制度可以进一步完善经济责任制度，使各项业务的处理顺利进行。

2. 有利于及时进行会计记录。从经济业务的发生到账簿登记有一定的时间间隔，通过会计凭证的传递，会计部门可以尽早了解经济业务的发生和完成情况，并通过会计部门内部的凭证传递，及时记录经济业务，进行会计核算，实行会计监督。

（三）会计凭证传递程序的设计原则

各种会计凭证所记载的经济业务事项不同，涉及的部门和人员不同，据以办理的业务手续也不同。例如，一张会计凭证填制后，应交到哪个部门、哪个岗位，由谁来接办业务手续；又如，有的凭证一式几联，哪一联应传到哪个部门、有何用途等。因此，从会计凭证填制直至归档保管，企业需要为各种会计凭证规定一个科学的传递程序。

1. 要根据经济业务的特点，结合企业内部机构的设置和人员分工的情况，以及经营管理上的需要，恰当地规定各种会计凭证的联数及其流程，既要使会计凭证经过必要的环节，使各有关部门和人员能了解经济业务情况，并按照规定手续进行处理和审核，又要避免凭证传递经过不必要的环节，从而保证会计凭证沿着最迅速、最合理的流向传递。

2. 要根据有关部门和人员在正常情况下办理经济业务所需要的时间来合理确定，既要明确会计凭证在各个环节停留的必要时间，保证业务手续的完成，又要防止不必要的耽搁，从而使会计凭证以最快速度传递，提高工作效率，充分发挥其及时传递经济信息的作用。

3. 建立会计凭证交接的签收制度。为了确保会计凭证的安全和完整，在各个环节都应指定专人办理交接手续，做到责任明确，手续完备、严密、简便易行，加强经营管理上的责任制。

二、会计凭证的保管

会计凭证是一个单位重要的经济档案和历史资料，须建立严密的保管制度。本单位以及有关部门、单位，可能出于各种原因需要查阅会计凭证，特别是在发生贪污、盗窃、违法乱纪行为时，会计凭证是进行法律处理的有效证据。因此，任何单位都必须对会计凭证妥善保管，不得丢失或任意销毁，做到既要保证会计凭证的安全和完整，又要便于凭证的事后调阅和查找。

（一）会计凭证的日常保管

1. 会计凭证要及时传递，不得积压。记账凭证在装订成册之前，原始凭证一般是用回形针或大头针固定在记账凭证后面。在这段时间内，凡使用记账凭证的财会人员都有责任保管好原始凭证和记账凭证，使用完要及时传递，并且要严防在传递过程中散失。

2. 记账凭证连同所附的原始凭证或原始凭证汇总表，按照编号顺序折叠整齐。

3. 凭证登记完毕存档之前，应按照分类和编号顺序保管，防止受损、弄脏、霉烂以及鼠咬虫蛀等。

4. 原始凭证不得外借，其他单位如因特殊原因需要使用原始凭证的，经本单位会计机构负责人、会计主管人员批准，可以复印。向外单位提供原始凭证复印件，应当在专设的登记簿上登记，并由提供人员和收取人员共同签名或者盖章。

5. 从外单位取得的原始凭证如有遗失，应取得原签发单位盖有公章的证明，并注明原来凭证的号码、金额和内容等，由经办单位负责人批准后才能代作原始凭证。如果确实无法取得证明，如火车、轮船、飞机票等凭证，由当事人写出详细情况，由经办单位会计机构负责人、会计主管人员和有关领导批准后，代作原始凭证。

（二）会计凭证的归档保管

1. 会计部门在每月记账完毕，按记账凭证的编号顺序整理，确保完整无缺后，将其折叠整齐，加上封面、封底，装订成册，并在装订线上加贴封签，以防散失和任意拆装。装订成册的封面上要写明单位名称和会计凭证的名称，还要填写此册记账凭证所包含的经济业务事项发生的年、月，凭证的起止号码和起止日期，以及记账凭证和原始凭证的张数等，并在记账凭证的封面上加盖单位负责人和财务负责人的印章，装订人应在装订线封签处签名或盖章。

2. 对于数量过多的原始凭证，可以单独装订保管，在封面上注明记账凭证日期、编号、种类，同时在记账凭证上注明“附件另订”和原始凭证名称及编号。

3. 各种经济合同、存出保证金收据以及涉外文件等重要原始凭证，应当另编目录，单独登记保管，并在有关的记账凭证和原始凭证上相互注明日期和编号。

装订成册的会计凭证，应指定专人保管。当年的会计凭证，在会计年度终了后，可暂由本单位会计部门保管一年，期满后，原则上应把会计部门编制的清册移交本单位的档案保管部门。

（三）电子会计凭证的归档

为适应电子商务、电子政务发展，规范各类电子会计凭证的报销入账归档，根据财政部、国家档案局发布的《关于规范电子会计凭证报销入账归档的通知》中规定，电子会计凭证，是指单位从外部接收的电子形式的各类会计凭证，包括电子发票、财政电子票据、电子客票、电子行程单、电子海关专用缴款书、银行电子回单等电子会计凭证。来源合法、真实的电子会计凭证与纸质会计凭证具有同等法律效力。

除法律和行政法规另有规定外，同时满足下列条件的，单位可以仅使用电子会计凭证进行报销入账归档：

1. 接收的电子会计凭证经查验合法、真实；

2. 电子会计凭证的传输、存储安全、可靠，对电子会计凭证的任何篡改都能够及时被发现；

会计档案管理办法

会计档案管理课程视频

关于规范电子会计凭证报销入账归档的通知

3. 使用的会计核算系统能够准确、完整、有效地接收和读取电子会计凭证及其元数据，能够按照国家统一的会计制度完成会计核算业务，能够按照国家档案行政管理部门规定的格式输出电子会计凭证及其元数据，设定了经办、审核、审批等必要的审签程序，且能有效防止电子会计凭证重复入账；

4. 电子会计凭证的归档及管理符合《会计档案管理办法》等要求。

单位以电子会计凭证的纸质打印件作为报销入账归档依据的，必须同时保存打印该纸质件的电子会计凭证。符合档案管理要求的电子会计档案与纸质档案具有同等法律效力。除法律、行政法规另有规定外，电子会计档案可不再另以纸质形式保存。

会计凭证的保管期限和销毁手续，必须严格按照《会计档案管理办法》的有关规定执行。会计凭证的保管期限一般为30年，任何人都不得随意销毁会计凭证。对于保管期满需要销毁的会计凭证，必须开列清单，按照规定报经批准后，才能销毁。在销毁会计凭证时，应按照规定由有关部门派员监销。在销毁前，监销人员应认真清点核对，销毁后，在销毁清单上签章，并将监销情况向本单位负责人报告。对于应永久保存的会计凭证，必须永久保存，不得销毁。

【学思践悟 4-1】

签章立信、承担责任

厦门某会计师事务所由陈某亮（不具备注册会计师资质）实际控制、经营，徐某国挂名执行合伙人，何某正任注册会计师并领取薪酬。2015 年至 2017 年间，该会计师事务所违反法律法规，在未经注册会计师对被审计公司经营情况、财务数据、会计凭证等进行审计审核的情况下，采取由陈某亮自行制作并代徐某国签名、仿冒注册会计师签名或者徐某国、何某正在空白报告签名后由陈某亮再套打盖章的手段，出具虚假审计报告，获取非法利益。该会计师事务所采取上述方式，先后为厦门某工贸有限公司出具 2014 年、2015 年度审计报告，为厦门某国际贸易有限公司出具 2015 年度审计报告，为厦门某贸易有限公司出具 2016 年度审计报告，陈某亮从中收取 2 000 元至 5 000 元不等的费用。上述公司利用虚假审计报告等材料，向银行骗取贷款，逾期未还金额高达 4.9 亿余元。

该会计师事务所作为独立承担业务的中介服务机构，本应依法依规开展审计活动，维护市场秩序和社会公众利益，但为牟取非法利益，无视行业规范要求，出具虚假审计报告，被相关企业用于向银行骗取贷款，造成银行数亿元的经济损失。徐某国、何某正违反执业准则要求，配合陈某亮非法利用其签名和印鉴执行业务，助长行业不良风气。人民法院依法以提供虚假证明文件罪判处被告单位厦门某会计师事务所罚金人民币四十万元；判处陈某亮有期徒刑二年六个月，并处罚金人民币十万元；判处徐某国有期徒刑一年十个月，缓刑二年，并处罚金人民币八万元；判处何某正有期徒刑一年八个月，缓刑二年，并处罚金人民币七万元。

（资料来源：最高人民法院新闻局. 最高人民法院发布财务造假典型案例［EB/OL］.［2024-06-27］. http：//www.mof.gov.cn/zhengwuxinxi/caizhengxinwen/202406/t20240627_3938224.htm）

讨论问题：你如何看待签字盖章要承担责任？

【学思践悟 4-2】

以事实为依据，不做假账、遵纪守法

2023 年 3 月，证监会发布了《2022 年证监稽查 20 起典型违法案例》，对 2022 年查处的 20 起典型的证券处罚案件进行了通报。其中同济堂信息披露违法违规案是一起上市公司系统性造假的典型案例。

2016 年至 2019 年，同济堂健康产业股份有限公司通过子公司虚构销售及采购业务、虚增销售及管理费用、伪造银行回单等方式，累计虚增收入 211.21 亿元、利润 28.16 亿元。其部分违法行为如下：

1. 同济堂《2016 年年度报告》《2017 年年度报告》《2018 年年度报告》中存在虚假记载，虚增营业收入、营业成本、销售及管理费用，导致 2016 年至 2018 年虚增利润总额分别为 6.8 亿元、9.2 亿元、8.3 亿元。2016 年至 2018 年，同济堂通过同济堂医药有限公司（以下简称同济堂医药）、南京同济堂医药有限公司（以下简称南京同济堂）、新沂同济堂医药有限公司（以下简称新沂同济堂）等三家子公司虚构销售及采购业务、虚增销售及管理费用、伪造银行回单等方式，累计虚增收入 207.35 亿元，虚增成本 178.51 亿元，虚增利润总额 24.3 亿元。其中：2016 年虚增营业收入 64.42 亿元，虚增营业成本 56.05 亿元，虚增费用 1.57 亿元，相应虚增利润总额 6.8 亿元，占当期披露利润总额的 90.43%；2017 年虚增营业收入 72.32 亿元，虚增营业成本 61.35 亿元，虚增费用 1.76 亿元，相应虚增利润总额 9.2 亿元，虚增净利润 7.01 亿元，占当期披露净利润的 120.65%；2018 年虚增营业收入 70.61 亿元，虚增营业成本 61.1 亿元，虚增费用 1.21 亿元，相应虚增利润总额 8.3 亿元，虚增净利润 6.08 亿元，占当期披露净利润的 107.61%。上述情况导致同济堂披露的《2016 年年度报告》《2017 年年度报告》和《2018 年年度报告》存在虚假记载。

2. 同济堂《2019 年年度报告》中存在虚假记载，虚增其他业务收入 3.86 亿元，虚增利润总额 3.86 亿元。2019 年同济堂通过虚构业务的方式虚增营业收入-其他业务收入 3.86 亿元，虚增利润总额 3.86 亿元，虚增净利润 2.99 亿元，占 2019 年年度报告中披露净利润的 226.52%，上述情况导致同济堂披露的《2019 年年度报告》存在虚假记载。

中国证监会依据《证券法》第一百九十七条第二款的规定：责令同济堂公司改正，给予警告，并处以人民币 300 万元罚款；对同济堂法定代表人、董事长张美华、副董事长李青给予警告，并合并处以人民币 500 万元罚款，其中作为直接负责的主管人员罚款人民币 300 万元，作为实际控制人罚款人民币 200 万元；对董事、副总经理、财务总监魏军桥给予警告，并处以人民币 100 万元罚款。

（资料来源：中国证券监督管理委员会官网）

讨论问题：

1. 伪造会计凭证将带来哪些影响？

2. 会计人员应怎样履行岗位职责保证会计信息的真实性？

本章小结

会计凭证是记录经济业务发生和完成情况、明确经济责任的书面证明，是登记账簿的依据。会计凭证按其填制程序和用途的不同可以分为原始凭证和记账凭证两大类。

原始凭证是在经济业务发生或完成时取得或填制的、用以记录和证明经济业务的发生或完成情况并明确有关经济责任的原始依据。原始凭证按照其来源的不同，可分为外来原始凭证与自制原始凭证；按填制手续和内容的不同进行分类，可以分为一次凭证、累计凭证、汇总原始凭证和记账编制凭证；按用途不同进行分类，可以分为通知凭证、执行凭证和计算凭证。填制原始凭证必须做到真实可靠、内容完整、书写规范、填制及时、顺序编号。

记账凭证是会计人员根据审核无误的原始凭证按照经济业务事项的内容加以归类，并据以确定会计分录后所填制的会计凭证。记账凭证可以按其用途、填制的方式、包括的内容等几方面进行分类。如记账凭证按其用途的不同可分为专用记账凭证和通用记账凭证两种，专用记账凭证又可分为收款凭证、付款凭证和转账凭证。记账凭证应当根据经过审核无误的原始凭证，按照相关要求进行编制。记账凭证是登记账簿的直接依据。经过审核无误后的记账凭证，才能作为登记账簿的依据。

会计凭证的传递和保管是会计制度的重要组成部分，必须按照相关规定严格执行。

复习思考题

1. 什么是原始凭证？如何对原始凭证进行分类？
2. 什么是记账凭证？如何对记账凭证进行分类？
3. 原始凭证的基本内容是什么？填制原始凭证的基本要求有哪些？
4. 记账凭证应具备哪些基本内容？填制记账凭证的要求有哪些？
5. 如何对原始凭证和记账凭证进行审核？
6. 对会计凭证传递和保管的要求有哪些？

个案分析

案例一

某公司从外地购买一批货物，采购员将发票等相关材料交会计部门审核，会计员李明发现发票金额与实际支付金额不符，便要求将发票退回出具单位重开。但随后采购员告知李明，对方单位系公司经理亲属，要求其尽快办理入账，李明虽有为难，但仍审核通过了该票据并据以入账。请问会计员李明的处理方法是否正确？为什么？

案例二

光明公司是一般纳税人企业，主要从事A产品的生产和销售业务。2024年4月9日购入生产用甲材料一批，取得的增值税专用发票上列明价款200 000元，增值税26 000元，运输费1 000元。4月10日公司对外销售A产品400件，单价150元，A产品适用的增值税税率为13%，交通运输增值税税率为9%，开出增值税专用发票．款项通过银行收讫。该公司会计部门编制的记账凭证见表4-24、表4-25。

表4-24　　　　　　　　　　　　**付款凭证**

贷方科目：银行存款　　　　　　　2024年4月9日　　　　　　　付字第　号

摘要	借方科目		金额	记账
	总账科目	明细科目		
购买设备	在途物资		201 000	√
	应交税费	应交增值税（进项税额）	26 000	√
合计			¥227 000	√

附件　张

会计主管：王力　　记账：刘洪　　出纳：徐前　　审核：张明　　制单：赵晓燕

表4-25　　　　　　　　　　　　**收款凭证**

借方科目：银行存款　　　　　　　2024年4月10日　　　　　　　收字第　号

摘要	贷方科目		金额	记账
	总账科目	明细科目		
销售产品	其他业务收入		60 000	√
	应交税费	应交增值税（销项税额）	7 800	√
合计			¥67 800	√

附件　张

会计主管：王力　　记账：刘洪　　出纳：徐前　　审核：张玥　　制单：赵晓燕

要求：

（1）记账凭证在填制方面都有哪些错误？

（2）月末在对记账凭证进行查对审核中发现上述两张记账凭证有错误，会计人员应如何进行更正？

案例三

某企业为增值税一般纳税人，主要从事A产品的生产和销售业务，适用13%的增值税税率。会计部门采用“收、付、转”专用记账凭证，2023年7月发生如下经济业务：

（1）1日，销售A库存商品150件，单价800元，对方交来银行转账支票一张。

（2）5日，从外地购入原材料一批，价款35 000元，开出商业承兑汇票一张。

（3）7日，接受原股东追加投资300 000元。

（4）8日，销售B库存商品500件，单价15 000元，货款委托银行收讫。

（5）10日，收回客户所欠货款6 500元，存入银行。

（6）13日，从银行提取现金20 000元备用。

（7）16日，投资者以一台机器设备投资入股，价值800 000元，已验收使用。

（8）20日，生产车间领用材料8 000元，用以生产A产品。

（9）22日，从银行存款账户开出转账支票90 000元，偿还应付账款。

（10）25日，向银行借入9个月期短期借款50 000元，存入银行。

（11）31日，提取固定资产折旧3 800元。

（12）31日，计提当月短期借款利息150元。

（13）31日，当月实现净利润300 000元，结转至利润分配账户。

（14）31日，按净利润的10%提取法定盈余公积。

请根据以上经济业务判断所用记账凭证种类，并正确编制记账凭证。

第五章

会计账簿

【学习目标】

素养目标： 通过专业课程的学习，旨在培养学生对会计账簿在确保财务信息完整性和准确性中的关键作用的深刻理解，强化作为未来会计专业人士的职业责任意识，塑造诚信、客观、公正的职业道德观念，并确保在实际工作中严格遵守会计准则和相关法律法规；学习会计实践中体现的社会主义核心价值观，提升社会责任感和综合素质，为培养具有良好职业道德和社会责任感的会计专业人才奠定坚实的基础。

知识目标： 认识到会计账簿的定义、功能及其多样性；了解不同类型会计账簿的功能和账页布局；学习并掌握如何建立和记录会计账簿；理解并熟悉更正会计错误、进行对账和年终结账的流程；以及能够熟练地登记日常交易至日记账、总分类账和各类明细账中。

能力目标： 锻造学生的会计专业技能，使其能够熟练地执行会计账簿的建立、记录等核心会计操作；通过教育，学生将能够运用会计学的基本原理和方法，依据会计法规和职业道德标准，识别并分析会计活动中可能出现的违规行为，进而提升解决实际会计问题的能力，包括技术层面的操作技能，也涵盖批判性思维和法律意识，以确保学生在未来的会计职业生涯中能够遵循专业标准，有效应对各种挑战。

【学习导入】

丰华公司是一家新成立的小型贸易公司，成立于2022年4月5日，注册资本为15万元。由于公司刚开始运营，尚未开展实质性的商业活动，因此尚未建立会计账簿体系。公司负责人认为，在没有实际交易的情况下，没有必要立即建立账簿。这种做法是否符合相关法律法规？如果不符合，公司及其负责人可能会面临哪些法律责任？

根据《中华人民共和国会计法》，所有企业无论其业务量大小，都必须依法设置会计账簿，并保证其真实、完整。不遵守这一规定的企业可能会受到县级以上人民政府财政部门的处罚，包括责令限期改正，并可能被处以三千元至五万元不等的罚款；对直接负责的主管人员和其他直接责任人员，也可能会被处以两千元至两万元的罚款。在某些情况下，还可能需要承担相应的刑事责任。

会计账簿是企业财务信息的集中体现，对于确保财务报告的准确性和完整性至关重要。

请同学们思考两个问题：

1. 如果丰华公司现在开始运营，应该如何建立会计账簿体系？

2. 如何确保会计账簿体系的合规性和安全性？

▸▸▸▸▸▸ 第一节　账簿概述

一、账簿的概念

会计账簿是由若干具有一定格式、相互联系的账页组成的，以会计凭证为依据，序时、连续、系统、全面地记录和反映企业、事业单位和非营利经济组织的各项经济业务的簿籍。

设置和登记账簿是会计核算的一种专门方法，会计账簿是连接会计凭证和财务会计报告的中心环节，具有极其重要的意义。通过设置和登记账簿，将会计凭证所反映的大量零散核算资料进行加工整理、归类汇总，形成系统化的会计核算资料，可以全面、系统地记录和反映企业、事业等单位的经济活动过程和结果，为加强经济核算，合理使用资金提供系统、完整的资料；通过会计账簿记录，还有利于全面掌握企业、事业等单位各项财产物资的增减变化，监督财产物资的保管和使用情况，保护财产的安全完整；通过会计账簿的记录还能够为编制会计报表提供总括和具体的资料，保证会计报表的正确性和编报工作的及时性。因此，账簿登记工作的质量将直接影响会计报表和会计信息的质量。

二、会计账簿的分类

在实际工作中，为了更好地了解和正确地运用会计账簿，通常按用途、外表形式和账页格式等不同标准进行分类。

（一）按用途分类

1.序时账簿

序时账簿，也称日记账，这种账簿按各项经济业务发生的先后顺序逐日逐笔进行登记。在实际工作中，可以对全部经济业务按照会计部门收到记账凭证的先后顺序（即记账凭证的编号）进行登记，也可以只对一些重要的经济业务（如出纳业务）进行登记。前者称为普通日记账，后者称为特种日记账。

在我国的会计工作中，普通日记账的使用比较少，多使用特种日记账。各单位为了加强货币资金的收付管理，要求必须设置库存现金日记账和银行存款日记账。

2.分类账簿

分类账簿，是根据记录信息的详细程度，对全部经济业务在总分类账簿和明细分类账簿中进行分类登记的账簿。其中，总分类账簿，也称总分类账，简称总账，根据一级会计账户开设，用以总括反映全部经济业务和资金状况；明细分类账簿，也称明细分类账，简称明细账，根据二级或三级会计账户开设，用以分类登记某一类经济业务，提供明细核算资料。

3.备查账簿

备查账簿，也称辅助账簿，是主要对某些不能在序时账簿和分类账簿中记录或记录不全的经济业务进行补充登记的账簿，如对重要票据、租入固定资产等进行记录。备查账簿根据企业的实际需要进行设置，没有固定的格式。

（二）按外表形式分类

1.订本式账簿

订本式账簿，也称订本账，在启用前将账页装订成册，并对账页进行事先编号，根据经济业务量的大小和选择的账务核算组织程序，为每一个账户预留一定数量的账页。应用订本式账簿，可防止账页散失和随意抽换。但是，因为需要事先预计每个账户所需的账页，预留空白账页。如果预留过多，会造成浪费；如果预留过少，则影响账户的连续登记。同时，这种账簿在同一时间内只能由一个人进行登记，不便于账簿记录的分工协作。在实际工作中，库存现金日记账和银行存款日记账以及总分类账必须采用订本式账簿。不得用银行对账单或者其他方法代替日记账。

2.活页式账簿

活页式账簿，也称活页账，是将分散的账页装在账页夹内，并随时根据经济业务记录的需要增添账页或抽取多余的空白账页，避免浪费。在更换新账后，会计人员需要对活页账进行整理、编号，装订成册或封扎，妥善保管。这种账簿在同一时间内可以由多人记录，便于分工协作。在实际工作中，各种明细账多采用活页式账簿。

3.卡片式账簿

卡片式账簿，也称卡片账，是由具有一定格式的卡片组成的，存放在卡片箱中保管的账簿，可以跨年度使用。这种账簿可以根据需要设计卡片记录的信息，并且具备活页式账簿的优点，但容易散失，必须严加管理。在实际工作中，固定资产明细账一般采用卡片式账簿。

（三）按账页格式分类

1.三栏式账簿

三栏式账簿主要包含借、贷、余三栏，用来反映企业经济业务的金额信息。这种账簿一般用于日记账、总账和只需要反映金额信息的明细账，如应收应付等债权债务类明细账等。

2.多栏式账簿

这种账簿除包括借、贷、余三栏外，还根据经济业务的特点和经营管理的需要，在账页上设置专栏，主要用于登记明细项目多、借贷方向单一的经济业务，一般用于需要进行项目组成分析的明细账，如成本费用明细账、收入明细账、材料采购明细账等。增值税明细账页也属于多栏式账簿的一种。

3.数量金额式账簿

这种账簿由收入、付出和结存三栏组成，每一栏又包括数量、单价和金额三项内容，一般用于既需要反映金额信息又需要反映数量信息的财产物资类明细账（如材料明细账、库存商品明细账等）。

会计账簿分类体系具体如图5-1所示。

- 会计账簿
  - 按用途分类
    - 序时账簿
    - 分类账簿
    - 备查账簿
  - 按外表形式分类
    - 订本式账簿
    - 活页式账簿
    - 卡片式账簿
  - 按账页格式分类
    - 三栏式账簿
    - 多栏式账簿
    - 数量金额式账簿

图5-1　会计账簿分类体系图

▸▸▸▸▸▸▸ 第二节　账簿的设置与登记

一、账簿的设置

（一）账簿设置的基本要求

各单位应当按照国家统一会计制度的规定和会计业务的需要设置会计账簿。具体的账簿设置要视企业规模大小、经济业务繁简、会计人员分工、采用的账务处理程序以及相应的信息需求而定，应做到总分结合、序时与分类相结合，层次清楚，便于分工。实行会计电算化的单位，用计算机打印的会计账簿必须连续编号，经审核无误后装订成册，并由记账人员和会计机构负责人、会计主管人员签字或者盖章。

（二）会计账簿的设置

根据《会计基础工作规范》的规定，会计账簿包括总账、明细账、日记账和其他辅助性账簿。

1.总分类账簿的设置

总分类账簿一般采用三栏式账页格式。有些单位由于采用的记账方法和账务处理程序不同，也可以采用多栏式、棋盘式总账，或用科目汇总表代替总账。为保证账簿记录安全、完整，总账一般采用订本式账簿，但科目汇总表总账可以是活页式账簿。

2.明细分类账簿的设置

明细账由于要核算的内容比较繁杂，其设置也更加复杂。依据需要提供的信息不同，一般设置三栏式、数量金额式、多栏式和卡片式明细账。

（1）三栏式明细账的设置。三栏式明细账适用于只需要反映金额信息的明细账，如债权债务类明细账等。为便于分工和登记，三栏式明细账一般采用活页式。

（2）数量金额式明细账的设置。数量金额式明细账适用于实物资产的明细账，如原材料明细账、自制半成品明细账、库存商品明细账等。数量金额式明细账是在三栏式明细账基础上发展起来的，是对三栏式明细账的进一步扩展。

（3）多栏式明细账的设置。多栏式明细账一般在账页的借方或贷方分设若干专栏，对账户登记内容进行明细分类核算，一般采用活页式账簿。其账页基本格式包括设余额栏的多栏式和不设余额栏的多栏式。多栏式明细账适用于登记明细项目多、借贷方向单一的经济业务。企业一般设置材料采购明细账、生产成本明细账、制造费用明细账、管理费用明细账、销售费用明细账、应交增值税明细账等。

（4）卡片式明细账的设置。卡片式明细账适用于固定资产的明细核算，登记设备的价值与价值变动、使用年限等信息，并计算折旧。

3.日记账的设置

为了加强货币资金收付业务的核算，逐日逐笔核算与监督库存现金和银行存款的收入、付出和结存情况，任何企业都要设置出纳日记账。出纳日记账包括库存现金日记账和银行存款日记账。如果企业有多个银行存款结算账户，应分别设置相应的银行存款日记账。日记账必须采用订本式账簿，不得用银行对账单或者其他方法代替日记账。

库存现金日记账是由出纳人员根据现金收款凭证和付款凭证逐日逐笔登记的，并于每日业务终了时结出本日发生额和余额的会计账簿。库存现金日记账一般采用三栏式账簿，但也可以根据需要采用多栏式库存现金日记账。

银行存款日记账是由出纳人员根据银行存款收款凭证和付款凭证逐日逐笔登记的，并于每日业务终了时结出本日发生额和余额的会计账簿。银行存款日记账一般采用三栏式账簿。银行存款日记账的格式一般为三栏式，但也可以根据需要采用多栏式银行存款日记账。

4. 备查账簿的设置

备查账簿是对序时账簿和分类账簿进行补充说明的一类账簿，设置比较灵活，主要用于以下经济业务的备查登记：（1）对所有权不属于本企业但由企业暂时使用或代为保管的财产物资进行登记的备查账簿，如受托加工来料备查簿、代管商品备查簿等。（2）对同一业务需要进行多方面登记的备查账簿，一般适用于大宗、贵重物资。（3）对某些出于管理上的需要而必须予以反映的事项进行记录的备查账簿，如经济合同执行情况记录、贷款还款情况记录、重要空白凭证记录等。

【学思践悟 5-1】

恪守会计职业道德与行为规范，严格遵循法律法规，设立并准确登记会计账簿

2022年7月15日，山西省河津市农村经济事务中心会计、执法监督股股长许世平因挪用公款罪被判处有期徒刑12年。经查实，许世平在长达3年的时间里，利用职务之便，先后55次挪用公款共计837万余元，并将这些公款全部用于个人奢侈消费，侵害了公共财产的安全与完整。

许世平的违法行为主要体现在：（一）挪用公款：许世平利用职务上的便利，多次将单位公款非法占为己有，用于个人消费，且数额较大，持续时间较长，其行为已构成挪用公款罪。（二）违反财务管理规定：作为会计及执法监督股股长，许世平应当严格遵守国家财经法规和单位财务管理制度，但他却利用职务之便，绕过正常审批流程，擅自挪用公款，严重违反了财务管理规定。（三）滥用职权：许世平在担任会计及执法监督股股长期间，未能正确履行职责，反而利用其职权便利实施犯罪行为，严重损害了单位利益和公共财产的安全。

许世平的行为触犯了《中华人民共和国刑法》中关于挪用公款罪的相关规定。根据《刑法》第三百八十四条："国家工作人员利用职务上的便利，挪用公款归个人使用，进行非法活动的，或者挪用公款数额较大、进行营利活动的，或者挪用公款数额较大、超过三个月未还的，是挪用公款罪，处五年以下有期徒刑或者拘役；情节严重的，处五年以上有期徒刑。挪用公款数额巨大不退还的，处十年以上有期徒刑或者无期徒刑。"

请同学们思考并讨论如下问题：

1. 你是如何理解依法依规设置和登记会计账簿的？

2. 在账务处理过程中，你将如何遵循会计准则和相关法律法规等的规定，坚守会计职业操守和道德规范？

二、账簿的启用

（一）账簿的基本内容

会计账簿一般包括封面、扉页、账页三部分组成。

1.封面

封面主要标明账簿的名称，如总分类账簿、库存现金日记账、银行存款日记账、财产物资明细账等。

2.扉页

扉页标明会计账簿的使用信息，如科目索引、账簿启用日期和经管人员一览表等。

3.账页

账簿是用来记录经济业务事项的载体，其账页格式随反映经济业务内容的不同而有所不同，一般包括：账户的名称，一级科目、二级或明细科目；登记账簿的日期栏；记账凭证的种类和号数栏；摘要栏；金额栏；总页次和分户页次栏等基本内容。

（二）会计账簿的启用

会计账簿是企业重要的经济档案。会计人员启用新的会计账簿时，应在会计账簿的扉页上填制“会计账簿启用及交接表”，见表5-1。

表5-1　**会计账簿启用及交接表**

<table>
<tr><td>企业名称</td><td colspan="3"></td><td rowspan="6">粘贴
印花税票处</td></tr>
<tr><td>账簿名称</td><td></td><td>编号</td><td></td></tr>
<tr><td>账簿册数</td><td colspan="3">共　　册第　　册</td></tr>
<tr><td>账簿页数</td><td colspan="3">自　　页起至　　页止共　　页</td></tr>
<tr><td>启用日期</td><td>年　月　日</td><td>停用日期</td><td>年　月　日</td></tr>
<tr><td>会计主管</td><td></td><td>记账人员</td><td></td></tr>
<tr><td colspan="5">交　接　记　录</td></tr>
<tr><td>移交日期</td><td>移交人</td><td>接管日期</td><td>接管人</td><td>监交人</td></tr>
<tr><td></td><td></td><td></td><td></td><td></td></tr>
<tr><td></td><td></td><td></td><td></td><td></td></tr>
<tr><td></td><td></td><td></td><td></td><td></td></tr>
<tr><td rowspan="2">备
注</td><td colspan="3" rowspan="2"></td><td>单位公章</td></tr>
<tr><td></td></tr>
</table>

1.填写启用日期和启用账簿的起止页数。如果启用的是订本式账簿，起止页数已经印好不需再填；如果启用的是活页式账簿，起止页数可以等到装订成册时再填。

2. 填写记账人员姓名和会计机构负责人（会计主管）姓名并加盖印章，以示慎重和负责。

3. 加盖单位公章，以示严肃。

4. 粘贴印花税。启用账簿时，库存现金日记账、银行存款日记账以及各类明细账等免征印花税；总账第一次贴花按“（实收资本+资本公积）×0.025%”计算缴纳印花税，若后续实收资本、资本公积未发生增加，则无须再贴花或缴纳印花税。粘贴印花税票的账簿，印花税票应一律粘贴在账簿扉页的印花税票粘贴处，并在印花税票中间划两条出头的横线以示注销。对于采用缴款书方式缴纳印花税的账簿，纳税人应在账簿扉页启用表的左上角注明“印花税已缴”及具体缴款金额。缴款书应作为记账凭证的原始凭证登记入账。

5. 当记账人员或会计机构负责人（会计主管）工作变动时，应办好账簿移交手续，并在启用表上明确记录交接日期及接管人、监交人的姓名，并加盖公章。

启用订本式账簿时，应当从第一页到最后一页顺序编定页数，不得跳页、缺号。使用活页式账页，应当按账户顺序编号，必须定期装订成册。装订后再按实际使用的账页顺序编定页码。在总分类账和明细分类账第一页的前面，分别另加目录，记明每个账户的名称和页次，以便检查、登记和防止账页散失。账户目录见表5-2。

表5-2 **账户目录**

科目名称	页次	科目名称	页次	科目名称	页次	科目名称	页次
库存现金	1	固定资产	19	资本公积	37		
银行存款	2	累计折旧	20	盈余公积	38		
其他货币资金	3	在建工程	21	本年利润	39		
交易性金融资产	4	固定资产清理	22	利润分配	40		
应收票据	5	无形资产	23	生产成本	41		
应收股利	6	长期待摊费用	24	制造费用	42		
应收账款	7	待处理财产损溢	25	主营业务收入	43		
坏账准备	8	短期借款	26	其他业务收入	44		
预付账款	9	应付票据	27	投资收益	45		
其他应收款	10	应付账款	28	营业外收入	46		
材料采购	11	预收账款	29	主营业务成本	47		
原材料	12	应付职工薪酬	30	税金及附加	48		
包装物	13	应付利息	31	其他业务成本	49		
低值易耗品	14	应付股利	32	销售费用	50		
库存商品	15	应交税费	33	管理费用	51		
材料成本差异	16	其他应付款	34	财务费用	52		
发出商品	17	长期借款	35	营业外支出	53		
长期股权投资	18	实收资本	36	所得税费用	54		

三、账簿登记的基本要求

为了保证账簿记录、成本计算和会计报表不出现差错，登记账簿必须根据审核无误的记账凭证进行。登记账簿的基本要求是：

（1）登记会计账簿时，应当将会计凭证日期、编号、业务内容摘要、金额（除单价或另有规定者以外，要登记到分位）和其他有关资料逐项记入账内．做到数字准确、摘要清楚、登记及时、字迹工整。登记完毕后，要在记账凭证上签名或者盖章，并注明已经登账的符号（如“√”），表示已经记账。

（2）会计账簿中书写的文字和数字上面要留有适当空格，不要写满格，一般应占格距的二分之一。

（3）登记会计账簿要用蓝黑墨水或者碳素墨水书写，不得使用圆珠笔（银行的复写账簿除外）或者铅笔书写。红色墨水只能在下列情况下使用：

① 按照红字冲账的记账凭证，冲销错误记录；

② 在只设借方或者贷方一方的多栏式账页中，登记减少数；

③ 在三栏式账户的余额栏前，如未印明余额方向的，在余额栏内登记负数余额；

④ 根据国家统一会计制度的规定可以用红字登记的其他会计记录。

（4）各种会计账簿按页次顺序连续登记，不得跳行、隔页。如果发生跳行、隔页，应当将空行、空页划红线注销，或者注明“此行空白”“此页空白’字样，并由记账人员签名或者盖章。

（5）凡是需要结出余额的账户，结出余额后，应当在“借或贷”栏内写明“借”或者“贷”等字样。余额是零的账户，应在“借或贷”栏内写“平”字，并在“余额”栏的元位用“θ（0中间加波浪线的特殊符号）”表示。库存现金日记账和银行存款日记账必须逐日结出余额。

（6）每一账页登记完毕结转下页时，应当结出本页合计数及余额，写在本页最后一行和下页第一行有关栏内，并在摘要栏内注明“过次页”和“承前页”字样。“承前页”行填写的金额及信息应与上页的“过次页”一致。对需要结计本月发生额的账户，结计时在“过次页”的本页合计数处填写自本月初起至本页末止的发生额合计数；对需要结计本年累计发生额的账户，结计时在“过次页”的本页合计数处填写自年初起至本页末止的累计数；不需结计发生额的可以只将每页末的余额结转次页。

（7）实行会计电算化的单位，《会计基础工作规范》规定．对使用的会计软件及其生成的会计凭证、会计账簿、会计报表和其他会计资料的要求，应当符合财政部关于会计电算化的有关规定。

（8）会计账簿记录发生错误，不准涂改、挖补、刮擦或者用药水消除字迹，不准重新抄写，必须按会计制度规定的方法进行更正。

四、会计账簿的登记方法

（一）日记账的登记方法

1.库存现金日记账的登记

（1）将发生经济业务的日期记入“日期”栏，年度记入该栏的上端，月、日分两小栏登记。以后只有在年度、月份变动或填写新账页时，才再填写年度和月份。

（2）在“凭证号数”栏，登记该项经济业务所填制的记账凭证的种类和编号，以表示登记会计账簿的依据。对于将库存现金存入银行或从银行提现业务，由于只填制付款凭证，所以提现的凭证号数是“银付×号”。

（3）在“摘要”栏内，简明地记录经济业务的内容。

（4）根据记账凭证上的会计分录，在“对方科目”栏填上对应科目的名称，表明该项业务的来龙去脉。

（5）根据现金收款凭证上应借账户金额登记“收入”栏，根据现金付款凭证上应贷账户金额登记“支出”栏。

（6）根据“上日余额+本日收入-本日支出=本日余额”的计算公式计算出“本日余额”登记到“余额”栏。

三栏式库存现金日记账的登记见表5-3。

表5-3　　库存现金日记账　　第　页

××年		凭证号数	摘要	对方科目	收入							支出							余额						
月	日				万	千	百	十	元	角	分	万	千	百	十	元	角	分	万	千	百	十	元	角	分
3	1		月初余额																	2	0	0	0	5	0
	1	银付1	提现	银行存款		6	0	0	0	0	0									8	0	0	0	5	0
	1	现付1	发工资	应付职工薪酬									6	0	0	0	0	0		2	0	0	0	5	0
	1	现收1	收回欠款	应收账款			3	0	0	0	0									2	3	0	0	5	0
	1	现付2	购置复印耗材	管理费用										2	0	0	0	0		2	1	0	0	5	0
	1		本日合计			6	3	0	0	0	0		6	2	0	0	0	0		2	1	0	0	5	0
	.:.	…	…	…																					
	31		本日合计																						
	31		本月合计																						

2.银行存款日记账的登记

银行存款日记账的登记方法与库存现金日记账基本相同，但是为了对银行结算的情况进行分类汇总、核查，在账页的格式设计上增加“结算方式”一栏。银行存款日记账的格式一般为三栏式，但也可以根据需要采用多栏式银行存款日记账。

三栏式银行存款日记账的登记见表5-4。

表5-4　　**银行存款日记账**　　第　页

××年		凭证号数	结算方式		摘要	对方科目	借方							贷方							余额						
月	日		种类	号数			万	千	百	十	元	角	分	万	千	百	十	元	角	分	万	千	百	十	元	角	分
3	1				月初余额																3	2	4	0	8	3	5
	1	银付1	现支	1230	提取备用金	库存现金									2	0	0	0	0	0	3	0	4	0	8	3	5
	1	银付2	转支	2006	发工资	应付职工薪酬								1	2	0	0	0	0	0	1	8	4	0	8	3	5
	1	银收1			收回货款	应收账款	3	1	0	0	0	0	0								4	9	4	0	8	3	5
	1				本日合计		3	1	0	0	0	0	0	1	4	0	0	0	0	0	4	9	4	0	8	3	5
…	…	…	…	…	…	…																					
	31				本日合计																						
	31				本月合计																						

（二）明细账的登记方法

1. 三栏式明细账的登记方法

三栏式明细账主要用于只反映金额的经济业务的明细记录，每个明细账户都单独设置账页。当经济业务发生后取得相应的原始凭证时，依据原始凭证记录的业务信息填制相应的记账凭证。如果该记账凭证涉及的会计科目设有明细账，则要及时地在相应的明细账上进行登记。登记的内容包括日期、凭证号数、摘要和金额信息，所记录的信息均依据相应的记账凭证，每笔登记后结出余额。月末结出该明细账户的本月发生额及余额。具体的登记方法见表5-5。

表5-5　　**应收账款明细账**　　第　页

客户名称　汇通公司

××年		凭证号数	摘要	借方							贷方							借或贷	余额						
月	日			万	千	百	十	元	角	分	万	千	百	十	元	角	分		万	千	百	十	元	角	分
5	3		月初余额															借		3	6	0	0	0	0
	5	转4	销售A商品	4	3	0	0	0	0	0								借	4	6	6	0	0	0	0
	11	银收9	收回欠款								1	3	6	0	0	0	0	借	3	3	0	0	0	0	0
	31		本月合计	4	3	0	0	0	0	0	1	3	6	0	0	0	0	借	3	3	0	0	0	0	0

2. 数量金额式明细账的登记方法

数量金额式明细账主要用于既反映金额信息又反映数量信息的经济业务的明细记录。当经济业务发生后填制完记账凭证时，如果该记账凭证涉及的会计科目设有明细账，则要及时地在相应的明细账上进行登记。登记的内容包括日期、凭证号数、摘要、金额和数量信息，所记录的信息主要依据相应的记账凭证。但是，如果记账凭证上没有记录单价和数量信息，要查看相应的原始凭证。月末结出该明细账户的本月发生额及余额。具体的登记方法见表5-6。

表5-6 原材料明细账

最高存量：________

最低存量：________

编　号：ZL002　　规格：________　　单位：件　　品名：B材料

××年		凭证号数	摘要	收入			发出			结存		
月	日			数量	单价	金额	数量	单价	金额	数量	单价	金额
6	2		月初结存							200	5.00	1 000.00
	5	转4	购入	400	4.80	1 920.00				600		
	10	转5	发出				400			200		
	21	转6	购入	300	4.60	1 380.00				500		
	28	转7	发出				400			100		
	31		本月合计	700		3 300.00	800			100		

3.多栏式明细账的登记方法

在某一总账下，对所属的需要进行组成项目分析的明细账设置若干栏目，将所要反映的更详细的信息集中在同一张账页上。在进行登记时，除了日期、凭证号数、摘要和总的金额信息外，还需要根据原始凭证的记录在所涉及的栏目中进行登记。期末结转时，用红字金额在对应的栏目中进行登记。具体的登记方法见表5-7。

表5-7 生产成本明细账

科目名称：基本生产成本——加工车间（乙产品）　　产量____件

××年		凭证号数	摘要	借方发生额	借方分析			
月	日				直接材料	直接人工	制造费用	…
7	10		月初余额	66 000.00	23 000.00	32 000.00	11 000.00	
	31	转12	结转发出材料成本	53 211.06	53 211.06			
	31	转14	结转发出材料成本差异	756.32	756.32			
	31	转17	分配工资费用	65 000.00		65 000.00		
	31	转19	结转制造费用	37 246.15			37 246.15	
	31	转22	结转完工产品成本	157 864.32	45 850.25	66 000.00	46 014.07	
	31		月末在产品成本	64 349.21	31 117.13	31 000.00	2 232.08	

4.卡片式明细账的登记方法

卡片式明细账主要用于固定资产的明细登记，记录固定资产的取得、使用、折旧计提、大修理、改扩建和处置等相应的信息。在每一项固定资产取得时进行设置，并针对该固定资产的变动信息进行登记。

（三）总账的登记方法

总账的登记方法按照所采用的账务处理程序不同而有所差异．比较常用的有以下三种方法：根据记账凭证逐笔登记总账、定期编制科目汇总表登记总账、定期编制汇总记账凭证登记总账。

1.根据记账凭证逐笔登记总账

根据记账凭证逐笔登记总账，就是每填制一张记账凭证，就在该凭证所涉及的账户上进行登记，登记的内容包括日期、凭证号、摘要和金额信息，与记账凭证记载的内容应一致。这种登记方法简单，易于掌握，但如果企业业务量大，记账的工作量就较大。因此，这种方法适用于规模小、业务量少的企业。具体的登记方法见表5-8。

表5-8　　**总　账**　　第1页

会计科目：库存现金

××年		凭证号数	摘要	借方							贷方							借或贷	余额						
月	日			万	千	百	十	元	角	分	万	千	百	十	元	角	分		万	千	百	十	元	角	分
8	1		月初余额															借		2	3	0	0	0	0
	5	银付1	提取备用金		5	5	0	0	0	0								借		7	8	0	0	0	0
	10	现付1	发工资									4	0	0	0	0	0	借		3	8	0	0	0	0
	17	现收1	收回欠款			5	0	0	0	0								借		4	3	0	0	0	0
	20	现付2	购买复印纸										3	0	0	0	0	借		4	0	0	0	0	0
…	…	…	…																						
	31		本月合计																						

2.定期编制科目汇总表登记总账

定期编制科目汇总表登记总账，就是填制一张记账凭证后，不直接在该凭证所涉及的账户上进行登记，而是定期（间隔10天、15天或一个月）编制科目汇总表（具体编制方法见第六章账务处理程序），然后根据科目汇总表登记总账。这种方法大大简化了记账的工作，而且在编制科目汇总表的同时还可以进行试算平衡，保证记账工作质量，适用于规模较大、业务量较多的企业。具体的登记方法见表5-9。

表5-9　　**总　账**　　第1页

会计科目：库存现金

××年		凭证号数	摘要	借方							贷方							借或贷	余额						
月	日			万	千	百	十	元	角	分	万	千	百	十	元	角	分		万	千	百	十	元	角	分
3	1		月初余额															借		2	0	0	0	0	0
	15	科汇1	1—15日发生额	2	1	5	0	0	0	0	1	8	0	0	0	0	0	借		5	5	0	0	0	0
	31	科汇2	16—31日发生额	1	8	5	0	0	0	0	1	7	5	0	0	0	0	借		6	5	0	0	0	0
	31		本月合计	4	0	0	0	0	0	0	3	5	5	0	0	0	0	借		6	5	0	0	0	0
…	…	…	…																						
12	31		本年累计																						

3.定期编制汇总记账凭证登记总账

定期编制汇总记账凭证登记总账，就是填制一张记账凭证后，不直接在该凭证所涉及的账户上进行登记，而是定期（间隔10天、15天或一个月）编制汇总记账凭证（具体编制方法见第六章账务处理程序），然后根据汇总记账凭证登记总账。这种方法大大简化了记账的工作，适用于规模较大、业务量较多的企业。

应注意的是，一个单位只能选择上述一种方法登记总账，避免重复记账。无论采用哪种方法，月末都应汇总结算账户记录中的本期发生额和期末余额，在摘要栏写“本月合计”，然后在下面通栏划单红线；12月末，在摘要栏写“本年累计”，然后在下面通栏划双红线。

（四）备查账簿的登记方法

对各种备查账簿所涉及的要素进行登记，一般以实际业务发生的内容来进行记录，而非依据审核后的记账凭证。

具体的登记方法见表5-10和表5-11。

表5-10 **应收票据登记簿**

种类	号数	出票日期	出票人	票面金额	到期日期	利率	付款人	承兑人	背书人	贴现			收回		注销	备注
										日期	贴现率	贴现额	日期	金额		

表5-11 **租入固定资产登记簿**

资产名称	规格	合同号	租出单位	租入日期	租期	租金	使用地点	备注

《会计法》关于账簿登记的相关规定

五、总分类账户与明细分类账户的关系及平行登记

（一）总分类账户与明细分类账户的关系

总分类账户是对所属明细分类账户的综合，对所属明细分类账户起统驭作用。明细分类账户是对有关总分类账户的补充，对有关总分类账户起着详细说明的作用。总分类账户与所属明细分类账户在总金额上应当相等。

（二）总分类账户与明细分类账户的平行登记

平行登记是指对所发生的每项经济业务事项都要以会计凭证为依据，一方面记入有关总分类账户，另一方面记入有关总分类账户所属明细分类账户的方法。平行登记的要点如下：

（1）同期登记，即对发生的每一笔经济业务，根据会计凭证，一方面在有关的总分类账户中进行总括登记，另一方面在同一会计期间记入该总分类账户所属明细分类账户（没

有明细分类账户的除外)。

(2) 同向登记,即将经济业务记入某一总分类账户及其所属明细分类账户时,必须记在相同方向,即总分类账户记入借方,所属明细账户也记入借方;相反,总分类账户记入贷方,所属明细账户也记入贷方。

(3) 等额登记,即记入总分类账户的金额与记入所属明细分类账户的金额之和必须相等。

例5-1

华宇公司近期从供应商处采购了两批原材料,分别为A材料和B材料,总价值为8 000元。其中,A材料价值4 000元,B材料价值4 000元。平行登记方法如下:在原材料总账账户的借方登记8 000元,在原材料——A材料明细账中登记4 000元,在原材料——B材料明细账中登记4 000元。

原材料

借	贷
560	
	200
8 000	
8 360	

原材料——A材料

借	贷
300	
	200
4 000	
4 100	

原材料——B材料

借	贷
250	
4 000	
4 260	

▸▸▸▸▸▸ 第三节 错账更正

一、错账查找

(一) 错账查找的基本内容

1.会计账簿启用的错误

在会计账簿启用中出现的错误有:在账簿封面上未写明单位名称和账簿名称;在账簿

扉页上未附“启用表”，或虽附有“启用表”，但所列示内容不齐全、不完整；会计人员调动工作时，未按规定在账簿中注明交接人员、监交人员的姓名或未签章，无法明确有关责任。启用订本式账簿和活页式账簿时，未按规定对其编订页数等。

2.会计账簿设置的错误

（1）会计账簿形式设计不合理。比如，装订形式、账页尺寸、账页划线、印刷颜色及账页用纸等不合理。

（2）会计账簿设计不齐全。未设置数量能满足需要的总账，未对库存现金和银行存款设置日记账，未对需要提供详细经济活动情况的总账设置能够满足需要的明细账。

（3）所设置的会计账簿未能很好地形成一个账簿体系。比如，有的商品流通企业对库存商品明细账实行“三账分设”，即会计、业务与保管部门各设一套库存商品明细账，但三套账对库存商品进销存的详细情况所进行的记录或反映缺乏协调与统一。

3.会计账簿登记的错误

（1）登记方式不合理。明细账一般是根据记账凭证和原始凭证登记的，总账则要根据所采用的会计核算形式的不同来选择登记的依据。在实际中存在着所采用的核算形式、登记总账的依据不合理、不能满足生产经营管理需要的问题。

（2）账簿摘要不合理。一种情况是摘要过于简略或表述不清，使人不能明白到底是什么业务；另一种情况是摘要虽然写得很好，但所反映的经济业务不合理、不合法。

（3）登记不及时。

（4）会计账簿中书写的文字和数字所留间距不合理。这样容易给舞弊者增加数字或文字留下可乘之机。

（5）登记会计账簿所用笔墨不合要求。

（6）登记中发生跳行、隔页的情况。

（7）未按规定结出会计账簿中账户的余额。

（8）账页登记完毕后未按规定结转下页。

4.会计账簿中的舞弊

（1）无据记账，凭空记账。会计账簿中所列的业务不是根据经审核无误的原始凭证填制的记账凭证逐笔登记的，而是凭空捏造出来的，或者在合法的凭证中插入一些不合法的业务内容。

（2）涂改、销毁、“遗失”、损坏会计账簿以掩盖其舞弊行为。有的用类似涂改凭证的方法篡改有关会计账簿，有的则制造事故，造成账簿不慎被毁的假象，从而将不法行为掩盖于一般的过失当中，使查账人员的线索中断。

朱镕基题词：
不做假账

（二）错账查找的方法

1.基本法

基本法包括正查法和逆查法两种。

2.技术法

（1）差额法。差额法是根据错账差额查找漏记账目的方法，即查找账簿中的全部金额有无与错账的差额相同的数字，检查其是否漏记或重记。

（2）除2法。除2法是用正确与错误金额之差除以2后得出的商数来判断、查找错账的一种方法。这种方法被用来查找记错方向而产生的记账错误。如果某一数字记反了方向，就会使一方发生额增大，另一方发生额减少，差错数一定是记反方向数字的2倍，所以将其差错数除以2之后，如能整除，其商数有可能是记反方向的数字，再据此数字查找具体的记反方向的错账。

（3）除9法。除9法是用正确与错误金额之差除以9后得出的商数来判断、查找错账的一种方法。这种方法被用来查找数字错位（如将100记为1 000，或将1 000记为100等）或位数颠倒（如将58记为85，或将85记为58等）而产生的记账错误。

二、错账的更正

会计账簿记录发生错误，不能涂改、挖补、刮擦或者用药水消除字迹，不能重新抄写，可以根据账簿错误的具体情况，采取以下三种更正方法进行处理：划线更正法、红字更正法、补充登记法。

（一）划线更正法

1. 适用范围

凡在结账前发现账簿记录中文字或数字错误而记账凭证无误的错账，均可采用此法。

2. 更正方法

更正时，在账簿中错误文字或数字上划一红线，以示注销；然后，在划线上方空白处填写正确的文字或数字，并由更正人员在更正处旁边盖章。划线时，要划去错误数字的整个数码，不能只划去其中的错误数字。对于文字错误，可只划去错误的部分，同时必须使原有字迹仍可辨认。

例5-2

在库存现金账簿中将数字2 360误写成2 630。

更正：

借	库存现金	贷
	2 360	
王平	~~2 630~~	

（二）红字更正法

1. 适用范围

在记账凭证中使用的会计账户错误，或借贷方向错误，或金额记录错误，或应借、应贷账户未错，但所填金额大于应记金额，并且已经登记入账从而造成账簿记录错误的情况下，可采用此法。

2. 更正方法

首先，填制一张内容与错误凭证完全相同而金额是红字的记账凭证，在摘要栏内注明“更正××号凭证错误”，并据以用红字金额登记入账，冲销原有的记录；然后，用蓝字填制一张符合经济业务内容的记账凭证，并据以登记入账。

对于应借、应贷账户未错，但所填金额大于应记金额的错误，可以填制一张内容与错误凭证完全相同而金额是错误金额与正确金额差额的红字金额的记账凭证，在摘要栏内注明“更正××号凭证错误”，并据以用红字金额登记入账即可。

例5-3

从银行提取现金7 800元，在填制记账凭证时，误将金额填为8 700元，并已据以登记入账。

其错误分录为：

借：库存现金　　8 700

　贷：银行存款　　8 700

更正方法一：

填制改错凭证，并登记相应账簿：

借：库存现金　　$\boxed{8\,700}$

　贷：银行存款　　$\boxed{8\,700}$

填制正确凭证，并登记相应账簿：

借：库存现金　　7 800

　贷：银行存款　　7 800

借	库存现金	贷
8 700		
$\boxed{8\,700}$		
7 800		

借	银行存款	贷
		8 700
		$\boxed{8\,700}$
		7 800

更正方法二：

填制更正凭证，并登记相应账簿：

借：库存现金　　$\boxed{900}$

　贷：银行存款　　$\boxed{900}$

借	库存现金	贷
8 700		
$\boxed{900}$		

借	银行存款	贷
		8 700
		$\boxed{900}$

（三）补充登记法

1. 适用范围

记账以后，虽然记账凭证中应借、应贷账户没有错误，但所填金额小于应填金额，可采用此法。

2. 更正方法

更正时，按照正确数字与错误数字之间的差额，用蓝字填制一张记账凭证，并据以登记入账。这样，就补记了少记的数字，使全部金额符合实际。采用此法时，须在补充记账凭证的摘要栏内注明补充哪个月的哪一号记账凭证。

例 5-4

以银行存款 940 元购买一批办公用品，在填制记账凭证时，误将金额填为 640 元，并据以登记入账。

填制改错凭证，并登记相应账簿：

借：应付账款　　300

　贷：银行存款　　300

借	管理费用	贷
	640	
	300	

借	银行存款	贷
		640
		300

▸▸▸▸▸▸ 第四节　对账与结账

一、对账

对账，就是核对账目，做到账证相符、账账相符、账实相符，从而保证所提供的会计信息真实可靠。对账工作每年至少进行一次。

（一）账证核对

账证核对就是核对会计账簿（日记账、总账、明细账等）记录与原始凭证、记账凭证的时间、凭证号、内容、金额是否一致，记账方向是否相符。通过核对做到账证相符，保证会计记录的正确性。

（二）账账核对

账账核对就是核对不同会计账簿之间的账簿记录是否相符，具体包括以下四个方面：

1.总账的核对

依据借贷记账法的记账规则“有借必有贷，借贷必相等”和会计基本等式“资产=负债+所有者权益”。总账中全部账户的借方发生额合计数与贷方发生额合计数、期末借方余额合计数与期末贷方余额合计数分别核对相符。

2.总账与明细账核对

利用总账与明细账平行登记的原理，总账的借方本期发生额、贷方本期发生额及期初余额、期末余额应与所属明细账的借方本期发生额之和、贷方本期发生额之和及期初余额之和、期末余额之和相等。

3.日记账与总账核对

库存现金日记账和银行存款日记账的余额应与库存现金总账和银行存款总账的余额分别核对相符。

4.财产物资明细账的核对

会计部门财产物资明细账的期末余额应与财产物资保管和使用部门财产物资明细账的期末余额核对相符。

（三）账实核对

账实核对就是通过财产清查的方法，核对会计账簿记录与财产等实有数额是否相符。其具体包括：库存现金日记账账面余额与库存现金实际库存数相核对；银行存款日记账账面余额定期与银行对账单相核对；各种财产物资明细账账面余额与财产物资实存数相核对；各种应收、应付款明细账账面余额与有关债务、债权单位或者个人核对等。

二、结账

结账，简单地说就是结清账目，即将一定时期内所有经济业务全部登记入账后，结出各种账簿的本期发生额和期末余额，据以编制会计报表，并将余额结转至下期或新的账簿。

（一）结账的程序与要求

结账的程序与要求如下：

1.结账前，必须保证应计入本期的各项经济业务全部登记入账。

（1）认真检查本期发生的经济业务是否已经全部取得凭证，并已记入有关账簿，若有遗漏应补记，不得为了赶制报表提前结账或有意推迟结账。

（2）清理债权债务。应做好各种应收款项的催收工作和欠款、欠税的偿还、清缴工作。

（3）归属于本期的收益、费用和应该摊销或预提的费用的整理、计算、入账。根据权责发生制原则，将归属于本期的收益和费用填制凭证登记入账。

（4）期末结转业务的结转。将各种收入、成本、费用等有关计算成本和财务成果的各账户余额结转至有关账户。例如，将“制造费用”结转至“生产成本”账户，将本期完工产品承担的“生产成本”结转至“库存商品”等账户。

（5）做好财产清查和对账工作。通过财产清查发现的财产物资的盘盈、盘亏，应及时按照规定转账；通过对账，做到账证、账账、账实相符，保证会计信息真实可靠。

2. 结出每个账户的发生额和期末余额，编制本期发生额和余额试算平衡表。结账时，从本会计期间最后一笔业务下从摘要栏开始至余额栏分位为止画一横线，表示结账开始。需要结出当月发生额的，应当在摘要栏内注明“本月合计”字样，并在下面通栏划单红线，表示结账结束将两个会计期间分开。需要结出本年累计发生额的，应当在摘要栏内注明“本年累计”字样，并在下面通栏划单红线；12月末的“本年累计”就是全年累计发生额，全年累计发生额下应当通栏划双红线，年终结账时，所有总账账户都应当结出全年发生额和年末余额。

3. 年度终了，要把各账户的余额结转到下一会计年度，并在摘要栏注明“结转下年”字样；在下一会计年度新建有关会计账簿的余额栏内填写上年结转的余额，并在摘要栏注明“上年结转”字样。

（二）结账的具体方法

1. 日记账的结账

库存现金日记账、银行存款日记账需要按月结计发生额。每月结账时，要在最后一笔经济业务记录下面划单红线，结出本月发生额和余额，在摘要栏内注明“本月合计”字样，在下面通栏划单红线。

2. 总账的结账

总账账户平时只需要结计月末余额。年终结账时，为了反映全年各项资产、负债及所有者权益增减变动的全貌，便于核对账目，要将所有总账账户结计全年发生额和年末余额，在摘要栏内注明“本年合计”字样，并在合计数下通栏划双红线。采用棋盘式总账和科目汇总表代替总账的单位，年终结账时，应当汇编一张全年合计的科目汇总表和棋盘式总账。

如果本月只发生一笔经济业务，由于这笔记录的金额就是本月发生额，结账时，只要在此行记录下通栏划单红线，表示与下月发生额分开就可以了，不需要另结出“本月合计”数。

3. 明细账的结账

（1）需要结计发生额的明细账。每月结账时，要在最后一笔经济业务记录下面划单红线，结出本月发生额和余额，在摘要栏内注明“本月合计”字样，在下面通栏划单红线。需要结计本年累计发生额的某些明细账户，如产品销售收入、成本明细账等，每月结账时，应在“本月合计”行下结计自年初起至本月末止的累计发生额，登记在月份发生额下面，在摘要栏内注明“本年累计”字样，并在下面通栏划单红线。12月末的“本年累计”就是全年累计发生额，并在全年累计发生额下通栏划双红线。

（2）不需要结计本期发生额的明细账。对于不需要按月结计本期发生额的账户，如各项应收款明细账和各项财产物资明细账等，每次记账以后，都要随时结出余额，每月最后一笔余额即为月末余额。月末结账时，只需要在最后一笔经济业务记录下面通栏划单红线，不需要再结计一次余额。

（3）由于明细账是总账的辅助账，而总账要进行月结，所以，只要每月各明细账与总账余额相符，在业务不多的情况下，明细账可以不进行月结。年结时，为了简化三栏式明细账的结账手续，只要总账和明细账余额相符，则在12月的合计数上下分别画一道红线，用以表示该明细账已经在本年截止即可。

▸▸▸▸▸▸ 第五节　账簿的更换与保管

一、账簿的更换

账簿更换是指在会计年度末，将本年度旧账更换为下年度新账。更换新账的方法是：年终结账时，将需要更换账簿的各账户的年末余额直接过入新启用的有关账簿中，不需要编制记账凭证；要注明各账户的年份，然后在有余额的账户的第一行日期栏内写明“1月”“1日”，摘要栏内注明“上年结转”，把账户余额写入“余额”栏，在此基础上登记新年度的会计事项。

一般说来，总账、日记账和多数明细账应每年更换一次。但是，有些财产物资明细账和债权债务明细账，由于材料品种、规格和往来单位较多，更换新账，重抄一遍工作量较大，因此，可以跨年度使用，不必每年更换一次。各种备查簿也可以连续使用。

二、会计账簿的保管

账簿是企业重要的档案，企业在会计年度开始的时候通常要更换使用新的会计账簿，同时对旧账簿加以妥善保管。账簿的归档范围包括总账、明细账、日记账、固定资产卡片及其他辅助性账簿。具体方法是：在将所有的订本账、活页账对账完毕，并将所有的活页账装订完毕、加上封面并由主管人员签字盖章之后，要及时地将所有的订本账及活页账交由档案管理人员造册归档。归档时，应编制“会计账簿归档登记表”以明确责任。

会计账簿的保管期限，从会计年度终了的第一天开始算起，根据其特点，分为永久和定期两类。保管期限通常为：日记账30年，明细账和总账30年，固定资本卡片在固定资产报废清理后保管5年，其他辅助性账簿30年，涉外和重大事项会计账簿永久保管。

当年形成的会计档案，在会计年度终了后，可由单位会计管理机构临时保管1年，再移交单位档案管理机构保管。因工作需要确需推迟移交的，应当经单位档案管理机构同意。单位会计管理机构临时保管会计档案最长不超过3年。临时保管期间，会计档案的保管应当符合国家档案管理的有关规定，且出纳人员不得兼管会计档案。

会计账簿除特殊需要或司法介入要求，一般不能携带外出，对需要携带外出的账簿，一般应由经管人员负责或会计主管人员指定专人负责。未经领导和会计负责人或有关人员批准，非经管人员不能随意翻阅查看、摘抄和复制等。

三、会计电子档案管理要求

“通过计算机等电子设备形成、传输和存储的会计档案”是电子会计档案，特别强调了电子会计档案的原生性，即通过计算机等设备形成的，以区别于将纸质会计档案扫描形成的数字化副本。随着会计信息化的发展，电子会计档案的保管也变得越来越重要。根据最新规定，来源可靠、程序规范、要素合规的电子会计凭证、电子会计账簿、电子财务会计报告等具有与纸质会计资料同等的法律效力。

明确了“单位可以利用计算机、网络通信等信息技术手段管理会计档案”，这与原《会计档案管理办法》中“具备采用磁带、磁盘、光盘、微缩胶片等磁性介质保存会计档案条件的，由国务院业务主管部门统一规定，并报财政部、国家档案局备案”的要求是截然不同的，不用报备即可利用计算机、网络通信等信息技术手段管理会计档案。

对电子会计档案移交与接收提出了要求。要求电子会计档案移交时将电子会计档案及其元数据一并移交，且文件格式应当符合国家档案管理的有关规定；特殊格式的电子会计档案应当与其读取平台一并移交。

电子会计档案接收分为单位内部会计部门向档案部门移交的接收和单位之间的移交接收。对于前者，要求“单位档案管理机构接收电子会计档案时，应当对电子会计档案的准确性、完整性、可用性、安全性进行检测，符合要求的才能接收”；对于后者，要求“档案接受单位应当对保存电子会计档案的载体及其技术环境进行检验，确保所接收电子会计档案的准确、完整、可用和安全”。

《会计档案管理办法》

《电子会计档案管理办法》

要求电子会计档案的销毁由单位档案管理机构、会计管理机构和信息系统管理机构共同派员监销。

▶▶▶▶▶▶ 第六节　计算机账簿处理

一、计算机账簿的要素

会计账簿是将账户的要素按一定的格式组合而成的会计表格。由于计算机能处理更多的信息，因此，与手工账簿相比，计算机账簿所包含的要素更多，而且可以根据信息的使用需求进行组合，所以在账簿设置和格式方面也有了很多新的形式。

计算机账簿的账户要素包括：日期、科目代码、科目级别（用于区别总账和明细账）、计量单位（除货币计量单位外，还包括数量计量单位，如个、吨、千克、件等用于数量明细账登记的计量单位）、外币单位（如美元、欧元、日元、港元等，用于外币交易业务）、凭证号、凭证类别（用于校验凭证录入是否平衡、科目使用及方向是否正确等）、对方科目（记录凭证中的关联对应科目，反映资金的来龙去脉）、摘要（反映业务的基本内容）、借贷方向（借或贷，反映科目的记账方向）、期初数量、期初金额、期初外币、本期借方数量、本期借方金额、本期借方外币、本期贷方数量、本期贷方金额、本期贷方外币、期末数量、期末金额、期末外币等。

二、计算机账簿的设置

1.计算机账簿的基本设置

计算机账簿的基本设置包括总账、日记账、各种明细账的设置。设置的方法主要通过设置账户的级别来区分该账簿是总账、日记账还是明细账。在会计科目设置中，通过科目编码识别是总账科目还是明细账科目；通过科目类型确定科目的记账方向；根据需要勾选日记账、银行账、外币核算、数量核算选项，判断是否登记库存现金日记账、银行存款日记账、外币账和数量明细账。

2.计算机账簿辅助核算的设置

计算机账簿辅助核算是对某些在分类账或日记账等主要账簿中难以全面反映的经济事项进行补充登记的账簿。计算机辅助账与明细账间存在钩稽关系，但不受会计期间结账工作的限制，格式也比较灵活，企业可根据实际需要进行设置。计算机账簿辅助核算的设置包括往来核算（含个人往来、客户往来和供应商往来三类）、部门核算、项目核算等。

计算机辅助核算的基本原理是将大量重复的科目从科目体系中分离出来，按照项目进行存储，并在项目与科目之间建立动态链接，在满足会计科目体系优化的同时，达到精细核算的目的。

计算机账簿辅助核算的设置方法是：在进行辅助核算的会计科目设置界面（如图5-2所示），勾选辅助核算的选项，即部门核算、个人往来、客户往来、供应商往来、项目核算中的一个，录入辅助核算的部门、个人、客户、供应商、项目信息即可完成初始设置。

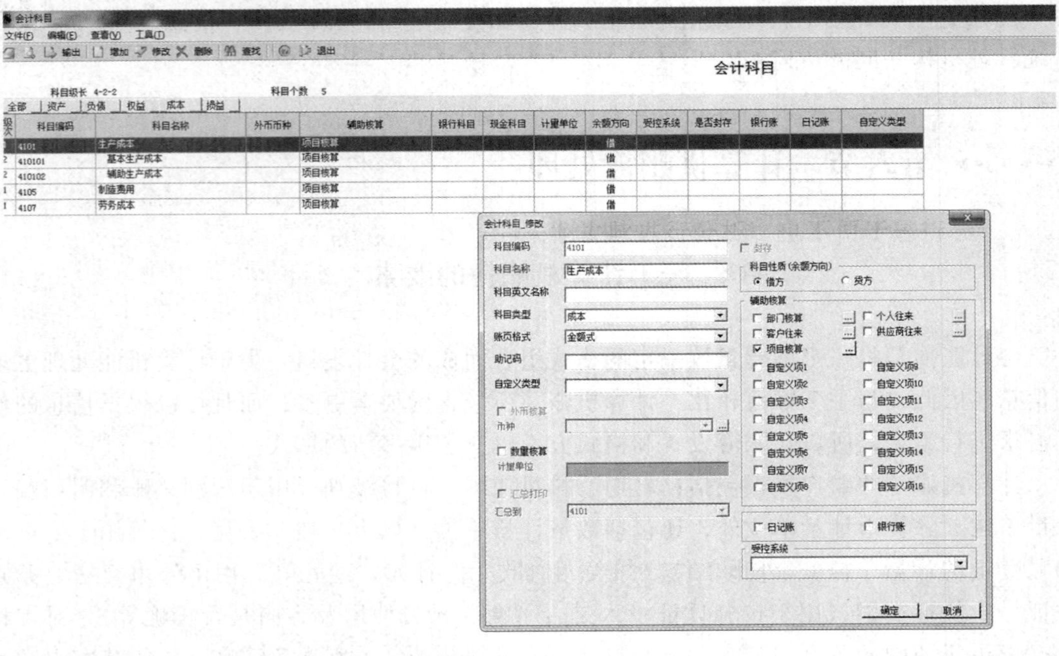

图5-2　计算机账簿的设置

3.计算机账簿辅助核算的应用——“部门核算”

例 5-5

利达公司采用 4-2-3-3 的四级科目编码设计，管理费用的科目编码设计具体见表 5-12。

表 5-12　**利达公司管理费用科目编码**

科目编码	科目名称
6602	管理费用
660201	事业部 1
660201001	办公费
660201001001	一组
660201001002	二组
660201002	差旅费
660201002001	一组
660201002002	二组
…	…
660202	事业部 2
660202001	办公费
660202001001	一组
660202001002	二组
660202002	差旅费
660202002001	一组
660202002002	二组

如果该单位有 10 个部门，每个部门分为 5 个组，管理费用有 10 种，那么 6602 管理费用下面就有近 500 个会计科目，因此，完全用手工账簿编码的方式工作量很大。另外，如果想知道管理费用下办公费总额或差旅费总额，汇总过程将非常复杂，速度也会很慢，不能直接快速得到。

计算机账簿辅助核算可以实现交叉立体核算，加上计算机快速处理的特性，将需要按事业部辅助核算的科目设置为“部门核算”，然后将事业部和组代码从科目编码中剥离出来，在部门档案设置模块中建立各个事业部的资料，在科目设置时只对费用进行编码即可。采用辅助核算的会计科目编码体系如图 5-3 所示。

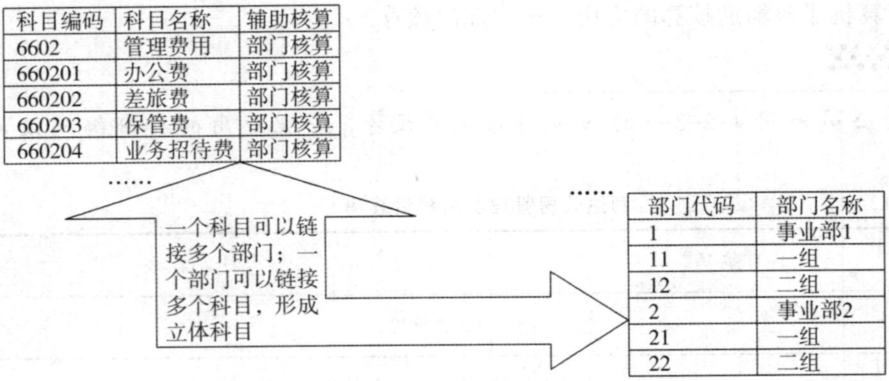

图5-3 辅助核算的会计科目编码体系

4.计算机账簿辅助核算的应用——“往来核算”

往来辅助核算账簿的设置以客户往来核算为例。

例5-6

绿源林木制品有限公司是一家位于某省的大型木材综合加工企业，其业务规模涵盖多种类别的木材制品，如家具板材、建筑用材、装饰材料等，产品种类多达几十种。在手工处理阶段，绿源林木制品有限公司采用传统的会计科目来核算往来情况，主要设置了“应收账款”、“应付账款”、“其他应收款”、“预付账款”和“预收账款”等科目。为了更精细地管理这些往来款项，公司还按照不同的产品类别以及具体的往来单位或个人设置了明细科目表5-13为应收账款在手工账簿体系中的设置。

表5-13 绿源林木制品有限公司手工核算“应收账款”会计科目

科目编码	科目名称
1122	应收账款
112201	其他应收款
11220101	应收实木板材款
1122010101	大青山环境保护中心
1122010102	山西理工大学
1122010103	河北家具厂
…	…
11220102	应收木制品款
1122010201	…
1122010202	…
1122010203	…

由表5-13可以发现，采用传统的账簿设置，不仅会计科目体系庞大，而且随着客户的变化要经常调整。另外，如果需要按地区统计客户信息，科目体系会更加庞杂。账簿中已结清和未结清的款项混杂在一起，不便于统计分析，影响了信息的使用效果。

在计算机账簿中，采用往来核算的方法，可以大大简化会计账簿的核算体系，避免由于往来单位的变化而造成科目频繁修改，往来单位应收账款清晰，方便进行各种统计分析，及时进行账龄分析以便催款等。绿源林木制品有限公司计算机辅助核算的客户往来科目体系见表5-14。

表5-14 **计算机辅助核算的客户往来科目体系**

科目编码	科目名称	辅助核算
1122	应收账款	
112201	其他应收款	
11220101	应收实木板材款	往来核算
11220102	应收木制品款	往来核算
…	…	往来核算

5.计算机账簿辅助核算的应用——“项目核算”

项目核算主要应用于课题、工程项目、产品、合同订单等的成本、费用、往来情况以及收入等，可以实现跨年度管理。基本原理是将按项目核算的科目定义为项目，将具体的项目从科目体系中剥离出来。具体操作包括以下步骤：

（1）定义项目大类，如生产成本项目（如图5-4所示）。

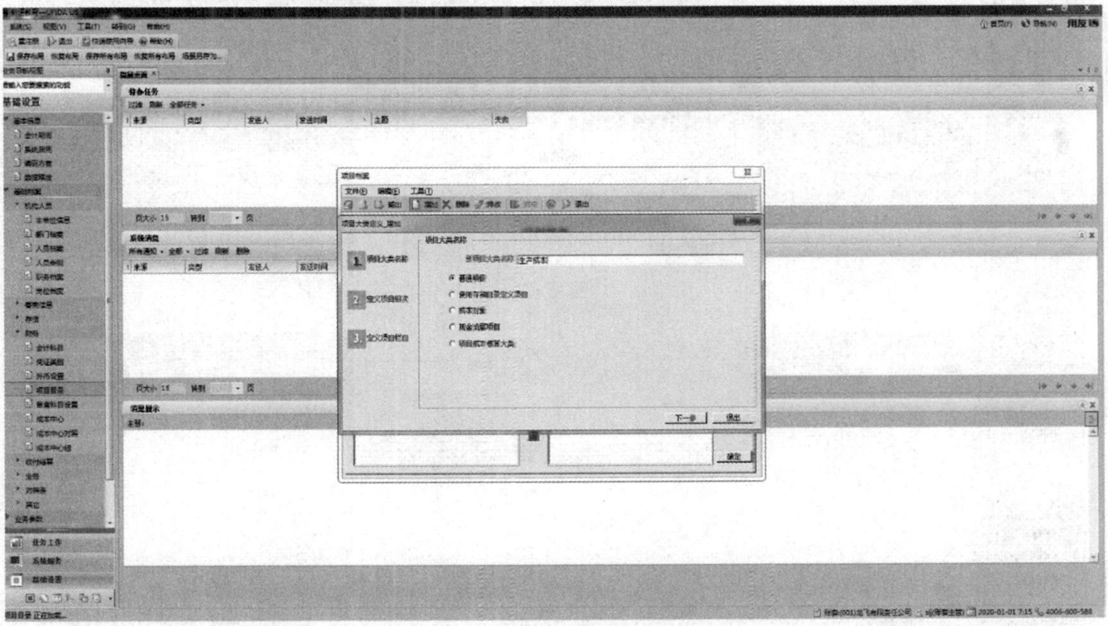

图5-4 定义项目大类

（2）指定核算科目（如图5-5所示）。

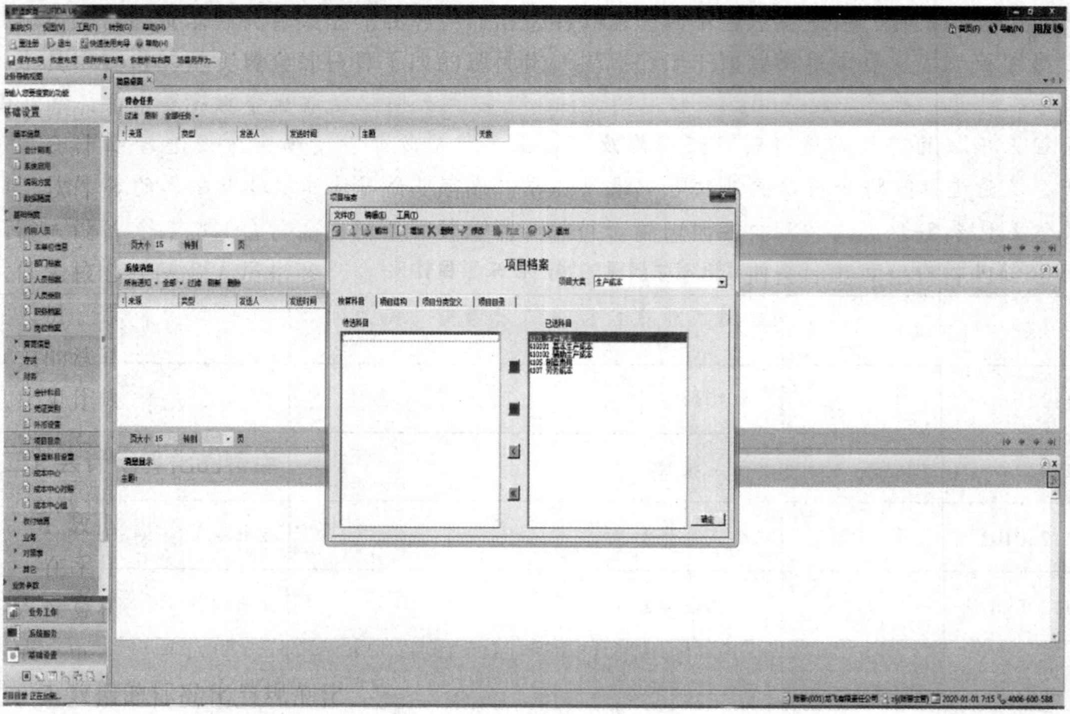

图5-5 指定核算科目

（3）定义项目分类（如图5-6所示）。

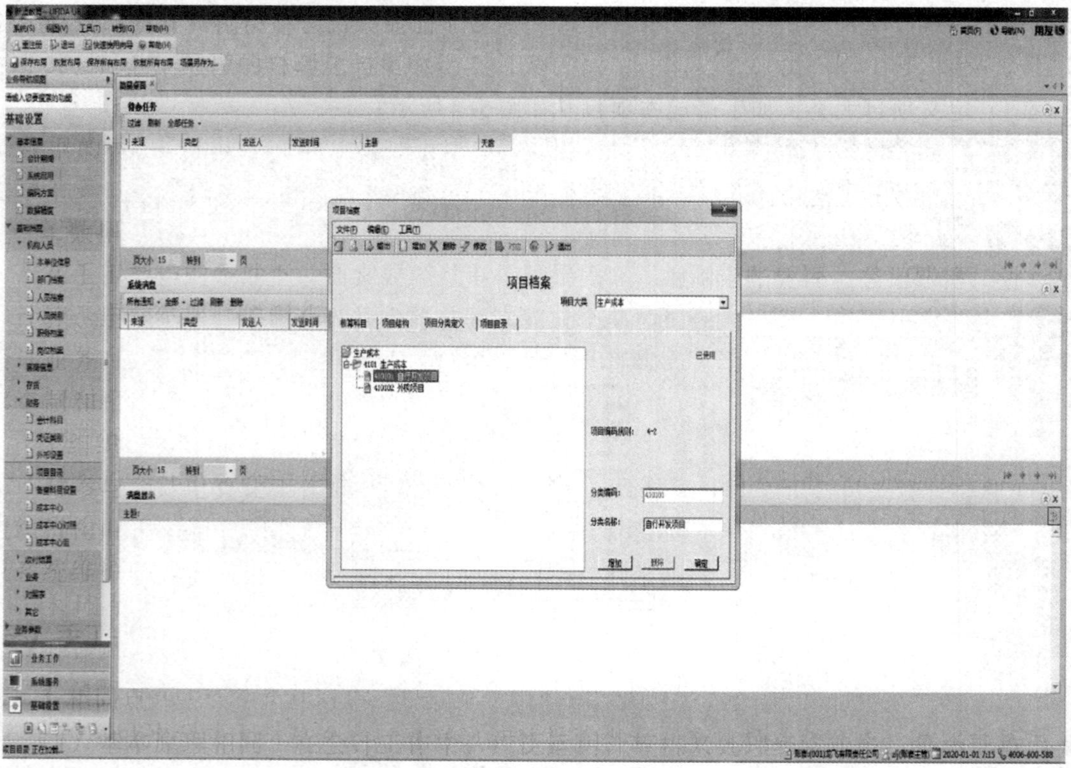

图5-6 定义项目分类

（4）项目目录维护（如图5-7所示）。

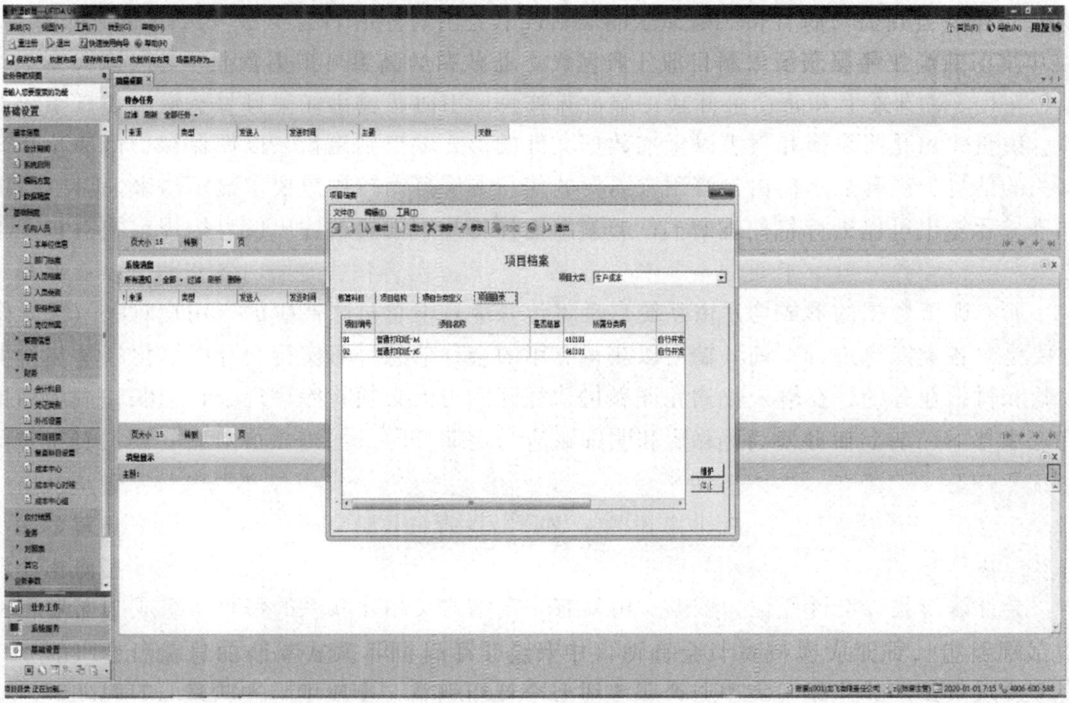

图5-7　项目目录维护

6.计算机账簿的期初数据录入

在期初数据录入界面，录入各级会计科目的期初数据及辅助核算的期初数据（如图5-8所示）。

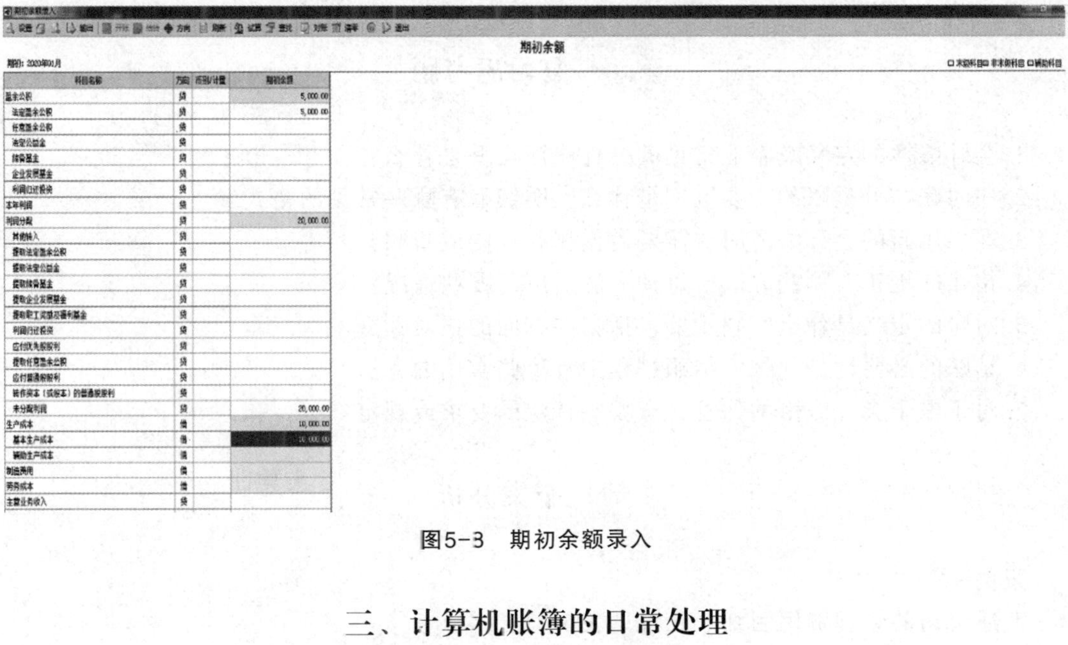

图5-8　期初余额录入

三、计算机账簿的日常处理

计算机账簿的数据来源于记账凭证。在录入凭证的同时，录入辅助核算的相关信息。

凭证数据进入对应科目的临时数据库，当进行记账时，计算机自动从数据库中提取相应的数据记入对应的账簿，完成登账工作。

计算机账务处理的结果是生成各种账簿、报表等，主要包括日记账、明细账、总账，各种对内、对外会计报表等。账簿的输出方式一般有磁盘输出、屏幕显示输出和打印输出等。磁盘输出是将账簿和报表以标准数据文件的形式输出到磁盘，以便保存、传递和查询有关的信息；屏幕显示输出是将用户需要的信息在屏幕上按用户要求显示出来，用户利用屏幕显示输出可以进行各种查询；打印输出是指将用户需要的输出信息按规定的格式打印出来。

所有账簿数据的形成均是由系统自动将记账凭证汇总过账产生的。用户对账簿的操作主要是对各类账簿进行查询、输出以获得有用的会计信息。对实行会计电算化的单位发生收款和付款业务的，在输入收款凭证和付款凭证的当天必须将库存现金日记账和银行存款日记账与库存现金核对无误。总账和明细账应当定期打印，不再要求。

本章小结

会计账簿是以会计凭证为依据，由具有一定格式又相互联系的账页所组成，用来序时地、分类地记录和反映各项经济业务的簿籍。设置和登记账簿是会计核算的一种专门方法。我国《会计法》和《会计基础工作规范》对各单位设置会计账簿以及记账、对账、结账和错账更正等各个环节做了法律性规范。本章依照《会计法》和《会计基础工作规范》的规定，对上述内容作了完整的阐述。本章是会计核算的基础工作，要求学生不仅掌握账簿的概念、分类、设置、登记规则和错账的更正方法，了解对账、结账、账簿的启用与更换等理论知识，更要学会实际操作。

复习思考题

1. 会计账簿的定义及企业常见的会计账簿类型是什么？
2. 序时账与分类账的主要区别是什么？明细账有哪些常见的格式？
3. 在启用新的会计账簿时，需要遵循哪些规则或步骤？
4. 错账的更正有哪些方法？每种方法适用于哪些情况？
5. 对账的定义是什么？它主要包括哪些方面的核对？
6. 结账的必要性是什么？结账过程中有哪些常用的方法？
7. 对于电子会计账簿的保管，有哪些特定的要求或规定？

个案分析

案例一

汇通公司的管理费用明细账设置见表5-15。

表5-15 **管理费用明细账**

××年		凭证号数	结算方式		摘要	对方科目	借方							贷方							结余						
×月	×日		种类	号数			万	千	百	十	元	角	分	万	千	百	十	元	角	分	万	千	百	十	元	角	分
					上年结余																3	8	8	8	9	3	1

要求：

（1）请分析并指出该账簿存在哪些问题或不足之处？

（2）如何合理地设置管理费用明细账，以确保财务信息的准确性和详细性？

案例二

2024年11月30日，汇通公司在对账时发现下列一笔经济业务：

2024年11月5日，开出现金支票780元，购买办公用品。

有关会计处理如下：

1. 记账凭证

记账凭证

2024 年 11 月 5 日　　　　第 16 号

摘要	会计科目		借方										贷方										记账（签章）
	总账科目	明细科目	千	百	十	万	千	百	十	元	角	分	千	百	十	万	千	百	十	元	角	分	
购买办公用品	6602管理费用							7	8	0	0	0											王向钱
	1001库存现金																	7	8	0	0	0	王向钱
							¥	7	8	0	0	0					¥	7	8	0	0	0	

附件 3 张

会计主管 李响　　出纳 赵金　　审核 孙爱民　　制单 张平

2. 有关账簿记录

（1）管理费用总分类账

管理费用 总分类账

总第 47 页
分第____页
编号____页

2024年		凭证		摘要	借方										贷方										借或贷	余额										√
月	日	字	号		千	百	十	万	千	百	十	元	角	分	千	百	十	万	千	百	十	元	角	分		千	百	十	万	千	百	十	元	角	分	
				略																									·	·	·	·	·	·	·	
11	5			购买办公用品						7	8	0	0	0											借				9	8	5	2	3	7	0	
				略																									·	·	·	·	·	·	·	
	30			略																					借			6	4	8	5	2	3	7	0	

（2）库存现金总分类账

库存现金 总分类账

总第 1 页
分第 页
编号 页

2024年		凭证		摘要	借方										贷方										借或贷	余额										√
月	日	字	号		千	百	十	万	千	百	十	元	角	分	千	百	十	万	千	百	十	元	角	分		千	百	十	万	千	百	十	元	角	分	
11	1			期初余额																					借					1	4	5	0	0	0	
				略																									·	·	·	·	·	·	·	
	5			购买办公用品																7	8	0	0	0	借						8	6	2	9	0	
				略																									·	·	·	·	·	·	·	
	30			略																					借					2	1	4	6	5	8	

（3）银行存款总分类账

银行存款 总分类账

总第 3 页
分第 页
编号 页

2024年		凭证		摘要	借方										贷方										借或贷	余额										√
月	日	字	号		千	百	十	万	千	百	十	元	角	分	千	百	十	万	千	百	十	元	角	分		千	百	十	万	千	百	十	元	角	分	
11	1			期初余额																					借			4	6	7	8	0	0	0	0	
				略																								·	·	·	·	·	·	·	·	
	30			略																					借			3	5	6	7	0	0	0	0	

请分析上述处理是否正确。如有错误，确定应采取的更正方法，并进行更正。

案例三

上海某科技创新中心运营着数十个高科技研发项目和未来城市技术实验室，同时管理着多个与国内外企业合作的研发合作项目。鉴于项目的多样性和复杂性，传统的会计核算体系遇到了挑战。在传统模式下，科目体系设置如下：一级科目为“研发项目”；二级科目区分为“内部研发”与“合作研发”；三级科目根据项目所属部门或团队进行划分；四级科目为具体的项目编码；五级科目则详细列出了如研发材料费、人员薪酬、外包服务费、设备购置及租赁费、技术咨询费等20余项费用类别。

由于项目数量众多且费用类别繁杂，五级科目下的明细科目数量庞大，接近2 000个，传统的科目设置方法在计算机处理上不仅速度慢，而且不便于对项目进行日常统计分析。为了更好地核算每一个项目，现准备采用计算机财务软件的项目管理辅助核算成本费用和收入情况，要求以项目为中心进行核算管理。

请列出传统的会计科目，然后将项目从科目中剥离出来，建立新的适用于计算机辅助核算的会计科目体系。

第六章

账务处理程序

【学习目标】

素养目标：本章培养学生程序即秩序的意识、遵守财务规则的职业素养；培养学生树立与时俱进的发展理念，在“数智化”背景下开拓性组织工作的创新精神。

知识目标：理解各种账务处理程序的特点；掌握主要账务处理程序下的凭证和账簿组织及其核算步骤；理解各种账务处理程序的适用范围，能够针对不同性质、不同规模企业有效组织会计工作，将会计凭证、账簿组织、记账程序相互结合。

能力目标：培养学生建立凭证、账簿、报表之间合理、规范、高效的组织关系和流程机制的思维能力；培养学生信息分析及数据处理能力；培养学生与各部门人员的沟通合作能力。

【学习导入】

王利刚刚大学毕业，与同学共同创业经营一家小型汽贸公司，他负责公司财务部门的组建及会计业务处理工作。虽然公司规模较小，但业务比较繁杂，由于是初创阶段，王利自身会计知识和经验都比较缺乏，会计工作采取手工记账的方式进行，每月的账务处理工作让他感到非常棘手，经常出现错误，对账查错花费很长时间和精力，而且无法保证财务数据的准确性，公司评价、经营业绩、正确纳税等工作也受到了影响。

请同学们思考两个问题：

1. 王利同学应该如何设计适合本公司的账务处理程序？

2. 你认为该公司是否有进行会计电算化的必要性。

▸▸▸▸▸▸ 第一节　账务处理程序概述

一、账务处理程序的内涵与意义

账务处理程序也称会计核算组织程序或会计核算形式，是指会计凭证、会计账簿、会计报表相结合的方式，包括会计凭证和账簿的种类、格式，会计凭证与账簿之间的联系方法，从审核原始凭证到编制记账凭证、登记明细分类账和总分类账、编制会计报表的工作程序和方法等。在手工会计核算方式下，常见的会计账务处理程序主要包括记账凭证账务处理程序、科目汇总表账务处理程序和汇总记账凭证账务处理程序。

在实际工作中，各单位设置的会计凭证、会计账簿的种类和格式存在差异，导致各种凭证之间、各种账簿之间以及各种凭证与账簿之间的相互联系和登记程序不完全相同，故而账务处理程序就不能强求一致；又由于各单位的组织结构不同、会计管理要求不同，因而会计处理的程序和形式不同。为此，各单位必须选择与自身特点、实际情况、具体条件和管理要求相适应的账务处理程序，减少不必要的会计工作程序和成本消耗，提高会计工作效率，从而更好地发挥会计核算和监督的职能，体现会计工作的管理功能，为会计信息使用者提供完整、准确、及时、有用的会计信息。

二、账务处理程序的设计要求

各单位在设计和选择账务处理程序时应遵循以下原则：

（1）符合企业会计准则和有关会计法规的要求，正确、及时、完整地提供会计信息使用者需要的会计核算资料。

（2）符合本单位经营规模大小、经济业务性质和繁简程度不同的要求，体现成本与效益的原则，在保证会计核算工作质量的前提下，力求简化核算手续，提高会计核算的工作效率。

（3）符合会计核算工作分工与合作的要求，保证会计核算工作顺利进行。

▸▸▸▸▸▸ 第二节　记账凭证账务处理程序

一、记账凭证账务处理程序的特点

记账凭证账务处理程序是一种最基本的会计核算组织程序，其基本特点是直接根据记账凭证逐笔登记总分类账。它是最基本的一种会计账务处理程序，其他各种账务处理程序都是在此基础上根据经济管理的需要发展而形成的。

采用记账凭证核算形式，记账凭证可以采用收款凭证、付款凭证、转账凭证三种格式，也可以采用通用记账凭证。账簿的设置一般有库存现金日记账、银行存款日记账、总分类账和明细分类账。库存现金日记账、银行存款日记账和总分类账一般采用三栏式账簿；明细分类账根据需要可采用三栏式、数量金额式或多栏式账簿。

二、记账凭证账务处理程序的基本程序

记账凭证账务处理程序的基本程序是：

（1）根据原始凭证或汇总原始凭证编制记账凭证；

（2）根据收款凭证和付款凭证，逐笔登记库存现金日记账和银行存款日记账；

（3）根据原始凭证、汇总原始凭证或记账凭证登记各种明细分类账；

（4）根据收款凭证、付款凭证和转账凭证逐笔登记总分类账；

（5）月终，将库存现金日记账、银行存款日记账和各种明细分类账的余额与总分类账有关账户的余额核对相符；

（6）月终，根据总分类账和明细分类账的记录编制会计报表。

记账凭证账务处理程序的基本程序如图6-1所示。

三、记账凭证账务处理程序的适用范围

记账凭证账务处理程序体现了会计核算的基本程序，具有简单明了、易于理解和掌握的优点，可以从会计凭证到会计账簿比较直观地记录和反映经济业务的发生情况，便于核查账

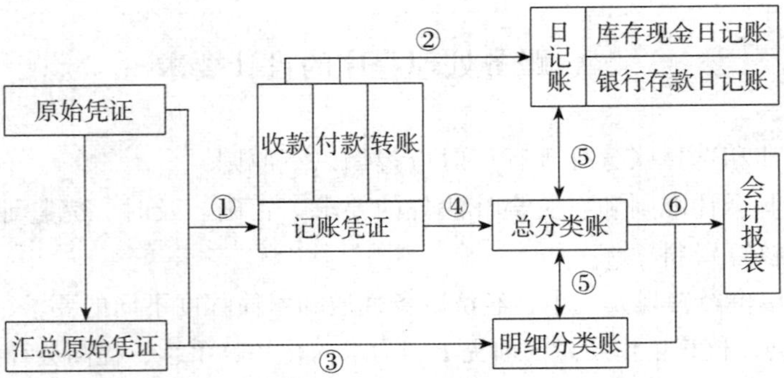

图6-1　记账凭证账务处理程序的基本程序

目。但是，登记总分类账的工作量比较大，也不便于会计分工。因此，这种账务处理程序一般只适用于规模较小、经济业务不多的单位。

▸▸▸▸▸▸▸ 第三节　科目汇总表账务处理程序

一、科目汇总表账务处理程序的特点

科目汇总表账务处理程序，又称记账凭证汇总表账务处理程序，是在记账凭证账务处理程序的基础上形成的。基本特点是根据记账凭证定期编制科目汇总表，再根据科目汇总表登记总分类账。

科目汇总表账务处理程序对记账凭证、日记账、总分类账和明细分类账的要求与记账凭证账务处理程序相同。这种账务处理程序的关键是科目汇总表的编制。

科目汇总表样例

科目汇总表的编制方法如下：根据一定时期（可以是5天、10天、15天或1个月）内的全部收款凭证、付款凭证和转账凭证（或通用记账凭证），按照相同的科目归类，将借方、贷方发生额分别汇总，计算出每个会计科目的借方本期发生额、贷方本期发生额，填列在科目汇总表的相关栏内。会计科目汇总完毕以后，再将全部会计科目的借方发生额、贷方发生额分别汇总，进行借贷试算平衡。科目汇总表可以每汇总一次就编制一张（格式见表6-1），也可以分次汇总，每月编制一张（格式见表6-2）。

为便于科目汇总表的编制，使得在分别汇总计算其借方金额和贷方金额时不易发生差错，平时填制记账凭证时，应尽可能使账户之间的对应关系保持“一借一贷”，避免“一借多贷”“多借一贷”“多借多贷”。

根据表6-2科目汇总表中各会计科目本月借方发生额合计和贷方发生额合计，直接登记相应的总账账户，以“库存现金”账户登记为例，见表6-3。

表6-1

科目汇总表

2023年9月1日至10日

科汇字×号

单位：元

会计科目	本期发生额		记账凭证起讫号数
	借方	贷方	
库存现金	20 800	24 120	（略）
银行存款	359 720	398 000	
应收账款	240 000	308 000	
原材料	327 200	212 800	
生产成本	760 000	480 000	
库存商品	624 000	546 800	
短期借款	240 000	201 200	
应付账款	26 400	27 200	
实收资本	0	400 000	
合计	2 598 120	2 598 120	

表6-2

科目汇总表

2023年9月30日

科汇字×号

单位：元

会计科目	1日至10日		11日至20日		21日至30日		本月合计	
	借方	贷方	借方	贷方	借方	贷方	借方	贷方
库存现金	20 800	24 120	16 800	20 400	8 600	8 400	46 200	52 920
银行存款	359 720	398 000	268 000	272 000	154 000	176 000	781 720	846 000
应收账款	240 000	308 000	224 000	264 000	110 000	126 000	574 000	698 000
原材料	327 200	212 800	312 000	280 000	152 000	144 000	791 200	636 800
生产成本	760 000	480 000	680 000	640 000	300 000	260 000	1 740 000	1 380 000
库存商品	624 000	546 800	480 000	440 000	200 000	226 000	1 304 000	1 212 800
短期借款	240 000	201 200	352 000	418 800	100 000	78 200	692 000	698 200
应付账款	26 400	27 200	22 400	20 000	6 000	12 000	54 800	59 200
实收资本	0	400 000	0	0	0	0	0	400 000
合计	2 598 120	2 598 120	2 355 200	2 355 200	1 030 600	1 030 600	5 983 920	5 983 920

注：9月1日至10日数据来自表6-1；9月11日至20日和9月21日至30日科目汇总表省略。

表6-3

总分类账

会计科目：库存现金

单位：元

2023年		凭证号数	摘要	借方	贷方	借或贷	余额
月	日						
9	1		月初余额			借	82 000
	30	科汇字×号	汇总过入	46 200	52 920	借	75 280
9	30		本月发生额及余额	46 200	52 920	借	75 280

二、科目汇总表账务处理程序的基本程序

科目汇总表账务处理程序的基本程序是：

（1）根据原始凭证或汇总原始凭证编制记账凭证；

（2）根据收款凭证和付款凭证，逐笔登记库存现金日记账和银行存款日记账；

（3）根据原始凭证、汇总原始凭证或记账凭证登记各种明细分类账；

（4）根据收款凭证、付款凭证和转账凭证，定期编制科目汇总表；

（5）根据科目汇总表登记总分类账；

（6）月终，将库存现金日记账、银行存款日记账和各种明细分类账的记录与总分类账的记录核对相符；

（7）月终，根据总分类账和明细分类账的记录编制会计报表。

科目汇总表账务处理程序的基本程序如图6-2所示。

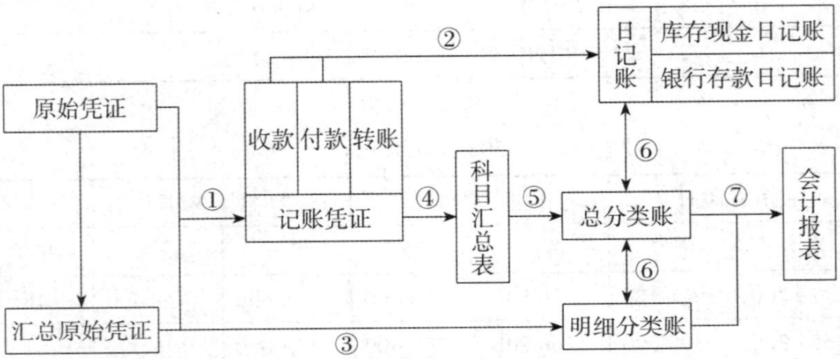

图6-2　科目汇总表账务处理程序的基本程序

三、科目汇总表账务处理程序的优缺点及适用范围

科目汇总表账务处理程序的优点是：定期编制科目汇总表可以起到试算平衡和纠正错误的作用，同时大大减少总分类账的登记工作。缺点是：在科目汇总表和总账中不能反映科目之间的对应关系，不便于对经济业务的来龙去脉进行分析，也不便于进行会计检查。因此，科目汇总表账务处理程序适用于业务量较大的企业和单位。

▸▸▸▸▸▸ 第四节　汇总记账凭证账务处理程序

一、汇总记账凭证账务处理程序的特点

汇总记账凭证账务处理程序是从记账凭证账务处理程序发展而来的。这种账务处理程序的基本特点是先根据记账凭证编制汇总记账凭证，然后根据汇总记账凭证登记总分类账。

采用汇总记账凭证账务处理程序，除需要设置记账凭证（收款、付款、转账凭证）之外，还应设置汇总记账凭证（包括汇总收款凭证、汇总付款凭证和汇总转账凭证），作为

登记总账的直接依据。由于各种汇总记账凭证中都要求反映账户之间的对应关系，因此总分类账账页需要增设“对应科目”栏。

汇总记账凭证的基本格式要求如下：在编制转账凭证和付款凭证时，只能编制一借一贷或一贷多借的凭证，而不能编制一借多贷的凭证；编制收款凭证时，则只能编制一借一贷或一借多贷的凭证，而不能编制一贷多借的凭证。汇总记账凭证一般每隔5天或10天汇总填列一次，每月填制一张。月终，根据库存现金、银行存款汇总收款凭证各自的合计数，分别记入总分类账库存现金账户和银行存款账户的借方以及各对应账户的贷方。根据库存现金、银行存款汇总付款凭证各自的合计数，分别记入总分类账库存现金账户和银行存款账户的贷方以及各对应账户的借方。根据汇总转账凭证各科目的汇总合计数登记总分类账各账户。

汇总收款凭证是按“库存现金”和“银行存款”科目的借方分别设置的一种汇总记账凭证，用来汇总一定时期内库存现金和银行存款的收款业务，它按相应的贷方科目归类汇总编制，格式见表6-4。汇总付款凭证是按“库存现金”和“银行存款”科目的贷方分别设置的一种汇总记账凭证，用来汇总一定时期内库存现金和银行存款的付款业务，它按相应的借方科目归类汇总编制，格式见表6-5。汇总转账凭证是按照除“库存现金”“银行存款”以外的每一贷方科目分别设置，而按相应的借方科目归类汇总的一种汇总记账凭证，用来汇总一定时期内的全部转账业务，格式见表6-6。

汇总记账凭证样例

表6-4

汇总收款凭证

借方科目：银行存款　　2023年9月30日　　汇收第×号　单位：元

贷方科目	1—10日	11—20日	21—30日	合计	总账账页	
	收款凭证第1～2号	收款凭证第3～5号	收款凭证第6～7号		借方	贷方
应收账款	36 000	32 000	16 000	84 000	（略）	（略）
长期借款	50 000			50 000		
主营业务收入		80 000	60 000	140 000		
其他应收款		880		880		
合计	86 000	112 880	76 000	274 880		

表6-5

汇总付款凭证

贷方科目：银行存款　　2023年9月30日　　汇付第×号　单位：元

借方科目	1—10日	11—20日	21—30日	合计	总账账页	
	付款凭证第1～3号	付款凭证第4～6号	付款凭证第7～10号		借方	贷方
应付账款	82 000	86 000	85 000	253 000	（略）	（略）
其他应付款	3 600		3 200	6 800		
管理费用	880	660	440	1 980		
制造费用	2 600	1 800	1 680	6 080		
合计	89 080	88 460	90 320	267 860		

表6-6 汇总转账凭证 汇转第×号

贷方科目：原材料 2023年9月30日 单位：元

借方科目	1—10日	11—20日	21—30日	合计	总账账页	
	转账凭证 第1~3号	转账凭证 第4~6号	转账凭证 第7~10号		借方	贷方
生产成本	48 000	32 000	23 000	103 000	（略）	（略）
制造费用	1 840	3 600	2 600	8 040		
管理费用	580	260	260	1 100		
合计	50 420	35 860	25 860	112 140		

现以表6-4汇总收款凭证和表6-5汇总付款凭证为依据登记银行存款总分类账，简要说明汇总记账凭证账务处理程序的应用方法，见表6-7。

表6-7 总分类账

会计科目：银行存款 单位：元

2023年		凭证号数	摘要	对应账户	借方	贷方	借或贷	余额
月	日							
9	1		期初余额				借	200 000
	30	汇收第×号		应收账款	84 000		借	284 000
		汇收第×号		长期借款	50 000		借	334 000
		汇收第×号		主营业务收入	140 000		借	474 000
		汇收第×号		其他应收款	880		借	474 880
		汇付第×号		应付账款		253 000	借	221 880
		汇付第×号		其他应付款		6 800	借	215 080
		汇付第×号		管理费用		1 980	借	213 100
		汇付第×号		制造费用		6 080	借	207 020
9	30		本月发生额及余额		274 880	267 860	借	207 020

二、汇总记账凭证账务处理程序的基本程序

汇总记账凭证账务处理程序的基本程序是：

（1）根据原始凭证或汇总原始凭证编制记账凭证；

（2）根据收款凭证和付款凭证逐笔登记库存现金日记账和银行存款日记账；

（3）根据原始凭证、汇总原始凭证或记账凭证登记各种明细分类账；

（4）根据收款凭证、付款凭证和转账凭证定期编制汇总收款凭证、汇总付款凭证和汇总转账凭证；

（5）月终，根据汇总收款凭证、汇总付款凭证和汇总转账凭证登记总分类账；

（6）月终，将库存现金日记账、银行存款日记账和各种明细分类账记录与总分类账的记录核对相符；

（7）月终，根据总分类账和明细分类账的记录编制会计报表。

汇总记账凭证账务处理程序的基本程序如图6-3所示。

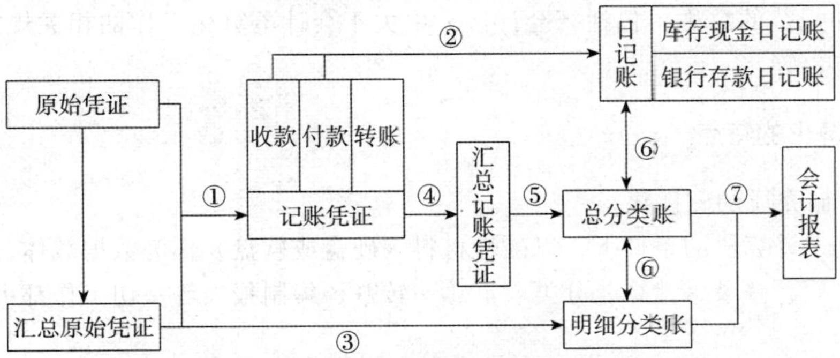

图6-3　汇总记账凭证账务处理程序的基本程序

三、汇总记账凭证账务处理程序的优缺点及适用范围

汇总记账凭证账务处理程序的主要优点是减少总分类账的登记工作。由于汇总记账凭证是按照科目对应关系进行归类、汇总编制而成的，能清晰地反映各科目之间的对应关系，有利于会计分析和会计检查工作。汇总记账凭证账务处理程序一般适用于规模较大、业务量较多的单位。

▸▸▸▸▸▸ 第五节　会计电算化

以电子计算机为主的现代信息技术充分应用于会计实务后，对传统会计实务产生了深刻影响，会计信息的处理工具由算盘发展到键盘，会计信息的载体从纸张发展到磁盘文件，会计信息的处理与传输呈现出高度自动化、电子化、无纸化和实时化的特点。

一、会计电算化概述

（一）会计电算化的定义

会计信息处理电算化，简称会计电算化，是以电子计算机为主体的信息技术在会计实务工作中的应用。具体来说，就是利用电子计算机代替手工和机械操作条件下的记账、算账和报账，以及部分代替人工完成对会计信息的分析、利用会计信息进行预测和决策的过程。其主要目的是实现会计核算手段的现代化，提高会计工作效率和质量，为提高企业财会管理水平和经济效益服务。

会计电算化系统是一个组织处理会计业务与数据的人机结合系统，由计算机硬件资源、软件资源、从业人员、规章制度四部分组成。硬件资源是会计电算化的基础，主要包括输入设备、存储设备、输出设备和处理器；软件资源包括系统软件和应用软件，以会计软件为核心；从业人员指参与会计电算化工作的所有人员，包括会计电算化软件的研究开发人员、系统维护人员、操作人员、管理人员和会计专业人员；规章制度指与会计电算化有关的法律和规范的总称，包括《会计法》中关于会计电算化工作的相关规定、《会计信息化工作规范》等。

（二）会计电算化的特点

1.数据存储介质的磁性化

在采用电子计算机的条件下，以磁性材料（硬盘或软盘）作为数据载体，当会计数据输入计算机之后，登录、计算、分类、汇总、转账、编制报表等一切工作都由计算机自动完成。

2.数据的标准化与规范化

会计电算化系统要求原始会计数据标准化、规范化。输入计算机的“数据”（包括汉字数据）尽量代码化，如会计科目、原材料、固定资产、产成品等数据，必须形成标准化的代码，以便计算机快速、高效地加工处理。

3.会计数据处理的自动化与集中化

当会计数据被输入计算机后，会计数据就由计算机自动加工处理，很少人为干预。会计数据的处理集中在计算机内进行，使一次输入的会计数据在会计电算化系统内全面共享。

4.数据处理流程的简约化

在手工操作的条件下，通常要经过审核原始凭证、编制记账凭证、登记账簿、进行成本计算、定期结账、编制会计报表等步骤来完成全部数据处理过程。应用计算机处理上述会计业务时，处理顺序基本与手工处理相同，但计算机的自动处理功能使手工操作时的内部牵制和相互核对失去意义。

5.组织和人员协调及内部控制的网络化

对参与会计电算化工作的所有人员的要求是，既要懂会计知识，又要懂计算机知识。组织机构由原来相互稽核牵制的专业组改变为由会计数据处理部门、会计数据管理部门以及系统维护部门构成，从而形成了一个新的内部控制牵制网。

（三）手工会计与电算化会计的比较

1.相同点

（1）基本原理相同。在会计工作中，广泛运用计算机来处理经济业务，是会计技术上的革命，但并没有改变会计的基本原理。会计电算化仍然要遵循复式记账的基本原理，对发生的经济业务都要运用复式记账原理，登记账户，编制报表。

（2）目标一致。手工会计和电算化会计的目标都是加强经济管理，提供会计信息，进行经济预测，参与经营决策，提高经济效益。为达到上述目标，无论是手工会计还是电算化会计，都必须经过数据的收集、加工、处理和传输，从价值方面入手来控制经济活动，努力实现以尽量少的投入取得尽量多的产出。

2.不同点

（1）计算工具不同。手工会计的主要工具是算盘、计算器，而电算化会计使用电子计算机及一些辅助设备，计算省时省力。

（2）数据处理形式不同。手工会计中，数据的处理要经过分类、计算、过账和登账、编制报表，同时还要针对企业的生产规模、经营方式和管理方式的不同选择相应的账簿组织形式、记账程序和记账方法，并通过多人员、多环节进行内部牵制和相互核对，以简化核算手续、减少舞弊和差错。会计电算化中，记账仅是简单的数据处理过程，各类账簿的登记乃至报表的生成都是由计算机自动进行的，数据处理的速度快、效率高，可以采用统一的核算形式，而且由于计算机处理数据出现差错的概率小，只要原始数据输入正确，就不会出现记账差错，因而对账的工作量大大减少，只需要在发现原始数据错误的情况下输入“更正凭证”予以纠正。

（3）会计信息的存储方式不同。手工会计中，所有会计资料均为纸质，包括原始凭证、记账凭证、日记账、明细账、总账以及会计报表等会计档案。每个会计期间的会计档案都要按一定的要求存放保管，耗费了大量的时间和空间，查找十分不便，又易于毁坏。会计电算化中，会计资料有电子文件形式和打印文件形式两种。符合条件的会计凭证、账簿、报表等会计资料可仅以电子形式保存，占用空间小、检索能力强，可以快速传递会计信息。

（4）内部控制方式不同。手工会计中，人与人的联系是主要内容，内部控制的设计针对的主要是人与人的联系。而在电算化前提下，因为会计软件往往具有取消审计、反记账、反结账的功能，可以对会计记录进行不留痕迹的修改和删除，所以，为了确保会计信息存储与处理的完整准确，使系统的可靠性、安全性得到进一步提高，必须充分考虑会计电算化系统的特点，建立一整套更为严格的内部控制方式。

二、会计电算化的基本内容

会计电算化的工作内容包括会计核算电算化模块和会计管理电算化模块，其中会计核算电算化模块是基本功能模块。

（一）会计核算电算化模块

会计核算电算化模块一般分为账务处理、应收/应付款核算、工资核算、固定资产核算、存货核算、销售核算、成本核算、报表处理、财务分析等子模块（如图6-4所示）。其中账务处理子模块是会计核算电算化模块的核心，该模块以记账凭证为接口与其他功能模块有机地衔接在一起，构成完整的会计核算系统。

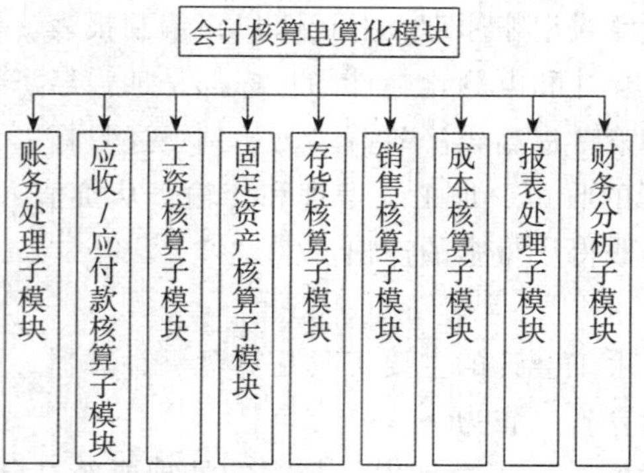

图6-4　会计核算电算化模块

（二）会计管理电算化模块

会计管理电算化模块是在会计核算电算化模块的基础上，利用会计核算提供的数据和其他经济数据，借助计算机会计管理软件提供的功能，帮助会计管理人员合理地筹措资金、运用资金、控制成本费用开支、编制财务计划、辅助管理者进行投资、筹资、生产、销售决策分析等。

三、会计电算化账务处理流程

（一）编制记账凭证

电算化会计核算中编制记账凭证可以采用三种方式进行：第一，手工编制记账凭证后录入计算机；第二，根据原始凭证直接在计算机上编制记账凭证；第三，由账务处理模块以外的其他业务子系统生成会计凭证数据。采用后两种方式时，会计人员应当在记账前打印出会计凭证并由经办人签章。

（二）凭证审核

会计人员应当对已输入计算机的记账凭证进行正确性、合法性、有效性审核。

（三）记账

记账是一个功能按键，由计算机根据已审核的凭证，准确、高速完成相关账簿登记。总账、明细账和日记账是同时自动登记的。各种账簿的数据都起源于记账凭证数据，计算机只是将记账凭证上的数据“搬家”，不产生新的会计核算数据。

（四）结账和编制会计报表

手工会计核算流程中，结账和编制会计报表是两个工作环节，工作量大且庞杂；而电算化会计核算中，通过一次性预先定义账户结转关系和账户报表数据对应关系，结账和编制报表是作为一个步骤由计算机在较短的时间内自动完成的。

会计电算化

四、会计电算化的应用情况

随着计算机在各个领域的广泛应用，其在会计方面的应用也逐步显示出优越性，得到了众多会计工作者的青睐，并广泛应用于会计工作的各个环节。总的来说，会计电算化现在基本普及，但由于各地区、各企业的实际情况有较大的差异，会计电算化应用程度仍存在差异。通常是经济越发达的地区、效益越好的企业，会计电算化程度越高，对会计工作的帮助也越大。

会计信息化工作规范

会计电算化账务处理程序如图6-5所示。

会计信息化发展规划（2021—2025年）

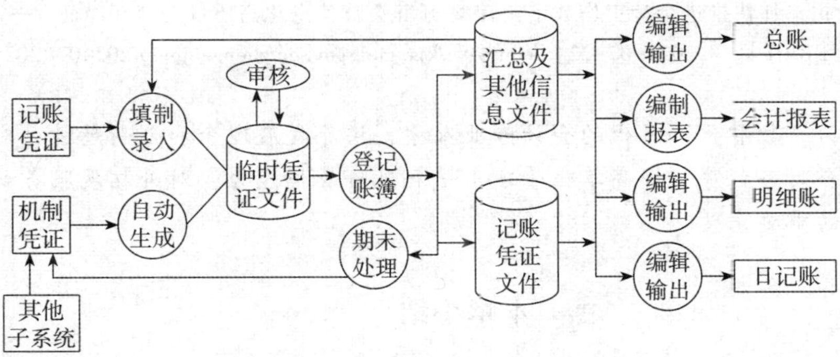

图6-5 会计电算化账务处理程序

【学思践悟6-1】

程序即秩序，遵守财务规则

程序即秩序，账务处理程序就是会计工作中的秩序。在会计工作中，合理的凭证、账簿与报表之间的联系方式，能够保证会计信息加工过程的严密性，确保会计记录的完整性和正确性，通过凭证、账簿及报表之间的牵制作用，增强会计信息的可靠性、及时性，也有助于合理安排会计人员的分工，实现会计控制和监督目标。作为会计人员，应该根据所在单位业务特点，科学、合理地选择和设计账务处理程序，严格要求自己按照该程序组织开展各项会计工作，并有义务向非会计人员解释制定会计工作流程的重要意义，提高人们自觉遵守财务规则的意识，共同提高会计工作的效率和管理水平。

讨论问题：培养秩序意识、规则意识对于财务工作的重要性。

【学思践悟6-2】

具备与时俱进的发展理念和创新精神

党的二十大报告指出，高质量发展是全面建设社会主义现代化国家的首要任务。完整、准确、全面贯彻新发展理念，着力推动高质量发展，是习近平经济思想的重要内容，是推进中国式现代化的内在要求。会计工作是宏观经济管理和市场资源配置的基础性工作，加快会计工作数字化转型，方能有效支撑数字经济的高质量发展。十四届全国人大常委会第十次会议表决通过《关于修改〈中华人民共和国会计法〉的决定》，首次将会计信息化写入会计法，在第八条提出“国家加强会计信息化建设，鼓励依法采用现代信息技术开展会计工作”，这是顺应数字经济发展的必然要求，既有利于加快推进会计工作数字化转型，支撑会计职能拓展，也为推进会计信息化高质量发展提供了坚实的法律基础。

当前，随着电子计算机、互联网技术的不断创新，企业资源计划（ERP）系统在各个行业中被广泛应用，推动了单位会计信息系统与业务有机融合，实现了资源共享、互联互通。大数据、人工智能、移动互联网、云计算、物联网、区块链等现代信息技术与各领域、各行业交叉融合，智能会计、财务共享等理念以及财务机器人等自动化工具已被广泛应用于会计工作中，充分运用现代信息技术，推行会计数据标准体系，建立健全会计信息化制度体系，有效解决各类电子凭证标准不统一、接收解析入账难等社会关注度高、影响面广的重点难点问题，真正实现“让数据多跑路，让群众少跑腿”，降低社会治理成本和社会资源消耗，有助于推动经济社会实现高质量发展。

（资料来源：会计司．加快推进会计工作数字化转型 开辟会计信息化高质量发展新局面——新会计法系列解读之二［EB/OL］．［2024-07-22］．http：//kjs. mof. gov. cn/zhengcejiedu/202407/t20240719_3939860.htm）

讨论问题：作为“数智化”时代的会计专业人才，培养发展理念和创新精神，对内建立健全企业业财融合财务程序，提高单位管理水平和风险管控能力，对外拓展服务社会治理和经济社会发展的重要意义。

本章小结

账务处理程序也称会计核算组织程序或会计核算形式，是指会计凭证、会计账簿、会计报表相结合的方式，包括会计凭证和账簿的种类、格式，会计凭证与账簿之间的联系，从审核原始凭证到编制记账凭证、登记明细分类账和总分类账、编制会计报表的工作程序和方法等。

账务处理程序可以分为记账凭证账务处理程序、科目汇总表账务处理程序和汇总记账凭证账务处理程序。这三种账务处理程序的主要区别在于登记总账的依据不同。企业应采用哪种账务处理程序，主要取决于企业的规模、性质和业务繁简程度。一般情况下，规模大、收发业务频繁的企业，应选择科目汇总表和汇总记账凭证账务处理程序，其目的是简化登记总账的工作，提高会计工作效率；规模小、业务量少的企业则应选择记账凭证账务处理程序。

会计电算化是将以计算机为主的信息技术应用到会计实务中的简称，是用计算机代替人工记账、算账和报账，以及部分代替人脑完成对会计信息的分析、预测、决策的过程，其目的是提高企业财会管理水平和经济效益，从而实现会计工作的现代化。它实现了数据处理的自动化，使传统的手工会计演变为电算化会计。

复习思考题

1. 简述账务处理程序的含义和设计要求。
2. 简述记账凭证账务处理程序的基本程序、特点和适用范围。
3. 简述科目汇总表的编制方法。
4. 简述科目汇总表账务处理程序的基本程序、特点和适用范围。

5. 简述汇总记账凭证的编制方法。

6. 简述汇总记账凭证账务处理程序的基本程序、特点和适用范围。

7. 请你谈谈账务处理程序应用的意义和作用。

8. 简述会计电算化系统的结构和工作过程。

个案分析

案例一

近年来为了支持大学生创新创业，国家出台了很多政策予以支持，营造了良好的创业环境。刘明，大学专业是食品科学，毕业后他决定投身该领域的创新创业实践。通过前期市场调查发现，人们开始更深刻地认识到饮食对身体健康的重要性，健康饮食观念日渐增强，他决定成立一家营养餐工作室。他于2023年7月以每月50 000元租用一间店面，主要经营各种营养餐零售。2023年8月1日，刘明以公司名义在银行开立账户，存入800 000元作为资本，用于公司经营。由于缺乏会计知识及经验，他仅仅将所有的发票等单据都收集保存起来，没有为店铺开设账簿，也没有作任何账面记录。到8月底，刘明发现公司的银行存款没有增加反而减少，8月31日银行存款余额为221 368元，库存现金为1 537元。另外，客户所欠的货款10 800元尚未收回，同时公司也有32 000元货款尚未支付。除此以外，刘明对公司的其他资产进行了实地盘点，盘点结果为库存食材价值79 800元。刘明觉得无法判断公司目前的经营业绩和财务状况，现前来向你请教。

通过对刘明保存的所有单据以及一些简单流水记录进行检查分析，汇总8月情况显示：

（1）设立公司时银行存款800 000元；

（2）公司初建时内部装修及必要的设施花费120 000元，均已支付；

（3）本月购入食材两批，每批价值80 000元，其中第一批以现金购入，第二批支付了货款的60%，余款于2个月后付清；

（4）本月零售营养餐收入共计325 900元，其中赊销10 800元，其余收入均存入开户银行；

（5）用转账支票支付店面租金50 000元；

（6）本月从银行账户提取现金4次，共计40 000元，其中36 000元用于支付员工工资，4 000元用作日常零星开支；

（7）本月水电费2 622元，通过银行转账支付；

（8）其他各种杂费778元，用现金支付。

要求：

（1）根据你所掌握的会计知识，分析该公司的经济业务特点，帮助刘明设计一套合理的账务处理程序，并帮他记账。

（2）帮助刘明评价公司8月份的经营业绩和财务状况。

案例二

某企业为增值税一般纳税人，增值税税率为13%。2023年9月上旬发生了以下经济业务：

（1）1日，采购甲材料50箱，价款8 000元，货款未付。

（2）2日，采购乙材料300件，价款15 200元，开出转账支票支付货款。

（3）3日，采购丙材料150件，价款30 000元，企业开出一张银行承兑汇票。

（4）4日，采购的上述甲材料验收入库。

（5）5日，采购的上述乙材料验收入库。

（6）6日，用银行存款支付前欠货款9 000元。

（7）7日，从银行提取现金5 000元备用。

（8）7日，销售库存商品A，价款80 000元，款项通过银行收讫。

（9）8日，厂部办公室购办公用品一批，用银行存款支付1 300元。

（10）8日，销售库存商品B，价款45 000元，收到对方开具的转账支票。

（11）9日，销售库存商品C，价款96 000元，收到商业承兑汇票一张。

（12）9日，用现金支付管理部门人员交通费320元。

（13）10日，生产部门领用甲材料，价值8 400元。

（14）10日，管理部门领用乙材料，价值5 100元。

（15）10日，用现金支付厂部办公室的电话费2 000元。

要求：

（1）根据以上经济业务编制会计分录。

（2）根据会计分录，编制“银行存款”科目的汇总付款凭证和“原材料”科目的汇总转账凭证。

（3）根据会计分录，编制1—10日科目汇总表。

（4）比较汇总记账凭证和科目汇总表，并分析各自在会计账务处理程序中所起的作用。

第七章

财产清查

【学习目标】

素养目标：通过对财产清查工作意义的学习，对会计核算和监督基本职能有更深刻的认识，从而树立正确的职业观念，提高社会使命感和责任感；通过对财产清查相关法规和制度的学习，强化对诚信和法律规范的遵守，在实际工作中培养严谨细致的工作态度；通过对不同情境下财产清查方法的学习，学生尝试运用所学知识，结合实际情况，创新性地解决问题，培养探索精神。

知识目标：了解财产清查的概念、意义与种类，财产清查的一般程序；熟悉货币资金、实物资产和往来款项的清查方法；掌握银行存款余额调节表的编制，存货的盘存制度以及财产清查结果的账务处理。

能力目标：分析财产清查中发现的问题，识别导致账实不符的原因，以及如何通过清查结果改进内部控制和管理；评估现有财产管理制度的有效性，识别潜在的风险点，并提出解决方案；随着会计准则和清查技术的不断更新，学生应培养持续学习和自我提升的能力，以适应行业的变化。

【学习导入】

京东在财产清查方面应用了多项新技术，以提升效率和效益。以下是一些关键技术的应用实例：

1. 大数据分析：京东利用大数据分析技术对商品销售、库存等数据进行深入分析，以优化库存管理和需求预测。

2. 云计算：京东云提供强大的云计算支持，确保数据处理和存储的高效性，支持京东在盘点和日常运营中的技术需求。

3. 智能供应链：京东智能供应链团队提出了端到端库存管理技术和可解释 AI 技术，这些技术显著提升了补货决策的精准度，实现了更快的库存周转和更高效的供应链决策、协同。这些技术的应用使得京东在自营商品 SKU 数量超过 1 000 万个的基础上，实现采购自动化率超过 85%，平均现货率超过 95%，库存周转天数降至近 30 天 。

4. RFID 技术：京东物流在大件商品的仓储中全面应用了 RFID（无线射频识别）技术，这使得盘点效率提升了 10 倍以上，复核效率提升 5 倍，出库效率增长 150%。RFID 技术通过电子标签替代传统的商品条码，实现了批量盘点和复核，大大减轻了工作人员的负担并提升了效率。

5. 5G 技术：京东物流推动 5G 智能化布局，打造了 LoMir 智能平台，实现了 5G 技术在智能物流园区的应用，提升了仓储和物流的自动化管理水平 。

6. 自动化和 AI 技术：京东在物流中心应用了自动化设备和 AI 技术，如自动化立体仓库、智能搬运机器人等，这些技术的应用提高了仓储和物流的效率和准确性。

这些技术的应用不仅提高了京东自身资产清查和管理的效率，也为合作伙伴和客户提供了更加透明和高效的服务。

（资料来源：根据Kimi 智能助手搜索结果整理，2024-09-17）

请同学们思考：财产清查作为会计核算的一种专门方法，有哪些需要我们学习的内容呢？

▸▸▸▸▸▸▸ 第一节　财产清查概述

一、财产清查的意义

财产清查是对会计主体的货币资金、各项财产物资进行实物盘点、账面核对以及对各项往来款项进行查询、核对，以保证账账相符、账实相符。财产清查不但是会计核算的一种专门方法，也是财产管理的一项重要制度。通过财产清查，可以查明货币资金、各项财产物资、债权债务、所有者权益等情况，加强物资管理，监督财产是否完整，并为正确核算损益提供正确的资料。

保证核算资料的正确与真实，是会计核算应遵循的基本原则，也是经济管理对会计核算的基本要求。一个单位日常发生的各项经济业务，都要通过填制和审核会计凭证、登记账簿、试算平衡和对账等一系列严密的会计处理方法来保证账簿记录正确地反映各项财产的增减变动情况。因此，从理论上来说，会计账簿上所记载的财产增减和结存情况，应该与实际的财产收发和结存相符。但在实际工作中，有很多原因会使各项财产的账面数额与实际结存数额不相符，进而影响到会计核算资料的正确与真实。主要原因有：财产物资在运输或保管中发生自然损耗；财产物资在收发或检验过程中因计量或检验不准确，使得原始凭证填列的数字与实际情况不符；财产物资在保管过程中由于自然灾害或非常事件造成损失；由于企业管理不善，或者有关工作人员玩忽职守造成财产物资破损、变质或短缺以及货币资金往来款项差错；由于不法分子贪污、盗窃和营私舞弊等造成财产物资损失；在结算过程中，由于未达账项和拒付等原因造成企业与银行账簿记录不相符。为了保证会计账簿记录的真实和准确，进一步建立健全财产物资的管理制度，确保企业财产的完整无损，就必须运用财产清查对各项财产进行定期或不定期的盘点与核对。

加强财产清查工作，对于加强企业管理、充分发挥会计的监督作用具有重要意义。

（一）保证财产物资的安全与完整

通过财产清查，可以查明各项财产物资是否完好，以便及时进行调查与处理，并采取措施加强管理，保证各项财产物资的安全与完整。

（二）保证会计核算资料的真实可靠

通过财产清查，可以及时确定各项财产物资实存数与账面数的差异以及发生差异的原因与责任，以便及时调整账面记录，做到账实相符，保证会计核算资料的真实性、可靠性。

（三）保证财经纪律和各项制度的贯彻执行

通过财产清查，一方面可以查明各项往来款项的结算情况，发现不合理的债权债务，了解挪用公款、贪污盗窃等舞弊行为，促使企业自觉遵守财经纪律和各项规章制度；另一方面可以及时发现管理中的漏洞，建立健全各项规章制度，提高企业的管理水平。

资本市场财务舞弊易发高发领域的审计应对——货币资金

（四）挖掘财产物资潜力，加速资金周转

通过财产清查，可以查明各项财产物资的储备利用情况，以便根据不同情况，采取不同措施，及时补充储备不足，处理积压和呆滞，既保证生产经营的需要，又提高资金的使用效率，加速资金周转。

【学思践悟 7-1】

有效识别并应对货币资金相关舞弊风险的重要意义

根据《中国注册会计师审计准则第1141号——财务报表审计中与舞弊相关的责任》的要求，财务报表的错报可能由于舞弊或者错误所致，注册会计师有责任在整个审计过程中保持职业怀疑，考虑管理层凌驾于控制之上的可能性，关注舞弊导致的错报风险。

货币资金通常是资产负债表的重要项目，是企业流动性最强、易于被侵占的资产。同时货币资金作为业务活动中的重要组成部分，贯穿于业务开展的整个过程中。因此，货币资金通常是财务报表审计中的重要领域。随着"两康事件"的发生及其他类似案件的出现，货币资金舞弊对资本市场的危害逐渐凸显并受到社会各界重视，对会计师事务所的压力与日俱增。注册会计师亟须针对货币资金舞弊开拓审计思路、创新审计方法和丰富审计资源，将审计风险降至可接受的低水平，为发表恰当的审计意见提供有力支持。

问题：企业的货币资金舞弊行为可能造成什么危害？注册会计师应怎样通过执行资产清查等程序发现可能存在的舞弊行为？

二、财产清查的程序

财产清查是一项复杂、细致的工作，不仅工作量大，而且实际应用范围很广。为了使财产清查工作能够有组织、有领导、有秩序地进行，企业必须做好财产清查的准备工作，并选用适当的程序与方法。

（一）成立财产清查领导小组

财产清查时必须成立专门领导小组，即在主管厂长和总会计师的领导下，成立由财会、设备、技术、生产及行政等有关部门组成的财产清查领导小组。该领导小组的主要任务是：

1. 制订清查工作计划，明确清查范围，安排财产清查工作的详细步骤，配备有能力的财产清查人员。

2. 检查和督促清查工作，及时解决清查工作中出现的问题。

3. 在清查工作结束后，总结清查工作的经验和教训，写出清查工作的总结报告，并提出财产清查结果的处理意见。

（二）做好清查前的准备工作

1. 会计部门要在财产清查之前，将截至清查日的所有经济业务登记入账并结出余额，

通过对账做到账账相符、账证相符，为财产清查提供可靠的依据。

2. 财产物资保管部门要在财产清查前将截至清查日的各项财产物资的相关业务办好凭证手续，全部登记入账，结出各科目余额，并与会计部门的有关财产物资核对相符，同时将各种财产物资分类排列整齐，挂上标签，标明品种、规格及结存数量，凡残损、变质的物品应另行堆放，以便进行实物盘点。

3. 财产清查人员在清查业务上也要进行必要的准备，如准备好计量器具，准备好各种必要的表格，如盘点表、实存账存对比表等。

4. 取得银行存款、银行借款和结算款项的对账单以及债权债务的函证材料。

（三）进行财产清查

财产清查小组成员根据清查组的计划和要求，采用相应的清查方法，严格按照清查程序，实施清查。

【学思践悟 7-2】

2023 年事业单位资产清查工作开展情况

2023 年事业单位资产清查是一项全面且系统的工作，旨在摸清事业单位的“家底”，规范和加强国有资产管理，确保资产的安全与完整。以下是详细的分析：

2023 年，各地财政部门和事业单位纷纷开展资产清查工作，以真实反映国有资产占有使用状况，维护资产安全完整。例如，芜湖市制订了《2023 年度芜湖市行政事业单位资产清查核实工作方案》，要求全面清查核实全市行政事业单位财务情况及资产情况，完善预算一体化平台资产管理信息系统数据。

资产清查工作内容主要包括单位基本情况清理、账务清理、财产清查和完善制度等。具体来说，需要对行政事业单位的各种银行账户、各类库存现金、有价证券、各项资金往来和会计核算科目等基本账务情况进行全面核对和清理；同时，对各项资产进行全面的清理、核对和查实，并提出相关处理建议。

各地在不同时间段内完成了各自的资产清查工作。清查过程中发现了一些问题并采取了相应的整改措施。例如，某市直单位在上半年的清查中发现了盘盈资产 400.63 万元，但也有资产损失达 2 931 万元。这些数据表明，通过资产清查可以有效地发现和解决存在的问题，提高资产管理水平。

清查结束后，各单位须提交详细的资产清查报告，包括工作报告和清查报表等内容。这些报告不仅反映了单位的基本情况和结果，还提出了针对发现的问题的整改措施和实施计划。

资产清查工作是基于一系列法律法规和管理办法的要求开展的。例如，《行政事业单位资产清查核实管理办法》明确了资产清查的具体内容和要求；此外，《中华人民共和国预算法》《中华人民共和国会计法》等也为资产清查提供了法律支持。

综上所述，2023 年事业单位资产清查是一项复杂而重要的工作，涉及多个环节和步骤。通过这项工作，不仅可以摸清事业单位的资产家底，还能进一步规范和加强国有资产管理，保障资产的安全与完整。

讨论问题：事业单位的资产清查工作应如何开展？有哪些重要意义？

三、财产清查的种类

财产清查可以按照不同的标准进行分类，如按照清查对象范围、清查时间以及清查的执行单位等进行分类。

财政部关于印发《行政事业单位资产清查核实管理办法》的通知

（一）按照清查对象范围分类

财产清查按照清查对象范围的不同，可分为全面清查和局部清查。

1.全面清查

全面清查是指对所有财产物资进行盘点和核对。就制造业企业的清查对象来说，一般包括：库存现金、银行存款等各项货币资金；原材料、在产品、半成品、产成品、在途物资、包装物、低值易耗品等存货；房屋、建筑物、机器设备等固定资产；应收、应付、预收、预付等往来结算款项；股票、债券等对外投资。

2023年度芜湖市行政事业单位资产清查核实工作方案_芜湖市政务公开平台

由于全面清查的范围广、内容多、时间长、工作量大，需要投入的人力也多，有时还会影响企业生产经营的正常进行，所以一般只在以下几种情况下进行：

（1）年终决算之前，为确保年度会计报表的真实性和可靠性，需要进行一次全面清查；

（2）企业撤销、合并或改变其隶属关系时，需要进行全面清查，以明确经济责任；

（3）企业发生并购、重组等涉及产权变动的情况，需要进行全面清查；

（4）开展清产核资，需要进行全面清查，以摸清家底，准确核定资金；

（5）单位主要负责人调离工作，需要进行全面清查，以分清责任。

2.局部清查

局部清查是指根据需要，对企业的部分财产物资进行清点与核对，也称重点清查。比如，对库存现金应每日盘点一次；对银行存款至少每月同银行核对一次；对各种材料、在产品和产成品除年度清查外，应有计划地每月重点抽查，尤其对贵重的财产物资，应至少每月清查一次；对债权债务，应在会计年度内至少核对一至二次。

（二）按照清查时间分类

财产清查按照清查时间的不同，可分为定期清查和不定期清查。

1.定期清查

定期清查是指根据预先计划安排或规定的时间对财产物资进行的清查。这种清查一般在财产管理制度中予以规定，通常在年末、季末或月末结账前进行。其清查的对象和范围，可根据实际需要确定，可以是全面清查也可以是局部清查。在一般情况下，年末进行全面清查，季末、月末进行局部清查。

2.不定期清查

不定期清查也称临时清查，是根据需要临时进行的财产清查。同样，其清查的对象和范围，可根据实际需要确定，可以是全面清查也可以是局部清查。不定期清查通常在以下几种情况下进行：

（1）更换财产物资保管员和现金出纳员时，要对其保管的财产物资进行清查，以分清经济责任；

（2）发生自然灾害或意外损失时，要对受损财产物资进行清查，以查明损失情况；

（3）有关单位（如上级主管、财政、审计、银行等部门）对本企业进行审计查账时，应按检查的要求和范围对财产物资进行清查，以验证会计资料的可靠性；

（4）企业关、停、并、转、清产核资、破产清算时，要对本企业的各项财产物资、货币资金、债权债务进行清查，以摸清家底。

（三）按照清查的执行单位分类

财产清查按照清查的执行单位不同，可分为内部清查和外部清查。

1.内部清查

内部清查也称自查，是指由本企业的有关人员所进行的财产清查。

2.外部清查

外部清查是指由企业外部的有关部门或人员根据国家法律或制度的规定对企业所进行的财产清查。

▸▸▸▸▸▸ 第二节　财产清查的方法

财产清查是一项业务量较大、涉及面较宽的会计工作，为了保证财产清查的质量，在财产清查时，应针对不同的清查内容采用不同的清查方法。

一、货币资金的清查

货币资金的清查包括库存现金、银行存款和其他货币资金的清查。

（一）库存现金的清查

清查库存现金时，首先采用实地盘点法确定库存现金的实有数，然后与库存现金日记账的余额进行核对，以查明账实是否相符。

库存现金的清查包括出纳人员每日进行的清查和专门清查人员进行的清查。

1.出纳人员每日进行的清查

在日常工作中，现金出纳员每日清点库存现金实有数额，并及时与库存现金日记账的余额相核对，一切借条、收据都不能充抵现金。这种清查方法实际上是现金出纳员的分内职责。

2.专门清查人员进行的清查

在由专门清查人员进行的清查工作中，为了明确经济责任，出纳人员必须在场。清查人员要认真审核收付凭证和账簿记录，检查经济业务的合理性和合法性。此外，清查人员还应检查企业是否以“白条”抵充现金，是否有“坐支现金”和库存现金超过限额等问题。

现金盘点结束后，应根据盘点的结果，填制“库存现金盘点报告表”。它是重要的原始凭证，既有实物财产清查“盘存单”的作用，又有“实存账存对比表”的作用。“库存现金盘点报告表”填制完毕，应由盘点人和出纳人员共同签章方能生效。“库存现金盘点报告表”的格式见表7-1。

表7-1 **库存现金盘点报告表**

单位名称： 年 月 日 单位：元

实存金额	账存金额	实存与账存对比		备注
		盘盈	盘亏	

盘点人： 出纳：

（二）银行存款的清查

银行存款的清查采用账单核对法，即银行存款日记账与开户银行的“对账单”相核对的方法。核对前，首先把截至清查日的所有银行存款的收付业务登记入账，对发生的错账、漏账应及时查清更正，然后与银行对账单逐笔核对，以检查银行存款的账实是否相符。应当注意，即使在双方记账均无错误的情况下，也可能出现银行对账单上的余额与本单位银行存款日记账上的余额不一致的情况，这是由于未达账项的存在。

所谓未达账项是指在企业和银行之间，由于凭证的传递时间不同，导致双方记账时间不一致，一方已接到有关结算凭证并已经登记入账，而另一方由于尚未接到有关结算凭证尚未入账的款项。未达账项总的来说有两大类型：一是企业已经入账而银行尚未入账的款项；二是银行已经入账而企业尚未入账的款项。具体来讲有以下四种情况：

（1）企业已收款入账，银行未收款入账的款项；

（2）企业已付款入账，银行未付款入账的款项；

（3）银行已收款入账，企业未收款入账的款项；

（4）银行已付款入账，企业未付款入账的款项。

上述任何一种未达账项的存在，都会使企业银行存款日记账余额与银行转来的对账单的余额不符。在与银行对账时，应首先查明是否有未达账项，如果存在未达账项，为了消除未达账项的影响，可通过编制银行存款余额调节表来进一步确定账单不符的原因。银行存款余额调节表的编制应在企业银行存款日记账余额和银行对账单余额的基础上，分别加减未达账项进行调整。调整之后，企业银行存款日记账的余额应该与银行对账单余额一致。

现举例说明“银行存款余额调节表”的具体编制方法。

例 7-1

红星公司20×2年8月31日银行存款日记账的余额为224 000元，银行对账单的余额为296 000元，经核对发现以下未达账项：

（1）公司将收到的货款8 000元存入银行，公司已记银行存款增加，而银行尚未记增加；

（2）公司开出转账支票72 000元支付设备采购款，公司已记银行存款减少，而银行尚未记减少；

（3）收到某公司汇来的购货款40 000元，银行已记增加，公司尚未记增加；

（4）银行代公司支付水电费32 000元，银行已记减少，公司尚未记减少。

该公司编制的银行存款余额调节表见表7-2。

表7-2 银行存款余额调节表

20×2年8月31日

单位：元

项目	金额	项目	金额
企业银行存款日记账余额	224 000	银行对账单余额	296 000
加：银行已收款记账，企业尚未记账	40 000	加：企业已收款记账，银行尚未记账	8 000
减：银行已付款记账，企业尚未记账	32 000	减：企业已付款记账，银行尚未记账	72 000
调节后的银行存款日记账余额	232 000	调节后的银行对账单余额	232 000

值得注意的是，“银行存款余额调节表”的编制只是银行存款清查的方法，只起到对账作用，不能作为调节账面余额的原始凭证。企业并不能根据该余额调节表更改账簿记录，而应在有关凭证到达后，再据以记账，此时，未达账项会自然消失。对于长期悬置的未达账项，应及时查明原因予以解决。另外，“银行存款余额调节表”调整后的双方余额如果一致，也不能肯定双方记账百分之百正确，因为有些错误不影响银行存款余额调节表的平衡，比如重记、漏记等错误。

上述银行存款的清查方法也适用于其他货币资金的清查。

二、存货的清查

存货清查是采用一定的方法，确定存货的实有数额，并与账面结存数核对，从而确定存货实存数与账面结存数是否相符的一种专门方法。

由于存货种类繁多、收发频繁，在日常收发过程中可能发生计量错误、计算错误、自然损耗，还可能发生损坏变质、贪污、盗窃等情况，造成账实不符，形成存货的盘盈、盘亏。

（一）存货实存数的清查方法

不同种类的存货，由于其实物形态、体积、重量、堆放方式等存在差异，其实存数所采用的清查方法也有所不同。常用的存货实存数的清查方法包括以下几种：

1.实地盘点法

实地盘点法是指对那些能够逐一点清的实物，通过点数、过磅、量尺等方法进行逐一清点，以确定其实有数额的一种方法。这种方法一般适用于包装物、原材料、产成品和库存商品等的清查。

2.技术推算法

技术推算法是指对那些不能逐一点清的存货，通过测量的方法进行推算，以确定其实有数额的一种方法。这种方法一般适用于散装的、大量成堆的化肥、饲料等存货的清查。

3.抽样盘存法

对于数量多、重量均匀的存货，可以采用抽样盘点的方法，确定财产的实有数额。

4.函证核对法

对于委托外单位加工或保管的存货，可以采用向对方单位发函调查并与本单位的账存数相核对的方法。

【学思践悟7-3】

如何确定木材的库存立方数？

要确定木材的库存立方数，首先需要了解如何计算木材的体积。木材的体积通常以立方米（m^3）为单位进行计算。以下是详细的步骤和方法：

1. 理解立方的概念

立方是指一个长、宽、高均为1米的正方体的体积。计算木材的立方，就是计算木材占据的三维空间的大小。

2. 计算木材的体积

木材的体积计算方法取决于木材的形状和规格。以下是几种常见的计算方法：

（1）长方体木材

如果木材是长方体形状，体积计算公式为：体积=长度×宽度×高度。

例如，一块木材的长度为10米，宽度为0.2米，高度为0.5米，则其体积为：

体积=10×0.2×0.5=1（立方米）

（2）圆柱体木材

如果木材是圆柱体形状，体积计算公式为：体积=π×半径^2×高度

例如，一根圆木的半径为0.1米，高度为2米，则其体积为：

体积=π×0.1^2×2≈0.0628（立方米）

（3）不规则形状的木材

对于不规则形状的木材，可以使用近似方法或通过测量其最大长度、宽度和高度来估算体积。

3. 考虑木材的含水率

木材的含水率会影响其实际体积，含水率越高，木材的实际体积越大。因此，在计算立方时，应考虑木材的含水率。

4. 使用Excel进行库存管理

在Excel中创建木材库存表，可以通过数据透视表、条件格式和公式等功能来实现对数据的高效管理和分析。数据透视表可以帮助快速汇总和筛选数据，条件格式可以直观地

查看库存状态，公式则可以自动计算库存数量和价值。

5.使用木材体积计算器

在线木材体积计算器可以帮助快速计算木材的体积，避免手动计算的错误，节省时间和成本。

通过以上方法，可以准确计算木材的库存立方数，并有效地管理木材库存。

木材立方的计算技巧

讨论问题：木材的库存清查用了哪种方法？与之类似的还有哪些行业？要胜任类似特殊企业或单位的财产清查工作，财务人员需要做出什么努力？

（二）存货账面结存数的确定方法

要确定存货账面结存数，必须首先学习存货的两种盘存制度，然后分别掌握不同盘存制度下具体的方法。在实际工作中，存货的盘存制度有实地盘存制和永续盘存制两种。

1.实地盘存制

实地盘存制也称定期盘存制、“以存计销制”或“以存计耗制”，是指在平时只登记存货的增加数，不登记减少数，会计期末，通过实地盘点来确定期末存货的结存数，并据以倒挤计算出本期存货减少数的一种盘存方法。采用这一方法，平时只登记存货的购进或收入（即只登记借方），不登记发出（即不登记贷方），每一会计期末，通过实地盘点确定存货数量，据以计算期末存货成本，然后计算出本期耗用或销售存货的成本，再记入有关存货科目的贷方。其计算公式为：

期末存货实际结存额=期末盘点数量×单价

本期存货减少（发出）额=期初存货账面余额+本期存货增加额-期末存货实际结存额

这种方法的优点是不需要每天记录销售（或耗用）和结存数量，核算工作简单，工作量小。但其主要缺点是：（1）增加了期末工作量；（2）不能随时反映存货收入、发出、结存情况，不便于管理人员掌握有关情况；（3）掩盖了存货管理中存在的自然损失和人为损失。由于“以存计销”或“以存计耗”倒挤成本，非正常销售或耗用的存货损失、差错甚至偷盗等原因引起的短缺，全部被计入耗用或销售存货的成本之中，掩盖了仓库管理中存在的问题，削弱了对存货的控制；（4）采用这种方法只能等到期末盘点时结转已耗用或已销售存货的成本，因此，这种方法适用性较差，只适用于自然损耗较大、数量不稳定的鲜活商品。制造业企业很少采用这种存货盘存制度。

2.永续盘存制

永续盘存制，亦称账面盘存制，是通过设置存货明细账，逐笔或逐日登记收入数、发出数，并能随时计算出结存数的一种存货盘存制度。采用这种方法，存货明细账按品种规格设置，明细账采用数量金额式，除登记收入、发出、结存数量外，还要登记金额。各金额之间的关系如下：

期末存货账面结存额=期初存货账面余额+本期存货增加额-本期存货减少额

应当注意的是，采用永续盘存制时，对存货仍需进行实地盘点，至少每年实地盘点一次，以验证账实是否相符。由于该方法可以对存货的增加和减少及时进行登记，随时结出其期末余额，因此，其优点是加强了企业对财产物资的监督和管理。具体表现为：存货明细账可以随时反映出每种存货的收入、发出和结存情况，能进行数量和金额的双重控制；

可以将明细账的结存数量与实际盘存数进行核对，如发生库存溢余或短缺，可查明原因，及时纠正；还可以随时将明细账上的结存数与预定的最高和最低库存限额进行比较，取得库存积压或不足的信息，从而及时采取相应对策。永续盘存制的主要不足之处是存货的明细分类核算工作量较大，需要较多的人力和费用。在实际工作中，大多数企业都采用永续盘存制。

在永续盘存制下，存货的计价方法主要有先进先出法、加权平均法、个别计价法等。其中，加权平均法又分为一次加权平均法和移动加权平均法两种。

（1）先进先出法

具体做法是：收入存货时，逐笔登记存货的数量、单价和金额；发出存货时，按照先进先出的原则计价，逐笔登记存货发出和结存金额。现举例说明如下：

例7-2

20×2年6月1日，红星股份有限公司A材料结存150千克，单价为60元/千克；6月15日、6月28日分别购进A材料100千克、200千克，单价分别是62元/千克、68元/千克；6月8日、6月20日、6月24日、6月30日分别发出A材料70千克、50千克、90千克、60千克。发出和结存A材料的成本计算见表7-3。

表7-3　　原材料明细账　　金额单位：元

明细科目：A材料　　计量单位：千克

20×2年		摘要	收入			发出			结存		
月	日		数量	单价	金额	数量	单价	金额	数量	单价	金额
6	1	期初结存							150	60	9 000
	8	发出				70	60	4 200	80	60	4 800
	15	购进	100	62	6 200				80 100	60 62	4 800 6 200
	20	发出				50	60	3 000	30 100	60 62	1 800 6 200
	24	发出				30 60	60 62	1 800 3 720	40	62	2 480
	28	购进	200	68	13 600				40 200	62 68	2 480 13 600
	30	发出				40 20	62 68	2 480 1 360	180	68	12 240
		本期合计	300		19 800	270		16 560	180	68	12 240

根据表7-3可知：

本月发出A材料的成本=4 200+3 000+1 800+3 720+2 480+1 360=16 560（元）

本月结存A材料的成本=12 240（元）

（2）一次加权平均法

采用一次加权平均法，本月发出的存货，平时只登记数量，不登记单价和金额，月末按一次计算的加权平均单价，计算期末存货成本和本期发出存货成本。至于一次加权平均单价的计算方法，则与实地盘存制相同。仍以上例为例，按一次加权平均法计算的期末库存A材料成本和本期发出A材料成本见表7-4。

表7-4 **原材料明细账**

金额单位：元明细科目：A材料 计量单位：千克

20×2年		摘要	收入			发出			结存		
月	日		数量	单价	金额	数量	单价	金额	数量	单价	金额
6	1	期初结存							150	60	9 000
	8	发出				70			80		
	15	购进	100	62	6 200				180		
	20	发出				50			130		
	24	发出				90			40		
	28	购进	200	68	13 600				240		
	30	发出				60			180	64	11 520
		本期合计	300		19 800	270	64	17 280	180	64	11 520

根据表7-4可知：

加权平均单价=（150×60+100×62+200×68）÷（150+100+200）=64（元/千克）

本月发出A材料成本=270×64=17 280（元）

本月结存A材料成本=180×64=11 520（元）

（3）移动加权平均法

采用移动加权平均法，当每次购进单价与结存单价不同时，就需要重新计算加权平均单价，并据此计算下次购货前的存货成本和发出存货成本。采用这种方法，可以随时结转发出成本。

移动加权平均单价的计算公式为：

移动加权平均单价=（以前结存金额+本次账入金额）÷（以前结存数量-本次购入数量）

仍以上例为例，发出和结存A材料的成本见表7-5。

根据表7-5可知：

6月15日购入A材料后的平均单价=（4 800+6 200）÷（80+100）=61.11（元/千克）

6月28日购入A材料后的平均单价=（2 444+13 600）÷（40+200）=66.85（元/千克）

本月发出A材料的总成本=16 767元

月末结存A材料的总成本=12 033元

采用移动加权平均法，可以随时结转销售成本，随时提供存货明细账上的结存数量和金额，有利于对存货进行数量、金额的日常控制。但采用这种方法，由于每次进货后都要计算平均单价，势必会增加会计核算的工作量。

表7-5　　原材料明细账　　金额单位：元

明细科目：A材料　　计量单位：千克

20×2年		摘要	收入			发出			结存		
月	日		数量	单价	金额	数量	单价	金额	数量	单价	金额
6	1	期初结存							150	60	9 000
	8	发出				70	60	4 200	80	60	4 800
	15	购进	100	62	6 200				180	61.11	11 000
	20	发出				50	61.11	3 056	130	61.11	7 944
	24	发出				90	61.11	5 500	40	61.11	2 444
	28	购进	200	68	13 600				240	66.85	16 044
	30	发出				60	66.85	4 011	180	66.85	12 033
		本期合计	300		19 800	270		16 767	180	66.85	12 033

（4）个别计价法

个别计价法，又称个别认定法、具体辨认法、分批实际法，是指按照各项存货，逐一辨认各批发出存货和期末存货所属的购进批次或生产批次，分别按其购入或生产所确定的单位成本作为计算各批次发出存货和期末存货成本的方法。采用这种方法一般需要具备两个条件：一是存货项目是可以辨别认定的；二是必须有详细的记录，据以了解每批存货项目的具体情况。计算公式如下：

每次（批）存货的发出成本=该次（批）存货的发出数量×该次（批）存货的实际单价

采用这种方法，计算发出存货的成本和期末存货的成本比较合理、准确，但实际操作时工作量较大，难度也较大。

在制造业企业，个别计价法主要适用于为某一特定的项目专门购入或制造并单独存放的存货。这种方法不能用于可互换使用的存货，如果用于可互换使用的存货，则可能导致企业任意选用较高或较低的单价进行计价，以调整当期的利润。

（三）存货清查使用的凭证

存货清查使用的凭证主要有“盘存单”和“实存账存对比表”。“盘存单”是财产盘点结果的书面证明，也是反映存货实有数额的原始凭证；“实存账存对比表”是财产清查结果的重要凭据，是调整账面记录的原始凭证，也是分析盈亏原因、明确经济责任的重要依据。

“盘存单”的一般格式见表7-6，“实存账存对比表”的格式见表7-7。

表7-6　　盘存单

单位名称：　　盘点时间：　　编号：

财产类别：　　存放地点：

序号	名称	规格型号	计量单位	实存数量	单价	金额	备注

盘点人：　　财务领导：　　监盘人：

表7-7

实存账存对比表

单位名称：　　　　　　　　　　　　年　　月　　日

编号	类别与名称	计量单位	单价	账存		实存		对比结果				备注
								盘盈		盘亏		
				数量	金额	数量	金额	数量	金额	数量	金额	

为了明确经济责任，进行财产清查时，有关存货的保管人员必须在场，并参加盘点工作。对各项存货的盘点结果，应如实准确地登记在“盘存单”上，并由参加盘点的有关人员同时签章生效。

盘点完毕，将“盘存单”中所记录的实存数与账面结存数余额相核对，如发现实物盘点结果与账面结存结果不相符，应根据“盘存单”和有关账簿记录填制“实存账存对比表”，以确定存货的盘盈数或盘亏数。

三、固定资产的清查

为了保证企业固定资产的安全完整，充分挖掘企业现有固定资产的生产潜力，企业应定期或至少每年年末对固定资产进行清查盘点，一般在年终决算以前组织专人进行盘点，以保证年终决算的正确性。

（一）固定资产清查的方法

对固定资产实存数的清查主要采用实地盘点法，即依靠固定资产使用、保管部门的人员对固定资产进行实地清点，然后将固定资产卡片与固定资产实存数进行核对，以查明固定资产账实是否相符的方法。

（二）固定资产清查使用的凭证

1.“固定资产清查表”，主要是由盘点人员记录固定资产清查盘点的详细情况，由清查小组编制，盘点人员盖章，格式见表7-8。

表7-8

固定资产清查表

固定资产卡片	固定资产编号	固定资产名称	规格型号	计量单位	账面数量	实点数量	盘盈	盘亏	说明

2.“固定资产清查盘点报告表”，主要用于详细记录盘亏、盘盈固定资产的编号、名称、原价或重置价值、累计折旧、估计已提折旧、净值以及盘盈、盘亏原因等信息，是固定资产清查结果账务处理的依据，格式见表7-9。

表7-9 **固定资产清查盘点报告表**

编号	名称	规格型号	计量单位	账面		实点		盘盈			盘亏			原因
				数量	原值	数量	原值	数量	原值	估计折旧	数量	原值	已提折旧	

四、往来款项的清查

对于各种往来款项的清查，应采取“询证核对法”，即同对方核对账目的方法。清查单位应在各种往来款项记录准确的基础上编制“往来款项对账单”，寄发或派人送交对方单位进行核对。对账单一般一式两联，其中一联作为回单，对方单位如核对相符，应在回单上盖章退回。如发现数字不符，应将不符的情况在回单上注明，以便进一步清查。“往来款项对账单”的格式和内容见表7-10。

表7-10 **往来款项对账单**

__________单位：

你单位20××年5月5日购入我单位A产品400件，已付货款5 000元，尚有20 000元货款未付，请核对后将回联单寄回。

核查单位：（盖章）

20××年12月20日

沿此虚线裁开，将以下回联单寄回！

往来款项对账单（回联）

__________核查单位：

你单位寄送的“往来款项对账单”已经收到，经核对相符无误。

××单位（盖章）

20××年12月25日

在收到对方回单后可编制“往来款项清查表”，格式和内容见表7-11。

表7-11 **往来款项清查表**

明细分类账户		清查结果		核对不符原因分析			备注
名称	账面余额	核对相符金额	核对不符金额	未达账项金额	有争议款项金额	其他	

▸▸▸▸▸▸▸ 第三节　财产清查结果的处理

企业通过财产清查发现的问题，应当按照国家有关财务制度的规定认真处理。财产清查中发现的盘盈、盘亏等问题，首先要核准金额，然后按规定的程序报经上级部门批准后，才能进行会计处理。财产清查结果的账务处理工作主要包括以下两个环节：一是将财产清查中发现的账实之间的差额，根据实存账存对比表等原始凭证，编制记账凭证，并据以登记账簿，以达到账实相符，同时上报上级部门；二是根据有关部门批准的处理意见及其书面批文，编制记账凭证，并据以登记账簿，将有关财产物资的账实差额以不同账户列支。

为了反映和监督各单位在财产清查过程中查明的各项财产的盈亏或毁损及报经批准后的转销数额，应设置"待处理财产损溢"账户。该账户属于双重性质账户，借方登记各项财产的盘亏或毁损数和各项盘盈财产报经批准后的转销数；贷方登记各项财产的盘盈数和各项盘亏或毁损财产报经批准后的转销数。月末如有借方余额，表示尚未处理的财产净损失；如有贷方余额，反映尚未处理的财产净溢余。"待处理财产损溢"账户的结构如下：

借　　　　　　　　待处理财产损溢　　　　　　　　贷

借方	贷方
发生额：发生的待处理财产的盘亏或毁损数 批准转销的待处理财产的盘盈数	发生额：发生的待处理财产的盘盈数 批准转销的待处理财产的盘亏或毁损数
余额：尚待批准处理的财产物资的净损失	余额：尚待批准处理的财产物资的净溢余

为了详细反映财产盘盈、盘亏及转销情况，在该账户下应设"待处理流动资产损溢"和"待处理非流动资产损溢"两个明细分类账户，以进行明细分类核算。

在这里，应收账款是个例外，即应收账款在确认为坏账损失时，可以不通过"待处理财产损溢"账户，在报经批准后直接入账。

一、库存现金清查结果的账务处理

财产清查中发现库存现金短缺或盈余时，除了设法查明原因外，还应根据"库存现金盘点报告单"及时在"待处理财产损溢"账户中登记，待报经有关部门批准后，根据查明的原因再进行相应的账务处理。

例7-3

红星公司12月份进行库存现金清查，在库存现金清查中发现多余现金350元。经反复核查，未查明原因，报经批准转作营业外收入处理。

在批准前，根据"库存现金盘点报告表"编制会计分录：

借：库存现金　　　　　　　　　　　　　　　　　350

　贷：待处理财产损溢——待处理流动资产损溢　　　　350

经批准后，作会计分录：

借：待处理财产损溢——待处理流动资产损溢　350
　贷：营业外收入——现金溢余　350

例7-4

红星公司在库存现金清查中发现短缺现金500元。经查明，属于出纳人员李丽的责任，应由出纳人员赔偿。

在批准前，根据“库存现金盘点报告表”编制会计分录：

借：待处理财产损溢——待处理流动资产损溢　500
　贷：库存现金　500

经批准后，作会计分录：

借：其他应收款——李丽　500
　贷：待处理财产损溢——待处理流动资产损溢　500

二、存货清查结果的账务处理

（一）存货盘盈的账务处理

发生存货盘盈，主要是由于存货的计量方法或核算上的误差造成的。发生存货盘盈，应及时办理存货的调账手续。根据“实存账存对比表”，将盘盈存货项目的价值记入“原材料”“生产成本”“库存商品”等账户的借方，同时记入“待处理财产损溢——待处理流动资产损溢”账户的贷方；报经批准后，冲减管理费用。

例7-5

红星公司在财产清查中发现盘盈钢材1 500千克。经查明是由于收发计量上的错误造成的，按每千克6元入账。

在批准前，应根据“实存账存对比表”编制会计分录：

借：原材料　9 000
　贷：待处理财产损溢——待处理流动资产损溢　9 000

经批准后，冲减管理费用，作会计分录：

借：待处理财产损溢——待处理流动资产损溢　9 000
　贷：管理费用　9 000

（二）存货盘亏的账务处理

当发现存货盘亏或毁损时，批准以前应先记入“待处理财产损溢——待处理流动资产损溢”账户的借方，同时记入“原材料”“库存商品”等账户的贷方。批准后，再根据造成盘亏的原因，区分以下情况进行账务处理：

1. 属于自然损耗产生的定额内合理损耗，经批准后可计入管理费用，借记“管理费用”账户，贷记“待处理财产损溢——待处理流动资产损溢”账户。

2. 属于计量、收发差错和管理不善等造成的存货短缺或毁损，能确定过失的，应由过失人赔偿，借记“其他应收款——××”账户，贷记“待处理财产损溢——待处理流动资产损溢”账户；属于保险责任范围内的，应向保险公司索赔，借记“其他应收款——××保险公司”账户，贷记“待处理财产损溢——待处理流动资产损溢”账户；收回的残料价值，借记“原材料”等账户，贷记“待处理财产损溢——待处理流动资产损溢”账户；扣除保险公司、过失人赔偿以及残料价值之后的差额，即净损失，借记“管理费用”账户，贷记“待处理财产损溢——待处理流动资产损溢”账户。

3. 属于非常事件（如自然灾害或意外事故等）造成的存货毁损，应按扣除保险公司赔款和残料价值后的净损失，计入营业外支出，借记“其他应收款——××保险公司”“其他应收款——××”“营业外支出”账户，贷记“待处理财产损溢——待处理流动资产损溢”账户。

例7-6

红星公司在存货清查中发现盘亏A材料150千克，实际单位成本为90元/千克，相关增值税专用发票上注明的增值税税额为1 755元。经查明，属于定额内合理损耗。

在批准前，应根据清查中编制的“实存账存对比表”调整存货的账面价值，使账实保持一致。会计分录为：

借：待处理财产损溢——待处理流动资产损溢　　15 255

　贷：原材料　　13 500

　　应交税费——应交增值税（进项税额转出）　　1 755

经批准后，定额内合理损耗应当计入管理费用。会计分录为：

借：管理费用　　15 255

　贷：待处理财产损溢——待处理流动资产损溢　　15 255

例7-7

瑞丰公司在存货清查中发现：甲材料短缺20千克，实际单位成本为150元/千克，相关增值税专用发票上注明的增值税税额为390元。经查明，是由于过失人王强保管不当造成的材料毁损，应由过失人赔偿2 000元，毁损材料残值200元。乙材料短缺110千克，实际总成本为6 600元，相关增值税专用发票上注明的增值税税额为858元。经查明，属于非常事故造成的损失。

在批准前，应根据清查中编制的“实存账存对比表”调整存货账面价值。会计分录为：

借：待处理财产损溢——待处理流动资产损溢　　10 848

　贷：原材料——甲　　3 000

　　　　——乙　　6 600

　　应交税费——应交增值税（进项税额转出）　　1 248

经批准后，应区分不同情况进行处理：

1. 由过失人赔偿的部分，会计分录为：

借：其他应收款——王强　　2 000

　贷：待处理财产损溢——待处理流动资产损溢　　2 000

2. 对于残料作价入库部分，会计分录为：

借：原材料——甲　　200

　　贷：待处理财产损溢——待处理流动资产损溢　　200

3.对于非常事故造成的损失部分，会计分录为：

借：营业外支出　　7 458

　　贷：待处理财产损溢——待处理流动资产损溢　　7 458

4.扣除过失人的赔款、非常事故损失和残值后的盘亏数，应计入管理费用。会计分录为：

借：管理费用　　1 190

　　贷：待处理财产损溢——待处理流动资产损溢　　1 190

三、固定资产清查结果的账务处理

（一）固定资产盘盈

在固定资产清查过程中，如果发现有盘盈的固定资产，应查明原因，填制“固定资产清查盘点报告表”，并写出书面报告，在批准之前，作为待处理财产损溢处理，报经企业上级主管部门批准后作为以前年度损益调整处理。

企业会计准则第28号——企业政策、会计估计变更和差错更正

对于盘盈的固定资产，根据《企业会计准则第28号——会计政策、会计估计变更和差错更正》的规定，固定资产盘盈应作为前期差错记入“以前年度损益调整”账户，之所以将固定资产盘盈作为前期差错进行会计处理，是因为这些资产尤其是固定资产出现由于企业无法控制的因素而造成盘盈的可能性极小甚至是不可能的。固定资产如果出现盘盈，必定是企业自身“主观”原因所造成的，或者说以前会计期间少计或漏计该固定资产等会计差错而形成的，所以，应当按照前期差错进行更正处理。通过“以前年度损益调整”调整未分配利润，使企业的报表更加透明，这样也能在一定程度上控制人为调节利润的可能性。

在未按规定程序批准之前，按盘盈固定资产的重置净值，借记“固定资产”账户，贷记“待处理财产损溢”账户。按规定程序批准后，借记“待处理财产损溢”账户，贷记“以前年度损益调整”账户。

例7-8

红星公司在固定资产清查中发现账外设备一台，其重置完全价值为96 000元，估计七成新。

在批准前，应根据“固定资产清查盘点报告表”调整固定资产账面价值。会计分录为：

借：固定资产　　67 200

　　贷：待处理财产损溢——待处理非流动资产损溢　　67 200

批准后，对上述盘盈设备按规定程序转账。会计分录为：

借：待处理财产损溢——待处理非流动资产损溢　　67 200

　　贷：以前年度损益调整　　67 200

（二）固定资产盘亏

在固定资产清查过程中，如果发现有盘亏的固定资产，应查明原因，填制“固定资产清查盘点报告表”，并写出书面报告，在批准之前，作为待处理财产损溢处理，报经企业上级主管部门批准后作为营业外支出处理。

对于盘亏的固定资产，企业应按盘亏固定资产的净值减去已计提的减值准备后的数额，借记“待处理财产损溢”账户，按已计提的固定资产减值准备借记“固定资产减值准备”账户，按已提折旧额借记“累计折旧”账户，按原值贷记“固定资产”账户。按规定程序批准后，应按盘亏固定资产的净值借记“营业外支出”账户，贷记“待处理财产损溢”账户。

例7-9

红星公司在固定资产清查中发现盘亏设备一台，其原价为150 000元，累计折旧为45 000元。

在批准前，应根据“固定资产清查盘点报告表”调整固定资产账面价值。会计分录为：

借：待处理财产损溢——待处理非流动资产损溢　　105 000
　　累计折旧　　45 000
　贷：固定资产　　150 000

批准后，上述盘亏设备按规定程序转账。会计分录为：

借：营业外支出　　105 000
　贷：待处理财产损溢——待处理非流动资产损溢　　105 000

四、往来款项清查结果的账务处理

（一）应收账款清查结果的账务处理

在应收账款清查过程中，对不符的款项按有争议、未达账项、无法收回等情况归类，并针对具体情况作相应处理。对有争议款项，进一步协调处理；对未达账项，等凭证到达再作处理；对无法收回的款项，即坏账，经批准予以转销。坏账损失的转销在批准前不作账务处理，即不需通过“待处理财产损溢”账户进行核算。

坏账损失的转销方法有两种：直接转销法和备抵法。

1.直接转销法

直接转销法是指在实际发生坏账时确认坏账损失，直接计入当期损益，并注销相应的应收账款的一种核算方法。当企业按直接转销法核算坏账损失时，应按规定的程序批准后，直接记入“信用减值损失”账户，冲减应收款项。

例7-10

红星公司在往来款项清查中发现应收康尔公司的货款50 000元确实无法收回，经批准转作坏账损失。

根据批准转销的文件，作如下会计分录：

借：信用减值损失　　50 000
　　贷：应收账款　　50 000

2.备抵法

备抵法是指按期估计坏账损失，提取坏账准备，当发生坏账时，即某一应收账款全部或部分被确认为坏账时，应根据其金额冲减坏账准备，同时转销相应的应收账款金额的一种核算方法。

采用备抵法，企业需要设置“坏账准备”账户。企业计提坏账准备时，借记“信用减值损失”账户，贷记“坏账准备”账户；实际发生坏账时借记“坏账准备”账户，贷记“应收账款”账户。如果确认并转销的坏账以后又收回，则应按收回的金额，借记“银行存款”账户，贷记“坏账准备”账户。期末账户余额一般在贷方，反映企业已计提但尚未转销的坏账准备。

例7-11

红星公司上年年末应收账款余额为650 000元，该企业按销售百分比法计提坏账准备，即按上年年末应收账款余额的5‰提取坏账准备。

年末计算应计提的坏账准备及账务处理如下：

坏账准备提取额=650 000×5‰=3 250（元）

借：信用减值损失　　3 250
　　贷：坏账准备　　3 250

本年8月31日，企业发现有600元的应收账款无法收回，按有关规定确认为坏账损失。会计分录为：

借：坏账准备　　600
　　贷：应收账款　　600

12月11日，接到银行通知，企业已注销的600元坏账又收回，款项存入银行。会计分录为：

借：银行存款　　600
　　贷：坏账准备　　600

（二）应付账款清查结果的账务处理

在应付账款清查过程中，对不符的款项按有争议、未达账项、无法收回等情况归类，并针对具体情况作相应处理。对有争议款项，进一步协调处理；对未达账项，等凭证到达再作处理；对由于债权单位撤销或不存在等造成的长期应付而无法支付的款项，经批准予以转销。无法支付的款项在批准前不作账务处理，即不需要通过“待处理财产损溢”账户进行核算，按规定程序批准后，将应付款项转作“营业外收入”。

例7-12

华瑞公司在财产清查中将无法支付的应付账款65 000元经批准予以转销。

根据批准应付账款转销的文件，作如下会计分录：

借：应付账款　　65 000
　　贷：营业外收入　　65 000

本章小结

财产清查，是通过对企业的货币资金、实物资产和往来款项的盘点与核对，确定其实存数，查明实存数与账面结存数是否相符的一种专门方法。财产清查不但是会计核算的一种专门方法，也是财产管理的一项重要制度。财产清查能够保证核算资料的正确与真实，是会计核算应遵循的基本原则，也是经济管理对会计核算的基本要求。财产清查按照清查对象的范围不同，可分为全面清查和局部清查；按照清查时间不同，可分为定期清查和不定期清查；按照清查的执行单位不同，可分为内部清查和外部清查。本章分别介绍了货币资金、存货、固定资产以及往来款项的清查方法和账务处理。货币资金的清查主要采用实地盘点、与银行对账等方法进行，清查中需要填制“库存现金盘点报告表”，编制“银行存款余额调节表”等原始凭证。存货的清查可采用实地盘点法、技术推算法、抽样盘存法和函证核对法等，清查中需要编制“盘存单”和“实存账存对比表”等原始凭证，在实地盘存制和永续盘存制两种盘存制度中，目前多数企业采用永续盘存制对存货进行记录。固定资产的清查主要采用实地盘点法，清查中需要编制“固定资产清查表”和“固定资产清查盘点报告表”。往来款项的清查，主要采取询证核对法，编制“往来款项对账单”。为了反映和监督财产清查过程中各种财产的盈亏或毁损及报经批准后的转销数额，应设置“待处理财产损溢”账户进行核算。在具体账务处理中需要分两步进行：首先是根据各项清查结果报告表，调整各项资产的账面价值，使账实保持一致；其次是根据有关部门对清查结果的处理意见，针对不同的原因进行相应的账务处理。

复习思考题

1. 财产清查有何必要性？
2. 财产清查有哪些种类？
3. 永续盘存制与实地盘存制有何不同？各自具有什么样的优缺点？
4. 如何进行库存现金的清查？
5. 如何进行银行存款的清查？如何编制银行存款余额调节表？
6. 如何进行实物财产的清查？
7. 如何进行债权债务的清查？
8. 如何进行各类财产清查结果的账务处理？

个案分析

审计人员在对甲公司进行审计时，发现甲公司盘亏了一台设备，原值为25万元，已提折旧10万元。经查明，此台设备系副经理张某借给其朋友使用，未办理任何手续。副经理张某曾派人向借方索要，但该设备已被盗，于是要求按正常报废处理。另外，审计时发现该公司以更新设备为名报废了5台正常运转的设备，5台设备原值共计100万元，已提折旧60万元，会计人员按照经理的指示对5台设备进行了固定资产清理的账务处理。

要求：

（1）该盘亏设备做报废处理是否符合会计制度的要求？

（2）该设备应如何处理才正确？

（3）该公司将正常运转的5台设备作报废处理的目的是什么？

（4）审计人员应责成该公司进行怎样的账务调整？

第八章

财务会计报告

【学习目标】

素养目标：在财务会计教育和实践中，我们致力于培养学生和专业人员深刻理解和践行社会主义核心价值观，特别是公正、法治、敬业和诚信的原则。我们强调树立坚定的职业道德信念，特别是“不做假账”的职业底线，将国家利益、社会资源的高效配置和投资者权益放在首位，确保会计信息的真实性和可靠性。同时，鼓励学生和专业人员不断学习专业知识，了解国家战略和相关法律法规，积极参与社会实践，关注并解决现实问题，以培养他们经世济民的责任感、诚信服务的意识和德法兼修的职业素养，为成为会计行业的优秀人才和社会发展的积极贡献者打下坚实的基础。

知识目标：通过本章的学习，学生需要掌握财务会计报告的基础概念和编制规范，理解其在企业运营和决策中的关键作用，熟悉各类会计报表，特别是资产负债表、利润表和现金流量表的结构与编制方法，以及如何通过这些报表分析企业的财务状况和经营成果。同时能够学会如何解读和运用财务报表附注信息，以及如何根据会计政策和估计变更对报表进行调整。最终，能够运用这些知识对企业的财务健康状况进行准确评估，为投资和管理决策提供有力支持。

能力目标：通过财务会计报告的学习，学生应具备编制和解读各类财务报表的专业能力，能够对企业的财务状况、经营成果和现金流量情况进行深入分析和准确判断以及识别潜在的虚假信息，确保会计信息的真实性和透明度，同时树立起自觉维护国家、投资者和社会利益的责任感。此外，还将掌握判断报表间钩稽关系的技巧，并能够关联分析不同财务报表中的数据，从而在实际工作中提供全面、可靠的财务分析，为决策提供坚实的数据支持。

【学习导入】

会计记录反映经济活动，一旦发生会计信息失真甚至财务造假，常常伴随偷漏税、违规贷款、国有资产流失、资本市场虚假信息披露等诸多连锁问题，甚至引发类似安然事件的系统性风险。2024 年新修订的会计法实施以来，财政部发布多篇文章予以详解，其中处罚力度大幅提高无疑最受关注。

2024 年 8 月 23 日，财政部监督评价局发表《加大法律责任追究力度 为防范遏制会计违法行为提供有力法治保障》一文，详细解读了新会计法中提高处罚标准缘由、主要内容及如何落地。财政部在上述文章中称，近年来恶性财务造假等会计违法行为频发，严重损害公共利益，扰乱市场经济秩序。究其原因，财务造假的违法成本过低是重要影响因素之一。为此，新会计法大幅提高处罚标准，加大财务造假等会计违法行为法律责任追究力度。

上述文章中，财政部还点名了一些此前财务造假的公司。财政部称，近年来，康得新、康美药业、瑞幸咖啡、华融、恒大地产等境内外上市公司财务造假，严重扰乱社会主义市场经济秩序，给投资者造成重大损失，引起社会广泛关注。但是原会计法对财务造假当事人处罚标准明显偏低，违法成本与造假获利显著不匹配，如对财务造假企业的处罚上限仅为 10 万元，难以形成有效震慑。为此，新会计法根据违法行为情节轻重设置罚款金额的幅度区间，大幅提高处罚力度。比如，新会计法提高伪造、变造会计凭证、会计账簿以及编制虚假财务会计报告等财务造假违法行为的罚款金额上限，由十万元修改为“违法所得一倍以上十倍以下”。

长期关注会计法的中国政法大学教授李美云曾告诉第一财经，首先，修改后的新会计法相关处罚条款，在原会计法的基础上调整了处罚顺序，先是一般情况下的处罚，之后是情节严重的处罚；其次，增加了责令限期改正同时增加了行政处罚的种类，即警告、没收违法所得；最后，对单位和相关人员的罚款金额也大幅提高。处罚方式循序渐进，对不同单位和主体采取不同的处罚手段和力度，规定了幅度较大的处罚空间，既要与证券法相衔接，又要考虑其他部门法的处罚力度，最终达到惩戒目的。

财政部表示，新会计法提高授意、指使、强令会计机构、会计人员及其他人员伪造、变造会计凭证、会计账簿以及编制虚假财务会计报告等违法行为的罚款金额上限，由五万元提高至五百万元。

为了贯彻落实上述新会计法提高处罚力度举措，防范遏制财务造假行为，财政部要求进一步加强单位内部监督，如各单位主要负责人是本单位会计监督工作第一责任人，对本单位财会工作和财会资料的真实性、完整性负责。财会人员要加强自我约束，遵守职业道德，拒绝办理或按照职权纠正违反法律法规规定的财会事项，有权检举单位或个人的违法违规行为。另外还要发挥中介机构执业监督作用。

财政部表示，将进一步规范会计行政执法。加强对会计信息质量的监督检查力度，依法严厉打击伪造会计账簿、虚构经济业务、滥用会计准则等会计违法违规行为，从严查处影响恶劣的财务舞弊、会计造假案件。

（资料来源：陈益刊．财政部发文点名瑞幸、恒大等财务造假，详解新会计法处罚力度［EB/OL］．［2024-08-24］．https：//export.shobserver.com/baijiahao/html/787866.html）

请同学们思考两个问题：

1. 财务造假的目的、方式和危害是什么？

2. 新会计法提高了财务造假的处罚力度，对此谈谈你的看法。

▸▸▸▸▸▸ 第一节　财务会计报告概述

一、财务会计报告的含义和作用

（一）财务会计报告的含义

财务会计报告是企业和其他单位向有关各方面及国家有关部门提供其在某一特定日期财务状况和某一会计期间经营成果、现金流量等会计信息的书面文件。《会计法》第二十条规定：“财务会计报告由会计报表、会计报表附注和财务情况说明书组成。”通常称为“四表一注”。会计报表是对企业财务状况、经营成果和现金流量的结构性表述，会计报表包括资产负债表、利润表、现金流量表、所有者权益（或股东权益，下同）变动表。

资产负债表是反映企业在某一特定日期所拥有或控制的经济资源、所承担的现时义务和所有者对净资产的要求权，有助于了解企业规模（资产总额），企业债务规模（负债总额），企业净资产（所有者权益）总额；利润表是反映企业一定期间运用所拥有的资产获利的情况，有助于了解企业销售额（营业收入），企业成本（营业成本），企业盈利情况（三大利润指标）；现金流量表反映企业一定期间获得现金和现金等价物的能力，有助于了解企业经营活动、投资活动和筹资活动的现金流入和流出情况。

在实践中，企业年报中的财务报告一般包括以下内容：审计报告、财务报表、公司的基本情况、合并财务报表的范围、财务报表的编制基础、重要会计政策及会计估计、税项、合并报表主要项目诠释、合并范围的变化、在其他主体中的权益、与金融工具相关风险、公允价值的披露、关联方及关联方交易、股份支付、或有事项、承诺事项、资产负债表日后事项、其他重要事项、母公司财务报表主要项目注释、财务报告批准。

黑龙江北大荒农业有限公司2023年度财务报告

财务会计报告编制的相关法规、准则及制度规定

《中华人民共和国会计法》（自2024年7月1日起实施）关于财务会计报告的有关条款

（二）财务会计报告的作用

会计报表是财务报告的主要组成部分，它所提供的会计信息具有重要作用，主要体现在以下几个方面：

1.提升企业经营管理水平

会计报表所反映的信息，帮助企业经营者掌握本单位经济活动、财务收支和财务成果的全部情况，通过对会计报表进行分析，不断改进经营管理工作，争取更大的经济效益。职工、职工代表大会也可以通过会计报表提供的数据资料，更好地参与单位的经营管理活动，为提升企业经营管理水平提供建议。

2.提高投资决策的效率

会计报表所反映的信息为主管部门、投资者、债权人及其他外部单位和部门提供决策信息，有助于投资者、债权人和潜在投资者对不同企业的经营业绩、财务实力进行比较分析，以确定其投资和贷款方向，做出科学的投资、信贷决策，减少投资风险。

3.促进社会资源有效配置

会计报表所反映的信息，是财政、税务、银行和审计部门对企业进行检查和监督的资料来源。这些部门借助会计报表信息和其他信息促进资本市场和其他市场的有效运作，使得有限的社会资源得到合理的分配。

【学思践悟8-1】

证监会2022年深化法治建设，坚持从严监管，推动市场健康稳定发展

2022年，证监会坚持“建制度、不干预、零容忍”工作方针，坚持“四个敬畏、一个合力”监管理念，坚持稳中求进的工作总基调，持续加强资本市场法治政府建设。

一、加快推进股票发行注册制改革，夯实资本市场基础法律制度

1.全面实行股票发行注册制安排基本定型。

2.持续推进资本市场基础法律制度建设。推动全国人大常委会审议通过《期货和衍生

品法》，配合修改《公司法》《企业破产法》。

3.推动完善资本市场重要制度规则。2022年制定修改包括《证券基金经营机构董事、监事、高级管理人员及从业人员监督管理办法》等规章7件、规范性文件40件。打包清理31部规章及规范性文件。

4.持续做好涉外法治建设工作。与财政部、美国公众公司会计监督委员会签署中美审计监管合作协议，并严格按照双方法律法规和合作协议开展2022年度合作事项。

二、全面落实“零容忍”要求，坚持依法从严治市

1.加强资本市场“零容忍”制度建设。与最高人民检察院联合印发《关于建立健全资本市场行政执法与检察履职衔接协作机制的意见》，形成合力。

2.从严打击证券期货违法活动。全年办理案件603件，其中重大案件136件，向公安机关移送涉嫌犯罪案件和通报线索123件，案件查实率达到90%。案发数量持续下降，“严”的监管氛围进一步巩固，市场生态进一步净化。全年做出处罚决定384项，罚没款金额26.67亿元，市场禁入70人次。会同最高人民法院、最高人民检察院、公安部首次联合发布5宗证券犯罪典型案件，组织多家权威媒体专题报道典型案件。

3.强化日常监管，促进市场主体依法规范运作。推进对上市公司、非上市公众公司、证券期货经营机构等市场主体的分类监管。

三、进一步推进“放管服”改革，切实履行法定职责

1.持续推进“放管服”改革及行政审批制度改革。修改《中国证券监督管理委员会行政许可实施程序规定》。

2.依法高效履行行政许可职责。全年共接收行政许可申请3 218件，送达行政许可决定3 565件。沪深交易所共341家企业首次公开发行股票并上市，融资5 704.07亿元，452家企业再融资，融资8 363.77亿元；核准68家企业境外融资行政许可申请，41家企业完成境外融资，融资1 219.55亿港元；同意注册公司债券发行申请491件，支持相关企业融资3.86万亿元；核准或同意注册并购重组45单，交易金额约4 063.37亿元。

3.深化市场产品创新，提升服务实体经济能力。批准14只REITs产品，募集资金437亿元，回收资金带动新项目投资额超2 600亿元。推动科技创新公司债券试点转常规，全年累计发行科技创新债1 202亿元。指导期货交易所新上市9个商品期货期权品种和3个金融期货期权品种。持续完善做市商机制。丰富公募基金产品供给。

4.扩大对外开放，稳步构建高水平制度型开放格局。一体推进证券基金经营机构“引进来”和“走出去”。

四、坚持严格规范公正文明高效执法，防范化解资本市场重点领域风险

1.夯实行政执法制度基础，完善稽查执法程序规范。

2.建立健全风险监测预警机制，牢牢守住不发生系统性风险的底线。

3.完善资本市场诚信建设制度机制。截至2022年底，诚信数据库收录主体信息80.06万余条、诚信信息12.71万余条，面向公众用户对外服务2 179万余次；市场诚信信息查询平台总查询量2 047.72万余次。

4.推进政务服务信息系统建设，提升政务服务能力。进一步提升证券期货法规数据库系统的利用率，持续更新面向社会开放的证券期货法规数据库，收录资本市场各类规则6 307件，月均访问量提升至30万人次，方便市场主体学习了解最新资本市场法治

建设动态。

（资料来源：证监会. 积极协助公司法、企业破产法、金融稳定法以及推动上市、机构、债券等条线行政法规的制定修改［EB/OL］.［2023-03-31］. https://baijiahao.baidu.com/s? id=1761882639529762845&wfr=spider&for=pc）

讨论问题：结合上述材料，分析虚假财务报告对社会资源配置效率、投资者利益的损害及经济秩序的不良影响，监管者、财务报告提供者、会计人员等相关方应采取什么措施保证财务报告的质量？

二、会计报表的种类

会计报表是财务会计报告的主要组成部分，是对企业财务状况、经营成果和现金流量的结构性表述。会计报表可以按照不同的标准进行分类。

（一）按照会计报表所反映的经济内容分类

会计报表按照所反映的经济内容不同，可以分为：反映企业财务状况的报表，如资产负债表、所有者权益变动表等；反映企业经营成果的报表，如利润表和利润分配表；反映企业现金流量的报表，如现金流量表及现金流量表附表；反映企业成本、费用情况的报表，如主要产品单位成本表、管理费用明细表等。

（二）按照会计报表的编报期间分类

会计报表按照编报期间的不同，可以分为中期会计报表和年度会计报表。

中期会计报表是以短于一个完整会计年度的报告期间为基础编制的会计报表，包括月报、季报和半年报等。其中，月报、季报是指月度和季度终了时提供的会计报表，一般至少要提供资产负债表和利润表；半年报是指在每个会计年度的前6个月结束后对外提供的会计报表。

年度会计报表是指年度终了时对外提供的会计报表，具体反映企业整个会计年度的经营成果、现金流量情况及年末财务状况的财务报表。

（三）按照会计报表的报送对象分类

会计报表按照报送对象的不同，可以分为对外会计报表和对内会计报表。

对外会计报表是指企业定期提供给投资者、债权人及政府有关部门等外部信息使用者的会计报表。按照我国现行会计准则和会计制度的规定，企业对外报送的会计报表包括资产负债表、利润表、现金流量表和所有者权益变动表等，其具体格式、编制方法和报送时间均由财政部统一规定，任何单位都不得随意变更。

对内会计报表是指为适应企业内部经营管理需要而编制的不对外公开的会计报表，如主要产品单位成本表、管理费用明细表等。对内会计报表的种类、格式、编制方法及其编制时间一般没有统一的规定，均由各单位根据本单位的经营特点和管理要求自行设计。

（四）按照会计报表的编制主体分类

会计报表按照编制主体的不同，可以分为个别会计报表和合并会计报表。

个别会计报表是以母公司和子公司组成的具有控股关系的企业集团中，由母公司和子公司各自为主体在自身会计核算基础上对账簿记录进行加工而编制的会计报表，它主要用以反映母公司和子公司本身各自的财务状况、经营成果和现金流量等情况，包括对内和对外会计报表。

合并会计报表是以母公司和子公司组成的企业集团为会计主体，根据母公司和所属子公司的个别会计报表，由母公司编制的综合反映企业集团财务状况、经营成果及现金流量的会计报表，一般只编制对外会计报表。

（五）按照会计报表反映的资金运动的状态分类

会计报表按照其反映的资金运动的状态不同，可以分为静态会计报表和动态会计报表。

静态会计报表是指反映企业资金运动处于相对静止状态的会计报表，一般情况下，反映企业某一特定日期的财务状况的会计报表为静态会计报表，如资产负债表。

动态会计报表是指反映企业资金处于运动状态的会计报表，一般情况下，反映企业某一特定时期内的经营成果和现金流入流出情况的会计报表均为动态会计报表，如利润表和现金流量表等。

三、财务会计报告的编制要求

财务会计报告反映企业财务状况、经营成果以及现金流量等重要信息资料，是企业内部和外部会计信息使用者决策的重要依据，因此，必须保证财务会计报告的质量，才能充分发挥其在决策中的作用。

财务报表以持续经营为基础，根据实际发生的交易和事项，按照财政部颁布的《企业会计准则》及相关规定，并基于附注“重要会计政策及会计估计”所述会计政策和会计估计编制。

根据《企业会计准则第30号——财务报表列报》的规定，各单位在编制财务会计报告时应达到以下基本要求：

1.以持续经营为基础编制

企业应当以持续经营为基础，根据实际发生的交易和事项，按照《企业会计准则——基本准则》和其他各项会计准则的规定进行确认和计量，在此基础上编制财务报表。企业不应以附注披露代替确认和计量。如果按照各项会计准则规定披露的信息不足以让报表使用者了解特定交易或事项对企业财务状况和经营成果的影响，企业还应当披露其他的必要信息。企业正式决定或被迫在当期或将在下一个会计期间进行清算或停止营业的，以持续经营为基础编制财务报表不再合理的，企业应当采用其他基础编制财务报表，并在附注中披露这一事实。

2.各会计期间列报要一致

财务报表项目的列报应当在各个会计期间保持一致，不得随意变更，但下列情况除外：（1）会计准则要求改变财务报表项目的列报；（2）企业经营业务的性质发生重大变化或对企业经营影响较大的交易或事项发生后，变更财务报表项目的列报能够提供更可靠、更相关的会计信息。

3.重要性项目单独列报

在合理预期下，财务报表某项目的省略或错报会影响使用者据此做出经济决策的，该项目具有重要性。重要性应当根据企业所处的具体环境，从项目的性质和金额两方面予以判断，且对各项目重要性的判断标准一经确定，不得随意变更。判断项目性质的重要性，应当考虑该项目在性质上是否属于企业日常活动、是否显著影响企业的财务状况、经营成果和现金流量等因素；判断项目金额大小的重要性，应当考虑该项目金额占资产总额、负债总额、所有者权益总额、营业收入总额、营业成本总额、净利润、综合收益总额等直接相关项目金额的比重或所属报表单列项目金额的比重。

性质或功能不同的项目，应当在财务报表中单独列报，但不具有重要性的项目除外。性质或功能类似的项目，其所属类别具有重要性的，应当按其类别在财务报表中单独列报。某些项目的重要性程度不足以在资产负债表、利润表、现金流量表或所有者权益变动表中单独列示，但对附注却具有重要性，则应当在附注中单独披露。

4.有关抵销的界定

会计报表中的资产项目和负债项目的金额、收入项目和费用项目的金额不得相互抵销，但其他会计准则另有规定的除外。

资产或负债项目按扣除备抵项目后的净额列示，不属于抵销。例如，存货跌价准备与存货项目、应收账款计提的坏账准备与应收账款项目按抵减后的余额列报不属于抵销。

非日常活动产生的利得和损失，以同一交易形成的收益扣减相关费用后的净额列示更能反映交易实质的，不属于抵销。若这些利得与损失是重要的，则应单独列报。

5.会计报表列报项目各期可比

当期财务报表的列报，至少应当提供所有列报项目上一个可比会计期间的比较数据，以及与理解当期财务报表相关的说明，但其他会计准则另有规定的除外。

根据《企业会计准则第30号——财务报表列报》，对上期比较数据进行调整不切实可行的，应当在附注中披露不能调整的原因。不切实可行，是指企业在做出所有合理努力后仍然无法采用某项规定。

6.披露要求

企业应当在财务报表的显著位置至少披露下列各项：（1）编报企业的名称；（2）资产负债表日或财务报表涵盖的会计期间；（3）人民币金额单位；（4）财务报表是合并财务报表的，应当予以标明。对外提供中期财务报告的，还应遵循《企业会计准则第32号——中期财务报告》的规定。

企业至少应当按年编制财务报表。年度财务报表涵盖的期间短于一年的，应当披露年度财务报表的涵盖期间、短于一年的原因以及报表数据不具可比性的事实。

我国《企业财务会计报告条例》规定，企业对外提供的财务会计报告应当依次编定页数，加具封面，装订成册，加盖公章。封面上应当注明：企业名称、企业统一社会信用代码、组织形式、地址、报表所属年度或者月份、报出日期，并由公司负责人和主管会计工作的负责人、会计机构负责人（会计主管人员）签名并盖章；设置总会计师的企业，还应当由总会计师签名并盖章。

上市公司2023年年度
财务报告会计监管报告

财政部
《关于修订印发2019年度一般企业财务报表
格式的通知》财会〔2019〕6号

一般企业财务报表格式
（适用于未执行新金融准
则或新收入准则的企业）

一般企业财务报表格式
（适用于已执行新金融准
则或新收入准则的企业）

关于2019年度一般企业
财务报表格式有关问题的
解读

▸▸▸▸▸▸ 第二节　编制财务报告前的准备工作

一、进行全面财产清查

企业在编制年度财务会计报告前，应当按照下列规定全面清查资产、核实债务：

1. 对于结算款项（即债权债务），包括应收款项、应付款项、应交税费等，核查其是否存在，与债务、债权单位的相应债务、债权金额是否一致。

2. 对于原材料、在产品、自制半成品、库存商品等各项存货，核查其实存数量与账面数量是否一致，是否有报废损失和积压物资等。

3. 对于各项投资，核查其是否存在，投资收益是否按照国家统一的会计制度规定进行确认和计量。

4. 对于房屋建筑物、机器设备、运输工具等各项固定资产，核查其实存数量与账面数量是否一致。

5. 对于在建工程，核查其实际发生额与账面记录是否一致。

6. 需要清查、核实的其他内容。

二、期末账项调整

期末账项调整是指期末结账前，按照权责发生制原则确定本期的应得收入和应负担的费用，并据以对账簿记录的有关账项做出必要调整的会计处理方法。账项调整的目的是按照应收应付这一标准，合理地反映相互连接的各会计期间应得的收入和应负担的费用，使各期的收入和费用能在相互适应的基础上进行配比，从而比较正确地计算各期的损益。账项调整的内容包括：有关收入的账项调整，如预收收入、应计收入的调整等；有关费用的账项调整，如预付费用、应计费用（如固定资产折旧）的调整等；有关税金的账项调整，如各种应交流转税的调整等。

1.属于本期的收入，尚未收到款项的账项调整

企业在本期已向其他单位或个人提供商品或劳务，或财产物资使用权，理应获得属于本期的收入，但由于尚未完成结算过程或延期付款，致使本期的收入尚未收到。按权责发生制原则，凡属于本期的收入，不管其款项是否收到，都应作为本期收入，期末应将尚未收到的款项调整入账。

2.属于本期的费用，尚未支付款项的账项调整

企业在本期已耗用，或本期已受益的支出，理应归属为本期发生的费用。由于这些费用尚未支付，故在日常的账簿记录中尚未登记入账。按权责发生制的规定，凡属于本期的费用，不管其款项是否支付，都应作为本期费用处理。期末应将那些属于本期但尚未支付的费用调整入账。

3.本期已收款，而不属于或不完全属于本期收入的账项调整

本期已收款入账，因尚未向付款单位提供商品或劳务，或财产物资使用权，不属于本期收入的预收款项，是一种负债性质的预收收入。在计算本期收入时，应该对这部分预收收入进行账项调整，记入“预收账款”科目，待确认为本期收入后，再从“预收账款”科目转入有关收入科目。

4.本期已付款，而不属于或不完全属于本期费用的账项调整

本期已付款入账，但应由本期和以后各期分别负担的费用，在计算本期费用时，应该对这部分费用进行款项调整。例如，预付的各项支出不属于或不完全属于本期费用，不能直接全部记入本期有关费用账户。

5.属于本期的支出，尚未支付税金的账项调整

企业应根据本期的营业收入或税前利润，按规定的税率计算本期应缴纳的税金。税金一般是分期计算，定期缴纳的。这就形成了负债性质的应付款项。为了正确计算本期的损益，需要把属于本期的支出而尚未支付的税金，通过期末账项调整全部登记入账，以正确确定本期损益。

三、检查会计事项的处理结果

企业在编制财务会计报告前，除应当全面清查资产、核实债务外，还应当完成下列工作：

1. 核对各会计账簿记录与会计凭证的内容、金额等是否一致，记账方向是否相符。

2. 依照规定的结账日进行结账，结出有关会计账簿的余额和发生额，并核对各会计账簿之间的余额。

3. 检查相关的会计核算是否按照国家统一的会计制度的规定进行。

4. 对于国家统一的会计制度没有规定统一核算方法的交易、事项，检查其是否按照会计核算的一般原则进行确认和计量，以及相关账务处理是否合理。

5. 检查是否存在因会计差错、会计政策变更等需要调整前期或者本期相关项目的情况。

▸▸▸▸▸▸▸ 第三节　资产负债表

一、资产负债表的概念和作用

(一) 资产负债表的概念

资产负债表，又称财务状况表，是反映企业某一特定日期（月末、季末、半年末和年末）资产、负债和所有者权益及其构成情况的会计报表。资产负债表是企业对外提供的主要报表，它是根据‘资产=负债+所有者权益”的会计平衡公式，按照一定的分类标准和排列顺序，将企业在一定日期的资产、负债、所有者权益各项目予以分类排列，并对日常会计工作中形成的会计数据进行加工、整理后编制而成的。资产负债表充分反映了企业在某一特定日期所拥有或控制的经济资源、所承担的经济义务和所有者对企业净资产的要求权。

(二) 资产负债表的作用

资产负债表所提供的信息，对投资者、债权人等各种会计信息使用者都具有重要的作用，主要表现在以下四个方面：

1.反映企业经济资源的数量和结构

资产负债表可以向报表使用者提供企业经济资源的总额及其构成情况。资产负债表通过反映企业在某一特定日期的资产总额及其结构，表明企业拥有或控制的资源及其分布情况，使报表使用者可以一目了然地从资产负债表上了解企业在某一特定日期所拥有的资产总量及其结构，便于报表使用者衡量企业的经济实力，分析企业的生产经营能力，评价企业经济资源构成的合理性。

2.反映企业资金来源及其构成情况

资产负债表通过反映企业在某一特定日期的负债总额及其结构，表明企业未来需要用多少资产或劳务清偿债务以及清偿时间；通过反映所有者所拥有的权益，使报表使用者据以判断资本保值、增值的情况以及对负债的保障程度，从而便于报表使用者分析企业资本结构的合理性和企业所面临的财务风险。

3.反映企业财务弹性

例如，根据流动资产与流动负债计算出流动比率，根据速动资产与流动负债计算出速动比率等，可以表明企业的变现能力、偿债能力和资金周转能力，有助于报表使用者做出正确的经济决策。

4.反映企业的经营业绩变动

通过对前后期资产负债表的对比分析，报表使用者可以了解企业资金结构的变化情况、财务状况的变动情况和变动趋势，有助于报表使用者判断和评价企业当前的竞争实力和发展前景。

二、资产负债表的结构和内容

（一）资产负债表的结构

资产负债表的结构主要有账户式和报告式两种。在我国，资产负债表采用账户式结构，报表分为左右两方，左方列示资产各项目，反映全部资产的分布及存在形态，按资产的流动性大小排列；右方列示负债和所有者权益各项目，反映全部负债和所有者权益的内容及构成情况，一般按求偿权先后顺序排列。资产负债表左右双方平衡，资产总计等于负债和所有者权益总计，即“资产=负债+所有者权益”。

为了便于使用者通过比较不同时点资产负债表的数据，掌握企业财务状况的变动情况及发展趋势，企业需要提供比较资产负债表。资产负债表就各项目分为“期末余额”和“上年年末余额”两栏分别填列。

资产负债表应当列示资产总计项目，负债和所有者权益总计项目。

资产和负债应当分别按流动资产和非流动资产、流动负债和非流动负债列示。

资产满足以下条件之一的，应当归类为流动资产：预计在一个正常营业周期中变现、出售或耗用；主要为交易目的而持有；预计在资产负债表日起一年内（含一年，下同）变现；自资产负债表日起一年内，交换其他资产或清偿负债的能力不受限制的现金或现金等价物。

流动资产以外的资产应当归类为非流动资产，并应按其性质分类列示。对于一年内到期的非流动资产，如一年内到期的债权投资、长期待摊费用以及一年内可收回的长期应收款等应在流动资产单独列示反映。

负债满足以下条件之一的，应当归类为流动负债：预计在一个正常营业周期中清偿；主要为交易目的而持有；自资产负债表日起一年内到期应予以清偿；企业无权自主地将清偿义务推迟至资产负债表日后一年以上。

流动负债以外的负债应当归类为非流动负债，并应按其性质分类列示。对于在资产负债表日起一年内到期的负债，企业预计能够自主地将清偿义务展期至资产负债表日后一年以上的，应当归类为非流动负债；不能自主地将清偿义务展期的，即使在资产负债表日后、财务报告批准报出日前签订了重新安排清偿计划协议，该项负债仍应归类为流动负债。企业在资产负债表日或之前违反了长期借款协议，导致贷款人可随时要求清偿的负债，应当归类为流动负债。

贷款人在资产负债表日或之前同意提供在资产负债表日后一年以上的宽限期，企业能够在此期限内改正违约行为，且贷款人不能要求随时清偿，该项负债应当归类为非流动负债。

企业正常营业周期中的经营性负债项目即使在资产负债表日后超过一年才予以清偿的，仍应当划分为流动负债。经营性负债项目包括应付账款、应付职工薪酬等，这些项目属于企业正常营业周期中使用的营运资金的一部分。

（二）资产负债表的基本内容

1.资产类项目

资产负债表中的资产类按变现能力的强弱至少应当单独列示反映下列信息的项目：货币资金；交易性金融资产；应收票据；应收账款；预付款项；其他应收款；存货；合同资产；其他流动资产；债权投资；其他债权投资；其他权益工具投资；长期股权投资；投资性房地产；固定资产；生物资产；无形资产；长期待摊费用；递延所得税资产；其他非流动资产；流动资产和非流动资产的合计项目。

2.负债类项目

资产负债表中的负债类至少应当单独列示反映下列信息的项目：短期借款；交易性金融负债；应付票据；应付账款；预收款项；其他应付款；应付职工薪酬；应交税费；合同负债；其他流动负债；持有待售负债；长期借款；应付债券；长期应付款；预计负债；递延所得税负债；其他非流动负债；流动负债、非流动负债和负债的合计项目。

3.所有者权益类项目

资产负债表中的所有者权益类至少应当单独列示反映下列信息的项目：实收资本（或股本）；资本公积；盈余公积；其他权益工具；未分配利润；所有者权益的合计项目。

在合并资产负债表中，应当在所有者权益类单独列示少数股东权益。

资产负债表的基本格式和内容见表8-1。资产负债表中未列入或不能详细说明的资料，可由资产负债表的补充资料、有关附表提供，或者在财务情况说明中予以揭示。

表8-1　　合并资产负债表

编制单位：益农股份有限公司　　2023年12月31日　　单位：元

项目	2023年12月31日	2022年12月31日	项目	2023年12月31日	2022年12月31日
流动资产：			流动负债：		
货币资金	1 316 760 350.86	1 997 507 200.05	短期借款	433 519 020.65	523 816 083.45
结算备付金			向中央银行借款		
拆出资金			拆入资金		
交易性金融资产	3 709 214.73		交易性金融负债		
衍生金融资产			衍生金融负债		
应收票据			应付票据		
应收账款	761 258 696.98	833 882 223.06	应付账款	760 747 013.32	781 274 655.17
应收款项融资			预收款项	4 316 287.55	4 186 104.11
预付款项	87 759 261.68	75 438 930.05	合同负债	331 238 851.44	317 802 623.79
应收保费			卖出回购金融资产款		
应收分保账款			吸收存款及同业存放		

续表

项目	2023年12月31日	2022年12月31日	项目	2023年12月31日	2022年12月31日
应收分保合同准备金			代理买卖证券款		
其他应收款	9 850 487.53	35 648 412.26	代理承销证券款		
其中：应收利息			应付职工薪酬	106 346 442.94	110 848 963.73
应收股利			应交税费	33 617 019.16	53 118 618.20
买入返售金融资产			其他应付款	1 251 648 436.99	1 307 877 728.95
存货	527 091 351.18	475 447 858.33	其中：应付利息		
合同资产			应付股利		
持有待售资产			应付手续费及佣金		
一年内到期的非流动资产			应付分保账款		
其他流动资产	39 046 084.60	34 900 444.48	持有待售负债		
流动资产合计	2 745 475 447.56	3 452 825 068.23	一年内到期的非流动负债	8 556 544.58	1 050 835 262.88
非流动资产：			其他流动负债	24 472 375.93	34 953 779.87
发放贷款和垫款			流动负债合计	2 954 461 992.56	4 184 713 820.15
债权投资			非流动负债：		
其他债权投资			保险合同准备金		
长期应收款			长期借款	2 382 921 693.00	1 884 864 039.37
长期股权投资	1 238 939 551.19	1 064 103 364.99	应付债券		
其他权益工具投资	193 803 957.52	189 676 997.19	其中：优先股		
其他非流动金融资产			永续债		
投资性房地产	16 197 138.27	17 135 134.79	租赁负债	10 767 211.15	873 194.39
固定资产	2 291 012 592.41	2 272 116 058.95	长期应付款		
在建工程	24 912 171.10	190 299 597.32	长期应付职工薪酬	21 743 883.50	29 439 612.71
生产性生物资产	41 817 584.97	39 604 491.78	预计负债	2 271 701.90	868 966.63
油气资产			递延收益	199 388 152.12	215 327 157.74
使用权资产	23 571 142.49	4 618 534.60	递延所得税负债	962 625 811.73	1 069 864 421.31
无形资产	3 880 823 641.75	4 284 416 480.70	其他非流动负债		
开发支出			非流动负债合计	3 579 718 453.40	3 201 237 392.15
商誉	1 549 125 031.39	1 720 189 708.20	负债合计	6 534 180 445.96	7 385 951 212.30

续表

项目	2023年12月31日	2022年12月31日	项目	2023年12月31日	2022年12月31日
长期待摊费用	73 373 526.32	78 169 966.54	所有者权益（或股东权益）:		
递延所得税资产	63 304 187.34	58 960 207.64	实收资本（或股本）	1 497 557 426.00	1 497 557 426.00
其他非流动资产	430 107 027.32	1 359 784.71	其他权益工具		
非流动资产合计	9 826 987 552.07	9 920 650 327.41	其中：优先股		
			永续债		
			资本公积	3 247 981 742.70	3 244 395 566.40
			减：库存股		
			其他综合收益	-44 624 757.59	29 125 334.05
			专项储备		
			盈余公积	127 424 133.40	115 550 990.59
			一般风险准备		
			未分配利润	301 266 928.64	75 418 081.09
			归属于母公司的所有者权益（或股东权益）合计	5 129 605 473.15	4 962 047 398.13
			少数股东权益	908 677 080.52	1 025 476 785.21
			所有者权益（或股东权益）合计	5 038 282 553.67	5 987 524 183.34
资产总计	12 572 462 999.63	13 373 475 395.64	负债和所有者权益（或股东权益）总计	12 572 462 999.63	13 373 475 395.64

公司负责人：王聪　　主管会计工作负责人：李栋梁　　会计机构负责人：马忠

【学思践悟 8-2】

北大荒：立足主责主业 持续增加科技投入

在全球化的大背景下，中国高科技企业遭遇了诸多挑战，这些挑战使得企业在会计报表中所记录的研发投入变得尤为关键。研发投入已不再是单纯的财务数据装饰，超越了作为企业内部管理评价的指标，成为了衡量国家创新能力和竞争力的核心要素。激励企业增加研发投入不仅是推动经济结构转型和产业升级的必然要求，也是掌握科技与产业发展新趋势、在激烈的未来竞争中赢得主动权的关键。要求企业在战略规划与资源配置时，将研发活动作为核心要务，以科技创新为驱动力，促进企业的长期发展和国家的持续繁荣。

北大荒是我国目前规模较大、现代化水平较高的种植业上市公司和重要的商品粮生产基地，在自然资源、基础设施、农机装备、农业科技服务、组织管理等方面具有显著优势，处于同行业领先水平。

2023年，北大荒实现营业总收入50.44亿元，同比增长18.37%；净利润10.64亿元，同比增长9.07%；扣非净利润10.64亿元，同比增长14.79%；基本每股收益为0.6元。公司2023年年度利润分配预案为拟向全体股东每10股派4.4元（含税）。全年实现粮豆总产600万吨（120亿斤），实现"二十"连丰。

北大荒方面在回答投资者提问时表示，科技强则农业强，科技兴则农业兴。农业是一个受自然条件限制较大的行业，如气候变化、土壤质量、水资源等方面，公司依托自身资源禀赋，形成了科技、装备、组织、基础设施、人才、管控等多方面优势，在巩固做优主责主业的基础上，对土地经营走出去进行了有益探索。北大荒2023年持续投入，强化农机配备及更新，实现域内农业机械总量达32.99万台（套），农机总动力361.2万千瓦，综合机械化水平达99%以上。另外，北大荒2023年研发费用0.9亿元，同比增加0.17亿元，增长22.88%，主要原因为农业分公司加大农业科研攻关力度。谈及公司中长期在科技投入方面的计划时，北大荒方面表示，公司将立足主责主业，围绕农业产能提升，根据农业发展需求，持续增加科技投入。

注：反映公司研发投入的报表项目有：资产负债表的"开发支出"项目和利润表的"研发费用"项目，以及开发成功由"开发支出"转入资产负债表的"无形资产"项目。"研发费用"是费用化的研发支出，包括研究阶段的支出和无法满足资本化的开发阶段支出。"开发支出"是在开发阶段，符合能够开发成功转化为无形资产的研发支出，如果后期开发成功，则将"开发支出"转入"无形资产"，如果开发失败，则将"开发支出"转入"研发费用"。

实践：请在证券交易所网站下载任一上市公司年度财务报告，分析报表项目中涉及研发投入的项目，结合公司披露的其他信息，体会研发投入对企业经营、对科技进步的影响。

三、资产负债表的编制方法

（一）资产负债表项目的基本填列方法

1."上年年末余额"的填列方法

为便于比较各指标的期初数和期末数，按照《企业财务会计报告条例》的相关规定：年度、半年度会计报表至少应当反映两个年度或者相关两个期间的比较数据。这就要求企业提供比较资产负债表，因此，资产负债表各项目需要分为"期末余额"和"上年年末余额"两栏分别填列。

表中"上年年末余额"栏内各项目数字，应根据上年年末资产负债表"期末余额"栏内所列数字填列。如果本年度资产负债表规定的各个项目的名称和内容同上年度不相一致，应对上年年末资产负债表各项目的名称和数字按照本年度的规定进行调整，按调整后的数字填入本表"上年年末余额"栏内。

2."期末余额"的填列方法

"期末余额"是指某一会计期末的数字，即月末、季末、半年末或年末的数字。如前所述，资产负债表是反映企业某一特定日期资产和权益的分布状况及其数额的会计报表，而企业某一特定日期资产和权益的分布状况及其数额则表现为资产类账户和权益类账户的期末余额，所以，资产负债表上各项目的“期末余额”总体上讲是根据资产类账户及负债和所有者权益类账户的期末余额来分析填列的。

（1）根据总账科目余额直接填列。资产负债表中的有些项目，可直接根据有关总账科目的余额填列，如“交易性金融资产”“短期借款”“应付票据”“应付职工薪酬”“应交税费”“实收资本”“资本公积”“盈余公积”等项目。

（2）根据几个总账科目余额计算填列。如“货币资金”项目，需要根据“库存现金”“银行存款”“其他货币资金”科目的期末余额合计数计算填列。比较典型的还有“存货”项目等。

（3）根据有关明细科目余额计算填列。如“应付账款”项目，需要根据“应付账款”和“预付账款”两个科目所属的相关明细科目的期末贷方余额计算填列。类似的项目还有“预付款项”“预收款项”等。

（4）根据总账科目和明细科目余额分析计算填列。如“长期借款”项目，需要根据“长期借款”总账科目余额扣除“长期借款”科目所属的明细科目中将在一年内到期且企业不能自主地将清偿义务展期的长期借款的金额计算填列。类似的项目还有“应付债券”“长期应付款”等。

（5）根据有关科目余额减去其备抵科目余额后的净额填列。如资产负债表中的“应收账款”“存货”等项目，应当根据这些科目的期末余额减去“坏账准备”“存货跌价准备”科目余额后的净额填列。“固定资产”项目，应当根据“固定资产”科目的期末余额减去“累计折旧”“固定资产减值准备”备抵科目余额后的净额填列等。

（二）资产负债表各项目的具体填列方法

1.“货币资金”项目

该项目反映企业期末持有的库存现金、银行存款、外埠存款、银行汇票存款、银行本票存款、信用证保证金存款等的合计数。本项目应根据“库存现金”“银行存款”“其他货币资金”科目的期末余额合计数填列。

2.“交易性金融资产”项目

该项目反映资产负债表日企业分类为以公允价值计量且其变动计入当期损益的金融资产，以及企业持有的指定为以公允价值计量且其变动计入当期损益的金融资产的期末账面价值。本项目应根据“交易性金融资产”科目的相关明细科目的期末余额分析填列。

自资产负债表日起超过一年到期且预期持有超过一年的以公允价值计量且其变动计入当期损益的非流动金融资产的期末账面价值，在“其他非流动金融资产”项目反映。

3.“应收票据”项目

该项目反映资产负债表日以摊余成本计量的、企业因销售商品、提供服务等收到的商业汇票，包括银行承兑汇票和商业承兑汇票。该项目应根据“应收票据”科目的期末余额，减去“坏账准备”科目中相关坏账准备期末余额后的金额填列。

4.“应收账款”项目

该项目反映资产负债表日以摊余成本计量的、企业因销售商品、提供服务等经营活动应收取的款项。本项目应根据“应收账款”科目的期末余额，减去“坏账准备”科目中相关坏账准备期末余额后的金额分析填列。如“预收账款”科目所属明细科目期末有借方余额，也应包括在本项目内；“应收账款”科目所属明细科目期末如有贷方余额，应在本表“预收款项”项目内填列。

5.“应收款项融资”项目

该项目反映资产负债表日以公允价值计量且其变动计入其他综合收益的应收票据和应收账款等。

6.“预付款项”项目

该项目反映企业预付给供应单位的款项。本项目应根据“预付账款”科目所属各明细科目的期末借方余额合计数填列。如“预付账款”科目所属有关明细科目期末有贷方余额，应在本表“应付账款”项目内填列。“应付账款”科目所属明细科目如有借方余额，也应包括在本项目内。

7.“其他应收款”项目

该项目反映企业对其他单位和个人的应收和暂付的款项，减去已计提的坏账准备后的净额。本项目应根据“应收利息”“应收股利”和“其他应收款”科目的期末余额合计数，减去“坏账准备”科目中相关坏账准备期末余额后的金额填列。其中：“应收利息”仅反映相关金融工具已到期可收取但于资产负债表日尚未收到的利息。基于实际利率法计提的金融工具的利息应包含在相应金融工具的账面余额中。

8.“存货”项目

该项目反映企业期末库存、在途和加工中的各项存货的价值，包括各种材料、商品、在产品、半成品、包装物、低值易耗品等。本项目应根据“材料采购”“原材料”“低值易耗品”“库存商品”“包装物”“委托加工物资”“生产成本”等科目的期末余额合计，减去“存货跌价准备”科目期末余额后的金额填列。原材料以及库存商品采用计划成本核算的，还应按加减“材料成本差异”科目余额后的金额填列。

9.“合同资产”和“合同负债”项目

企业应按照《企业会计准则第14号——收入》（财会〔2017〕22号）的相关规定根据本企业履行履约义务与客户付款之间的关系在资产负债表中列示合同资产或合同负债。“合同资产”项目、“合同负债”项目，应分别根据“合同资产”科目、“合同负债”科目的相关明细科目的期末余额分析填列，同一合同下的合同资产和合同负债应当以净额列示，其中净额为借方余额的，应当根据其流动性在“合同资产”或“其他非流动资产”项目中填列，已计提减值准备的，还应减去“合同资产减值准备”科目中相关的期末余额后的金额填列；其中净额为贷方余额的，应当根据其流动性在“合同负债”或“其他非流动负债”项目中填列。

由于同一合同下的合同资产和合同负债应当以净额列示，企业也可以设置“合同结算”科目（或其他类似科目），以核算同一合同下属于在某一时段内履行履约义务涉及与客户结算对价的合同资产或合同负债，并在此科目下设置“合同结算——价款结算”科目反映定期与客户进行结算的金额，设置“合同结算——收入结转”科目反映按履约进度结转的收入金额。资产负债表日，“合同结算”科目的期末余额在借方的，根据其流动性在“合同资产”或“其他非流动资产”项目中填列；期末余额在贷方的，根据其流动性在“合同负债”或“其他非流动负债”项目中填列。

10.“持有待售资产”项目

该项目反映资产负债表日划分为持有待售类别的非流动资产及划分为持有待售类别的处置组中的流动资产和非流动资产的期末账面价值。本项目应根据“持有待售资产”科目的期末余额，减去“持有待售资产减值准备”科目的期末余额后的金额填列。

11.“一年内到期的非流动资产”项目

该项目反映预计自资产负债表日起一年内变现的非流动资产。对于按照相关会计准则采用折旧（或摊销、折耗）方法进行后续计量的固定资产、使用权资产、无形资产和长期待摊费用等非流动资产，折旧（或摊销、折耗）年限（或期限）只剩一年或不足一年的，或预计在一年内（含一年）进行折旧（或摊销、折耗）的部分，不得归类为流动资产，仍在各该非流动资产项目中填列，不转入“一年内到期的非流动资产”项目。自资产负债表日起一年内到期的长期债权投资的期末账面价值，在“一年内到期的非流动资产”项目反映。

12.“其他流动资产”项目

该项目反映企业除以上流动资产项目外的其他流动资产。本项目应根据有关科目的期末余额填列。如其他流动资产价值较大的，应在财务报表附注中披露其内容和金额。企业购入的以摊余成本计量的一年内到期的债权投资的期末账面价值，在“其他流动资产”项目反映。

按照《企业会计准则第14号——收入》（财会〔2017〕22号）的相关规定确认为资产的合同取得成本，应当根据“合同取得成本”科目的明细科目初始确认时摊销期限是否超过一年或一个正常营业周期，在“其他流动资产”或“其他非流动资产”项目中填列，已计提减值准备的，还应减去“合同取得成本减值准备”科目中相关的期末余额后的金额填列。

13.“债权投资”项目

该项目反映资产负债表日企业以摊余成本计量的长期债权投资的期末账面价值。本项目应根据“债权投资”科目的相关明细科目期末余额，减去“债权投资减值准备”科目中相关减值准备的期末余额后的金额分析填列。

14.“其他债权投资”项目

该项目反映资产负债表日企业分类为以公允价值计量且其变动计入其他综合收益的长期债权投资的期末账面价值。本项目应根据“其他债权投资”科目的相关明细科目的期末余额分析填列。

15.“长期股权投资”项目

该项目反映企业持有的能够对被投资单位实施控制、共同控制或重大影响的权益性投资，或者对被投资单位不具有共同控制或重大影响，并且在活跃市场中没有报价、公允价值不能可靠计量的权益性投资。本项目应根据“长期股权投资”科目的期末余额，减去“长期股权投资减值准备”科目余额后的金额填列。

16.“其他权益工具投资”项目

该项目反映资产负债表日企业指定为以公允价值计量且其变动计入其他综合收益的非交易性权益工具投资的期末账面价值。本项目应根据“其他权益工具投资”科目的期末余额填列。

17.“固定资产”项目

该项目反映资产负债表日企业固定资产的期末账面价值和企业尚未清理完毕的固定

资产清理净损益。本项目应根据“固定资产”科目的期末余额，减去“累计折旧”和“固定资产减值准备”科目的期末余额后的金额，以及“固定资产清理”科目的期末余额填列。

18.“在建工程”项目

该项目反映资产负债表日企业尚未达到预定可使用状态的在建工程的期末账面价值和企业为在建工程准备的各种物资的期末账面价值。本项目应根据“在建工程”科目的期末余额，减去“在建工程减值准备”科目的期末余额后的金额，以及“工程物资”科目的期末余额，减去“工程物资减值准备”科目的期末余额后的金额填列。

19.“使用权资产”项目

该项目反映资产负债表日承租人企业持有的使用权资产的期末账面价值。本项目应根据“使用权资产”科目的期末余额，减去“使用权资产累计折旧”和“使用权资产减值准备”科目的期末余额后的金额填列。

20.“无形资产”项目

该项目反映企业拥有或者控制的没有实物形态的可辨认的非货币性资产，无形资产按照成本或公允价值（若通过非同一控制下的企业合并增加）进行计量，并在年末对使用寿命有限的无形资产，按其经济利益的预期实现方式摊销，无法可靠确定预期实现方式的，采用直线法摊销。对使用寿命不确定的无形资产不摊销，但每年均对该无形资产的使用寿命进行复核，并进行减值测试。本项目应根据“无形资产”科目的期末余额，减去“无形资产减值准备”科目期末余额后的金额填列。

21.“开发支出”项目

该项目反映企业自行研究开发无形资产在期末尚未完成开发阶段的无形资产的价值。本项目应根据“研发支出”科目的期末余额填列。

22.“长期待摊费用”项目

该项目反映企业已经发生但应由本期和以后各期分担的分摊期限在一年以上（不含一年）的各项费用，包括公司开办费、以经营租赁方式租入的固定资产的改良支出等。长期待摊费用按实际支出入账，按其受益年限平均摊销。长期待摊费用不能使以后会计期间受益的，将尚未摊销的该项目的摊余价值全部转入当期损益。本项目应根据“长期待摊费用”科目的期末余额减去一年内（含一年）摊销的数额后的金额填列。

23.“其他非流动资产”项目

该项目反映企业除以上资产以外的其他非流动资产。本项目应根据有关科目的期末余额填列。如其他非流动资产价值较大的，应在财务报表附注中披露其内容和金额。

24.“短期借款”项目

该项目反映企业借入尚未归还的一年期以下（含一年）的借款，短期借款利息预提或支付通过“应付利息”科目核算，不在本项目反映。本项目应根据“短期借款”科目的期末余额填列。

25.“交易性金融负债”项目

该项目反映资产负债表日企业承担的交易性金融负债，以及企业持有的指定为以公允价值计量且其变动计入当期损益的金融负债的期末账面价值。本项目应根据“交易性金融负债”科目的相关明细科目的期末余额填列。

26.“应付票据”项目

该项目反映资产负债表日以摊余成本计量的、企业因购买材料、商品和接受服务等开出、承兑的商业汇票，包括银行承兑汇票和商业承兑汇票。本项目应根据“应付票据”科目的期末余额填列。

27.“应付账款”项目

该项目反映资产负债表日以摊余成本计量的、企业因购买材料、商品和接受服务等经营活动应支付的款项。本项目应根据“应付账款”和“预付账款”科目所属的相关明细科目的期末贷方余额合计数填列。

28.“预收款项”项目

该项目反映企业预收购买单位的账款。本项目应根据“预收账款”科目所属各有关明细科目的期末贷方余额合计数填列。“预收账款”科目所属有关明细科目如有借方余额，应在本表“应收账款”项目内填列；“应收账款”科目所属明细科目如有贷方余额，也应包括在本项目内。

29.“应付职工薪酬”项目

该项目反映企业根据有关规定应付给职工的各种薪酬。本项目应根据“应付职工薪酬”科目期末贷方余额填列。“应付职工薪酬”科目期末如有借方余额，以“-”号填列。

30.“应交税费”项目

该项目反映企业期末未交、多交或未抵扣的各种税金和其他费用。本项目应根据“应交税费”科目的期末贷方余额填列。“应交税费”科目期末如为借方余额，以“-”号填列。

31.“其他应付款”项目

该项目反映企业所有应付和暂收其他单位和个人的款项。本项目应根据“应付利息”“应付股利”“其他应付款”科目的期末余额合计数填列。其中：“应付利息”仅反映相关金融工具已到期应支付但于资产负债表日尚未支付的利息。基于实际利率法计提的金融工具的利息应包含在相应金融工具的账面余额中。

32.“持有待售负债”项目

该项目反映资产负债表日处置组中与划分为持有待售类别的资产直接相关的负债的期末账面价值。本项目应根据“持有待售负债”科目的期末余额填列。

33.“其他流动负债”项目

该项目反映企业除以上流动负债以外的其他流动负债。本项目应根据有关科目的期末余额填列。如其他流动负债价值较大的，应在财务报表附注中披露其内容及金额。

按照《企业会计准则第14号——收入》（财会〔2017〕22号）的相关规定确认为预计负债的应付退货款，应当根据“预计负债”科目下的“应付退货款”明细科目是否在一年或一个正常营业周期内清偿，在“其他流动负债”或“预计负债”项目中填列。

34.“长期借款”项目

该项目反映企业借入尚未归还的一年期以上（不含一年）的借款本息，预提的长期借款利息在本项目反映。本项目应根据“长期借款”科目的期末余额填列。

35.“应付债券”项目

该项目反映企业发行的尚未偿还的各种长期债券的本息。本项目应根据“应付债券”

科目的期末余额填列。

36.“租赁负债”项目

该项目反映资产负债表日承租人企业尚未支付的租赁付款额的期末账面价值。本项目应根据“租赁负债”科目的期末余额填列。自资产负债表日起一年内到期应予以清偿的租赁负债的期末账面价值，在“一年内到期的非流动负债”项目反映。

37.“长期应付款”项目

该项目反映资产负债表日企业除长期借款和应付债券以外的其他各种长期应付款项的期末账面价值。本项目应根据“长期应付款”科目的期末余额，减去相关的“未确认融资费用”科目的期末余额后的金额，以及“专项应付款”科目的期末余额填列。

38.“预计负债”项目

该项目反映企业预计负债的期末余额。本项目应根据“预计负债”科目的期末余额填列。企业按照《企业会计准则第22号——金融工具确认和计量》（财会〔2017〕7号）的相关规定对贷款承诺、财务担保合同等项目计提的损失准备，应当在“预计负债”项目中填列。

39.“递延收益”项目

“递延收益”项目中摊销期限只剩一年或不足一年的，或预计在一年内（含一年）进行摊销的部分，不得归类为流动负债，仍在该项目中填列，不转入“一年内到期的非流动负债”项目。

40.“其他非流动负债”项目

该项目反映企业除以上非流动负债项目以外的其他非流动负债。本项目应根据有关科目的期末余额填列。如其他非流动负债价值较大的，应在财务报表附注中披露其内容和金额。

上述非流动负债各项目中将于一年内（含一年）到期的非流动负债，应在“一年内到期的非流动负债”项目内单独反映，非流动负债各项目均应根据有关科目期末余额减去将于一年内（含一年）到期的非流动负债后的金额填列。

41.“其他权益工具”项目

该项目反映资产负债表日企业发行在外的除普通股以外分类为权益工具的金融工具的期末账面价值。对于资产负债表日企业发行的金融工具，分类为金融负债的，应在“应付债券”项目填列，对于优先股和永续债，还应在“应付债券”项目下的“优先股”项目和“永续债”项目分别填列；分类为权益工具的，应在“其他权益工具”项目填列，对于优先股和永续债，还应在“其他权益工具”项目下的“优先股”项目和“永续债”项目分别填列。

42.“专项储备”项目

该项目反映高危行业企业按国家规定提取的安全生产费的期末账面价值。本项目应根据“专项储备”科目的期末余额填列。

43.“实收资本（或股本）”项目

该项目反映企业各投资者实际投入的资本（或股本）总额。本项目应根据“实收资本（或股本）”科目的期末余额填列。

44.“资本公积”项目

该项目反映企业资本公积的期末余额。本项目应根据“资本公积”科目的期末余额填列。

45.“盈余公积”项目

该项目反映企业盈余公积的期末余额。本项目应根据“盈余公积”科目的期末余额填列。

46.“本年利润”项目

该项目反映企业从年初到本期末止形成的而未分配的利润。通常在1—11月的资产负债表以及中期报告的资产负债表需要填列此项目，本项目应根据“本年利润”科目的期末余额填列。

47.“未分配利润”项目

该项目反映企业尚未分配的利润。本项目应根据“利润分配”科目的余额计算填列。未弥补的亏损，在本项目内以“-”号填列。

▸▸▸▸▸▸ 第四节　利润表

一、利润表的概念和作用

（一）利润表的概念

利润表，或称损益表，是集中反映企业会计期间（月度、季度、半年度和年度）生产经营成果的会计报表。利润表以“收入-费用=利润”这一会计等式为依据，按照各项收入、费用以及构成利润的各个项目分类分项编制而成。

（二）利润表的作用

通过利润表可以分析企业利润的来源和结构及其增减变化，便于财务报表使用者判断企业未来的发展趋势，为编制下期的利润预算、改进经营管理提供科学依据。利润表的作用表现为以下几个方面：

1.评价和预测企业的经营成果和盈利能力，为投资决策提供依据

经营成果是一个绝对值指标，可以反映企业财富增长的规模。盈利能力是一个相对值指标，是指企业运用一定的经济资源获取经营成果的能力，经济资源可以是资产的耗费，还可以是投入的人力，因而衡量盈利能力的指标包括资产收益率、净资产（税后）收益率、成本收益率以及人均实现收益等指标。经营成果的信息直接由利润表反映，而盈利能力的信息除利润表外，还要借助其他财务报表和附注才能得到。

根据利润表所提供的经营成果信息，投东和管理部门可以评价和预测企业的盈利能力，对是否投资或追加投资、投向何处、投资多少等做出决策。

2.评价和预测企业的偿债能力，为筹资决策提供依据

偿债能力是指企业以资产清偿债务的能力。企业的偿债能力不仅取决于资产的流动性和资本结构，也取决于盈利能力。盈利能力不强甚至亏损的企业，通常其偿债能力也不会很强。

债权人通过分析和比较利润表的有关信息，可以评价和预测企业的偿债能力，尤其是长期偿债能力，对是否继续向企业提供信贷做出决策。

财务部门通过分析和比较利润表的有关信息和偿债能力，可以对筹资方案和资本结构以及财务杠杆的运用做出决策。

3.企业管理人员可根据利润表披露的经营成果做出经营决策

企业管理人员通过比较和分析利润表中各种构成因素，可以知悉各项收入、成本费用与收益之间的消长趋势，发现各方面工作中存在的问题，做出合理的经营决策。

4.评价和考核管理人员的绩效

董事会和股东根据利润表所反映的收入、成本费用与收益的信息可以评价管理层的业绩，为考核和奖励管理人员做出合理的决策。

二、利润表的内容和结构

（一）利润表的内容

利润表至少应当单独列示反映下列信息的项目，但其他会计准则另有规定的除外：营业收入；营业成本；税金及附加；销售费用；管理费用；研发费用；财务费用；其他收益；投资收益；净敞口套期收益；公允价值变动收益；信用减值损失；资产减值损失；资产处置收益；所得税费用；净利润；其他综合收益各项目的税后净额；综合收益总额。在合并利润表中，企业应当在净利润项目之下单独列示归属于母公司所有者的净利润和少数股东损益，在综合收益总额项目之下单独列示归属于母公司所有者的综合收益总额和归属于少数股东的综合收益总额。

（二）利润表的结构

利润表的结构是指其主要内容在报表中的位置及各具体项目的排列顺序。目前比较普遍的利润表格式主要有单步式和多步式两种。我国采用多步式利润表格式。多步式利润表通过对当期的收入、费用、支出项目按性质加以归类，按利润形成的主要环节列示一些中间性利润指标，明确揭示出营业利润与其他利润对企业利润总额的影响程度，因而提供了更为丰富的、多层次的利润信息，有利于报表使用者正确评价企业经营业绩，有利于同行业企业之间的比较以及企业前后期各相应项目的比较，有利于正确预测企业未来的盈利能力。

多步式利润表主要分三步计算企业的利润（或亏损）。第一步，计算营业利润，即以营业收入为基础，减去营业成本、税金及附加、销售费用、管理费用、研发费用、财务费用，然后加上其他收益、投资收益、净敞口套期收益、公允价值变动收益、信用减值损失、资产减值损失、资产处置收益（损失均以“-”号填列）；第二步，计算利润总额，即以营业利润为基础，加上营业外收入，减去营业外支出；第三步，计算净利润，即以利润总额为基础，减去所得税费用。

利润表一般包括表首和正表两部分。表首概括说明报表名称、编制单位、编制日期、报表编号、货币名称和金额单位等内容。正表是利润表的核心，详细列示形成利润的各个项目和计算过程。其具体格式见表8-2。

表8-2 **合并利润表**

编制单位：益农股份有限公司 2023年 单位：元

项目	2023 年度	2022 年度
一、营业总收入	7 730 723 573.43	7 353 344 572.09
其中：营业收入	7 730 723 573.43	7 353 344 572.09
利息收入		
已赚保费		
手续费及佣金收入		
二、营业总成本	7 636 729 803.44	7 357 096 535.20
其中：营业成本	5 760 921 457.33	5 575 062 784.06
利息支出		
手续费及佣金支出		
退保金		
赔付支出净额		
提取保险责任准备金净额		
保单红利支出		
分保费用		
税金及附加	47 210 426.56	41 349 668.31
销售费用	1 194 061 151.67	1 192 439 417.24
管理费用	359 708 068.83	333 861 718.55
研发费用	117 654 694.54	35 327 399.36
财务费用	157 174 004.51	179 055 547.68
其中：利息费用	156 449 026.59	168 630 603.47
利息收入	13 334 251.11	16 195 712.45
加：其他收益	27 083 355.76	33 826 238.40
投资收益（损失以“-”号填列）	188 957 495.47	63 310 735.27
其中：对联营企业和合营企业的投资收益	188 957 495.47	63 310 735.27
以摊余成本计量的金融资产终止确认收益		
汇兑收益（损失以“-”号填列）		
净敞口套期收益（损失以“-”号填列）		

续表

项目	2023 年度	2022 年度
公允价值变动收益（损失以“-”号填列）	1 099 772.57	-24 957.36
信用减值损失（损失以“-”号填列）	-33 087 802.27	-36 331 777.62
资产减值损失（损失以“-”号填列）	-15 945 649.80	-121 134.90
资产处置收益（损失以“-”号填列）	-1 092 452.32	-2 307 462.74
三、营业利润（亏损以“-”号填列）	261 008 489.40	54 599 677.94
加：营业外收入	7 215 442.81	31 559 057.66
减：营业外支出	4 682 179.27	14 630 791.58
四、利润总额（亏损总额以“-”号填列）	263 541 752.94	71 527 944.02
减：所得税费用	54 863 004.76	56 127 595.46
五、净利润（净亏损以“-”号填列）	208 678 748.18	15 400 348.56
（一）按经营持续性分类		
1.持续经营净利润（净亏损以“-”号填列）	208 678 748.18	15 400 348.56
2.终止经营净利润（净亏损以“-”号填列）		
（二）按所有权归属分类		
1.归属于母公司所有者的净利润（净亏损以“-”号填列）	245 209 784.70	22 056 881.41
2.少数股东损益（净亏损以“-”号填列）	-36 531 036.52	-6 656 532.85
六、其他综合收益的税后净额	-152 216 625.22	50 738 898.40
（一）归属于母公司所有者的其他综合收益的税后净额	-73 750 091.64	31 327 562.34
1. 不能重分类进损益的其他综合收益	4 068 908.49	12 836 319.92
（1）重新计量设定受益计划变动额	695 395.72	
（2）权益法下不能转损益的其他综合收益		
（3）其他权益工具投资公允价值变动	3 373 512.77	12 836 319.92
（4）企业自身信用风险公允价值变动		
2. 将重分类进损益的其他综合收益	-77 819 000.13	18 491 242.42
（1）权益法下可转损益的其他综合收益		
（2）其他债权投资公允价值变动		
（3）金融资产重分类计入其他综合收益的金额		

续表

项目	2023 年度	2022 年度
(4)其他债权投资信用减值准备		
(5)现金流量套期储备		
(6)外币财务报表折算差额	−77 819 000.13	18 352 805.89
(7)其他		138 436.53
(二)归属于少数股东的其他综合收益的税后净额	−78 466 533.53	19 411 336.06
七、综合收益总额	56 462 122.95	66 139 246.96
(一)归属于母公司所有者的综合收益总额	171 459 693.06	53 384 443.75
(二)归属于少数股东的综合收益总额	−114 997 570.10	12 754 803.21
八、每股收益:		
(一)基本每股收益(元/股)	0.164	0.015
(二)稀释每股收益(元/股)	0.164	0.015

公司负责人:王聪　　主管会计工作负责人:李栋梁　　会计机构负责人:马忠

三、利润表的编制方法

(一)利润表各栏目的内容及填列方法

为了便于报表使用者比较不同会计期间利润的实现情况,判断企业经营成果的未来发展趋势,按照《企业财务会计报告条例》的相关规定,年度、半年度会计报表至少应当反映两个年度或者相关两个期间的比较数据。因此,企业需要提供比较利润表,利润表各项目相应分为“本期(月)金额”和“本年累计金额”两栏分别填列。

“本期(月)金额”栏反映各项目的本期(月)实际发生数,“本年累计金额”表示从年初至本期(月)止的累计发生数;在编制中期和年度财务会计报告时,应将“本期(月)金额”栏改成“上期(年)金额”栏,填列上年同期累计实际发生数。如果上年度利润表与本年度利润表的项目名称和内容不相一致,应对上年度利润表项目的名称和数字按本年度的规定进行调整,填入本表“上期(年)金额”栏。

(二)利润表各项目的内容及填列方法

由于利润表是动态报表,因而一般依据各损益类科目的本期发生额分析填列。各项目的具体填列方法如下:

1.“营业收入”项目

该项目反映销售商品、提供劳务、让渡资产使用权(主要是利息收入和使用费收入等)业务所取得的收入总额。本项目应根据“主营业务收入”“其他业务收入”科目的发生额分析填列。

2.“营业成本”项目

该项目反映企业主营业务和其他业务发生的实际成本。本项目应根据“主营业务成本”“其他业务成本”科目的发生额分析填列。

3.“税金及附加”项目

该项目反映企业经营活动发生的消费税、城市维护建设税、资源税、教育费附加及房产税、城镇土地使用税、车船税、印花税等相关税费。本项目应根据“税金及附加”科目的发生额分析填列。

4.“销售费用”项目

该项目反映企业在销售商品过程中发生的费用。本项目应根据“销售费用”科目的发生额分析填列。

5.“管理费用”项目

该项目反映企业发生的管理费用。本项目应根据“管理费用”科目的发生额分析填列。

6.“研发费用”项目

该项目反映企业进行研究与开发过程中发生的费用化支出，以及计入管理费用的自行开发无形资产的摊销。本项目应根据“管理费用”科目下的“研究费用”明细科目的发生额，以及“管理费用”科目下的“无形资产摊销”明细科目的发生额分析填列。

7.“财务费用”项目

该项目反映企业发生的财务费用。本项目应根据“财务费用”科目的发生额分析填列。

“财务费用”项目下的“利息费用”项目，反映企业为筹集生产经营所需资金等而发生的应予费用化的利息支出。本项目应根据“财务费用”科目的相关明细科目的发生额分析填列。本项目作为“财务费用”项目的其中项，以正数填列。

“财务费用”项目下的“利息收入”项目，反映企业按照相关会计准则确认的应冲减财务费用的利息收入。本项目应根据“财务费用”科目的相关明细科目的发生额分析填列。本项目作为“财务费用”项目的其中项，以正数填列。

8.“其他收益”项目

该项目反映计入其他收益的政府补助，以及其他与日常活动相关且计入其他收益的项目。本项目应根据“其他收益”科目的发生额分析填列。企业作为个人所得税的扣缴义务人，根据《中华人民共和国个人所得税法》收到的扣缴税款手续费，应作为其他与日常活动相关的收益在本项目中填列。

9.“投资收益”项目

该项目反映企业以各种方式对外投资所取得的收益。本项目应根据“投资收益”科目的发生额分析填列，如为投资损失，以“-”号填列。

10.“以摊余成本计量的金融资产终止确认收益”项目

该项目反映企业因转让等情形导致终止确认以摊余成本计量的金融资产而产生的利得或损失。本项目应根据“投资收益”科目的相关明细科目的发生额分析填列；如为损失，以“-”号填列。

11.“净敞口套期收益”项目

该项目反映净敞口套期下被套期项目累计公允价值变动转入当期损益的金额或现金流量套期储备转入当期损益的金额。本项目应根据“净敞口套期损益”科目的发生额分析填列；如为套期损失，以“-”号填列。

12.“信用减值损失”项目

该项目反映企业按照《企业会计准则第22号——金融工具确认和计量》（财会〔2017〕7号）的要求计提的各项金融工具信用减值准备所确认的信用损失。本项目应根据“信用减值损失”科目的发生额分析填列。

13.“公允价值变动收益”项目

该项目反映企业资产因公允价值变动发生的收益。本项目应根据“公允价值变动损益”科目的发生额分析填列；如为公允价值变动损失，以“-”号填列。

14.“资产减值损失”项目

该项目反映企业资产减值的损失。本项目应根据“资产减值损失”科目的发生额分析填列。

15.“资产处置收益”项目

该项目反映企业出售划分为持有待售的非流动资产（金融工具、长期股权投资和投资性房地产除外）或处置组（子公司和业务除外）时确认的处置利得或损失，以及处置未划分为持有待售的固定资产、在建工程、生产性生物资产及无形资产而产生的处置利得或损失。债务重组中因处置非流动资产（金融工具、长期股权投资和投资性房地产除外）产生的利得或损失和非货币性资产交换中换出非流动资产（金融工具、长期股权投资和投资性房地产除外）产生的利得或损失也包括在本项目内。本项目应根据“资产处置损益”科目的发生额分析填列；如为处置损失，以“-”号填列。

16.“营业外收入”项目

该项目反映企业发生的营业利润以外的收益，主要包括债务重组利得、与企业日常活动无关的政府补助、盘盈利得、捐赠利得（企业接受股东或股东的子公司直接或间接的捐赠，经济实质属于股东对企业的资本性投入的除外）等。本项目应根据“营业外收入”科目的发生额分析填列。

17.“营业外支出”项目

该项目反映企业发生的除营业利润以外的支出，主要包括公益性捐赠支出、非常损失、盘亏损失、非流动资产毁损报废损失等。本项目应根据“营业外支出”科目的发生额分析填列。“非流动资产毁损报废损失”通常包括因自然灾害发生毁损、已丧失使用功能等原因而报废清理产生的损失。

企业在不同交易中形成的非流动资产毁损报废利得和损失不得相互抵销，应分别在“营业外收入”项目和“营业外支出”项目中进行填列。

18.“利润总额”项目

该项目反映企业实现的利润总额。如为亏损总额，以“-”号填列。

19.“所得税费用”项目

该项目反映企业按规定从本期损益中减去的所得税费用。本项目应根据“所得税费用”科目的发生额分析填列。

20.“净利润”项目

该项目反映企业实现的净利润。如为净亏损，以“-”号填列。

21.“持续经营净利润”和“终止经营净利润”项目

这两个项目分别反映净利润中与持续经营相关的净利润和与终止经营相关的净利润；

如为净亏损，以“-”号填列。该两个项目应按照《企业会计准则第42号——持有待售的非流动资产、处置组和终止经营》的相关规定分别列报。

22.“其他综合收益的税后净额”项目

该项目指企业根据其他会计准则规定未在当期损益中确认的各项利得和损失，扣除所得税影响后的净额。本项目应当根据其他相关会计准则的规定分为下列两类列报：

一是不能重分类进损益的其他综合收益项目，主要包括重新计量设定受益计划变动额、权益法下不能转损益的其他综合收益、其他权益工具投资公允价值变动、企业自身信用风险公允价值变动等；二是将重分类进损益的其他综合收益项目，主要包括权益法下可转损益的其他综合收益、其他债权投资公允价值变动、其他债权投资公允价值变动损益、金融资产重分类计入其他综合收益的金额、债权投资重分类为其他债权投资损益、其他债权投资信用减值准备、现金流量套期储备（现金流量套期损益的有效部分）、外币财务报表折算差额等。

(1)“其他权益工具投资公允价值变动”项目

该项目反映企业指定为以公允价值计量且其变动计入其他综合收益的非交易性权益工具投资发生的公允价值变动。本项目应根据“其他综合收益”科目的相关明细科目的发生额分析填列。

(2)“企业自身信用风险公允价值变动”项目

该项目反映企业指定为以公允价值计量且其变动计入当期损益的金融负债，由企业自身信用风险变动引起的公允价值变动而计入其他综合收益的金额。本项目应根据“其他综合收益”科目的相关明细科目的发生额分析填列。

(3)“其他债权投资公允价值变动”项目

该项目反映企业分类为以公允价值计量且其变动计入其他综合收益的债权投资发生的公允价值变动。企业将一项以公允价值计量且其变动计入其他综合收益的金融资产重分类为以摊余成本计量的金融资产，或重分类为以公允价值计量且其变动计入当期损益的金融资产时，之前计入其他综合收益的累计利得或损失从其他综合收益中转出的金额作为本项目的减项。本项目应根据“其他综合收益”科目下的相关明细科目的发生额分析填列。

(4)“金融资产重分类计入其他综合收益的金额”项目

该项目反映企业将一项以摊余成本计量的金融资产重分类为以公允价值计量且其变动计入其他综合收益的金融资产时，计入其他综合收益的原账面价值与公允价值之间的差额。本项目应根据“其他综合收益”科目下的相关明细科目的发生额分析填列。

(5)“其他债权投资信用减值准备”项目

该项目反映企业按照《企业会计准则第22号——金融工具确认和计量》（财会〔2017〕7号）第十八条分类为以公允价值计量且其变动计入其他综合收益的金融资产的损失准备。本项目应根据“其他综合收益”科目下的“信用减值准备”明细科目的发生额分析填列。

(6)“现金流量套期储备”项目

该项目反映企业套期工具产生的利得或损失中属于套期有效的部分。本项目应根据“其他综合收益”科目下的“套期储备”明细科目的发生额分析填列。

23.“综合收益总额”项目

该项目指企业在某一期间除与所有者以其所有者身份进行的交易之外的其他交易或事

项所引起的所有者权益变动。综合收益总额项目反映净利润和其他综合收益扣除所得税影响后的净额相加后的合计金额。

24.“基本每股收益”和“稀释每股收益”项目

这两个项目反映企业的每股收益状况，应根据每股收益准则的规定计算后填列。

▸▸▸▸▸▸ 第五节 现金流量表

一、现金流量表的概念和作用

现金流量表，是反映企业一定会计期间现金和现金等价物流入和流出情况的报表。它和利润表一样，也属于动态报表。现金流量表按照收付实现制原则编制，将权责发生制下的盈利信息调整为收付实现制下的现金流量信息，消除了会计数据中人为因素的影响，反映企业的现金盈利能力和现金流动情况，便于报表使用者正确预测其未来现金流量。因此，现金流量表越来越受到报表使用者的重视。其作用主要表现在以下几个方面：

1.有助于评价企业真实的支付能力和偿债能力

由于企业会计核算以权责发生制为基础，因此利润表中反映的盈利情况虽然表明企业具有一定的现金支付能力，但难以反映企业真实的支付能力或偿债能力。现金流量表以现金及现金等价物为基础编制，揭示了企业各项现金流量的构成，特别是经营活动产生的现金流量净额，有助于报表使用者评价企业真实的支付能力和偿债能力。

2.有助于预测企业未来产生现金流量的能力

现金流量表披露了企业一定会计期间内现金流入流出的整体情况，揭示出企业通过经营活动、投资活动和筹资活动产生现金流量的能力，有助于报表使用者预测企业未来产生现金流量的能力。

3.有助于分析企业收益的质量及影响现金净流量的因素

利润表既不能反映出企业经营活动产生了多少现金，也不能反映出投资活动和筹资活动对企业财务状况的影响，而现金流量表列示了经营活动、投资活动和筹资活动的现金流量，有助于分析影响现金净流量的因素。将经营活动产生的现金流量与净利润比较，还可以分析和评价企业收益的质量。

二、现金流量表的编制基础

现金流量表是以现金及现金等价物为基础编制的。其中，现金是指库存现金以及可以随时用于支付的存款。具体包括：

（一）库存现金

库存现金是指企业持有的、可随时用于支付的现金，它与会计核算中“库存现金”科目所包含的内容一致。

（二）银行存款

银行存款是指企业存在银行或非银行金融机构的、随时可以用于支付的存款，它与会计核算中“银行存款”科目核算的内容基本一致，但必须是可以随时用于支付的银行存款，如结算户存款、通知存款等。

（三）其他货币资金

其他货币资金是指企业存在银行或非银行金融机构的、具有特定用途的资金，如外埠存款、银行汇票存款、银行本票存款、信用证保证金存款、信用卡存款等。

（四）现金等价物

现金等价物是指企业持有的期限短、流动性强、易于转换为已知金额的现金、价值变动风险很小的投资。现金等价物虽然不是现金，但其支付能力与现金的差别不大，可视为现金。现金等价物通常包括三个月内到期的债券投资等。权益性投资变现的金额通常不确定，因而不属于现金等价物。企业应当根据具体情况确定现金等价物的范围，一经确定不得随意变更。

三、现金流量表的内容与格式

（一）现金流量表的内容

现金流量表是按照经营活动、投资活动和筹资活动产生的现金流量分类列示的。其中，经营活动产生的现金流量、投资活动产生的现金流量以及筹资活动产生的现金流量又分别按照其现金流入和流出的性质分项列示。

1.经营活动产生的现金流量

经营活动是指企业投资活动和筹资活动以外的所有交易和事项。各类企业由于行业特点不同，对经营活动的认定存在一定差异。通常情况下，对于工商企业而言，经营活动产生的现金流入项目主要有：销售商品、提供劳务收到的现金；收到的税费返还；收到其他与经营活动有关的现金。经营活动产生的现金流出项目主要有：购买商品、接受劳务支付的现金；支付给职工以及为职工支付的现金；支付的各项税费；支付其他与经营活动有关的现金。

2.投资活动产生的现金流量

投资活动是指企业长期资产的购建和不包括在现金等价物范围内的投资及其处置活动。通常情况下，投资活动产生的现金流入项目主要有：收回投资收到的现金；取得投资收益收到的现金；处置固定资产、无形资产和其他长期资产收回的现金净额；处置子公司及其他营业单位收到的现金净额；收到其他与投资活动有关的现金。投资活动产生的现金流出项目主要有：购建固定资产、无形资产和其他长期资产支付的现金；投资支付的现金；取得子公司及其他营业单位支付的现金净额；支付其他与投资活动有关的现金。

3.筹资活动产生的现金流量

筹资活动是指导致企业资本及债务规模和构成发生变化的活动。通常情况下，筹资活动产生的现金流入项目主要有：吸收投资收到的现金；取得借款收到的现金；收到其他与筹资活动有关的现金。筹资活动产生的现金流出项目主要有：偿还债务支付的现金；分配股利、利润或偿付利息支付的现金；支付其他与筹资活动有关的现金。

企业在进行现金流量的分类时，对于企业日常活动之外特殊的、不经常发生的项目，如自然灾害损失、保险赔款、捐赠等，企业应当根据其性质将其归并到经营活动、投资活动和筹资活动现金流量类别中单独列报。

（二）现金流量表的格式

现金流量表分为两部分：第一部分为表首；第二部分为正表。表首概括地说明报表名称、编制单位、编制日期、报表编号、金额单位等内容。正表详细列示现金流量表各个项目的内容，主要有六项：一是经营活动产生的现金流量；二是投资活动产生的现金流量；三是筹资活动产生的现金流量；四是汇率变动对现金及现金等价物的影响；五是现金及现金等价物净增加额；六是期末现金及现金等价物余额。其中，经营活动产生的现金流量是按直接法编制的。现金流量表的格式见表8-3。

表8-3 **合并现金流量表**

编制单位：益农股份有限公司 2023年 单位：元

项 目	2023年度	2022年度
一、经营活动产生的现金流量		
销售商品、提供劳务收到的现金	8 249 221 909.85	7 964 080 020.99
收到的税费返还		
收到其他与经营活动有关的现金	105 708 048.89	124 141 605.08
经营活动现金流入小计	8 354 929 958.74	8 088 221 626.07
购买商品、接受劳务支付的现金	5 844 318 786.08	5 529 223 864.12
支付给职工以及为职工支付的现金	1 005 000 217.12	934 670 761.19
支付的各项税费	386 724 656.65	362 788 097.79
支付其他与经营活动有关的现金	779 378 799.17	690 694 101.37
经营活动现金流出小计	8 015 422 459.02	7 517 376 824.47
经营活动产生的现金流量净额	339 507 499.72	570 844 801.60
二、投资活动产生的现金流量		
收回投资收到的现金		100 000 000.00
取得投资收益收到的现金	20 500 000.00	68 343 357.00
处置固定资产、无形资产和其他长期资产收回的现金净额	7102765.33	96857008.86
处置子公司及其他营业单位收到的现金净额		
收到其他与投资活动有关的现金	333 914.86	
投资活动现金流入小计	27 936 680.19	265 200 365.86

续表

项 目	2023年度	2022年度
购建固定资产、无形资产和其他长期资产支付的现金	130146779.6	208775765.2
投资支付的现金		145 200 000.00
取得子公司及其他营业单位支付的现金净额		
支付其他与投资活动有关的现金		
投资活动现金流出小计	130 146 779.62	353 975 765.21
投资活动产生的现金流量净额	−102 210 099.43	−88 775 399.35
三、筹资活动产生的现金流量		
吸收投资收到的现金		33 438 877.36
其中：子公司吸收少数股东投资收到的现金		33 438 877.36
取得借款收到的现金	477 904 267.97	567 775 170.91
收到其他与筹资活动有关的现金	2 000 000.00	
筹资活动现金流入小计	479 904 267.97	601 214 048.27
偿还债务支付的现金	829 464 589.84	641 885 860.38
分配股利、利润或偿付利息支付的现金	91 788 242.97	167 280 400.63
其中：子公司支付给少数股东的股利、利润		3889800
支付其他与筹资活动有关的现金	436 731 316.44	1 782 466.25
筹资活动现金流出小计	1 357 984 149.25	810 948 727.26
筹资活动产生的现金流量净额	−878 079 881.28	−209 734 678.99
四、汇率变动对现金及现金等价物的影响	−39 964 368.20	6 422 456.82
五、现金及现金等价物净增加额	−680 746 849.19	278 757 180.08
加：期初现金及现金等价物余额	1 997 507 200.05	1 718 750 019.97
六、期末现金及现金等价物余额	1 316 760 350.86	1 997 507 200.05

法定代表人：王守聪　　主管会计工作负责人：马忠峙　　会计机构负责人：李国良

四、现金流量表的编制方法

按照我国企业现金流量表的内容和格式要求，现分别说明现金流量表各项目的填列方法：

(一) 经营活动产生的现金流量

编制现金流量表时，列报经营活动现金流量的方法有两种：一种是直接法；另一种是间接法。这两种方法通常也被称为编制现金流量表的方法。

直接法是指通过现金收入和现金支出的主要类别列示经营活动产生的现金流量。在实务中，一般是以利润表中的营业收入为起算点，调整与经营活动各项目有关的增减变动，然后分别计算出经营活动产生的各项现金流量。

间接法是指以净利润为起算点，调整不涉及现金的收入、费用、营业外收支等有关项目，据此计算出经营活动产生的现金流量。

我国企业会计准则规定企业经营活动产生的现金流量应当采用直接法填列，同时要求在现金流量表附注中采用间接法将净利润调整为经营活动产生的现金流量。

直接法下经营活动产生的现金流量各项目的具体填列方法如下：

1.“销售商品、提供劳务收到的现金”项目

该项目反映企业销售商品、提供劳务实际收到的现金（包括应向购买者收取的增值税销项税额），包括本期销售商品、提供劳务收到的现金，以及前期销售商品、提供劳务本期收到的现金和本期预收的款项，减去本期退回本期销售的商品和前期销售本期退回的商品支付的现金。企业销售材料和代购代销业务收到的现金，也在本项目反映。本项目可以根据“库存现金”“银行存款”“应收账款”“应收票据”“预收账款”“主营业务收入”“其他业务收入”等科目的记录分析填列。

2.“收到的税费返还”项目

该项目反映企业收到返还的各种税费，包括收到返还的增值税、消费税、关税、所得税、教育费附加等。本项目可以根据“库存现金”“银行存款”“营业外收入”“其他应收款”等科目的记录分析填列。

3.“收到其他与经营活动有关的现金”项目

该项目反映企业除了上述各项目以外所收到的其他与经营活动有关的现金，如罚款、流动资产损失中由个人赔偿的现金、经营租赁租金等。若某项其他与经营活动有关的现金流入金额较大，应单列项目反映。本项目可以根据“库存现金”“银行存款”“营业外收入”等科目的记录分析填列。企业实际收到的政府补助，无论是与资产相关还是与收益相关，均在“收到其他与经营活动有关的现金”项目填列。

4.“购买商品、接受劳务支付的现金”项目

该项目反映企业购买商品、接受劳务实际支付的现金（包括增值税进项税额），包括本期购买材料、商品、接受劳务支付的现金，以及本期支付前期购买商品、接受劳务的未付款项以及本期预付款项，减去本期发生的购货退回收到的现金。企业代购代销业务支付的现金，也在本项目反映。本项目可以根据“库存现金”“银行存款”“应付账款”“应付票据”“预付账款”“主营业务成本”“其他业务成本”等科目的记录分析填列。

5.“支付给职工以及为职工支付的现金”项目

该项目反映企业实际支付给职工以及为职工支付的现金，包括本期实际支付给职工的工资、奖金、各种津贴和补贴等，以及为职工支付的其他费用。企业代扣代缴的职工个人所得税，也在本项目反映。本项目不包括支付给离退休人员的各项费用及支付给在建工程人员的工资及其他费用。企业支付给离退休人员的各项费用（包括支付的统筹退休金以及未参加统筹的退休人员的费用），在“支付其他与经营活动有关的现金”项目反映；支付给在建工程人员的工资及其他费用，在“购建固定资产、无形资产和其他长期资产支付的现金”项目反映。本项目可以根据“应付职工薪酬”“库存现金”“银行存款”等科目的记录分析填列。

企业为职工支付的养老、失业等社会保险费、补充养老保险、住房公积金、支付给职工的住房困难补助，以及企业支付给职工或为职工支付的其他福利费用等，应按职工的工

作性质和服务对象，分别在本项目和“购建固定资产、无形资产和其他长期资产支付的现金”项目反映。

6.“支付的各项税费”项目

该项目反映企业按规定支付的各种税费，包括企业本期发生并支付的税费，以及本期支付以前各期发生的税费和本期预交的税费，包括所得税、增值税、消费税、印花税、房产税、土地增值税、车船税、教育费附加、矿产资源补偿费等，但不包括计入固定资产价值、实际支付的耕地占用税，也不包括本期退回的增值税、所得税。本期退回的增值税、所得税在“收到的税费返还”项目反映。本项目可以根据“应交税费”“库存现金”“银行存款”等科目的记录分析填列。

7.“支付其他与经营活动有关的现金”项目

该项目反映企业除上述各项目外所支付的其他与经营活动有关的现金，如经营租赁支付的租金、支付的罚款、差旅费、业务招待费、保险费等。若其他与经营活动有关的现金流出金额较大，应单列项目反映。本项目可以根据“库存现金”“银行存款”“管理费用”等有关科目的记录分析填列。

（二）投资活动产生的现金流量

1.“收回投资收到的现金”项目

该项目反映企业报告期内出售、转让或到期收回除现金等价物以外的交易性金融资产、长期股权投资而收到的现金以及收回长期股权投资本金而收到的现金。本项目应根据“银行存款”科目的借方记录及“交易性金融资产”“长期股权投资”“债权投资”等科目的贷方发生额分析填列。

2.“取得投资收益收到的现金”项目

该项目反映企业报告期内因股权性投资而取得的现金股利、因债券投资而取得的现金利息收入，以及从子公司、联营企业和合营企业分回利润收到的现金。本项目根据“银行存款”等科目的借方记录及“投资收益”“应收利息”“应收股利”等科目的贷方发生额分析填列。

3.“处置固定资产、无形资产和其他长期资产收回的现金净额”项目

该项目反映企业报告期内处置固定资产、无形资产及其他长期资产时因取得价款收入、保险赔偿收入等收到的现金扣除与之相关的现金支出后的净额。另外，由于自然灾害所造成的固定资产等长期资产损失收到的保险赔款收入，也在本项目中反映。本项目根据“银行存款”等科目的记录及“固定资产清理”“其他业务收入”“其他应收款”“应交税费”等科目的发生额分析填列。

4.“处置子公司及其他营业单位收到的现金净额”项目

该项目反映企业处置子公司及其他营业单位所取得的现金，减去相关处置费用以及子公司及其他营业单位持有的现金和现金等价物后的净额。本项目可以根据“长期股权投资”“银行存款”“库存现金”等科目的记录分析填列。

5.“收到其他与投资活动有关的现金”项目

该项目反映企业除了上述各项目以外，所收到的其他与投资活动有关的现金流入。比如，企业收回购买股票和债券时支付的已宣告但尚未领取的现金股利或已到付息期但尚未

领取的债券利息。若其他与投资活动有关的现金流入金额较大，应单列项目反映。本项目可以根据“应收股利”“应收利息”“银行存款”“库存现金”等科目的记录分析填列。

6.“购建固定资产、无形资产和其他长期资产支付的现金”项目

该项目反映企业本期购买、建造固定资产、取得无形资产和其他长期资产实际支付的现金，以及用现金支付的应由在建工程和无形资产负担的职工薪酬，不包括为购建固定资产而发生的借款利息资本化部分，以及融资租入固定资产支付的租赁费。企业支付的借款利息和融资租入固定资产支付的租赁费，在筹资活动产生的现金流量中反映。本项目可以根据“固定资产”“在建工程”“无形资产”“库存现金”“银行存款”等科目的记录分析填列。

7.“投资支付的现金”项目

该项目反映企业报告期内进行现金等价物以外的权益性投资、债务性投资所支付的现金，包括支付的佣金、手续费等交易费用，但取得子公司及其他营业单位支付的现金净额除外。本项目可以根据“其他债权投资”“债权投资”“长期股权投资”“库存现金”“银行存款”等科目的记录分析填列。

8.“取得子公司及其他营业单位支付的现金净额”项目

该项目反映企业购买子公司及其他营业单位出价中以现金支付的部分，减去子公司及其他营业单位持有的现金和现金等价物后的净额。本项目可以根据“长期股权投资”“库存现金”“银行存款”等科目的记录分析填列。

9.“支付其他与投资活动有关的现金”项目

该项目反映企业除上述各项以外所支付的其他与投资活动有关的现金流出，如企业购买股票时实际支付的价款中包含的已宣告但尚未领取的现金股利、购买债券时支付的价款中包含的已到付息期尚未领取的债券利息等。若某项其他与投资活动有关的现金流出金额较大，应单列项目反映。本项目可以根据“应收股利”“应收利息”“银行存款”“库存现金”等科目的记录分析填列。

（三）筹资活动产生的现金流量

1.“吸收投资收到的现金”项目

该项目反映企业以发行股票、债券等方式筹集资金实际收到的款项，减去直接支付的佣金、手续费、宣传费、咨询费、印刷费等发行费用后的净额。本项目可以根据“实收资本（或股本）”“库存现金”“银行存款”等科目的记录分析填列。

2.“取得借款收到的现金”项目

该项目反映企业举借各种短期、长期借款实际收到的现金。本项目可以根据“短期借款”“长期借款”“库存现金”“银行存款”等科目的记录分析填列。

3.“收到其他与筹资活动有关的现金”项目

该项目反映企业除上述各项目外所收到的其他与筹资活动有关的现金流入，如接受现金捐赠等。若某项其他与筹资活动有关的现金流入金额较大，应单列项目反映。本项目可以根据“银行存款”“库存现金”“营业外收入”等科目的记录分析填列。

4.“偿还债务支付的现金”项目

该项目反映企业偿还债务本金所支付的现金，包括偿还金融企业的借款本金、偿还债

券本金等。企业支付的借款利息和债券利息在“分配股利、利润或偿付利息支付的现金”项目反映，不包括在本项目内。本项目可以根据“短期借款”“长期借款”“应付债券”“库存现金”“银行存款”等科目的记录分析填列。

5.“分配股利、利润或偿付利息支付的现金”项目

该项目反映企业实际支付的现金股利、支付给其他投资单位的利润或用现金支付的借款利息、债券利息等。本项目可以根据“应付股利”“应付利息”“财务费用”“库存现金”“银行存款”等科目的记录分析填列。

6.“支付其他与筹资活动有关的现金”项目

该项目反映企业除上述各项目外所支付的其他与筹资活动有关的现金流出，如捐赠现金支出、融资租入固定资产支付的租赁费等。若某项其他与筹资活动有关的现金流出金额较大，应单列项目反映。本项目可以根据“营业外支出”“长期应付款”“银行存款”“库存现金”等科目的记录分析填列。

（四）汇率变动对现金及现金等价物的影响

该项目反映企业外币现金流量以及境外子公司的现金流量折算为人民币时，所采用的现金流量发生日的即期汇率或按照系统合理的方法确定的、与现金流量发生日即期汇率近似的汇率折算的人民币金额与“现金及现金等价物净增加额”中的外币现金净增加额按期末汇率折算的人民币金额之间的差额。

在编制现金流量表时，可逐笔计算外币业务发生的汇率变动对现金的影响，也可不必逐笔计算而采用简化的计算方法，即通过现金流量表补充资料中“现金及现金等价物净增加额”数额与现金流量表中“经营活动产生的现金流量净额”“投资活动产生的现金流量净额”“筹资活动产生的现金流量净额”三项之和比较，其差额即为“汇率变动对现金及现金等价物的影响”项目的金额。

五、现金流量表附表

除现金流量表反映的信息外，企业还应在附注中披露下列信息：

（一）将净利润调节为经营活动现金流量

在我国，现金流量表采用直接法反映经营活动产生的现金流量，同时，企业还应在附注中采用间接法反映经营活动产生的现金流量，以对现金流量表中采用直接法反映的经营活动现金流量进行核对和补充说明。

采用间接法列报经营活动产生的现金流量时，需要对四类项目进行调整：（1）实际没有支付现金的费用；（2）实际没有收到现金的收益；（3）不属于经营活动的损益；（4）经营性应收应付项目的增减变动。

（二）不涉及现金收支的重大投资和筹资活动

该项目反映企业一定期间内影响资产或负债但不形成该期现金收支的所有投资和筹资活动的信息。这些投资和筹资活动虽然不涉及现金收支，但对以后各期的现金流量有重大影响。

例如，企业融资租入设备，将形成的负债记入“长期应付款”账户，当期并不支付设备款及租金，但以后各期必须为此支付现金，从而在一定期间内形成了一项固定的现金支出。

企业应当在附注中披露不涉及当期现金收支但影响企业财务状况或在未来可能影响企业现金流量的重大投资和筹资活动，主要包括：①债务转为资本，反映企业本期转为资本的债务金额；②一年内到期的可转换公司债券，反映企业一年内到期的可转换公司债券的本息；③融资租入固定资产，反映企业本期融资租入的固定资产。

（三）现金及现金等价物净变动情况

企业应当在附注中披露与现金和现金等价物有关的下列信息：①现金和现金等价物的构成及其在资产负债表中的相应金额。②企业持有但不能由母公司或集团内其他子公司使用的大额现金和现金等价物金额。企业持有现金和现金等价物余额但不能被集团使用的情形多种多样。例如，国外经营的子公司，由于受当地外汇管制或其他立法限制，其持有的现金和现金等价物不能由母公司或其他子公司正常使用。

现金流量表附表（即补充资料）的格式见表8-4。

表8-4 **益农股份有限公司合并现金流量表补充资料**

2023年

单位：元

补充资料	本期金额	上期金额
1. 将净利润调节为经营活动现金流量：		
净利润	208 678 748.18	15 400 348.56
加：资产减值准备	15 945 649.80	121 134.90
信用减值损失	33 087 802.27	36 331 777.62
固定资产折旧、油气资产折耗、生产性生物资产折旧	228 071 427.74	224 451 952.32
使用权资产摊销	5 325 443.18	3 912 450.85
无形资产摊销	19 696 532.41	21 290 331.02
长期待摊费用摊销	29 226 083.88	21 752 963.26
处置固定资产、无形资产和其他长期资产的损失（收益以“-”号填列）	1 092 452.32	2 307 462.74
固定资产报废损失（收益以“-”号填列）	168 515.02	1 398 117.87
公允价值变动损失（收益以“-”号填列）	-1 099 772.57	24 957.36
财务费用（收益以“-”号填列）	81 739 635.62	110 376 539.26
投资损失（收益以“-”号填列）	-188 957 495.47	-63 310 735.27
递延所得税资产减少（增加以“-”号填列）	-5 970 770.23	-12 083 674.70
递延所得税负债增加（减少以“-”号填列）	-3 750 544.32	-2 549 827.19

续表

补充资料	本期金额	上期金额
存货的减少（增加以“-”号填列）	-70 584 877.75	67 038 065.55
经营性应收项目的减少（增加以“-”号填列）	26 078 957.54	87 628 247.27
经营性应付项目的增加（减少以“-”号填列）	-39 240 287.90	56 754 690.18
其他		
经营活动产生的现金流量净额	339 507 499.72	570 844 801.60
2.不涉及现金收支的重大投资和筹资活动：		
债务转为资本		
一年内到期的可转换公司债券		
融资租入固定资产		
3.现金及现金等价物净变动情况：		
现金的期末余额	1 316 760 350.86	1 997 507 200.05
减：现金的期初余额	1 997 507 200.05	1 718 750 019.97
加：现金等价物的期末余额		
减：现金等价物的期初余额		
现金及现金等价物净增加额	-680 746 849.19	278 757 180.08

▸▸▸▸▸▸▸ 第六节　所有者权益变动表

一、所有者权益变动表的基本内容和格式

所有者权益变动表是反映构成所有者权益各组成部分当期增减变动情况的报表。所有者权益变动表全面反映一定时期所有者权益变动的情况，不仅包括所有者权益总量的增减变动，还包括所有者权益增减变动的重要结构性信息，特别是反映了直接计入所有者权益的利得和损失，使报表使用者能够准确理解所有者权益增减变动的根源。通过该表，报表使用者可以了解企业某一会计年度所有者权益的各项目即实收资本（或股本）、资本公积、盈余公积和未分配利润等的增加、减少及余额的详细情况，分析变动原因并预测未来的变动趋势。

在所有者权益变动表中，企业至少应当单独列示反映下列信息的项目：会计政策变更和前期差错更正的累积影响金额；综合收益总额、所有者投入和减少资本、利润分配、所有者权益内部结转等；按照规定提取的盈余公积；所有者权益各组成部分的期初和期末余额及其调节情况。所有者权益变动表的格式见表8-5。

表8-5

合并所有者权益变动表

编制单位：益农股份有限公司

2023年度

单位：元

项目	本年金额														
	归属于母公司的所有者权益													少数股东权益	所有者权益合计
	实收资本（或股本）	其他权益工具			资本公积	减：库存股	其他综合收益	专项储备	盈余公积	一般风险准备	未分配利润	其他	小计		
		优先股	永续债	其他											
一、上年年末余额	1 497 557 426.00				3 244 395 566.40		29 125 334.05		115 550 990.59		75 418 081.09		4 962 047 398.13	1 025 476 785.21	5 987 524 183.34
加：会计政策变更															
前期差错更正															
同一控制下企业合并															
其他															
二、本年期初余额	1 497 557 426.00				3 244 395 566.40		29 125 334.05		115 550 990.59		75 418 081.09		4 962 047 398.13	1 025 476 785.21	5 987 524 183.34
三、本期增减变动金额（减少以"-"号填列）					3 586 176.30		-73 750 091.64		11 873 142.81		225 848 847.55		167 558 075.02	-116 799 704.69	50 758 370.33
（一）综合收益总额							-73 750 091.64				245 209 784.70		171 459 693.06	-114 997 570.10	56 462 122.96
（二）所有者投入和减少资本					3 586 176.30								3 586 176.30	-1 802 134.59	1 784 041.71
1. 所有者投入的普通股					-925 294.17								-925 294.17	625 294.17	-300 000.00
2. 其他权益工具持有者投入资本															
3. 股份支付计入所有者权益的金额															
4. 其他					4 511 470.47								4 511 470.47	-2 427 428.76	2 084 041.71
（三）利润分配									11 873 142.81	-19 360 937.15		-7 487 794.34		-7 487 794.34	-19 360 937.15
1. 提取盈余公积									11 873 142.81	-11 873 142.81					-11 873 142.81
2. 提取一般风险准备															

续表

项目	本年金额														
	归属于母公司的所有者权益													少数股东权益	所有者权益合计
	实收资本（或股本）	其他权益工具			资本公积	减：库存股	其他综合收益	专项储备	盈余公积	一般风险准备	未分配利润	其他	小计		
		优先股	永续债	其他											
3. 对所有者（或股东）的分配										-7 487 794.34		-7 487 794.34		-7 487 794.34	-7 487 794.34
4. 其他															
(四) 所有者权益内部结转															
1. 资本公积转增资本（或股本）															
2. 盈余公积转增资本（或股本）															
3. 盈余公积弥补亏损															
4. 设定受益计划变动额结转留存收益															
5. 其他综合收益结转留存收益															
6. 其他															
(五) 专项储备															
1. 本期提取															
2. 本期使用															
(六) 其他															
四、本期期末余额	1 497 557 426.00				3 247 981 742.70		-44 624 757.59		127 424 133.40		301 266 928.64		5 129 605 473.15	908 677 080.52	6 038 282 553.67

续表

续表

项目	上年金额														
	归属于母公司的所有者权益													少数股东权益	所有者权益合计
	实收资本（或股本）	其他权益工具			资本公积	减：库存股	其他综合收益	专项储备	盈余公积	一般风险准备	未分配利润	其他	小计		
		优先股	永续债	其他											
一、上年年末余额	1 497 557 426.00				3 311 822 482.64		-2 202 228.29		115 550 990.59		93 577 551.72		5 016 306 222.66	1 017 513 503.74	6 033 819 726.40
加：会计政策变更															
前期差错更正															
同一控制下企业合并															
其他															
二、本年期初余额	1 497 557 426.00				3 311 822 482.64		-2 202 228.29		115 550 990.59			93 577 551.72		5 016 306 222.66	1 017 513 503.74
三、本期增减变动金额（减少以“-”号填列）					-67 426 916.24		31 327 562.34					-18 159 470.63		-54 258 824.53	7 963 281.47
（一）综合收益总额							31 327 562.34					22 056 881.41		53 384 443.75	12 754 803.21
（二）所有者投入和减少资本					-67 426 916.24									-67 426 916.24	-913 179.76
1. 所有者投入的普通股					-67 426 916.24								-67 426 916.24	-913 179.76	-68 340 096.00
2. 其他权益工具持有者投入资本															
3. 股份支付计入所有者权益的金额															
4. 其他															
（三）利润分配											-40 216 352.04		-40 216 352.04	-3 878 341.98	-44 094 694.02
1. 提取盈余公积															
2. 提取一般风险准备															

续表

项目	上年金额														
	归属于母公司的所有者权益													少数股东权益	所有者权益合计
	实收资本（或股本）	其他权益工具			资本公积	减：库存股	其他综合收益	专项储备	盈余公积	一般风险准备	未分配利润	其他	小计		
		优先股	永续债	其他											
3. 对所有者（或股东）的分配											-40 434 054.37		-40 434 054.37	-3 889 800.00	-44 323 854.37
4. 其他											217 702.33		217 702.33	11 458.02	229 160.35
(四) 所有者权益内部结转															
1. 资本公积转增资本(或股本)															
2. 盈余公积转增资本(或股本)															
3. 盈余公积弥补亏损															
4. 设定受益计划变动额结转留存收益															
5. 其他综合收益结转留存收益															
6. 其他															
(五) 专项储备															
1. 本期提取															
2. 本期使用															
(六) 其他															
四、本期期末余额	1 497 557 426.00				3 244 395 566.40		29 125 334.05		115 550 990.59		75 418 081.09		4 962 047 398.13	1 025 476 785.21	5 987 524 183.34

法定代表人：王守聪　　主管会计工作负责人：马忠峙　　会计机构负责人：李国良

二、所有者权益变动表的编制方法

（一）“上年金额”栏的填列方法

所有者权益变动表“上年金额”栏内各项数字，应根据上年度所有者权益变动表“本年金额”栏内所列数字填列。如果上年度所有者权益变动表规定的各个项目的名称和内容同本年度不相一致，应对上年度所有者权益变动表各项目的名称和数字按本年度的规定进行调整，填入所有者权益变动表“上年金额”栏内。

（二）“本年金额”栏的填列方法

所有者权益变动表“本年金额”栏内各项数字一般应根据“实收资本（或股本）”“资本公积”“盈余公积”“利润分配”“库存股”“以前年度损益调整”科目的发生额分析填列。

▸▸▸▸▸▸ 第七节　财务报表附注

一、会计报表附注的意义

附注是对在资产负债表、利润表、现金流量表和所有者权益变动表等报表中列示项目的文字描述或明细资料，以及对未能在这些报表中列示项目的说明等。

会计报表由于受到固定格式和规定内容的限制，只能对外提供定量的、符合统一格式的会计信息，因而在一定程度上影响了信息使用者对企业财务状况、经营成果和现金流量等的全面理解。同时，列入会计报表的各项信息都必须符合会计要素的定义和确认标准。因此，会计报表本身能反映的财务信息受到一定的限制。为给报表使用者提供完整的会计信息，需要对会计报表的有关内容加以注释和说明。因此，企业除了编制和对外提供会计报表外，还应按照充分披露的要求，提供会计报表附注，以帮助信息使用者更加全面、完整地理解会计报表反映的相关信息。

二、会计报表附注的内容

附注相关信息应当与资产负债表、利润表、现金流量表和所有者权益变动表等报表中列示的项目相互参照。

附注一般应当按照下列顺序至少披露以下有关内容，具体包括：

（一）企业的基本情况

1.企业注册地、组织形式和总部地址。

2.企业的业务性质和主要经营活动，如企业所处的行业、所提供的主要产品或服务、客户的性质、销售策略、监管环境的性质等。

3.母公司以及集团最终母公司的名称。

4.财务报告的批准报出者和财务报告批准报出日。如果企业已在财务报表其他部分披露了财务报告的批准报出者和批准报出日信息，则无须重复披露；或者已有相关人员签字批准报出财务报告，可以其签名及其签字日期为准。

5.营业期限有限的企业，还应当披露有关其营业期限的信息。

（二）财务报表的编制基础

企业应当根据相关规定判断企业是否持续经营，并披露财务报表是否以持续经营为基础编制。

（三）遵循企业会计准则的声明

企业应当声明编制的财务报表符合企业会计准则的要求，真实、完整地反映了企业的财务状况、经营成果和现金流量等有关信息，以此明确企业编制财务报表所依据的制度基础。如果企业编制的财务报表只是部分地遵循了企业会计准则，附注中不得做出这种表述。

（四）重要会计政策和会计估计

1.重要会计政策的说明。企业应当披露采用的重要会计政策，并结合企业的具体实际披露其重要会计政策的确定依据和财务报表项目的计量基础。其中，会计政策的确定依据主要是指企业在运用会计政策过程中所作的重要判断，这些判断对在报表中确认的项目金额具有重要影响。财务报表项目的计量基础包括历史成本、重置成本、可变现净值、现值和公允价值等会计计量属性。

2.重要会计估计的说明，包括可能导致下一个会计期间内资产、负债账面价值重大调整的会计估计的确定依据等。企业应当披露重要会计估计，并结合企业的具体实际披露其会计估计所采用的关键假设和不确定因素。

（五）会计政策和会计估计变更以及差错更正的说明

（六）报表重要项目的说明

企业应当按照资产负债表、利润表、现金流量表、所有者权益变动表及其项目列示的顺序，采用文字和数字描述相结合的方式披露报表重要项目的说明。报表重要项目的明细金额合计，应当与报表项目金额相衔接。

（七）其他

企业还应当在附注中披露如下信息：

1.费用按照性质分类的利润表补充资料，可将费用分为耗用的原材料、职工薪酬费用、折旧费用、摊销费用等。

2.关于其他综合收益各项目的信息，包括：其他综合收益各项目及其所得税影响；其他综合收益各项目原计入其他综合收益、当期转出计入当期损益的金额；其他综合收益各项目的期初和期末余额及其调节情况。

3.在资产负债表日后、财务报告批准报出日前提议或宣布发放的股利总额和每股股利金额（或向投资者分配的利润总额）。

4.终止经营的收入、费用、利润总额、所得税费用和净利润，以及归属于母公司所有者的终止经营利润。企业披露的上述数据应当是针对终止经营在整个报告期间的经营成果。

终止经营，是指满足下列条件之一的已被企业处置或被企业划归为持有待售的、在经营和编制财务报表时能够单独区分的组成部分：该组成部分代表一项独立的主要业务或一个主要经营地区；该组成部分是拟对一项独立的主要业务或一个主要经营地区进行处置计划的一部分；该组成部分仅仅是为了再出售而取得的子公司。

同时满足下列条件的企业组成部分（或非流动资产）应当确认为持有待售：该组成部分必须在其当前状况下仅根据出售此类组成部分的通常和惯用条款即可立即出售；企业已经就处置该组成部分做出决议，如按规定需得到股东批准的，应当已经取得股东大会或相应权力机构的批准；企业已经与受让方签订了不可撤销的转让协议；该项转让将在一年内完成。

（八）或有和承诺事项、资产负债表日后非调整事项、关联方关系及其交易等需要说明的事项

（九）有助于财务报表使用者评价企业管理资本的目标、政策及程序的信息

▸▸▸▸▸▸ 第八节　会计报表分析

一、会计报表分析的意义

会计报表分析，是以会计报表和其他相关资料为依据和起点，采用一系列专门方法和技术，对企业的偿债能力、盈利能力和营运能力等进行分析和评价，以便企业的投资者、债权人和管理层等会计信息使用者据此做出正确的经济决策。

不同的会计报表使用者进行会计报表分析的目的不尽相同，如债权人通过会计报表分析可以评价企业的偿债能力、资产运转情况及企业盈利能力，据此做出信贷决策；企业投资者通过会计报表分析，可以根据企业的资产报酬率来评价投资收益，进而做出相应的投资决策；企业管理层通过会计报表分析，可以发现企业当前存在的问题，及时采取有效措施，进一步改善经营管理。

二、会计报表的主要财务指标

根据企业对外提供的会计报表，可以计算出多种反映企业经营能力的财务指标，其中，常用的财务指标分析包括偿债能力分析、营运能力分析及盈利能力分析。

（一）偿债能力分析

反映企业偿债能力的指标可以分为反映短期偿债能力的指标和反映长期偿债能力的指

标两类。

1.短期偿债能力分析

企业短期偿债能力是指企业用流动资产偿还流动负债的能力。短期偿债能力分析主要利用的是资产负债表，注重分析流动资产的变现能力，而不强调企业的盈利能力。反映短期偿债能力的指标主要有流动比率和速动比率等。

（1）流动比率

流动比率是流动资产与流动负债的比率。它表示每一元流动负债有多少流动资产可以作为偿还的保证，反映企业在短期内转变为现金的流动资产偿还到期流动负债的能力。其计算公式为：

流动比率=流动资产÷流动负债

流动比率是衡量企业短期偿债能力的最常用的指标。流动比率越高，说明企业资产的流动性越大，短期偿债能力越强。不过，过高的流动比率也许是存货超储积压以及存在大量应收账款的结果。此外，较高的流动比率也可能反映了企业拥有过分充裕的现金，没有加以充分利用的现象。一般情况下流动比率维持在2∶1比较合适，但由于不同企业的经营特点和经营周期不同，流动比率还应结合企业的情况具体分析。

（2）速动比率

速动比率又称酸性测试比率，是指速动资产同流动负债的比率。速动资产是指流动资产中变现能力较强的那部分资产，一般包括货币资金、短期投资、应收票据和应收账款等项目。速动比率反映了企业短期内可变现资产偿还短期内到期债务的能力，是对流动比率的补充。其计算公式为：

速动比率=速动资产÷流动负债

一般认为，理想的速动比率应保持在1∶1为宜。速动比率太低，企业的短期偿债风险较大；速动比率太高，则表明速动资产占用的资金过多，企业投资的机会成本增加。速动比率在衡量拥有流动性较差的存货或存货数量较大的公司的资产流动性时尤为有用。

2.长期偿债能力分析

长期偿债能力是指企业偿还非流动负债的能力。企业长期偿债能力的衡量指标主要有资产负债率和产权比率等。

（1）资产负债率

资产负债率，也称负债比率，是指企业负债总额与资产总额之比。资产负债率反映了企业债权人所提供的资金占企业全部资产的百分比，可以用来衡量企业利用债权人提供的资金进行经营活动的能力，也可以用来反映债权人发放贷款的安全程度。其计算公式为：

资产负债率=（负债总额÷资产总额）×100%

企业的资产负债率越大，债权人贷款如期偿还的保障程度和安全性越小。从债权人的角度来看，资产负债率越低，他们的资金就越安全。从企业所有者的角度来看，该指标过小表明企业对财务杠杆利用不够。大多数财务结构合理的公司一般将资产负债率维持在50%以下。

（2）产权比率

产权比率，也称债务股权比率，是负债总额与所有者权益总额的比率。它表示所有者权益对债权人权益的保障程度。其计算公式为：

产权比率=（负债总额÷所有者权益总额）×100%

该指标越小，说明企业长期偿债能力越强，债权人权益的保障程度越高，债权人承担的风险越小。

（二）营运能力分析

营运能力是指企业控制的各种资产的管理效率。通常体现为各项资产的周转率，比较典型的资产周转率指标有应收账款周转率、存货周转率和总资产周转率等。通过资产周转率指标，可以评价企业经营活动量的大小和资产利用效率的高低。

1.应收账款周转率

应收账款周转率是指企业一定时期的赊销收入净额与应收账款平均余额之比。它反映企业一定期间内应收账款收回并转化为现金的速度。应收账款周转率通常有两种表示方法：一种是应收账款周转率；另一种是应收账款周转天数。其计算公式为：

（1）应收账款周转率（次数）=赊销收入净额÷应收账款平均余额

（2）应收账款周转天数=360÷（赊销收入净额÷应收账款平均余额）

公式中的赊销收入净额是指赊销收入减去销售退回、销售折扣和销售折让后的余额。应收账款平均余额是期初应收账款余额与期末应收账款余额的平均数。

一般而言，应收账款周转率越高，平均收账期越短，说明应收账款的收回越快，企业赊销条件严格，可以减少坏账损失，但也可能会丧失销售商品的机会，减少销售收入；反之，放宽企业赊销条件，有利于扩大商品销售，增加销售收入，但应收账款周转会减慢，更多的营运资金会被占用在应收账款上，还可能增加坏账损失。

2.存货周转率

存货周转率是指企业一定时期的销货成本与存货平均余额的比率。它反映存货的周转速度，也有两种表示方法：

（1）存货周转率，反映年度内存货平均周转的次数，其计算公式为：

存货周转率（次数）=销货成本÷平均存货

其中：

平均存货=（期初存货+期末存货）÷2

（2）存货周转天数，其计算公式为：

存货周转天数=360÷（销货成本÷平均存货）

存货周转率是反映企业存货流动情况的一项指标。一般而言，存货周转率越高，说明企业的资金从购置存货至销售出去的平均周期越短，资金回收的速度越快，企业的营运能力和盈利能力越强。

3.总资产周转率

总资产周转率是指销售收入净额与平均资产总额的比率。它反映企业总资产的利用效率。其计算公式为：

总资产周转率=销售收入净额÷平均资产总额

式中，销售收入净额是销售收入减去销售退回、销售折让、销售折扣后的余额；平均资产总额是期初资产总额与期末资产总额的平均数。

一般情况下，总资产周转率越高，表明企业全部资产的使用效率越好，盈利能力越强。

（三）盈利能力分析

盈利能力是指经营活动产生收益的能力。反映企业盈利能力的指标很多，通常使用的主要有销售净利率、总资产报酬率和净资产收益率等。

1.销售净利率

销售净利率是指净利润与销售收入净额的比率。它反映企业营业收入的盈利能力。其计算公式为：

销售净利率=（净利润÷销售收入净额）×100%

销售净利率是反映企业盈利能力的一项重要指标，它体现出每百元销售收入净额给企业带来的利润。这项指标越高，说明企业从销售收入中获取利润的能力越强。影响该指标的因素很多，比如商品质量、成本、价格、销售数量、期间费用、税金等，分析时应结合这些具体指标的综合情况加以评价。

2.总资产报酬率

总资产报酬率是指企业净利润与平均资产总额的比率。它反映企业总资产的盈利能力。其计算公式为：

总资产报酬率=（净利润÷平均资产总额）×100%

总资产报酬率也是反映企业盈利能力的一项重要指标。这项指标越高，表明企业的资产运用效果越好，全部资产的盈利能力越强。

3.净资产收益率

净资产收益率是指企业净利润与平均净资产的比率。它反映所有者对企业投资部分的盈利能力，也叫所有者权益报酬率。其计算公式为：

净资产收益率=（净利润÷平均净资产）×100%

公式中的平均净资产是指企业期初净资产与期末净资产的平均数。

净资产收益率越高，说明企业所有者权益的盈利能力越强。

三、会计报表分析的基本方法

会计报表主要是由报表项目构成的，因此会计报表分析首先要对各报表项目的数字变动和各报表项目之间的数量关系进行分析。常用的方法主要有以下四种：比较分析法、因素分析法、趋势分析法和比率分析法。在分析时，往往会综合使用这些方法。

（一）比较分析法

比较分析法是指利用同一企业的不同时期或同一时期的不同企业相同性质或类别的指标进行对比，以确定经济指标间的差异，分析其原因。

比较分析法常用的比较方式有以下三种：

1.实际指标与计划指标比较，也称差异分析，就是将企业某项指标的实际数与计划数进行对比，借以考核有关指标的计划完成情况，如考核企业利润计划完成情况、产品生产成本计划完成情况、产品销售收入计划完成情况等。

2.本期实际指标与过去实际指标比较，也称趋势分析，就是将企业某项指标的本期实际数与上期、上年同期实际数或历史最高水平进行对比，确定不同时期之间的差异，借以了解某项经济活动或财务收支的变化情况。

3.本企业实际指标与国内外先进水平比较，也称横向比较，就是将企业某项指标的本期实际数与行业平均水平或先进水平进行对比，找出差距，从而推动企业挖掘潜力，改善经营管理，努力赶超先进水平。

在运用比较分析法时，对比的指标可以是绝对数指标，如产品销售收入、利润总额等，也可以是相对数指标，如销售毛利率、资金周转率等，但必须注意指标的可比性，无论进行何种指标的对比，其计算口径、计价基础和时间单位都应保持一致，这样才具有可比性，才能保证比较结果的准确性。

（二）因素分析法

因素分析法是指通过测定各个因素对经济指标变动的影响程度，以揭示经济指标变化原因，具体可分为主次因素分析法、因果分析法及连环替代法等。

1.主次因素分析法，是将影响经济指标的各因素区分为主要因素（A）、次要因素（B）及一般因素（C），并对主要因素进行深入分析的方法。

2.因果分析法，是将经济指标分解为若干因素，对每个因素再进一步分析的方法。

3.连环替代法，是将经济指标分解为若干可以计量的因素，并根据各因素之间的依存关系，顺次用各因素的比较值（通常为实际值）替代基准值（通常为标准值或计划值），据以测定各因素对经济指标的影响的方法。

（三）趋势分析法

趋势分析法是对前后两期或两期以上的会计报表资料进行比较，以便了解前后各期金额增减变动情况及其趋势的方法。趋势分析法可以采用图示方法，即做成统计图表，但财务人员通常采用的方法是编制比较会计报表，包括绝对数比较会计报表和相对数比较会计报表。

（四）比率分析法

比率分析法是指在同一会计报表的不同项目之间或在不同报表的有关项目之间进行比较，计算出财务比率，反映各项目之间的相互关系，以便对企业的财务状况和经营成果等进行分析和评价的方法。财务比率又可以具体分为相关指标比率、构成比率和动态比率等。

本章小结

编制会计报表是会计核算的一种专门方法。本章阐述了财务会计报告的概念、分类、编制要求等基本内容，并着重介绍了资产负债表、利润表、现金流量表等主要会计报表的内容、结构及其编制方法。

财务会计报告是指企业对外提供的反映企业某一特定日期财务状况和某一会计期间经营成果、现金流量等会计信息的文件。完整的财务会计报告包括会计报表、会计报表附注和其他应当在财务会计报告中披露的相关信息和资料。

会计报表应当包括资产负债表、利润表、现金流量表、所有者权益变动表及附注。资产负债表是反映企业在某一特定日期财务状况的报表，属于静态报表。它根据“资产=负债+所有者权益”这一基本会计等式设计并编制，分为账户式和报告式两种格式。我国采用账户式资产负债表。利润表是反映企业在一定会计期间经营成果的报表，属于动态报表。它根据“收入-费用=利润”这一会计等式设计并编制，分为单步式和多步式两种格式。我国采用多步式利润表。现金流量表是反映企业一定时期现金及现金等价物流入和流出情况的会计报表，属于动态报表。现金流量表中的“现金”的概念是广义的现金概念，包括现金及现金等价物。我国将现金流量分为三大类，即经营活动产生的现金流量、投资活动产生的现金流量和筹资活动产生的现金流量。所有者权益变动表是反映构成所有者权益的各组成部分当期增减变动情况的报表。会计报表附注是为便于会计报表使用者理解会计报表的内容而对会计报表的编制基础、适用的会计准则、重要会计政策和会计估计及报表主要项目等所做的解释和说明。

为了进一步了解企业会计报表的内涵，报表使用者可运用比较分析法、比率分析法、因素分析法等会计报表分析方法进行企业偿债能力、营运能力及盈利能力等方面的分析。

复习思考题

1. 什么是财务会计报告？财务会计报告由哪些内容构成？
2. 财务会计报告编制的基本要求有哪些？
3. 会计报表如何分类？
4. 什么是资产负债表？它有何重要作用？
5. 资产负债表包括哪些内容？有哪几种格式？
6. 资产负债表项目的填列方法有哪几种？各项目如何填列？
7. 什么是利润表？它有何重要作用？
8. 利润表包括哪些内容？有哪几种格式？
9. 利润表中各项目的填列依据是什么？各项目如何填列？
10. 什么是现金流量表？它有哪些作用？
11. 现金流量表的编制基础是什么？现金流量表由哪几部分组成？
12. 所有者权益变动表包括哪些项目？
13. 会计报表附注有何作用？哪些内容应在附注中披露？
14. 会计报表之间有哪些钩稽关系？
15. 会计报表分析的意义是什么？常用的分析方法有哪些？
16. 会计报表分析的主要指标有哪些？

个案分析

案例一

会计报表之间存在内在逻辑对应关系，它是校验会计报表编制是否正确的基本依据。如果这些具有钩稽关系的项目不相等或不对应，说明会计报表编制得有问题，需要认真查找差异原因，进行调整。

资产负债表与利润表之间的钩稽关系表现得最直接的对应关系是未分配利润。未分配利润就是企业的利润，为付完利息，交完所得税，向股东进行股利分配后的剩余部分。利润表中“净利润”与所有者权益变动表中“未分配利润”项下的“综合收益总额”相等，而资产负债表中“未分配利润”的期末数减去期初数等于利润表中“净利润”与所有者权益变动表中“未分配利润”项下“所有者投入和减少资本”“利润分配”“所有者权益内部结转”的总和。

但是，由于利润分配一般按年度进行，所得税也是按年度清算，因此，在月度报表和中期财务报告中，资产负债表的“未分配利润”项目的期末余额通常等于期初余额。

资产负债表和利润表之间的钩稽关系如图 8-1 所示。

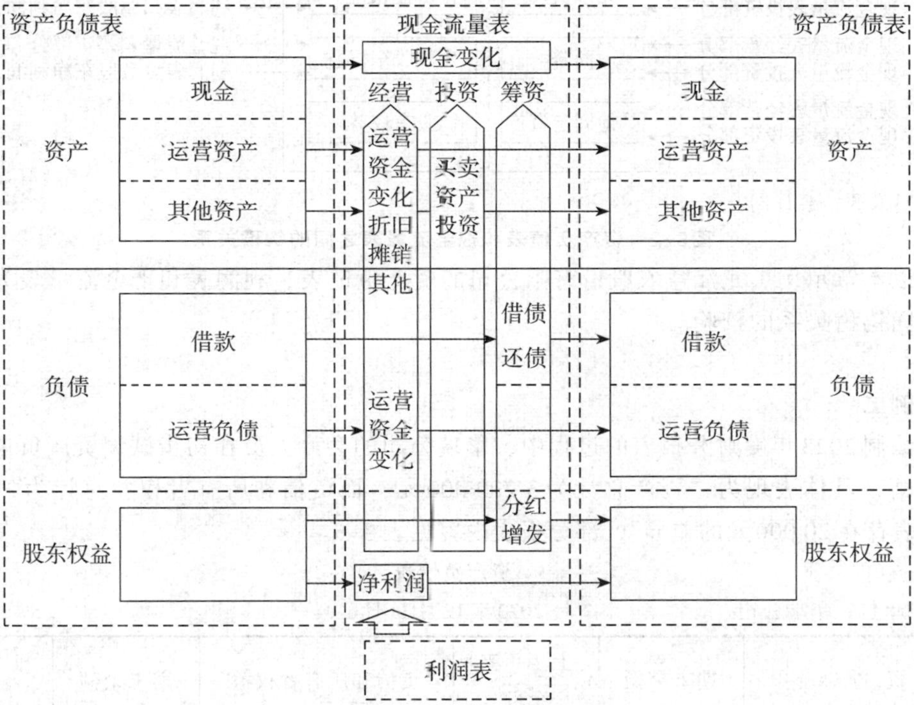

（资料来源：会计网）

图8-1　资产负债表与利润表之间的钩稽关系

资产负债表和现金流量表之间的钩稽关系主要是一般情况下资产负债表“货币资金”项目期末与期初差额同现金流量表“现金及现金等价物净增加额”相等。有时二者存在差异，这是因为货币资金包含的范围比较大，比如长期的定期存款或者向银行购买的长期理财产品，这些都是企业不能随时提取和使用的，所以不属于现金等价物，而现金流量表中所反映的主要是流动性最强的现金及现金等价物，不包含除此以外的货币资金。

关于现金及现金等价物概念，现金指广义的现金，就是看得见、摸得着的库存现金和放在银行里的存款；而现金等价物是指在需要的时候可以立即不损失地变为现金或可以直接作为支付手段支付给客户的东西，主要包括短期投资以及可以马上变现的长期投资等。

资产负债表和现金流量表之间的钩稽关系如图8-2所示。

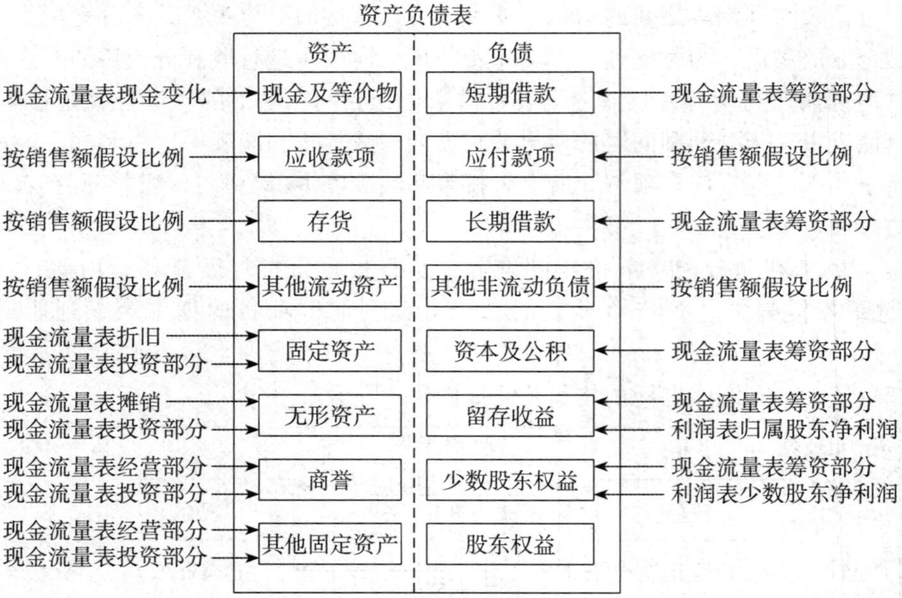

（资料来源：会计网）

图8-2 资产负债表和现金流量表之间的钩稽关系

请以本章示例黑龙江益农股份有限公司的资产负债表、利润表和现金流量表为依据进行报表间钩稽关系的校验。

案例二

在编制2023年度财务报表的过程中，华瑞公司的会计人员在初步试编资产负债表时发现不平衡，具体表现为“资产总计为3 200 000元，而负债和所有者权益总计为3 180 000元，报表存在20 000元的差异”，部分报表内容见表8-6。

表8-6 **资产负债表** 会企01表

编制单位：华瑞公司 2023年12月31日 单位：元

资　产	期末余额	上年年末余额	负债和所有者权益	期末余额	上年年末余额
流动资产：			流动负债：		
货币资金	45 000	（略）	短期借款	150 000	
应收账款	120 000		应付账款	200 000	
存货	800 000		其他应付款	100 000	
非流动资产：			非流动负债：		
固定资产	2 000 000		长期借款	500 000	
无形资产	100 000				
资产总计	3 200 000		负债和所有者权益总计	3 180 000	

经审查发现：

（1）企业“在建工程”账户余额为50 000元，尚未转入固定资产。

（2）“预收账款”账户存在借方余额30 000元，未在负债中反映。

（3）“其他应收款”账户中有一笔10 000元的款项已收回，但未冲减账面余额。

（4）“累计折旧”账户余额为200 000元，未在固定资产中扣除。

请根据以上信息，调整会计报表中的相关项目，确保报表平衡。

第九章

会计规范与会计管理

【学习目标】

素养目标：通过学习会计规范和相关法律法规，学生应掌握正确的会计信息质量要求，如可靠性、相关性等，并在实际工作中严格遵守这些规范，培养诚实守信的职业道德；通过对会计违法案件的学习，从作案动机和法律惩治方面引导学生树立正确的金钱观和消费观，抵制奢靡的生活方式，提倡勤俭节约的价值观。同时，帮助学生建立科学的世界观、人生观和价值观，增强文化自信和爱国情怀。强调依法工作的意识，让学生了解并遵循会计法、会计准则和税收制度，尽量避免违法违规风险。

知识目标：了解会计法规体系的组成，会计职业道德的内容，会计档案管理的内容；熟悉会计机构、会计人员岗位的设置，理解不相同职务相分离原则，重视会计工作交接的各个环节；掌握《会计法》最新修订的内容，尤其是关于法律责任的变更。

能力目标：了解会计法、会计准则、支付结算法规、税法、税收征收管理等的相关规定，在实际工作中严格遵守会计法规；通过学习会计法规与会计管理，学生能够分析相应经济业务处理可能涉及的法律风险，并尝试为风险管理和决策支持提出合理建议；终身学习和持续发展的能力：会计规范与会计管理制度、技术、方法是不断变化的，学生需要紧密追踪最新的变化，判断新的法规政策对于企业发展以及具体会计业务的可能影响，并提出相应的对策。

【学习导入】

财政部对普华永道做出行政处罚决定

中国证监会行政处罚决定书（普华永道、汤振峰、朱立为、蔡秀娟）

中国证监会行政处罚决定书（恒大地产及其责任人员）

普华永道因涉及恒大地产财务造假事件，被中国证监会和财政部分别做出行政处罚。

中国证监会没收普华永道案涉期间全部业务收入 2 774 万元，并处以顶格罚款 2.97 亿元，合计罚没 3.25 亿元。行政处罚的主要原因是普华永道在执行恒大地产 2019 年、2020 年年报审计工作中未勤勉尽责，在审计过程中违反多项审计准则，违背多项审计要求，多项审计程序失效，未保持应有的职业怀疑，未做出正确的职业判断，未发现恒大地产大金额、高比例的财务造假。

财政部对普华永道及其广州分所做出行政处罚决定，包括罚没违法所得并处罚款共 1.16 亿元。主要问题在于普华永道在对恒大地产 2018 年至 2020 年的财务报表审计中发现存在严重缺陷，明知恒大地产财务报表存在重大错报而不予指明，发表不恰当的审计意见，出具虚假审计报告。

综合来看，普华永道总共被罚没合计 4.41 亿元，并被暂停经营业务半年。这些处罚反映了监管机构对其未能履行应有的审计职责和职业道德标准的严厉态度。

会计舞弊可能导致企业、投资者和个人遭受严重的经济损失。涉案人员可能面临刑事责任和行政处罚，涉案企业形象受到破坏，声誉受损，不仅影响当前业务，也可能长期影响企业的市场地位和未来发展。为了应对会计违法行为，相关法律法规也在不断加强处罚力度。新会计法与注册会计师法、证券法等有关法律的处罚标准相衔接，加大了对财务造假等会计违法行为的法律责任追究力度。那么作为一名财务人员，需要遵守哪些会计规范呢？

会计规范是指人们在从事与会计有关的活动时所应遵循的约束性或指导性行为准则，是以一定的会计理论为基础制定的，协调、管理会计工作的各种会计法律、原则、惯例、制度和职业道德等规范的总称。它是对会计工作做出的一系列约束，规定了会计工作应当做什么，不应当做什么，应当怎么做，不应当怎么做。其制定和实施是实现会计信息生产标准化、保障和促进会计活动达到预期目的的必然要求。

会计规范通常应当具有以下基本特征：一是普遍性。作为对会计工作做出的一系列约束，会计规范应当具有普遍性，应当是得到多数人认可的，普遍认可是会计规范赖以存在的基础；否则，对会计工作的约束就无从谈起。二是约束性。会计规范是会计工作的标准和评价工作质量的客观依据，这种标准、依据往往具有强制约束力，必须遵照执行；如有违反，将视情节轻重受到经济制裁、行政制裁或道德谴责。有些会计规范即使是非强制性的，如有违反，也可能遭到业界或社会的负面评价甚至谴责。三是地域性。会计学作为经济管理类学科，属于社会科学的范畴，受到会计所处社会经济环境的影响，会计规范不可避免地带有国家、民族特色，具有明显的地域性，其中的法律规范表现尤为突出。当然，会计是国际通用的商业语言，会计规范的地域性并不排斥各国间会计规范的共性，而且会计规范国际协调与趋同的步伐不断加快，各国会计规范的共性将会日益增多。尽管如此，会计规范的地域性特征仍将在相当长的历史时期存在。四是发展性。要发挥会计规范的实际效用，自然应当使会计规范在一定时期内保持相对稳定性，但是，会计规范不是一成不变的。随着政治、法律、经济、科技、教育和文化等环境的不断变化，会计也在不断发展和完善，这样一来，原有的会计规范必然面临调整、修正甚至放弃，新的会计规范必然有着更大的展示舞台，从而使会计规范呈现出明显的发展性特征。

作为协调、管理会计工作的各种规范性文件，每种会计规范都具有特定的作用。从总体上看，会计规范的作用主要体现在以下几个方面：第一，会计规范是进行国民经济宏观调控与管理的重要手段。各经济组织是国民经济的细胞，其会计信息按照一定的组织系统层层上报汇总，就形成了一个地区乃至一个国家进行宏观经济调控与管理所需的会计信息。会计规范的重要作用之一就是引导并约束各经济组织按照规定标准核算各项交易或事项，规范各经济组织提供财务会计信息的行为，保证会计信息的质量，从而为宏观经济调控与管理提供可靠的参考依据。第二，会计规范是设计合法、有效的会计行为模式的重要手段。会计规范无论是强制性的还是自发性的，也无论是约定俗成的还是惯例性的，都具有约束力，它制约、限制和引导会计人员从事会计工作。第三，会计规范是会计工作的标准，是有关方面监督会计工作、评价会计工作质量的客观依据。总之，建立健全会计规范，有利于保证会计行为的合法性、合规性、合理性、有效性，有利于保证会计工作、会计信息的质量，有利于保证会计目标的顺利实现，从而更好地维护社会经济秩序，促进我国社会主义市场经济健康有序发展。

一个国家会计规范的内容通常与其会计发展演变的状况密切相关，而从根本上说，一个国家会计规范的建立、制定和完善，则主要受其政治、法律、经济、科技、教育和文化等环境的影响。中华人民共和国成立以来，特别是改革开放以来，会计环境急速变化，会计规范建设力度加大，步伐加快，成效显著。从现实情况看，我国的会计法规涉及会计工作的各个领域、各个方面，已构成一个较为完善的会计规范体系。从规范的形成方式和来源看，我国的会计规范体系主要由两个部分构成：一是自发形成的会计规范。它源自长期会计实务经验总结，是在长期的会计实践中经过检验并具有合理内核从而逐步形成的会计习惯、惯例和规则等。二是自觉制定的会计规范。它是由国家立法机关、国家和地方行政机关、会计专业团体、各基层经济组织等主体所制定的各种法律、法令、条例、规则、制度等规范性文件。

我国会计规范体系主要由会计法律规范、会计职业道德规范、单位内部会计制度规范构成。从所规范的内容看，我国的会计规范体系主要由以下几个部分构成：一是对会计人员的规范，主要包括会计人员的职责、权限、专业技术职务、继续教育、职业道德、任免和奖惩等内容；二是对会计机构的规范，主要包括会计机构和会计岗位设置、会计机构内部稽核制度和内部牵制制度等内容；三是对会计核算工作的规范，主要包括会计核算的基本前提、会计凭证的填制和审核、会计账簿的登记、财务会计报告的编制与报送、会计信息的公告与披露、会计工作交接和会计档案管理等内容；四是对会计监督工作的规范，主要包括会计监督主体、监督客体、监督依据、监督形式、监督方法等内容。

【学思践悟 9-1】

财务人员如何学习各种会计规范？

财务人员学习会计规范，如会计法、证券法、会计准则和会计制度等，可以通过以下几种方式：

1. 系统课程学习

除了学校的课程学习之外，还可以参加专门的网络课程或大学的慕课（MOOC），建议选择案例和互动讨论多的课程。

2. 书籍和手册

阅读相关的专业书籍和手册，例如《企业会计准则应用指南及案例讲解学习手册》，这些资料通常会结合实际案例来帮助理解复杂的会计准则。

查阅最新的培训教程和学习指南，例如最新发布的企业会计准则培训教程，涵盖收入确认、金融工具分类与计量等关键变化。

3. 继续教育和资格考试

参加由财政部等机构组织的继续教育项目，以提升专业素质和掌握最新的法规制度。

利用全国会计专业技术资格考试大纲中的内容进行自学，了解国家统一的会计制度的基本规定和实施要求。

4. 在线资源和平台

访问专业的会计学习网站，如中国会计网、知乎等平台上的专栏文章和学习笔记，系统性地阅读和比较不同准则背后的逻辑体系。

5. 实际操作和案例分析

结合实际工作中的案例进行学习，通过具体的企业会计准则应用指南和典型案例进行实操练习。

通过以上多种途径，财务人员能够系统地学习并掌握各种会计规范，从而提高自身的专业水平和工作效率。

▸▸▸▸▸▸▸ 第一节　会计法律规范

会计法律规范是国家政权以法律法规形式调整会计关系的行为规范的总称，按照强制力强弱程度可进一步分为会计法律、行政法规、部门规章三个层次。会计法律、会计准则和会计制度是其最基本的组成部分。

一、会计法律

（一）会计法律的含义

会计法律是指为了体现国家利益和根本意志而由国家立法机关经过一定的立法程序制定的，强制会计行为主体必须实施，用以指导会计工作、调整经济生活中会计关系的法律。在会计规范体系中，会计法律处于最高层次。

目前，我国最主要的会计法律有《中华人民共和国会计法》和《中华人民共和国注册会计师法》两部，均以中华人民共和国主席令的形式颁布实施。其中，《中华人民共和国会计法》（以下简称《会计法》）是指导全国会计工作的基本法，其权威性、约束力最强，是制定其他会计规范的法律依据。制定和实施《会计法》对保障会计人员依法行使职权，规范会计行为，保证会计资料真实、完整，加强经济管理和财务管理，提高经济效益，维护社会主义市场经济秩序具有重要作用。

（二）我国《会计法》的主要内容

为了适应我国经济发展和会计工作规范化、法治化建设的需要，1985年1月21日第六届全国人民代表大会常务委员会第九次会议审议通过了我国第一部《会计法》，并自同年5月1日起施行。1993年12月29日第八届全国人民代表大会常务委员会第五次会议修正，1999年10月31日第九届全国人民代表大会常务委员会第十二次会议修订，2017年11月4日第十二届全国人民代表大会常务委员会第三十次会议修正。2019年10月21日，财政部就《中华人民共和国会计法修订草案（征求意见稿）》向社会公开征求意见。2024年6月28日第十四届全国人民代表大会常务委员会第十次会议表决通过关于修改会计法的决定，自2024年7月1日起施行。

《中华人民共和国会计法》

新《会计法》重点变化解读（附逐项对比表）

我国现行的《会计法》包括总则、会计核算、会计监督、会计机构和会计人员、法律责任和附则等六章，其主要内容如下：

第一章为“总则”，共八条，主要对《会计法》的立法宗旨、适用范围、会计责任、对会计人员的法律保护与奖励、会计工作管理体制做出了规定。

第二章为“会计核算”，共十六条，主要就应当进行会计核算的交易或者事项、会计年度、记账本位币、会计凭证的填制与审核、会计账簿的设置与登记、会计处理方法的变更、财务会计报告的编制与报送、会计记录采用的文字、会计档案管理以及公司、企业进行会计核算不得发生的五类行为等问题做出了原则性规定。

第三章为“会计监督”，共九条，主要就单位内部会计监督、外部监督检查的有关问题做出规定。

第四章为“会计机构和会计人员”，共六条，主要就各单位会计机构设置、会计人员配备、会计人员专业能力、会计人员教育和培训工作、会计机构内部稽核制度、会计工作交接等问题做出了原则性规定。

第五章为“法律责任”，共八条，主要就会计违法行为类别、会计违法行为主体、会计违法行为监管部门、会计违法行为应当承担的法律责任等问题做出了规定。修订后的主要变化是各类违法行为的惩罚力度加重，尤其是罚款金额增加。

第六章为“附则”，共四条，主要就“单位负责人、国家统一的会计制度”等用语的含义，军队实施国家统一的会计制度的具体办法和《会计法》开始施行的时间等做出规定。

二、会计准则

会计准则产生于20世纪初的美国。1929—1933年，资本主义国家发生的严重经济危机使人们认识到，企业弄虚作假、提供失真的会计报表，客观上对金融证券市场的混乱和经济危机起到了推波助澜的作用。危机过后，美国开始加强了对证券市场的管理，对上市公司财务报表及其编制程序进行了规范，统一了会计处理的程序和方法。1936年以后，美国的一些民间会计组织开始有组织地制定会计准则。经过随后几十年的努力，世界各国已经或正在建立完善的会计准则体系。

会计准则是指会计人员在从事会计工作的过程中，在对交易或事项进行确认、计量以及编制财务会计报告时应当遵循的基本规则和指南，也是评价和鉴定会计工作质量的标准和依据。会计准则既是对会计实践活动的规律性总结，又具有指导会计实务的功能，直接指出了会计应该怎样或不应该怎样。因此，会计准则是会计行为的指南，是生成和提供高质量会计信息的重要技术标准，是会计人员从事会计工作所应遵循的规范。此外，会计准则也是构成现代会计理论体系的核心内容，没有会计准则，也就无所谓会计理论。因此，加强对会计准则的研究，制定和实施切实可行的会计准则，具有十分重要的理论意义和现实意义。

我国的会计准则是由国务院财政部门在《会计法》的指导下制定的会计部门规章，是进行会计工作的标准和指导思想。会计准则包括企业会计准则和非企业会计准则两个方面。

（一）企业会计准则

1.《企业会计准则》

企业会计准则是规范企业会计确认、计量、报告的会计准则，包括基本准则、具体准则、应用指南三个层次。

我国企业会计准则中的基本准则是企业会计准则体系的概念基础，是企业会计准则体系的“纲”，在企业会计准则体系中起着统驭和指导作用，是制定具体准则和应用指南的依据，是进行会计核算工作必须共同遵循的基本规范和要求。我国现行的基本准则于2006年颁布，2014年修改，共十一章五十条，主要就准则制定的目的和适用范围、财务会计报告的目标、财务会计报告使用者、会计核算的基本假设、企业会计记账基础、会计信息质量要求、会计要素的定义和确认条件、会计计量属性、财务会计报告的内容体系作了规定。

我国企业会计准则中的具体准则是“目”，是依据基本准则的原则要求，对特定交易或事项或者特定财务报表项目做出的具体规定。具体会计准则大体上可以分为三类：第一类是共性或通用具体准则，即用来规范所有企业一般可能发生的交易或事项的具体准则，如“存货”“长期股权投资”“固定资产”“无形资产”“资产减值”“职工薪酬”“收入”“所得税”等具体准则；第二类是特殊性具体准则，即用来规范一般企业的特殊性交易或事项或者特殊行业的交易或事项的具体准则，如“投资性房地产”“生物资产”“非货币性资产交换”“建造合同”“租赁”“金融工具确认和计量”“金融资产转移”“套期保值”“原保险合同”“再保险合同”“石油天然气开采”等具体准则；第三类是报告类具体准则，即用来规范企业财务会计报告编制和会计信息披露的具体准则，如“财务报表列报”“现金流量表”“中期财务报告”“合并财务报表”“关联方披露”等具体准则。截至目前，财政部已经发布42项具体会计准则（见表9-1）。

《企业会计准则——基本准则》

表9-1　**我国企业会计准则具体准则一览表**

序号	准则编号	准则名称	序号	准则编号	准则名称
1	第1号	存货	22	第22号	金融工具确认和计量
2	第2号	长期股权投资	23	第23号	金融资产转移
3	第3号	投资性房地产	24	第24号	套期会计
4	第4号	固定资产	25	第25号	原保险合同
5	第5号	生物资产	26	第26号	再保险合同
6	第6号	无形资产	27	第27号	石油天然气开采
7	第7号	非货币性资产交换	28	第28号	会计政策、会计估计变更和差错更正
8	第8号	资产减值	29	第29号	资产负债表日后事项
9	第9号	职工薪酬	30	第30号	财务报表列报
10	第10号	企业年金基金	31	第31号	现金流量表
11	第11号	股份支付	32	第32号	中期财务报告
12	第12号	债务重组	33	第33号	合并财务报表
13	第13号	或有事项	34	第34号	每股收益
14	第14号	收入	35	第35号	分部报告
15	第15号	建造合同	36	第36号	关联方披露
16	第16号	政府补助	37	第37号	金融工具列报
17	第17号	借款费用	38	第38号	首次执行企业会计准则
18	第18号	所得税	39	第39号	公允价值计量
19	第19号	外币折算	40	第40号	合营安排
20	第20号	企业合并	41	第41号	在其他主体中权益的披露
21	第21号	租赁	42	第42号	持有待售的非流动资产、处置组和终止经营

我国企业会计准则应用指南是根据基本准则和具体准则制定的，是对具体准则的操作指引，是指导会计实务操作的细则，有助于会计人员完整、准确地理解和掌握具体准则，确保具体准则的贯彻实施。应用指南主要包括两个方面的内容：一是准则解释，主要对各项准则的重点、难点和关键问题等做出解释性规定；二是会计科目和主要账务处理，主要根据具体准则中涉及确认和计量的要求，规定了企业应当设置的会计科目及其主要账务处理，基本涵盖了所有企业的各类交易或事项。

《小企业会计准则》

2.《小企业会计准则》

为了规范小企业会计确认、计量和报告行为，促进小企业可持续发展，发挥小企业在国民经济和社会发展中的重要作用，财政部于2011年10月18日发布了《小企业会计准则》，要求小企业自2013年1月1日起执行，2004年发布的《小企业会计制度》同时废止。该准则共十章九十条，包括资产、负债、所有者权益、收入、费用、利润及利润分配、外币业务、财务报表等方面的规定。

《政府会计准则——基本准则》

（二）非企业会计准则

非企业会计准则是企业之外的其他单位适用的会计准则。2015年10月23日，财政部发布了《政府会计准则——基本准则》。该准则分总则、政府会计信息质量要求、政府预算会计要素、政府财务会计要素、政府决算报告和财务报告、附则六章六十二条，自2017年1月1日起施行。

三、会计制度

会计制度是根据会计法和会计准则制定的具体规章、方法、程序等，分为国家统一的会计制度和单位内部会计制度。国家统一的会计制度由国务院财政部门负责制定和发布，单位内部会计制度则由基层单位结合本单位具体情况自行制定或委托社会会计服务机构制定。

（一）企业会计制度

为了贯彻执行《会计法》和《企业财务会计报告条例》，规范企业的会计核算工作，提高会计信息质量，财政部制定了《企业会计制度》，自2001年1月1日起施行。《企业会计制度》由两部分组成：第一部分是关于企业会计确认、计量和报告的一般基本规定，共十四章一百六十条。其中，第一章为总则，就《企业会计制度》的制定目的和依据、适用范围、会计核算的前提、会计核算的原则等作了规定；第二章至第十二章，就会计要素的确认与计量、特殊会计业务的核算作了规范；第十三章为财务会计报告，就财务会计报告的组成、编制、报送等做了规定；第十四章为附则，指明了本制度的施行日期。第二部分是关于会计科目和会计报表的说明，主要包括会计科目的名称及编号、会计科目的使用说明、会计报表格式和编制说明、会计报表附注等内容。与《企业会计制度》配套的《金融企业会计制度》和《小企业会计制度》已经先后废止。

（二）非企业会计制度

为了适应权责发生制政府综合财务报告制度改革需要，规范行政事业单位会计核算，提高会计信息质量，根据《中华人民共和国会计法》《中华人民共和国预算法》《政府会计准则——基本准则》等法律、行政法规和规章，财政部制定了《政府会计制度——行政事业单位会计科目和报表》，自2019年1月1日起施行。

执行该制度的单位，不再执行《行政单位会计制度》《事业单位会计准则》《事业单位会计制度》《医院会计制度》《基层医疗卫生机构会计制度》《高等学校会计制度》《中小学校会计制度》《科学事业单位会计制度》《彩票机构会计制度》《地质勘查单位会计制度》《测绘事业单位会计制度》《国有林场与苗圃会计制度（暂行）》《国有建设单位会计制度》等制度。

▸▸▸▸▸▸ 第二节　会计职业道德

【学思践悟 9-2】

强化会计职业道德意识

爱岗敬业、诚实守信、廉洁自律、客观公正、坚持准则、提高技能、参与管理、强化服务是会计职业道德的主要内容。培养健全的人格，树立诚实守信精神，提高防腐拒变的能力，抵制金钱的诱惑，做一名有诚信的财务人员。君子爱财，取之有道，财务舞弊行为导致会计信息失真，降低财务管理职能。2021年，瑞华会计师事务所在千山药机、索菱股份、延安必康等年报审计项目中，因存在风险评估程序、内部控制测试程序、实质性审计程序执行不到位等问题先后多次被行政处罚，合计被罚没1 600余万元。

作为一名财务人员，你会参与有利于企业经济，但有违会计职业道德的行为吗？

道德是由社会经济基础决定的，用以调整人们之间以及个人和社会之间关系的行为规范及准则的总和。职业道德则是调整一定职业活动关系的职业行为准则和规范，是道德在职业实践活动中的具体体现，是从业人员在职业活动中应该遵循的行为准则。

一、会计职业道德的含义

会计行业肩负为社会提供会计信息和鉴证服务的重任，其工作质量直接影响着广大经营者、投资人和千千万万社会公众的利益，并进而影响整个社会经济的运行。随着市场经济的发展，会计改革不断深入，会计专业性和技术性日渐加强，会计人员在工作中面临的利益诱惑和道德冲突越来越多。因而，讲求会计诚信、加强会计职业道德建设已成为当前一项必要而紧迫的任务。

会计职业道德是指会计职业活动中应当遵循的、体现会计职业特征的、调整会计职业关系的职业行为准则和规范。会计职业道德是会计法律制度的重要补充，对规范会计人员的职业行为、提高会计人员素质、保证会计目标的实现具有重要作用。

二、会计职业道德与会计法律制度的关系

正确认识和处理会计职业道德与会计法律制度的关系，对于规范会计行为、提高会计工作质量、保证会计目标实现具有重要意义。

（一）会计职业道德与会计法律制度的联系

会计职业道德是会计法律制度正常运行的社会和思想基础，会计法律制度是促进会计职业道德规范形成和遵守的制度保障。两者有着共同的目标、相同的调整对象，承担着同样的职责，在作用上相互补充，在内容上相互渗透、相互重叠，在地位上相互转化、相互吸收，在实施上相互作用、相互促进。

（二）会计职业道德与会计法律制度的区别

1.性质不同

会计法律制度是国家会计政策法律化的表现形式，通过国家机器强制执行，具有很强的他律性；而会计职业道德多是源自职业习惯和约定俗成，依靠会计从业人员自觉、自愿地执行，依靠良心和社会舆论监督实现，基本上是非强制执行的，具有很强的自律性。

2.适用范围不同

会计法律制度是对会计人员行为的最低限度的要求，侧重于调整会计人员的外在行为和结果的合法化，具有较强的客观性；而会计职业道德不仅调整会计人员的外在行为，还调整会计人员内在的精神世界，具有较强的主观性。

3.表现形式不同

会计法律制度一般是禁止性规范和命令性规范，其表现形式是具体的、明确的、正式形成文字的成文条例；而会计职业道德的表现形式既有成文的规定，也有不成文的规范。

4.实施保障机制不同

会计法律制度是由国家强制力保障实施的，不仅在法律规范中有明确的制裁和处罚条款，而且设有与之相配合的权威的制裁和审判机关；而会计职业道德更多地需要会计人员自觉遵守。

三、会计职业道德的主要内容

会计人员在会计工作中应当遵守职业道德，树立良好的职业品质、严谨的工作作风，严守工作纪律，努力提高工作效率和工作质量。会计职业道德的主要内容有以下八项：爱岗敬业、诚实守信、廉洁自律、客观公正、坚持准则、提高技能、参与管理、强化服务。

（一）爱岗敬业

会计人员应当热爱本职工作，任劳任怨，安心于本职岗位，充分认识会计工作在社会经济活动中的地位和作用，认识会计工作的社会意义和道德价值，敬重会计职业，具有会计职业的荣誉感和自豪感，在职业活动中具有高度的劳动热情和创造性，以强烈的事业

心、责任感从事会计工作，忠于职守，尽职尽责。

（二）诚实守信

会计人员应当言行一致，忠诚老实，说老实话，办老实事，做老实人，不弄虚作假，不欺上瞒下，遵守自己所做出的承诺，讲信用、重信用，信守诺言、信誉至上，保持职业谨慎，保守商业秘密，除法律规定和单位领导人同意外，不能私自向外界提供或者泄露单位的会计信息，不为利益所诱惑。

（三）廉洁自律

会计人员应当按照国家法律法规的规定履行职责，办理会计事务，不违法乱纪，不利用职权优势以权谋私，要树立正确的人生观和价值观，要自省、自爱、自重，要自我约束、自我控制，自觉抵制享乐主义、个人主义、拜金主义，做到遵纪守法、公私分明、不贪不占、清正廉洁，敢于、善于运用法律所赋予的权力抵制不正之风，维护会计职业声望。

（四）客观公正

会计人员应当遵守法律法规，尊重事物的本来面目，实事求是，端正态度，不偏不倚，保持应有的独立性，保持公平、公正的从业心态，不为主观意志或他人意志所左右，做出客观的会计职业判断，确保会计信息的质量，切实对单位、社会公众、国家负责。

（五）坚持准则

会计人员应当熟悉财经法律、法规、规章和国家统一会计制度，并结合会计工作进行广泛宣传，在依法办理会计事务的过程中正确处理各种利益关系，始终遵循并坚持按照会计法律法规和国家统一会计制度规定的程序和要求进行会计工作，保证所提供的会计信息合法、真实、准确、及时、完整。

（六）提高技能

会计人员应当具备必要的专业知识和专业技能，增强提升专业技能的自觉性和紧迫感，勤学苦练，刻苦钻研，积极探索，不断进取，掌握科学的学习方法，向书本学、向社会学、向实际工作学，在学中思，在思中学，努力提高会计专业理论水平、会计实务操作能力和职业判断能力，使自己的知识和技能适应所从事的会计工作的要求。

（七）参与管理

会计人员应当在做好本职工作的同时树立参与管理活动的意识，努力钻研业务，全面了解财经法规和相关制度，熟悉本单位的经营活动和业务流程，不断提高自身业务技能，运用掌握的会计信息和会计方法，积极反映管理活动中存在的问题，主动提出解决问题的合理化建议和办法、措施，为管理层当好参谋，协助领导决策，运用掌握的会计信息和会计方法，为改善单位内部管理、提高经济效益服务。

（八）强化服务

会计人员应当树立服务意识，摆正位置，文明服务，礼貌服务，不断提高服务质量，努力维护会计职业的良好社会形象，不断提升会计职业的社会声望。

四、会计职业道德教育

会计职业道德教育是提高会计人员职业道德水平的重要手段和途径，也是公民教育的重要组成部分。

（一）会计职业道德的教育形式

会计职业道德的教育形式有接受教育和自我教育两种。

1.接受教育

接受教育是指通过学校或培训单位对会计人员进行以职业责任、职业义务为核心内容的正面灌输，以规范其职业行为，维护国家和社会公众利益。其具体途径包括会计学历教育和会计人员继续教育。

2.自我教育

自我教育则是一种内在教育，是指会计人员通过主动学习实现自身道德修养的提高。

（二）会计职业道德的教育内容

为帮助会计人员树立会计职业道德观念，遵守会计职业道德规范，应从以下几个方面进行会计职业道德的教育：

1.会计职业道德观念教育

会计职业道德观念教育即利用各种媒介广泛宣传会计职业道德基本常识，一方面使广大会计人员充分了解会计职业道德对会计信息质量和社会经济秩序有何重要影响，另一方面在社会上营造遵守会计职业道德光荣、不遵守会计职业道德可耻的氛围。

2.会计职业道德规范教育

会计职业道德规范教育即针对会计职业道德规范的八项主要内容进行深入教育和宣传。这是会计职业道德教育的核心，目的是使会计人员能够充分认识和深刻理解会计职业道德。

3.会计职业道德警示教育

会计职业道德警示教育即通过对违反会计职业道德的行为和会计违法行为的典型案例进行讨论和剖析，使会计人员从中得到启发和警示，提高会计人员的法律意识、会计职业道德观念和明辨是非的能力。

五、会计职业道德的检查与奖惩

（一）财政部门的监督和检查

加强会计队伍的职业道德教育和诚信建设，是身为会计工作主管部门的财政部门的工作重点之一。财政部门主要通过以下途径对会计职业道德教育进行监督检查：

1. 将会计法执法检查与会计职业道德检查相结合

对检查中发现的违反会计职业道德的会计人员可给予通报批评、责令参加一定学时的继续教育、给予行政处分等。

2. 将会计专业技术资格考评、聘用与会计职业道德检查相结合

经审查发现有不遵循会计职业道德记录的初级、中级资格的报考人员，考试管理机构应取消其报名资格。会计职业道德的记录也是高级会计师考评的一项重要内容。

（二）会计行业自律组织的监管和约束

在会计行业自律组织比较健全的情况下，可以由职业团体对会计职业道德的执行情况进行自律性监管。会计行业自律组织应对违反会计职业道德的行为进行惩戒，对自觉遵守会计职业道德规范的先进单位和个人进行表彰。

▸▸▸▸▸▸ 第三节　会计机构与会计人员

一、会计机构的设置

会计机构是指直接从事和组织领导会计工作的职能部门。建立健全会计机构是做好会计工作、最大限度地发挥会计职能的重要保证。

（一）主管会计机构的设置

《会计法》第七条规定，国务院财政部门主管全国的会计工作。县级以上地方各级人民政府的财政部门管理本行政区域内的会计工作。为此，财政部设立会计司，主管全国的会计工作；地方财政部门、企业主管部门一般设立会计（财务）局、处等，主管本地区或本系统所属企业的会计工作。

（二）基层单位会计机构的设置

根据《会计法》第三十四条的规定，各单位应当根据会计业务的需要，设置会计机构，独立从事会计工作，在厂长、经理或单位行政领导人的直接领导下，负责组织、领导和从事会计工作。实际工作中，由于会计工作和财务工作都是综合性经济管理工作，基层单位通常将二者合并，设置一个财务会计机构，如会计（财务）处、科等。

在一些规模小、会计业务简单且业务量少的单位，可以不单独设置会计机构，但应当在有关机构中设置会计人员并指定会计主管人员，以保障会计工作的正常进行。

不具备设置条件的单位，应当委托经批准设立从事会计代理记账业务的中介机构代理记账。

二、会计人员岗位设置

为提高工作效率，保证会计工作有序进行，各单位应在设置会计机构的基础上配备具

有一定专业技术水平的会计人员，按照效益和精简的原则划分工作岗位，建立健全会计人员的岗位责任制。

《会计基础工作规范》第十一条规定，会计工作岗位一般可分为：会计机构负责人或者会计主管人员、出纳、财产物资核算、工资核算、成本费用核算、财务成果核算、资金核算、往来结算、总账报表、稽核、档案管理等。

实际工作中，会计工作岗位可以一人一岗、一人多岗或者一岗多人。各个岗位的会计人员应在认真履行本岗位职责的同时，与其他岗位的会计人员密切配合，共同做好本单位的会计工作。同时，会计人员的工作岗位应当有计划地进行轮换，一方面有利于提高会计人员的综合能力，另一方面有利于防止舞弊行为的发生。

▸▸▸▸▸▸ 第四节　会计管理

一、内部会计控制

内部会计控制是指单位为了提高会计信息质量，保护资产的安全、完整，确保有关法律法规和规章制度的贯彻执行等而制定并实施的一系列控制方法、措施和程序。

（一）内部会计控制的内容

内部会计控制应涵盖单位内部涉及会计工作的各项经济业务及相关岗位，约束所有涉及会计工作的人员。企业内部会计控制的内容通常包括：

1.货币资金内部会计控制

企业应当对货币资金收支和保管业务建立严格的授权批准制度，办理货币资金业务的不相容岗位应当分离，相关机构和人员应当相互制约。

2.实物资产内部会计控制

企业应当建立实物资产管理的岗位责任制度，对实物资产的验收入库、领用、发出、盘点、保管及处置等关键环节进行控制，防止各种实物资产被盗、毁损和流失。

3.对外投资内部会计控制

企业应当建立规范的对外投资决策机制和程序，加强投资项目立项、评估、决策、实施、投资处置等环节的会计控制，严格控制投资风险。

4.工程项目内部会计控制

企业应当建立规范的工程项目决策程序，明确相关机构和人员的职责权限，建立工程项目投资决策的责任制度，加强工程项目的预算、招投标、质量管理等环节的会计控制。

5.采购与付款内部会计控制

企业应当合理设置采购与付款业务的机构和岗位，建立和完善采购与付款的内部会计控制程序，加强请购、审批、合同订立、采购、验收、付款等环节的内部会计控制，堵塞采购环节的漏洞。

6.筹资内部会计控制

企业应当加强对筹资活动的内部会计控制，合理确定筹资规模和筹资结构，选择筹资方式，降低资金成本，防范和控制财务风险，确保筹措资金的合理、有效使用。

7.销售与收款内部会计控制

企业应当在制定商品或劳务等的定价原则、信用标准和条件、收款方式等销售政策时，充分发挥会计机构和人员的作用，加强合同订立、商品发出和账款回收的内部会计控制，避免或减少坏账损失。

8.成本费用内部会计控制

企业应当建立成本费用控制系统，做好各项基础工作，制定成本费用标准，分解成本费用指标，控制成本费用差异，考核成本费用指标的完成情况，落实奖罚措施。

9.担保内部会计控制

企业应当加强对担保业务的内部会计控制，严格控制担保行为，建立担保决策程序和责任制度，加强对担保合同订立的管理，及时了解和掌握被担保人的经营和财务状况，避免或减少可能发生的损失。

（二）内部会计控制的方法

内部会计控制的方法主要包括：

1.不相容职务相分离

各单位应当按照不相容职务相分离的原则，合理设置会计及相关工作岗位，明确职责权限，形成相互制衡机制。不相容职务主要包括授权批准、业务经办、会计记录、财产保管、稽核检查等职务。

2.授权批准控制

各单位应当明确规定涉及会计及相关工作的授权批准的范围、权限、程序、责任等内容，单位内部的各级管理层必须在授权范围内行使职权和承担责任，经办人员也必须在授权范围内办理业务。

不相容职务详解

3.会计系统控制

各单位应当依据《会计法》和国家统一会计制度，制定适合本单位的会计制度，明确会计凭证、会计账簿和财务会计报告的处理程序，建立与完善会计档案保管和会计工作交接办法，实行会计人员岗位责任制，充分发挥会计的监督职能。

4.预算控制

各单位应当加强预算编制、执行、分析、考核等环节的管理，明确预算项目，建立预算标准，规范预算的编制、审定、下达和执行程序，及时分析和控制预算差异，采取改进措施，确保预算的执行。预算内资金实行责任人限额审批，限额以上资金实行集体审批，严格控制无预算的资金支出。

5.财产保全控制

各单位应当限制未经授权的人员对财产的直接接触，采取定期盘点、财产记录、账实核对、财产保险等措施，确保各项财产的安全完整。

6.风险控制

各单位应当树立风险意识，针对各个风险控制点建立有效的风险管理系统，通过风险预警、风险识别、风险评估、风险分析、风险报告等措施，对财务风险和经营风险进行全面防范和控制。

7.内部报告控制

各单位应当建立和完善内部报告制度，全面反映经济活动情况，及时提供业务活动中的重要信息，增强内部管理的时效性和针对性。

8.电子信息技术控制

各单位应当运用电子信息技术手段建立内部会计控制系统，减少和消除人为操纵因素，确保内部会计控制的有效实施；同时要加强对财务会计电子信息系统开发与维护、数据输入与输出、文件储存与保管、网络安全等方面的控制。

（三）内部会计控制的检查

各单位应当重视内部会计控制的监督检查工作，由专门机构或者指定专门人员具体负责内部会计控制执行情况的监督检查，确保内部会计控制的贯彻实施。

1.内部会计控制的内部检查

各单位应当组织内部审计人员对内部会计控制系统进行检查，测试其是否被严格执行，能否有效发挥作用。对涉及会计工作的各项经济业务、内部机构和岗位在内部控制上存在的缺陷进行改进。

2.内部会计控制的外部监督

各单位应当接受并配合各级财政部门对本单位内部会计控制的建立和执行情况进行的监督检查，同时可以聘请中介机构或相关专业人员对本单位内部会计控制的建立健全及有效实施进行评价。

二、会计档案管理

会计档案是指会计凭证、会计账簿和会计报表等会计核算专业资料，是记录和反映单位经济业务的重要史料和证据。它既是总结管理经验、进行决策所需利用的重要资料，也是进行会计监督、审计检查以确定责任归属的重要依据。

2015年12月11日，财政部、国家档案局发布修订后的《会计档案管理办法》，自2016年1月1日起施行。《会计档案管理办法》旨在加强会计档案管理，有效保护和利用会计档案，国家机关、社会团体、企业、事业单位和其他组织（以下统称单位）管理会计档案适用本办法。

《会计档案管理办法》

（一）会计档案的内容

《会计档案管理办法》第六条规定，下列会计资料应当进行归档：

（1）会计凭证，包括原始凭证、记账凭证；

（2）会计账簿，包括总账、明细账、日记账、固定资产卡片及其他辅助性账簿；

（3）财务会计报告，包括月度、季度、半年度、年度财务会计报告；

（4）其他会计资料，包括银行存款余额调节表、银行对账单、纳税申报表、会计档案移交清册、会计档案保管清册、会计档案销毁清册、会计档案鉴定意见书及其他具有保存价值的会计资料。

（二）会计档案的管理要求

1. 定期整理、立卷

《会计档案管理办法》规定，单位会计管理机构按照归档范围和归档要求，负责定期将应当归档的会计资料整理立卷，编制会计档案保管清册。

单位会计管理机构在办理会计档案移交时，应当编制会计档案移交清册，并按照国家档案管理的有关规定办理移交手续。纸质会计档案移交时应当保持原卷的封装。电子会计档案移交时应当将电子会计档案及其元数据一并移交，且文件格式应当符合国家档案管理的有关规定。特殊格式的电子会计档案应当与其读取平台一并移交。单位档案管理机构接收电子会计档案时，应当对电子会计档案的准确性、完整性、可用性、安全性进行检测，符合要求的才能接收。

2. 制定使用及借阅手续

单位应当加强会计档案管理工作，建立和完善会计档案的收集、整理、保管、利用和鉴定销毁等管理制度，采取可靠的安全防护技术和措施，保证会计档案的真实、完整、可用、安全。

调阅会计档案必须办理调阅手续。本单位人员调阅会计档案，须经会计主管人员同意。外单位人员调阅会计档案，要有正式的介绍信，并经本单位负责人批准。调阅时，应在“会计档案调阅登记簿”中详细登记调阅日期、调阅人、调阅理由等内容。

单位应当严格按照相关制度利用会计档案，在进行会计档案查阅、复制、借出时履行登记手续，严禁篡改和损坏。单位保存的会计档案一般不得对外借出。确因工作需要且根据国家有关规定必须借出的，应当严格按照规定办理相关手续。会计档案借用单位应当妥善保管和利用借入的会计档案，确保借入会计档案的安全完整，并在规定时间内归还。

单位的会计档案及其复制件需要携带、寄运或者传输至境外的，应当按照国家有关规定执行。

3. 会计档案的保管期限

《会计档案管理办法》第十四条规定，会计档案的保管期限分为永久、定期两类。定期保管期限一般分为10年和30年。会计档案的保管期限，从会计年度终了后的第一天算起。

企业和其他组织会计档案保管期限见表9-2。

表9-2　　企业和其他组织会计档案保管期限表

序号	档案名称	保管期限	备注
一	会计凭证		
1	原始凭证	30年	
2	记账凭证	30年	
二	会计账簿		
3	总账	30年	

续表

序号	档案名称	保管期限	备注
4	明细账	30年	
5	日记账	30年	
6	固定资产卡片		固定资产报废清理后保管5年
7	其他辅助性账簿	30年	
三	财务会计报告		
8	月度、季度、半年度财务会计报告	10年	
9	年度财务会计报告	永久	
四	其他会计资料		
10	银行存款余额调节表	10年	
11	银行对账单	10年	
12	纳税申报表	10年	
13	会计档案移交清册	30年	
14	会计档案保管清册	永久	
15	会计档案销毁清册	永久	
16	会计档案鉴定意见书	永久	

4.会计档案的销毁

《会计档案管理办法》规定，单位应当定期对已到保管期限的会计档案进行鉴定，并形成会计档案鉴定意见书。经鉴定，仍需继续保存的会计档案，应当重新划定保管期限；对保管期满，确无保存价值的会计档案，可以销毁。保管期满但未结清的债权债务会计凭证和涉及其他未了事项的会计凭证不得销毁，纸质会计档案应当单独抽出立卷，电子会计档案单独转存，保管到未了事项完结时为止。正在项目建设期间的建设单位，其保管期满的会计档案也不得销毁。

销毁档案前，应由各单位档案机构会同会计机构提出销毁意见，并编制会计档案销毁清册，列明销毁会计档案的名称、卷号、册数、起止年度和档案编号、应保管期限、已保管期限、销毁时间等内容。单位负责人应在会计档案销毁清册上签署意见。销毁会计档案时，应当由档案机构和会计机构共同派员监销。监销人在销毁会计档案前，应当按照会计档案销毁清册所列内容清点核对所要销毁的会计档案；销毁后，应当在会计档案销毁清册上签名盖章，并将监销情况报告本单位负责人。

5.会计档案的移交

单位因撤销、解散、破产或其他原因而终止的，在终止或办理注销登记手续之前形成的会计档案，应当由终止单位的业务主管部门或财产所有者代管或移交有关档案馆代管。

单位分立后原单位存续的，其会计档案应当由分立后的存续方统一保管；单位分立后原单位解散的，其会计档案应当经各方协商后由其中一方代管或移交档案馆代管。

单位合并后原各单位解散或一方存续其他方解散的，原各单位的会计档案应当由合并后的单位统一保管；单位合并后原各单位仍存续的，其会计档案仍应当由原各单位保管。

单位因业务移交其他单位办理所涉及的会计档案，应当由原单位保管。对其中未结清的会计事项所涉及的原始凭证，应当单独抽出由承接业务单位保存。

建设单位在项目建设期间形成的会计档案，应当在办理竣工财务决算后及时移交给建设项目接受单位。

单位之间交接会计档案时，交接双方应当办理会计档案交接手续，按照会计档案移交清册所列内容逐项交接，并由交接双方的单位有关负责人负责监督。交接完毕后，交接双方经办人和监督人应当在会计档案移交清册上签名或盖章。

【学思践悟 9-3】

依法依规妥善处理会计资料

会计档案是记录、反映会计主体交易和事项的重要资料，是进行经济决策、审计检查的重要资料。作为重要档案之一，要做好会计档案管理工作。2019年，安徽太和县源大建材商贸有限公司财务人员，为逃避税务部门稽核，故意将公司会计凭证藏匿，采取欺骗、隐匿手段进行虚假的纳税申报，相关涉案人员已被判刑。

请思考，会计档案保管要求包含什么？

三、会计工作交接

会计人员工作调动或因故离职时，必须与接管人员办清交接手续，以明确各自责任、保证会计工作紧密衔接，防止因人员更换出现会计核算混乱的现象。《会计基础工作规范》对会计工作交接做出了详细规定。

（一）移交前应做好的准备工作

会计人员办理移交手续前，必须及时做好以下工作：

1. 已经受理的经济业务尚未填制会计凭证的，应当填制完毕。

2. 尚未登记的账目，应当登记完毕，并在最后一笔余额后加盖经办人员印章。

3. 整理应该移交的各项资料，对未了事项写出书面材料。

4. 编制移交清册，列明应当移交的会计凭证、会计账簿、会计报表、印章、现金、有价证券、支票簿、发票、文件、其他会计资料和物品等内容；实行会计电算化的单位，从事该项工作的移交人员还应当在移交清册中列明会计软件及密码、会计软件数据磁盘（磁带等）及有关资料、实物等内容。移交清册一般一式三份。

5. 会计机构负责人、会计主管人员移交时，还必须将全部财务会计工作、重大财务收支和会计人员的情况等，向接替人员详细介绍。对需要移交的遗留问题，应当写出书面材料。

（二）移交时应遵循的具体要求

1. 移交人员在办理移交时，要按照移交清册逐项移交，接替人员要逐项核对点收。

2. 所有会计资料必须完整无缺，如有短缺，必须查明原因，并在移交清册中注明，由移交人员负责。

3. 现金、有价证券要根据会计账簿有关记录进行点交。现金、有价证券必须与会计账簿记录保持一致。不一致时，移交人员必须限期查清。银行存款账户余额要与银行对账单核对，如不一致，应当编制银行存款余额调节表调节相符。各种财产物资和债权债务的明细账户余额要与总账有关账户余额核对相符；必要时，要抽查个别账户的余额，与实物核对相符，或者与往来单位、个人核对清楚。

4. 移交人员经管的票据、印章及其他实物等，必须交接清楚。移交人员从事会计电算化工作的，要对有关电子数据在实际操作状态下进行交接。

（三）监交时应注意的具体事项

1. 在办理会计工作交接手续时，要有专人负责监交，以保证交接工作的顺利进行。

2. 一般会计人员办理交接手续，由单位的会计机构负责人、会计主管人员负责监交；会计机构负责人、会计主管人员办理交接手续，由单位领导人负责监交，必要时可由上级主管部门派人会同监交。

3. 交接工作结束后，交接双方和监交人员要在移交清册上签名或者盖章，以明确责任；同时，移交清册由交接双方各执一份，存档一份，以供备查。

（四）其他相关规定

1. 会计人员在办清交接手续前，不得调动或离职。

2. 接替人员应继续使用移交的账簿，不得自行另立新账，以保持会计记录的连续性。

3. 会计人员临时离职或者因病暂时不能工作且需要有人接替或者代理的，应当办理交接手续；恢复工作时，也要与接替或者代理人员办理交接手续，以保持会计工作的连续性和分清责任。

4. 移交人员因病或者其他特殊原因不能亲自办理移交的，经单位领导人批准，可由移交人员委托他人代办移交。

5. 移交人对自己经办且已经移交的会计资料的合法性、真实性承担法律责任，不能因为会计资料已经移交而推脱责任。

本章小结

会计规范是指人们在从事与会计有关的活动时所应遵循的约束性或指导性的行为准则。我国会计规范体系主要由会计法律规范、会计职业道德规范、单位内部会计制度规范构成。本章主要讲解会计法律规范、会计职业道德规范和会计工作管理。

会计法律、会计准则和会计制度是会计法律规范最基本的组成部分。《会计法》是指导全国会计工作的基本法，其权威性最强，是制定其他会计规范的法律依据。会计准则是由国务院财政部门在《会计法》的指导下制定的会计部门规章，是进行会计工作的标准和指导思想，包括企业会计准则和非企业会计准则两个方面。企业会计准则又包括基本准则、具体准则、应用指南三个层次。会计制度是根据会计法和会计准则所制定的具体的规章、方法、程序等。国家统一会计制度按适用范围又可分为企业会计制度和非企业会计制度。

会计职业道德是指会计职业活动中应当遵循的、体现会计职业特征的、调整会计职业关系的职业行为准则和规范，具体包括爱岗敬业、诚实守信、廉洁自律、客观公正、坚持准则、提高技能、参与管理、强化服务。

同时，为做好会计工作，单位必须设置会计机构、配备相应的会计人员，并从内部会计控制、会计档案管理、会计工作交接等方面加强会计工作管理。

复习思考题

1. 什么是会计规范？我国会计规范体系由哪几个部分组成？
2. 什么是会计准则？我国现行会计准则由哪几个部分组成？
3. 什么是会计制度？我国现行会计制度有哪些？
4. 我国的会计准则和会计制度有什么联系与区别？
5. 简述会计职业道德和会计法律制度的关系。
6. 内部会计控制有哪些方法？
7. 企业单位设置会计机构和会计人员应符合哪些要求？
8. 哪些会计档案要求永久保存？
9. 按照《会计工作基础规范》的要求，会计工作交接有哪些具体规定？

个案分析

案例一

以下行为符合或者违背了会计职业道德规范的哪些要求？

（1）会计李某不认真审核凭证，未发现凭证上的金额错误。

（2）会计主管命令下属将货款打入企业小金库。

（3）会计马某拒绝公司领导虚开发票的要求。

（4）“常在河边走，就是不湿鞋”。

案例二

普洱一国企员工李某某同时担任会计和出纳职务，2022年至2023年间，李某某利用职务便利，采用伪造发票、修改对账单、模仿领导签字、模仿经手人签字、伪造财政授权支付凭证、虚构经济业务等方式多次将公司资金非法占为己有，贪污次数多达200余笔，共计人民币165万余元。而这些钱都被其用于餐饮娱乐、家庭用度，以及偿还网络贷款等开支。

请根据以上事实，回答下列问题：

（1）李某某兼任会计和出纳工作是否符合规定？

（2）其贪污行为是否要承担法律责任？

（3）企业应采取哪些措施避免以后再发生类似问题？

案例三

2023年12月，某粮库公职人员陈某现金收取个人医保金、水电费、烘干费等，开具收据4张。经查该本收据已使用11张，只有前述4张入账，其余7张以存根丢失为由，未向上级审计组提供，经济事项无法核实，资金去向不明。请问陈某的行为违反了《会计法》的什么规定？是否符合《会计档案管理办法》的要求？为什么？

参考文献

[1] 北京注册会计师协会. 北京注册会计师协会专业技术委员会专家提示［2023］第2号 资本市场财务舞弊易发高发领域的审计应对——货币资金［EB/OL］.［2023-11-23］. https：//www.bicpa.org.cn/p1/tzgg/20231123/52416.html.

[2] 财政部. 财政部对普华永道做出行政处罚决定［S/OL］.［2024-09-13］. http：//jdjc.mof.gov.cn/jianchagonggao/202409/t20240913_3943763.htm.

[3] 财政部. 财政部关于印发《行政事业单位资产清查核实管理办法》的通知［S/OL］.［2016-01-20］. https：//www.gov.cn/gongbao/content/2016/content_5076987.htm.

[4] 财政部. 财政部关于做好2022年度国有企业财务会计决算报告工作的通知［S/OL］.［2023-01-11］. http：//www. mof. gov. cn/gkml/caizhengwengao/wg2023/wg202303/202309/t20230905_3905544.htm.

[5] 财政部. 会计档案管理办法［S/OL］.［2015-12-14］. http：//tfs.mof.gov.cn/caizhengbuling/201512/t20151214_1613338.htm.

[6] 财政部. 企业会计准则第28号——会计政策、会计估计变更和差错更正［S/OL］.［2006-03-09］. https：//kjs.mof.gov.cn/zt/kjzzss/kuaijizhunzeshishi/200806/t20080618_46220.htm.

[7] 财政部. 企业会计准则——基本准则［S/OL］.［2014-07-29］. http：//tfs.mof.gov.cn/caizhengbuling/201407/t20140729_1119494.htm.

[8] 财政部. 小企业会计准则［S/OL］.［2011-11-18］. https：//kjs. mof. gov. cn/zhengcefabu/201111/t20111107_605525.htm.

[9] 财政部. 政府会计准则——基本准则［S/OL］.［2015-10-23］. http：//tfs.mof.gov.cn/caizhengbuling/201511/t20151102_1536662.htm.

[10] 财政部. 中华人民共和国会计法（2024年）［S/OL］.［2024-08-12］. https：//kjs.mof.gov.cn/zt/kjfxcgc/kjfqw/202408/t20240814_3941788.htm.

[11] 曹铁平. 会计电算化对传统会计的影响探究［J］. 全国流通经济，2021（33）：148-150.

[12] 曾斌. 信披违规处罚折射监管新动向［J］. 董事会，2023（8）：50-55.

[13] 陈国辉，迟旭升. 基础会计［M］. 7版. 大连：东北财经大学出版社，2021.

[14] 陈华龙. 浅谈会计电算化的重要性和未来发展趋势［J］. 中国产经，2022（12）：32-34.

[15] 陈会丽. 企业会计报表分析存在的问题与对策［J］. 活力，2024，42（17）：10-12.

[16] 陈英蓉. 电算化会计账务处理程序探究［J］. 中国管理信息化，2017，20

（10）：45-46.

［17］翟继光，王海阳.《中华人民共和国行政处罚法》释义与典型案例分析［M］. 北京：中国民主法制出版社：2021.

［18］翟雅芝. 新《会计档案管理办法》背景下会计档案电子化管理研究［J］. 兰台内外，2022（6）：29-31.

［19］冯广来. 财务报表分析的方法和应用策略研究［J］. 现代商贸工业，2023，44（23）：138-140.

［20］高彩梅，何钦晖，哈青梅，等. 基础会计［M］. 重庆：重庆大学出版社，2022.

［21］工会会计制度编审委员会. 工会会计制度详解与实务：条文解读+实务应用+案例讲解［M］. 北京：人民邮电出版社：2021.

［22］胡晨. 企业财务分析存在的问题与对策研究［J］. 中小企业管理与科技，2024（15）：76-78.

［23］黄国俊. 简述会计对账实务中的"相符"——以科目汇总表账务处理程序为例［J］. 交通财会，2017（9）：81-85.

［24］慧瑞咨询. 新《会计法》重点变化解读（附逐项对比表）［EB/OL］.［2024-07-15］. https：//baijiahao.baidu.com/s？id=1804609608313452691.

［25］亢祖合. 中国最早的会计凭证［J］. 财会月刊，1994（3）：29.

［26］李赫. 会计凭证电子化是未来发展的必然趋势［J］. 计算机与网络，2020（8）：14-15.

［27］李瑞芬. 会计学原理［M］. 北京：中国财政经济出版社，2023.

［28］林钢. 中级财务会计［M］. 3版. 北京：中国人民大学出版社，2019.

［29］刘欣. 会计信息化中账务处理程序的转变分析［J］. 商讯，2019（14）：168.

［30］璐伽. 记账凭证的编制要求［J］. 中国工会财会，2020（1）：53.

［31］莫磊. 西夏会计凭证考［J］. 财会通讯，2020（3）：167-171.

［32］秦玉熙，袁蓉丽，朱小平. 基础会计（原初级会计学）［M］. 12版·立体化数字教材版. 北京：中国人民大学出版社，2024.

［33］秦玉熙. 将思政有机融入会计专业教材的探索——以《基础会计》为例［J］. 财务与会计，2022（12）：26-30.

［34］田淑华. 基础会计［M］. 武汉：华中科技大学出版社，2011.

［35］万寿义，任月君. 成本会计［M］. 5版. 大连：东北财经大学出版社，2021.

［36］王艳茹，应小陆，杨树军. 创业企业财务管理［M］. 北京：中国人民大学出版社，2022.

［37］芜湖市财政局. 2023年度芜湖市行政事业单位资产清查核实工作方案［S/OL］.［2023-07-17］. https：//czgz.wuhu.gov.cn/openness/public/6596381/38562618.html.

［38］吴刚，梁艳. 中国古代会计凭证史初探［J］. 广西会计，1996（10）：42-43.

［39］佚名. 木材立方的计算技巧［EB/OL］.［2017-05-27］. http：//www.360doc.com/content/17/0527/09/35783364_657643261.shtml.

［40］张立达，刘卫东. 财务报表分析［M］. 4版. 上海：立信会计出版社，2023.

[41] 张懿爵，严伟，刘毅，等. 计算机应用基础实训教程 [M]. 重庆：重庆大学出版社，2023.

[42] 张志慧. 财务分析在企业决策中的应用策略探析 [J]. 商业文化，2024 (16)：143-145.

[43] 中国证券监督管理委员会. 证监会通报2022年案件办理情况 [EB/OL]. [2023-02-10]. http：//www.csrc.gov.cn/csrc/c100028/c7088291/content.shtml.

[44] 中国证券监督管理委员会. 中国证监会行政处罚决定书（恒大地产及其责任人员）[EB/OL]. [2024-05-21]. http：//www. csrc. gov. cn/csrc/c101928/c7484333/content.shtml.

[45] 中国证券监督管理委员会. 中国证监会行政处罚决定书（金正大、万连步、李计国、唐勇、崔彬、高义武、颜明霄、郑树林、徐恒军）[EB/OL]. [2006-03-09]. http：//www.csrc.gov.cn/csrc/c101928/c1880815/content.shtml.

[46] 中国证券监督管理委员会. 中国证监会行政处罚决定书（普华永道、汤振峰、朱立为、蔡秀娟）[EB/OL]. [2024-09-06]. http：//www csrc. gov. cn/csrc/c101928/c7506621/content.shtml.

[47] 周芬棉. 证监会2022年办理证券期货违法案件603件 [N]. 法治日报，2023-02-17.

[48] 周华. 会计规则的由来 [M]. 北京：中国人民大学出版社：2023.

[49] 朱小平，秦玉熙，袁蓉丽. 基础会计 [M]. 11版. 北京：中国人民大学出版社，2021.